壹嘉個人史系列

老卒奇譚
一位逃港者的自述

老卒

壹嘉出版
美國・舊金山・2020

壹嘉個人史系列/ 1 Plus' Personal Histories Series

老卒奇谭： 一位逃港者的自述

Running Away: A Personal Account of a Chinese Escaper to Hong Kong in the 1970s (Chinese Edition)

copyright ©2020 by 老卒/Lao Zu

Published in the United States of America by 壹嘉出版 /1 Plus Books

ISBN-13: 978-1-949736-19-9

Library of Congress Control Number: 2020918089

所有權利保留　All Rights Reserved

No part of this publication may be reproduced or transmitted in any form or by any means, electronic or mechanical, including photocopying, recording, or any information storage or retrieval system, without prior permission in writing from the author and the publisher.

丛書名： 壹嘉個人史系列
書名： 老卒奇谭：一位逃港者的自述
作者： 老卒
出版人： 劉雁
編輯： 劉雁
封面設計： 高岚

定價： US$ 22.99
出版： 壹嘉出版

網址： http://www.1plusbooks.com
電郵： 1plus@1plusbooks.com
美國・舊金山・2020

目　錄

自序	i
第一章　接連失敗禍雙誕　相纏劫難有楊帆	1
第二章　無辜牽扯再生波　立斷當機莫蹉跎	12
第三章　未至家門又跌倒　欲為自由代價高	30
第四章　紛亂社會現百態　無法無天盡是歪	39
第五章　陰陽難定堪嘗試　天地無門苦自知	49
第六章　捨命尋路自奔走　同病相憐各有憂	57
第七章　未存心意幫作橡　卻惹猜疑漸入深	66
第八章　兩人皆困全無路　枉有胸懷力漸枯	75
第九章　民主法制談何易　屢騙國人終會知	85
第十章　情繞路困渺茫處　磊落光明見曙光	90
第十一章　春風得意喜雙逢　喜悅情柔意正濃	104
第十二章　風雲突變心內焦　情定一吻兩逍遙	121
第十三章　因由不論終出局　溫情得焉知禍福	129
第十四章　難分福禍相依辦　柳暗花明見新天	135
第十五章　歌聲夜半唱天明　狂風葉落盡飄零	144
第十六章　幸得家人來相助　眾手措籌順事多	149
第十七章　天涯亡命覓流檔　貴人天降實力幫	156
第十八章　風雨入局擲飛堆　雲霧繞繚路難追	165
第十九章　大嶺山道崎嶇行　風雨蓮花失手擒	172
第二十章　躲避殺戮空門匿　人獸糾纏虎相逼	181

第二十一章　賭命逃越千般難　天助人扶竟可攀	191
第二十二章　巧女智逃脫束縛　水盡山窮苦與樂	201
第二十三章　各人各志各相分　千阻萬難又成軍	210
第二十四章　天災人禍命唯唯　乾坤倒轉說東西	218
第二十五章　江河湖海勤操練　水滸紅都謠滿天	224
第二十六章　情堅烈女志不摧　魅影萍蹤話唏噓	229
第二十七章　鼓急鑼密聲聲緊　運轉登高寄白雲	239
第二十八章　千危萬險槍無眼　失魄驚魂終脫難	244
第二十九章　險遇獸群心未定　饑寒交逼更無情	256
第三十章　隨勢而為至功虧　緣定生死聚一齊	260
第三十一章　生逢絕處人性在　死至冥崖未有哀	267
第三十二章　屠刀放下善終露　立地成佛心性高	273
第三十三章　秀英格內有奇遇　喚起風雷震天樞	277
第三十四章　智勇雌雄脫魔掌　再策重謀志可張	287
第三十五章　至親失落終歸去　弱女叫天天不憐	292
第三十六章　重重制約無生路　極盡所能覓覓尋	297
第三十七章　唯有犧牲多壯志　敢教日月換新天	306
第三十八章　損官折將國凋零　天災人禍患漸成	314
第三十九章　寮步飛堆渡中秋　屢受挫折險中求	318
第四十章　明月喜訊深山中　千阻萬難視作空	326
第四十一章　好事多磨運至先　時空一變換了天	337
後記	350

自 序

我是一個七十代逃港的老卒,幾經艱辛,才有幸擺脫桎梏。可是文革的陰影、早年生活的苦難仍不時在腦中徘徊。經後輩所囑,寫此《老卒奇譚》,記述親身的經歷和那時遍及幾省的逃港狂潮。

二十世紀五十年代初到八十年代在中國所出現的逃港潮,斷斷續續地延續了幾十年!特別是在廣東的深圳、珠海,被稱為"篤卒"的逃港潮,幾十年來從沒有停止過。黨報記者陳秉安先生的作品《大逃港》,為這前後歷時四十年的偷渡潮的歷史研究、開啟了良好的先例。

延綿四十年的偷渡,基本上分為三大高潮:

(一) 1957年大放河口。

這是1949年後經過土改、三反五反、人民公社到反右,一系列運動所產生的各類社會矛盾疊加而成的偷渡高潮。偷渡的主體人員是歷次政治運動的對象及其家庭、社會上一系列的不滿人員,他們的主要訴求是逃生。

(二) 1962年廣州火車站告急。

1962年5月,當時正值全國大饑荒,千百萬人餓死,大量饑民聞"放寬"政策而涌到廣卅,再搭火車去深圳,企圖涌入香港。這段時期逃港的主體人員是農民及底層、沒有戶口,沒有國家供應商品糧的饑民。當然包括不少在各次運動中的對象人物。他們的主要訴求是反饑餓。

(三) 1972年至1976年各地拘留所人滿之患。

文革步向後期,失落的青年一代何去何從?大量的青年覺醒。經過文革的洗禮,他們敢想敢干。他們不單要求出路,他們更要求自由、平等、人權和民主制度。

1949年後的歷次政治運動，並非是真正的群眾運動。其根本是利用被運動了的群眾去為某些人謀私利，這是歷史的反動。相反，歷時四十年的偷渡才是真正的、自發的群眾運動。

　　陳秉安先生的《大逃港》，對第一、第二次偷渡高潮都有詳盡的描述。本書所描述的，是本人親歷過的第三次偷渡高潮。

　　本人是第三次逃港高潮的親歷者和見證人。我歷見卒友的種種艱難，見證過各種生離死別的痛苦。他們在逃亡路上或葬身大海，或被槍擊、或跌落懸崖，死於非命者比比皆是。這等冤魂野鬼，何日始能安息？雖經幾十年的時間，我始終不能把這段記憶抹去。每當夜深難眠的時刻，這些痛苦的記憶就湧上心頭，使我輾轉反側，難以入睡。那些痛苦的呻吟，絕望的嘶叫、哀鳴，更經常令我在夢中驚醒，經久不能消散。這就是我不自量力地決定寫這本《老卒奇譚》的根本原因，是"為悼念逃港路上的亡魂"！

　　我盡一點綿力去完成這本書，算作是我燒給無數在逃亡路上的亡魂的紙錢，作為我對他們的一點哀思！

　　後輩的催促及內人的幫助，促使我不斷努力去完成它，這也是我寫這本書的另一種動力。

　　書中所寫的內容，是我的經歷。讓逃港者的經歷見人，才能令那些在天之靈得到安慰。

　　書中所用的名字純屬虛構，如有雷同，必係巧合。

　　書中使用的詞語多有國粵語混合，有時更使用偷渡群體的背語。目的是希望更能與當時、當地實況貼切，如覺不便，敬請原諒。

　　因為這是五六十年前的往事，時代及地點不同，局外人、年青人容易覺得有些不能理解。故附有注釋，希望對讀者有所幫助。

老卒

2019年11月26日

第一章

接連失敗禍雙誕　相纏劫難有楊帆

一九七四年，中國社會還是處在非常混亂的狀態下。已進行了九個年頭的文化大革命，國家權力被不斷的爭奪所撕裂，逐漸變成了碎片化的狀態。社會上新舊當權派經過這麼長時間的社會混亂，絕大部份人都對將來喪失了信心，何況人民？

九年，嬰兒已變成了小孩，小孩也變成了青年，青年更變成了中年，中年卻變成了老年，老年人已慢慢衰老、有些已经死亡了。試問人生有多少個九年？然而更可怕的是、還要等多少年的時間，這場'革命'才能完成？這個問題在當時恐怕沒有一個人可以知道！

我們的主人公楊帆此時正坐著一部囚車，在一條崎嶇的公路上顛簸著，迅速地從嚴密管控的邊防地區向內陸地區駛去。上面的問題曾一次次回旋在他的大腦中，令他痛苦、絕望，但他此刻沒有時間來想其他的問題。他正在聚精會神地观察周圍，尋找可以逃跑的機會。

過去的半個月，他在第二舨[1]起锚[2]期間，经历了一段又一段非人的生活。他和同伴阿倫、樹根三人，在梧桐山上歡喜若狂地目睹了香港的上空泛起的五彩祥雲；在梧桐山的絕壁之上，看到下面那個不幸的失足罹難者的遺体，久久不能平靜；到後來阿倫踩到山豬夾，他們在沙頭角被軍犬追咬，更嚐到槍托的滋味，總之一言難盡！當時起锚失敗的人實在太多了，沿途格仔[3]爆棚，各地格仔裡的人都被加速戒走。

1. 舨：此指偷渡次數。
2. 起锚：指用船偷渡。
3. 格仔：指囚禁人的地方，如監獄、看守所、拘留所等。

现在他们坐的是一部加固的小囚车，沒有窗户，通風不善。車內人不多、卻擠得不得了，氧氣嚴重不足。囚車急行，晃動得很厲害，車內有人嘔吐，使其他人極不舒服。為了避免暈車，車內的人都不敢動，也不能動。他們紧紧閉上眼睛，让自己至少在幻想中远离现在的环境。

車內的溫度越來越高，人人都在冒汗，衣服都濕透了。帆看著車內的人，個個蓬頭垢面、鬍鬚長長、衣服破爛，加上長時間沒有梳洗，一身汗臭味，与一群到處乞討的流浪漢无异。帆不禁暗暗長嘆，可想而知，自己竟然也淪落到由人變成鬼，而且是一隻又窮又苦的餓鬼，一隻無處申訴的寃鬼。一向自尊心極強的帆，望著自己這群人的樣子，竟不由自主地落下了兩滴無限屈辱的男兒淚。想起當年回鄉務農時還是一個青白的少年學生模樣，如今卻是一個又黑又糟的、滿臉鬍渣的農民。屈指一數，他已經下鄉十二個年頭了！

当年帆是作为城市人口支援农村建设而下乡的，廣州市政府承諾为他们保留四年户籍，四年后他们可以回城分配工作。按照这一规定，帆在八年前就應該調回城市分配工作的，但是最終因政府違背承諾而无法实现。帆他們的正當要求不但沒有被實現，還要因為向政府提意見而被關進"牛欄"，接受批判、監督、管制，政府官員甚至揚言要對他們判刑。沒有任何辦法申訴的帆，就只好和其他知青那樣去跤腳[4]了。

已過三十歲的他，應該是立業之年，可他却一事無成，一無所有。他曾经用功讀書過，却被批判為走白專道路；他曾经努力過，立志想為國家做點什麼，却被定性為思想反動，更被一腳踢去農村接受改造。改造什麼？為什麼有些人天生要被改造？是他天生崎型，還是社會崎型？

他和同時代那千千萬萬的青年一樣，要用他們稚嫩的青春，为这个失误的國家埋單。他本應有一個光明前途在等待着他，他应该有一份適合發揮其爱好及專長的職業；有个美好而溫馨的家庭。这个世界應該是屬於他們的！可是现在这一切都被剝奪了，等待着他是無窮無盡的貧困、壓迫、失意和折磨……

有人說"這個世界是你們的，也是我們的，但是歸根到底是你們的。"

帆看著這一車的年輕人，他已经明白，這個世界是沒有他們一份的。希望在文革運動中改變命運，只是一種幻想。九年磨礪讓他看到，這場運動沒有什麼是為人民的。他們的有生之年，誰都別指望有機會得到民主、自由與平等。現在所宣揚的什麼"人民民主"是假的，謊

---

4. 跤腳：指用長途步行方式進行偷渡。

言過後就會是暴力和專政。帆想到這裡、不由自主地緊緊握著拳頭，睜開了雙眼。看到周圍的一切又令他冷靜了下來。

　　帆對當時的中國社會和自己的處境已徹底失望，他早已下定決心，即使是要冒再大的風險、甚至犧牲自己的生命，都要離開這里，到一個能享有真正自由的地方。只有這樣，他才有新生，否則他們這一輩子、就成了時代的殉葬品。對！他決沒有回頭路，只有再接再勵、成功偷渡，這才是他唯一的出路。哪怕是僅僅能呼吸到一口自由的空氣，他也在所不惜！

　　但帆的企圖一次又一次落空，他一直都找不到逃跑的機會。傍晚時分，他們被小囚車戒到了縣格。這時已經錯過了吃晚飯的時間，縣格并不会好心给这些逃犯再补上一餐。已經一整天沒有吃過東西，餓到有氣無力的帆們，就像一群馴服的小綿羊，乖乖地被趕進牢籠裡，找個角落躺下休息了。

　　第二天一早，昨晚戒來的那車人，全部都被集中到放風的大場上，一個其他人也不見。等了很久，才來了幾個人，其中一個領導模樣的開始訓話："根據上級領導的通知，我們黨本著懲前毖後、治病救人的方針，給你們這些初犯的人一條生路、一個改過自身的機會。今天就按人民內部矛盾來處理你們，放你們自行返回公社向生產隊報到。這樣做絕不是對你們放縱不理，放任自流。你們的罪過，都被我們一筆一筆地記錄在案。你們回到生產隊後、要切實檢查反省自己，改過自新、重新做人。否則、罪加一等，勿謂言之不預！如果你們仍執迷不悟，再犯下去，矛盾是會轉化的，會由人民內部矛盾向敵我矛盾轉化，到時就會一起算總賬。大家知道沒有？"幾句話聲色俱厲，令這十幾個卒友[5]一聲不響。

　　"聽到沒有，為什麼沒有反應？"他見大家不響聲，突然提高聲調大聲喝問。

　　"聽到！"大家立刻高聲回答。

　　"你們其中有些人是有前科的、有些成份不好的、有些是壞頭頭。你們不要以為我們不知道，你們的一舉一動都在革命群眾的監督下。我們已經與下面的人保部門聯繫過，如果你們敢亂說亂動，我們就會毫不手軟、立刻進行鎮壓！大家聽到沒有？"他惡狠狠地再次喝問。

　　"聽到！"這次大家同樣高聲地回答。

---

5. 卒友：最早指偷渡為篤卒過深圳河，後泛指所有偷渡為篤卒或起錨，并統稱偷渡客為卒友。

這次楊帆在格仔也聽到了一些小道消息：據說各地的偷渡人員突然大量增加，令到格仔空前爆棚，容納不下太多的人。當時雖然軍隊支左撤走時成立了地方權力革命委員會，但各種派系還相互争斗着。地方政權有部份出現真空，現在各單位沒有人敢負責，也沒有人能負責。上層怕不易控制，會出亂子，既然老周[6]講逃港跛腳只是非法探親，不是投敵叛國，眼下臨近節日，管教人員又想疏解壓力，下面治安保衛單位又不來領人，所以負責人憑著這個新解釋就順水推舟、就地放人。各地由一些重新解放又滿腹牢騷的"當權派"及臨時組織起來的纠察隊來維持地方秩序。基層單位及農村生产隊就如一盆散砂，沒有人来管。他們更不願意去領回那些偷渡逃港份子。所以就變成各自為政，各自隨意執法處理。

　　帆在學校時被認為是不追求政治上進步的學生，他的檔案屢次遭到劃花[7]，因此他要被遣送下鄉。文革初期他又是要求政府兌現政策，讓他們遷戶口返廣州的造反支青[8]之一。這次跛腳、他們隨便砌[9]他一個雞毛蒜皮的理由就可令他罪加一等。現在竟意外被就地釋放，楊帆不由得有些大喜過望。

　　帆上午從看守所被放出來，走到這時，已近傍晚，肚餓難熬。他又身無分文，也無法買東西吃。又累又餓，走不了多少路，就要停下來休息一下。

　　看看天色，帆也猶疑起来。只有趕快回到生产隊，才有機會弄到錢和通行的證明。但現在起碼還有十五公里路，天已黑透了，途中又要经過幾個大隊，民兵崗哨盤來查去，夜間沒有通行的證明，實在麻煩。怎麼辦？走還是不走？

　　想來想去，他最終還是決定要走。但他却是飢腸轆轆，就順手在路邊的蕃薯地摸了兩个蕃薯，在水坑里洗一洗就吃了，立刻觉得精神很多。四周圍出奇的静，路上也沒有人走動。遠處有些地方燈火通明，卻令人感到恐懼。緊接著此起彼伏的口號聲從遠處傳来，令帆心生煩躁。他盡量選擇在小路及暗角行走。很快帆繞過了村莊，向著一條小路走去。眼看前面又有一條獨木橋，跨過去，就是另外一個生產隊的

---

6. 老周：指周恩來。

7. 劃花：指加入很多莫須有的罪名，令人一輩子也別想翻身。

8. 支青：文革前城鎮青年被送到邊疆地區"支援邊疆"，或被送到農村"支援農村建設"，被稱為"支青"。政府曾許諾保持支青城市戶口，到期後可返城，但並未兌現。

9. 砌：指人為地、不顧實際情況給人胡亂地、扣上罪名。常用語有'砌生豬肉'一語。

地界了。帆剛踏上獨木橋，就覺得不對。原來已有兩個人不知從什麼地方走出來、也跟著他上橋。當他走到橋對面，又有四個人，手持木棍和步槍在等著他了。

"站住！什麼人？"其中一個年青的大個子喝令。

"前邊公社的知青，今天去縣城，夜了返回來。"帆答。

"證明呢？"

"大哥，今早才去縣城的，哪有証明？"

"搜搜他！"旁邊一個負責人模樣的中年男子說。

跟著帆的那兩個男子立刻趨前，一人一邊，熟練地一手叉著帆的肩、一手扭著帆的手，令帆動彈不得。帆前面沒有扛槍的一個男子迅速上前搜遍了帆的所有衣袋。

"什麼也沒有！"

"按下！"中年男子大聲喝令說。帆身後的兩人把帆的手一扭，一按，帆痛得立刻蹲下。

"錢沒有帶，東西沒有買。去縣城干什麼？找誰？"中年男子說。

"錢用光了，去縣城隨便走走，找點東西吃，沒找人。"帆堅持說。

"到前面公社？走大路會近些，為什麼不走大路？你怎樣解釋？黑夜時間大路不走卻走小路？鬼鬼祟祟的，一定不是什麼好人。"中年男子問。

"看你，毛主席像章也不戴上一個，思想進步都有限。綁住他，鎖起來，明天通知他的治保來領人。"那男子轉過身來，指著帆說。

一聲令下，幾個大漢立刻沖上來，用條大拇指粗的麻繩，來了個五花大綁，令帆一動也不能動。他們然後再用一條麻繩，套住帆的頸，一路拉去。帆完全沒有想到，縣格放人，來到這個地方，卻又遇上暗哨被抓。在這種無法無天的年代，帆只好自認倒霉，真是啞口吃黃連，有苦說不出。

一路上被推推搡搡，頸也被麻繩勒得發痛。好不容易帆終於被帶到去那個隊部，幸好當晚生產隊的晚間會議已經散了，帆才免去一場批斗及皮肉之苦。

那些人將楊帆反綁在一條柱子上，將大門緊鎖就離去了。四面漆黑一片。帆還沒有來得及看清楚周圍的環境，就聽見嗡嗡，嗡嗡，嗡的聲音。隨即他臉上就一陣陣痛癢，腦袋發脹。他手腳動彈不得，只能不停搖頭。就這樣他站在柱子邊喂了一夜大蚊，好不容易才熬到天明，這時他才看清楚自己是被反綁在隊部會議室邊的貯物室內。他實在支持不住了，又疲乏又餓，一陣陣的頭昏眼花，他雙腿發軟，身子靠著柱子向下滑，最後竟然癱坐在地上，低垂著他那頑固的頭。不知過了多少時間，忽然間頸被一勒、幾乎令他窒息過去。他睜眼一看，原來又是昨夜那個高個子民兵。他把套在帆頸上的繩索扯走，跟著又掛上一個大紙牌，牌上寫著"流竄犯"三個大字。

"什么流竄犯？我沒犯罪，為什么？為什么！"帆一下子醒過來，憤怒地質問。那高個子民兵輕蔑地笑了笑，沒有說什么就走了。很快就圍上一大幫人，有老有少，對著帆七嘴八舌地議論開來。被反綁著坐在地上的帆感到無限的羞辱，他恨不得一下子躜到地下去。

"快來看、這里綁著一個人呢。哦，是個臭老九！"一個小孩說。

"不要這樣說人家啦，看樣子是個知青來的，你看他戴著個眼鏡的。"一個年青婦女說。

"流竄犯，牌上寫著'流竄犯'三個字。知青也是臭老九。"一個大約十二三歲的男孩說。

"'流竄犯'是什么？"一個老太婆問。

"'流竄犯'就是到處去串聯的紅衛兵。"一個小女孩說。

"你亂說！知青就是臭老九。臭老九是不準加入紅衛兵的。我們班裡有些同學的父丑是臭老九的，他們也不能加入紅衛兵。"那個大一些的男孩大聲糾正說。

"我才不相信呢！"小女孩毫不示弱。

"我說的是革命道理，我們去參加過批斗大會，都是這樣說的。你不懂就滾開！"那男孩說著就一掌把那矮他一截的小女孩推倒。

"你打我？"小女孩說著就一拳打在男孩的屁股上。

"嚇？你敢打我！"那男孩說著就順手扇了女孩子一耳光，登時女孩子哇哇聲大哭起來。

"要文斗、不要武斗！"那個年青婦女急忙說著勸開兩人。

"你大個就不要欺負小的！"她轉過頭又對那男孩說。

"我就是要讓她這些階級敵人、嘗嘗我們無產階級專政的鐵拳滋味。階級敵人不投降就叫她滅亡！"那男孩繼續神氣地說。

"正式牛精鬼！一點教育都沒有！"那個年青婦女說完又轉過身去幫

那老太婆去哄那哭著的小女孩。

"你看他滿臉紅點，不知是不是有傳染病的，快叫小孩子走開。"老太婆忽然指著帆的臉對那年青婦女說。

"你看，他手臂上都是，叫小孩快走開！"年青婦女說。

"喂、喂、喂！誰打架啦？誰打架我就把他一樣綁起來。"這時那高個子民兵聽見吵鬧和哭聲又走了回來。

"哦、我明白了，'流竄犯'就是因為他打架，所以被綁起來。"另一個小孩忽然醒悟地說，引來圍觀的眾人一陣陣的笑聲。

"'流竄犯'就是指那些不努力去參加抓革命、促生產的人；指那些整天搞串聯、破壞大聯合¹⁰的人；指那些整天跑來跑去、專干壞事的人。"高個子民兵一本正經地說。

"這人是不是也有傳染病的？你看他一臉紅斑。"那年青婦女問。

"不是！我是昨夜蚊子咬的。"帆說。

"活該！"高個子民兵說。

麻木的帆看著眾人的說話和舉動，他已經沒有力氣憤怒或者發笑了。這時一陣腳步聲音由遠而近，原來是帆的生產隊的治保主任來領人了。

議論紛紛的眾人很快就散去了。然而當帆被松綁時，他竟然站不起來，一直癱坐在地上。

"詐死？"高個子民兵邊說邊踢了他兩腳，帆再次扶著柱子才勉強站了起來，他感覺雙腳酸軟無力、眼花，邁不開步伐，只好扶著柱子不敢動。

治保主任看見帆臉上通紅，頭上冒出大粒汗珠，雙目微閉地攬住那根椿柱的狠狠樣子，皺了一下眉頭問："不可以走嗎？"

"我太餓了，什麼也沒有吃過。"帆辯解說。

"平時你和我弟弟那幫打球發燒友打籃球時，不是跑得飛快嗎？怎麼現在像隻死老鼠一樣？"治保主任笑著挖苦他。治保主任就向對方說："快兩點了，可能是他太餓了，有東西吃嗎？等下我們還要走很長的路呢。"

"去！看看飯堂有剩飯沒有！"昨晚那個中年男子對那個小個子民兵說。

不久，一砵頭加了些開水的白飯就拿來了。帆一手接過去，片刻

---

10. 大聯合：文革時兩大派被要求停止武斗，聯合起來組織聯合政府，叫大聯合。

之間便風捲殘雲，連飯帶水都解決了。他打了兩個嗝、伸伸腰，用衣袖抹去額頭上的汗，竟然又站了起來。

"可以走了嗎？"治保主任看了看衣衫襤褸的帆問。

"可以。"帆說。

這時，中年男子示意那個高個子民兵把帆再綁起來，把那個紙牌掛在他胸前，最後把那條繩索套在帆的頸上。

"這個就不用了。"帆生產隊的治保主任走過來，指著準備套在帆的頸上的繩索說。

一切交接手續辦妥之後，治保主任就示意帆可以出發了。帆走在前面，治保主任走在後面，兩人一前一後向著回去公社的道路走去。

回到生產隊已將近傍晚時分，一個民兵過來通知帆說："治保主任叫我通知你，今晚七點準時在隊部前的地堂開會。"像這樣鄭重的個別通知，帆的心中已經有數，今晚開會就會批斗他。他趕緊搞了點吃的，就拿了掃把到隊部前的地堂，把地堂打掃乾淨，然後乖乖坐在小凳子上，等候人家來批斗他。

"帆！主任叫你去隊部！"等生產隊的人到得差不多時，一個民兵走過來對帆說，帆應聲而去。走到隊部門口，只見門關著、里面有人說話。帆猶豫了片刻，最後還是敲門了。

"進來！"里面傳來了聲音。帆推開門，只見里面坐著一大班人，貧協代表黃叔在說話。

不知所措的帆站在門口發呆，卻見坐在最後排的治保主任站起來向他招手叫他進去。帆不明主任意思、用右手指指自己胸口，經主任首肯後才敢進去，走到主任身邊坐下。只聽貧協代表黃叔繼續說：

"土地就只有那一點，多一幫城市下鄉的人，直接就分薄了農民的收入。這幫人原來有城市戶口，有國家保障的各種城市人的待遇。城市人都比農民有錢，背脊就比農村的農民硬。他們鬼主意也多，裡面、說不定有些還是高官的兒子。他們來農村玩上幾個月就會被調回城市，做他們父輩的接班人。這些人我們千萬不能得罪他們。其餘的人，都是成份差的，都要受我們管，受我們再教育。不過他們單身一人，有什麼麻煩事可以一走了之。而我們祖祖輩輩都在這裡當農民，解放二十幾年，寸步都不能離開這塊土地，死都要死回來生產隊這塊土地上。我們只知道天天都要去耕田，養隻雞都要交上去。上頭整天都說我們當家作主，其實都只是廣播在講的，我都無法知道講的人究竟是誰！我們大字不識一個，只有跟著上面派來的書記就對啦，他說你什么就是什么。對不對？"

"對！"坐在前面的幾個老農頭應聲鼓起掌來。黃叔瞇起雙眼，看了看一班坐在那里、茫然地聽他訓話的農民。這里就數他的官最大，他講話就放膽大聲。他訓話的時候，人人都不敢亂說亂動。黃叔咳了一聲，模仿著書記的樣子，雙手叉著腰，搖晃著上身繼續說："知青這班傢伙，聽聽話話就算數。不聽話時，我們就用階級斗爭這條打狗棒照打下去，沒有錯。"說到這里，他瞪了帆一眼。

"我們只維護本地貧下中農的利益，大家記住，要團結一致才有唻飯食。目前的生產並不很好，生產搞不好我們就沒有飯吃，現在我們要進行抓革命，促生產。今天的批斗會議，具體的安排就由治保主任來安排。"

"黃叔講了，要抓革命促生產，把生產搞上去，不然我們就沒有飯吃。今天生產隊開大會，就是要講這個話題。最近很多人不出勤，或者出勤不出力。或者有些偷雞摸狗的現象，損害了公家的利益，這些都應當要制止的，不然以後就麻煩了！"說到這裡，他停下來，環視一下。

"帆，我們今天就要開這樣的一個大會，你該知道怎么辦啦！"治保主任一說，眾人把目光轉過來看著帆，彷彿帆是他們生產隊的救星。

"我知道自己錯了，我一定要好好檢討自己。"帆說。

"既然如此，我就不再多說了。等一下有人來叫你出去、你就出來吧。"然後他又走去與黃叔嘰咕了幾句，他們就一起出去了。

房子裡只剩下兩個老農與帆，大家面對面坐著，屋內靜悄悄的。

帆也想讓自己靜下心來，細心地聽著外面的動靜。大約再隔了十五分鐘，此起彼伏的口號聲像是一陣陣出場鑼鼓頻頻敲打、密密傳來。帆的直覺告訴他，該是輪到他出場的時候了。他趕忙挺直腰，雙腳扎緊馬步坐著，低下頭、閉上眼，靜靜地等著。忽然，"砰"地一聲巨響，屋子裡的人都大吃一驚，只見治保主任一腳踢在隊部的大門上，把大門踢到幾乎要掉下來似的，治保主任和幾個年青的民兵一窩蜂地擁進隊部來，把早已預備好的繩索一下套在帆的頸上，駕輕就熟地把帆來了個五花大綁。這時帆稍抬起頭一望，只見隊部門口已經塞滿了人。

"看什么？還這么囂張，到處張望。低下頭！"隨著這叫聲，一只大手把帆的頭按下，幸好帆的馬步站得穩，不然幾乎倒下。這時主任把一個早已準備好的大紙牌迅速掛在帆的頸上,帆趁勢低頭一看,只見上面寫著"反革命流竄犯"幾個大字。帆還未看完,左右兩個人分別在兩邊,一手叉著帆的一邊肩膀,另一手扭著帆的胳臂,讓帆作個九十度彎腰,胸前的牌在前面晃來晃去,彎著身向前走去。這就是當時流行的噴氣式,帆就這樣被半推半揉地艱難地向前走去。帆想,自己居然還與當時國家主席劉少奇享受同樣的待遇。不知是否該感到幸運?還未想得透徹,一陣又一陣的口號聲傳來,震耳欲聾。

"打倒反革命流竄犯楊帆,打倒劉少奇!"

"擁護毛主席,擁護共產黨,擁護文化大革命!"

"抓革命促生產,擁護中央文革小組!"

"批林批孔鬧革命,打倒破壞生產的反革命分子!"

一陣口號聲後群情激昂,帆被叉得跪下來,頭髮給扯著,緊接著一陣拳頭像雨點一樣打過來。帆想:"不妙,把我當作儆猴的雞。"他急忙就著大家向前涌來之勢,順勢躺下,側著身子,彎起手腳,阻擋著這頓拳頭,並哎呀呀叫起來。參加批鬥的幾個老人也被後面洶涌的人群推倒,大叫救命。場面一度失控,極為混亂!

"要文鬥不要武鬥,要文鬥不要武鬥!"這時治保主任頓時清醒過來,大聲叫著。隨後黃叔和一些老農也向前攔開那狂暴無序的群眾。

"我們是革命群眾,我們響應毛主席的號召,抓革命促生產。我們要批判他的到處流竄罪,我們跟緊毛主席抓革命促生產。我們要批判他的思想,把他批倒、批臭!我們還要結合自己,檢查自己,提高自己的思想,看看自己今後應怎樣做?怎樣成為毛主席的好戰士!"主任說完就使了個眼色,讓黃叔和那幫老農講幾句。

帆被主任連拖帶扯拉到地堂中央,避開了那些被煽動到有點神經錯亂的狂暴的民眾的失控舉動。旁邊站著幾個高大的民兵,主任、黃叔、老農。隨後民兵、知青、三嬸……一輪又一輪的連番發言,場面轟轟烈烈的群眾發言,才慢慢進入有序的狀態。

帆一點也沒有聽到他們說什麼,只是祈求時間快點過去,拳頭不要再打過來……深夜,帆躺在床上,全身疼痛。這時他才覺得,成為運動員[11]真的是很悲慘。

---

11. 運動員:中國歷次的政治運動都會出現一批被批鬥的人,這些人的身份不會因運動的結速而赦免。相反還會世襲而被後代繼承下來,以後有政治運動,還會有不同程度的批鬥,這些人就被稱為政活運動員。最有名的就是地、富、反、壞、右、叛、特、走資派、知識分子。

想著、想著，極度的疲憊和濃重的睡意又襲來，他撫摸著自己傷痛的身體，躺在床上漸漸又睡著了。

第二天一早，帆和所有人一起準時上工，生產隊長、主任、黃叔、都在隊部門口微笑地看著人人都自動自覺地去開工。黃叔手舞足蹈地笑著對主任說："果然、階級斗爭一抓就靈！"

走在前面不遠的帆聽到，感到不寒而慄。他整天都心神不定，不停地思慮自己今後還會遭遇多少次的批斗？還會有多少次的腥風血雨會降臨到自己的頭上？

第二章

無辜牽扯再生波　立斷當機莫蹉跎

　　傍晚收工回來，帆已經精疲力盡。飯後，他就坐在鋪了塊發黃草蓆的床邊，無精打采地發呆。平日這時總有很多知青或年青農民仔過來閑聊，但今天這種場景已經不再。被批判過的帆馬上就被另眼相看，人們忙著與他畫清界線，避之唯恐不及。帆百無聊賴地坐那裡，看見天已快黑下來，便點上煤油燈，順手把門關上，轉過身來對著自己的影子發呆。

　　嘚嘚，嘚！一陣敲門聲傳來。

　　"誰呀？"帆一邊說一邊去開門。

　　"我是三嬸呀！我有件事想要你幫幫忙。"鄰居三嬸邊說邊熟落地走進來。

　　"三嬸，有什麼事？"帆問。

　　"我要寫張大字報。我那個阿彩，在學校裡整天寫大字報，但我叫來叫去、她就是不願幫我寫。你知三叔又沒有上過一天學校，整天只會耗在生產和他那只鬼煙斗上。我只好找你啦。"三嬸有點氣憤地叨嘮著說。

　　"好呀！沒有問題，寫來批判我的嗎？"帆笑著問。

　　"我哪有空閑時間來批判你呀！昨晚批你還不夠嗎？哦，你還記得我三嬸的發言是嗎？你知道我三嬸是婦女主任，我不講幾句過不了關，對嗎？"三嬸說。

　　"三嬸，你誤會我了！好啦，快告訴我，你要我怎樣幫你寫？"帆笑著說。

"我要寫張向生產隊長提意見的大字報。"三嬸瞪了帆一眼笑著說。

"不是吧！提什么意見？"帆有點不自然地問。

"今天生產隊長領著幾個青年仔，一聲不響，就把我們自留地種的花生全部拔掉，統統丟到魚塘裡去。我們一年到晚，吃油就全靠這些花生了！"三嬸說。

"什么理由呀？"帆問。

"以糧為綱呀！其他的不準種。"三嬸有點氣憤地說。

"三嬸，這卻是一件大事呀，以糧為綱是毛主席提出來的。"帆為難地說。

"這個我不怕，我是種在自留地上的。自留地就是我作主，我愛種什么就種什么，又不是在生產隊的土地上種。怕什么！"三嬸理直氣壯地說。

"三嬸，你說的也有你的道理，不過——"帆遲疑著。

"不過什么？是不是斗你兩下，就把你斗成隻縮頭烏龜啦！枉我一向都信任你，把你當作自己家人看待，現在你卻臨陣退縮？"三嬸確實有些生氣。

"三嬸，你無需生氣，我知道你和三叔都對我好，處處都維護著我，幫助我。記得初來時，你和三叔都是第一個主動來帶我們的，這點我是不會忘記的。不過——"帆說到這裡又停下來，瞪大雙眼望著三嬸。

三嬸突然靜了下來，用手輕輕地摸了摸帆的額頭。

"我沒有病！你想到那裡去？"帆笑著說。

"我以為你有點不正常呀！"三嬸也笑著說。

"三嬸呀！第一是隊長不能得罪，第二是毛主席的以糧為綱、更不能得罪！這兩條都不能觸犯的，你知道嗎？"帆收起笑臉，盡量壓低聲音、非常嚴肅認真地對她說。

"帆！毛主席也講過要為人民服務，照顧群眾生活也是黨的一貫方針。為什么你不從這方面去想想？"三嬸越說越大聲。

"三嬸，毛主席的話高深莫測啊！正面反面兩頭都講得通的。現在運動當頭，隊長敢這樣做，上頭一定有指示的。"帆急忙陪著笑臉、壓低聲音說，生怕把三嬸也得罪了，自己就真的變成裡外不是人了。

"他講得通，我也講得通。你說誰對呀？"三嬸還是大聲地說。

"三嬸，他是隊長呀！你不怕嗎？"帆低聲說。

"怕什麼？我也是婦女主任，他卻是走資本主義道路的當權派。"三嬸挺起胸膛說。

帆嘴裡不敢反駁，心裡更不敢認同，左右為難。他皺了一下眉頭，偷偷地看了三嬸一眼，希望她知難而退。誰知三嬸不但不退縮，反而拍著胸膛說："有問題我負責，我簽番個名就不關你事啦！加上黃叔又是我的遠房親戚，你怕什麼？有問題，我撐住！"三嬸放大聲音說。

"你絕對不能說我幫你寫的，不然我就麻煩了。"帆退縮著低聲說。

"知道啦，放心吧！我三嬸都不信，你信誰呀？"三嬸笑著說。

第二天早上，帆來到生產隊部前，見一大堆人圍著看大字報。

"是呀，我們不能再不敢出聲了，這樣做是違反政策的。"有個婦女說。

"這是極左的路線。"一個男人的聲音附和著說。

"什麼叫做極左？你學習過沒有？"隊長撥開人群沖了進來說。

"當然知道！你不要欺負我們婦女不知道你那套東西。"一個較年青的婦女說。

"你知道什麼？還不是人講你又說，沒有一點見識！正牌跟尾狗，應聲蟲！"隊長有點發怒了，面紅耳赤地說。

"噓！"圍著看大字報的那班人一齊噓起來。

"什麼事？什麼事！"在旁邊等待派工的另一幫人也圍過來，七嘴八舌。

"人家說他兩句就說人家應聲蟲，說人家無見識、跟尾狗！"那個較年青的婦女仍在說。

"寧左勿右是他一貫的做法，搞到我們無啖好食。"那男聲又再高聲地說。

"什麼寧左勿右，這是階級敵人向共產黨進攻的信號！"隊長說著伸手扯著那男的胸口的衣服，要把他拉出來。

"想打呀？"男的說。

"想打呀？"又有一個女的說。

"隊長打人啦，打人啦！"另外一班人趁機又大叫起來。

"我什么時候打人、什么時候打人？有誰見到？"隊長瞪圓雙眼，粗壯的頸上露出筷子粗的青筋，滿臉通紅，像喝醉了一樣。

這樣一鬧，圍上來的人更多，真可以說是群情洶湧。看來隊長拔去人家自留地的花生真是不得人心。可是隊長一口咬定自己只是執行上邊的指示，真是公說公有理、婆說婆有理。雙方爭來吵去也爭了一個多小時，隊長還派不出工、大家還開不了工。這時治保主任和黃叔經過，問明情況，急忙將大家勸開、并各領一群人分開幾處開工去了，爭端總算平息下來。

"你今天留下寫交待，要好好交待！"這時隊長回過頭特別對帆說。憂心忡忡的帆明白了，懲罰的大棒遲早還是要落到他的頭上。他暗暗恨自己，為什么要幫三嬸寫那份大字報？現在亂子鬧大了，只能怪自己多事。現在是人踩人的時代，自己生來就是給人家踩的，為什么還要幫人家？人家底子厚，自己算什么？一個臭老九，剛剛被批斗過，事情還沒有完結，又搞一大鍋麻煩事出來。帆越想就越煩惱，越煩惱就越不知所措。時間一小時、一小時地過去，他坐在那里，什么也寫不出。寫自己是煽動三嬸的大黑手，自己不愿意，也承擔不起。寫三嬸要自己寫，三嬸是貧下中農的中堅分子，腰板硬，也得罪不得。

中午很快到了，帆的肚子也餓了，但他不敢離開。隊長卻走進來，順手拿起帆面前那張沒寫幾個字的紙。

"外面三嬸的大字報是你寫的吧。"隊長冷笑著惡狠狠地問，帆沒有回答是或者不是。

"你不回答，我也猜到是你寫的。你看三嬸那個名字，哼！簽成條蚯蚓一樣，她怎能寫這樣的大字報？況且我認得你的字，我認得你的字，我、認、得、你的字！"隊長終於忍不住，把早上與大家爭執所積聚的怨氣，都倒在帆的頭上來，大聲地咆哮著。帆低著頭，緊緊地閉上了眼睛。

"什么事呀？"帆聽到是治保主任的聲音，睜開眼，見治保主任正從門外走進來。

"沒有什么事，我叫他下午不用寫了。一個上午都寫不出兩行東西來，下午去勞動好了。"隊長說。

"我知道啦，隊長。"帆低聲說完，隊長轉身就走了。

"我問過三嬸，她說大字報是她要你寫的。"主任說。

"我起初也不是愿意的。"帆說。

"我知道，這也不能怪你。不過後面的問題是，無法收尾！"主任說完、重重地嘆了一口氣，轉身就想走了。

"無法收尾！"這四個字的分量，帆聽得出麻煩來。

"看見今天早上隊部前的一幕，我都知道自己錯啦。能不能幫我一下？"帆趕忙拉住主任，低聲地請求他說。

"很難呀！"主任低聲說。

"那怎樣辦才好呢？"六神無主的帆問。

"不管怎樣，你要見機行事，好自為之，好自為之啦！"主任說完他這句慣用的口頭禪，就真的走了。

下午，帆按照隊長的吩咐去開工了。一切都非常平靜，當夕陽西下時，大家又嘻嘻哈哈沿著田基路回家了。快到隊部前的路上，卻見路上拉起橫額，沿路貼滿標語。帆一看，心裡暗暗叫苦。

"堅決走社會主義道路，斬斷走資本主義道路的尾巴！"

"以糧為綱鬧革命！"

"堅決揪出煽動群眾的大黑手！"

"打倒臭老九！"

這些明顯有所指的標語，讓人一看便明白了。同樣，晚飯的時候，民兵也來通知了。同樣打掃完地堂，帆坐在同樣的地方等著。人越來越多，還多了幾個四類分子，幾個經常不願上工的知青。主任和黃叔等老農也一早就到了，但他們卻沒有在隊部裡開會。這一切顯然與上次不同，帆的心情越來越往下沉。有人點亮了汽燈，白光照得整個地堂如同白晝。人不斷聚集。民兵持著七九步槍[1]，在人群外圍看守著，有進無出。顯然這次不同以往，氣氛格外嚴肅。

"大家聽著，我們今晚要開一個批判大會。我們要開的是堅決走社會主義道路，斬斷走資本主義道路尾巴的批判大會。我們要堅持以糧為綱鬧革命的根本方向，決不能半途而廢！為了開好這個大會，我們特別請了落實以糧為綱工作組組長李同志來為我們作動員講話。請大家鼓掌歡迎！"生產隊長說完，首先鼓起掌來，隨著疏落的掌聲響起，一個干部模樣的人從人群中走了出來。

"同志們，大家好！以糧為綱是偉大領袖毛主席親自制定的基本方針，無論任何情況、任何人都不能更改。現在搞文化大革命，目的是<u>堅持走社會主義道路</u>，而自留地是劉少奇反動路線的產物。我們不單

---

1. 七九步槍：德國毛瑟步槍的中國版，抗戰中為中國軍隊大量使用。

要堅持以糧為綱這個毛主席制定的正確路線，還要堅持走社會主義道路，兩者缺一不可。現在，你們這裡卻出現了一股反革命的陰風！我們就一定要與它作鬥爭，堅決把文化大革命進行到底！堅決擁護毛主席的革命路線！偉大領袖毛主席萬歲！萬萬歲！"隨著李組長的講話，一連串的口號聲此起彼伏。

"同志們，李組長為我們指出：這裡出現了一股反革命的陰風！就是昨天出現了批判我們拔掉她的花生苗的反革命大字報。我們就一定要把她揪出來曬曬太陽。"生產隊長話音剛落，兩個手拿七九的民兵把三嬸推到帆的旁邊，和帆那一班見慣世面的'運動員'站在一起，格外顯眼。三嬸雖然平時也鬥慣人家，現在卻變成被人鬥。一下子身份互換，很不習慣地變得滿臉通紅，也不敢隨便亂動。"同志們，你們看！昨天我都警告過他們，不要人講你又講，做足跟尾狗。"隊長說著用眼睛掃了一下人群，不見了治保主任和黃叔，心中有數，冷笑了一聲。他走到昨天與他頂撞的男人面前，惡狠狠地盯著他有幾分鐘，全場都靜了下來，只聽見汽燈的噝噝聲音。然後他又走到那年青女子面前，居高臨下地用犀利的目光把她逼到低下頭來。

"我看你們誰再跟我鬥，跟我鬥就是跟毛主席的革命路線鬥，跟毛主席鬥！大家知道，貧下中農是最純潔的，像三嬸這樣的貧下中農，絕對不會跟毛主席鬥的。她一定是受了階級敵人的唆使和操縱，我們今天不單要對三嬸進行批評教育，還要把她背後的大黑手挖出來，三嬸你說是嗎？"三嬸急忙說："是、是。"

聽見三嬸這樣說，帆頓時覺得背脊骨一陣寒意，而他馬上也悟出兩個道理：一般的老百姓，在利害關係面前，是沒有立場的！另外，群眾的激情是不能作為法律依據的。但運動當頭，很多時候都會把法律的責任推到民意身上，自己應格外小心。

"同志們，大黑手就在三嬸旁邊站著，要不要把他揪出來？"久經沙場的隊長，看了一下在旁邊微笑著的李組長，突然提出了這個問題。

"要！"大家同樣一齊叫了起來。

說時遲那時快，從人群後面閃出兩個民兵，也手拿七九。他們走到帆面前，喝令帆伸出雙手，然後一瓶墨汁潑到帆的手上，濺得帆的衣服、臉部到處都是。

"綁起他！"隊長一聲令下，帆熟悉的五花大綁又來伺候。在一陣又一陣"打倒臭老九"的口號聲下，帆不得不一再低頭認罪，盡受千夫所指。好不容易，帆才熬到散會。帆拖著幾乎散了骨架的身體回到了家，一頭倒在床上就像死了一樣昏睡過去了。

"起來，起來！"一陣吆喝聲忽然響起，帆一下子被驚醒，原來天已大亮。隊長派工時不見帆來，便吩咐民兵隊長來叫他開工。帆一時爬不起來，只覺得喉嚨滾燙，沙啞得發不出聲音來，身體也幾乎站不穩。民兵隊長走進屋來，看見帆全身墨汁還沒有洗，滿臉通紅，喉嚨沙啞得話也說不出；他再一摸帆的額頭滾燙，便搖搖頭走了出去，把實情報告給隊長。帆已顧不了那麼多，重又倒在床上，就這樣睡了兩天兩夜。他沒有吃東西，也沒有去看醫生，只是喝水缸裡的冷水。直到第三天的早上，門被推開，三叔和三嬸走了進來。三嬸摸摸帆的額頭，嘆了口氣，掉頭走出去了。不一會她又回來了，眼睛紅紅的、手裡端著一碗粥，她扶著帆坐起來，然後坐在一旁看著帆喝完。

"帆，三嬸對不起你，不聽你話，害到你受苦了！"三嬸終於流著眼淚說。

"三嬸，這不關你的事，也不關隊長的事。上面壓下來，你和他都要這樣做的，甚至全國人民都要這樣做的。"帆開解三嬸說。她含淚點了點頭。

三叔一直坐著，吸著那個神奇的小煙斗，煙絲在煙斗裡咝咝聲響、頻頻冒煙，他始終沒有說過半句話。但是在帆看來，三叔像千百年來的農民一樣，無論有多少怨忿或喜悅，都會化作一縷縷的輕煙隨風飛走。他們臉上的表情，令帆心領了三叔三嬸這對不善言語的老實農民的心。

帆命硬！過不了幾天，他又去開工了。不過他變得更加沉默寡言，甚至連平常的笑聲也不見了。文革最慘的是那些老運動員，無論什麼時候都用得著。不管批鬥那一派，哪些人，他們都會被拉去陪鬥，帆也是這樣的一名"運動員"，在運動群眾時經常被貼上各種各樣的罪名而派上用場。

一天收工的時候，黃叔又在田頭通知晚上開會。帆聽到後又是一陣緊張，他知道又要挨鬥了。他自覺地早早去了隊部前，該做的地堂清潔工作也和另一名老"運動員"做了，他還是第一個坐在地堂那個老地方。至於今晚誰來他就不管了，跟他一律無關。他的心已經封閉了，他的心已經死了。

"時間到了，會要開了，今晚這個會由我來主持。"這是黃叔的聲音。他喜歡叉著腰、搖晃著上身說話。他用犀利的目光環視會場一圈，大家立刻靜了下來。治保主任站在黃叔身邊，另一邊坐著支左辦的趙指導員。指導員一身軍裝，腰間佩了支短槍，正襟危坐，不怒而威。指導員在批判會期間沒有發言，一班老農團團著他，坐在他的周圍。

"我們今天要開的會議是擁護中國人民解放軍支持左派，擁護大聯合，擁護革委會。我們要狠批那些破壞大聯合的、死不悔改的走資本主義道路當權派。中國人民解放軍是我們的工農子弟兵，子弟兵最擁護毛主席的革命路線。現在毛主席要我們大聯合，成立革委會，我們一千個擁護、一萬個擁護。可是有些頑固的走資派，還在負隅頑抗。我們一定要打倒他！中國人民解放軍萬歲，大聯合萬歲！"

黃叔很快就結束了講話，緊接着民兵隊長站出來，叫帆和一班老運動員在中間排成一排，低著頭站好。然后，高大的民兵隊長把手一揮，向著隊部方向大喝一聲："帶出來！"帆給嚇了一跳，但馬上又定下心來。看來今天自己是陪斗的，主角不是自己，心中暗自慶幸。會場上鴉雀無聲，大家都把頭伸向隊部那邊，想看個究竟。

人群中發出了噓聲，帆看見兩個民兵押著一個被五花大綁、頭戴紙高帽的人，從隊部往會場走來。隨著他們越走越近，噓聲也越來越大。燈光掩影下，帆仍看不清那個人。慢慢、帆看到他胸前的大紙牌寫著'死不悔改的走資派'幾個大字。這時噓聲變得大到不可收拾，人們終於看清楚，原來他就是生產隊長！不單帆不敢相信，整個生產隊的人都不敢相信。

和很多人一樣，帆的心涼快多了，但又不敢形於色，仍然低頭站著。批判會上說了些什麼，帆不知道。他整個晚上心里一直有個疑問在團團轉：社會上兩大派真可以這樣互相批斗嗎？這場革命到底為了什麼？怨怨相報何時了？

散會時人們議論紛紛，沒有人想到會批判隊長。看來斗爭無情，運動需要，什麼都有可能。劉少奇不就是這樣嗎？堂堂國家主席不也是要享受噴氣式待遇嗎？帆越想越覺得形勢捉摸不定，他暗暗告誡自己，作為臭老九身份的弱勢一員，一定要與世無爭，各方面都不能得罪。同時，他更堅定了自己的決心：自己一定要找好機會離開這個社會，這才是最為明智的做法。

第二天，天氣晴朗，微微的南風讓人格外舒服。帆走到隊部準備開工，正好遇到隊長在派工。隊長雖然昨晚被批斗，今天早上看上去，仍然是若無其事的樣子。帆不禁心生佩服，能上能下，真有老革命的精神。帆從遠處望著這個從外地調來的隊長，只見他皮膚黝黑，難掩滿臉滄桑的皺紋。傳聞他是個有問題的干部,有什么問題?叛徒內奸?沒聽人說過。他理應是當大官的人材,而他一把年紀卻來到這個極為冷落的鄉村,當個天天派工管生產的隊長,這種情況卻是少之又少。帆自問如果換上自己,實在就無法為這五斗米去當這份逆來順受的苦差,可是隊長這樣一幹,就一輩子了。這時隊長轉過身來,一眼就看見站得遠遠的帆。

"楊帆過來!"隊長高聲一叫,所有人都轉過身來看著帆。

"哦。"帆只好走過去。

"從今天開始,你就去擔屎,把隊部邊那個糞池的大糞、擔到鎮西那個糞池去,那邊的菜地要用很多大糞。你看看這對桶合不合用?"他指著旁邊的一對早就準備好的大屎桶說。他話剛落音,眾人就哄堂大笑起來,連隊長自己也忍不住笑了。這一笑令到帆感到十分尷尬,他下意識地走去試試那擔屎桶。并不高大的帆擔起那對碩大的屎桶,桶底僅離地四吋左右,看起來極不相稱,旁觀者更加瘋狂大笑起來。

"我怕擔不起,桶這么大。"帆說。

"不會的,力是練出來的,你不去練,怎知道自己不行呢?"隊長認真地說。

"只是我一個人擔嗎?"帆說。

"你怕嗎?一個人擔就夠啦!"隊長用激將的口吻問。

"當然不怕!"帆并不示弱地說。

"我當年參加革命時也是個學生出身,身體比你還瘦弱,現在我的身體不是很強壯嗎?"他一面說一面向眾人展示他結實的手臂。

"膽也是練出來的,單人匹馬更是練習自己膽量的好機會,一個人去擔屎是練習膽量的好方法!"不等他說完,大家又笑起來。

人人都知道,生產隊部在鎮的東面,從鎮的東面走到西面,只有一條從鎮中鬧市穿過的石板街道。如果帆每天擔著兩個大桶屎,不停地從東走到西,又由西返回東,讓所有人都看著他、監視著他,這豈不是比遊街更精彩嗎?眾人越想越好笑、越笑就越覺得精彩。大家也覺得隊長這個主意想得絕,絕到無懈可擊。

隊長微笑著咪起雙眼、有點得意地看著帆,等待著帆做出回應。眾人也都屏住氣,瞪大雙眼看著帆。在這關鍵時刻、帆回心一想,隊長與自己無怨無仇,無根本利益沖突。至於運動中派性的問題,更沒有什么報復的理由。他這種長期在組織內進行苦斗的老手,搏斗的對像應該不是自己。我沒有必要在這方面去鑽牛角尖，和他過不去。即使這是他有意報復，自己也不是他的對手，也沒有什麼大不了的後果，不如因勢利導、化而解之。帆的主意一經改變，便輕聲地說："多謝你的指點！"說完擔起屎桶就走了。

一大堆等著看戲的圍觀者、眼巴巴看著帆竟然這樣輕易地順從離去，一時反應不過來，仍莫名其妙地呆在那裡。隔了一會，才有人說："開工啦，沒有東西看了。"大家才恍然清醒過來，一哄而散了。

隊長似乎也有些失意，低著頭一步一步踱向隊部。走到隊部門口的臺階石上，他又若有所思地、回過頭來看著帆那遠去的背影，直到看不見為止。

帆天天挑着兩個大屎桶，从镇的一頭把大糞担到另一頭。路程大约有一公里，路窄人多。個子并不高大的帆，盡力挑起裝滿屎尿水的木桶，走起路來還是一搖一晃。盡管他咬緊牙關、小心翼翼，還是會有些淌到地上。南方气温高，糞水的臭味，一下子就惹来了一大群蒼蠅。所以帆沿途所到之處都神憎鬼厭，不少婦女還背對著他竊竊私语。對這些、帆可以完全裝作聽不見，可是生產隊長的獨生兒子卻讓他躲無可躲，退無可退。

他是隊長花了十多年才追得來的兒子。他前面八個都是姐姐，所以村民都稱他為九少，也有一些年輕人干脆叫他狗少。九少約八九歲的樣子，長得尖瘦，一個大腦袋放在細小的身軀上，好像重心不穩地晃來晃去，兩只大眼睛看著你卻不停地轉。帆最怕遇上他，他卻一有空就喜歡在街上跟著帆，恰似一對冤家。

这天九少看見帆，就伙同兩三個小孩子，跟在帆身後唱："四眼卡，擔住桶屎笑哈哈，如果偷食就打倒他！"九少拿著一根樹枝，光著骯髒的上身，凸出一個與他瘦小的身形不相稱的大肚子，穿了一條黑色的牛頭短褲，神氣活現地指揮著那幾個小頑童。這時迎面走來幾個标緻玲瓏的大姑娘，每人担着一担刚收割的新鲜菜心，見到九少的模樣都哈哈大笑。其中一個指著九少說："你們看，狗少年紀小小就想管人，十足十像他爸爸那個樣子。"九少一聽是說他和他爸，說時遲那時快，立刻在地上撿起一塊大磚頭，用力扔在帆身後的桶里，頓時濺起屎尿的水花，挾帶著陣陣的惡臭味，濺得那班大姑娘和帆一身都是，卻令旁邊幾個阿嬸笑作一團。其中有個大姑娘真的生氣了，正想去追九少，卻見隊長迎面走來，就只好向隊長投訴。隊長聽罷，向九少喝令道："馬上回家，去做功課！"九少不聽，队长生氣，走上前去抓他。

眼看馬上九少就被抓到，突然一塊不大不小的石頭直向隊長的額頭飛來，啪的一聲悶響，隊長的額頭就腫起了一塊又紅又紫的包。眾人見狀，更禁不住哈哈大笑起來！九少所帶領的那三幾個流著鼻涕的小嘍囉們卻大聲地朗讀起阿爺那放之四海而皆準的語錄："下定決心，不怕犧牲，排除萬難，去爭取勝利！"一齊為他們的大阿哥九少打氣助威。原來那塊石頭，也是他們其中一個打出去的。在眾人哄笑之下，有點惱怒的隊長摸著他那突出一個包的額頭，隨手撿起九少丟在地上的樹枝向九少掃去，說時遲那時快，卻被站在旁邊的帆一手擋住，九少才免去一刼。這時聽到撲嗵一聲，只見九少一躍就跳入旁邊的小河，三兩下就游到對面去，嘻皮笑臉地對著大家，顯然他是不會聽從爸爸的話的。

這時隊長回過頭來看見帆的手臂上起了一條紅色的樹枝痕，急忙對帆道歉。這樣的尷尬場面，眾人心里好笑，但又不敢笑出聲來。隊長對兒子生氣、但又夠不著生氣的對像。畢竟隊長是見過風浪，他若無其事地轉頭跟大家說："時間也不早啦，收工吧！大家回去換衣服算了。"帆如釋重負地深深透了一下大氣，摘下近視眼鏡，用手刷一刷鏡片上的水氣，把這桶屎水擔去倒落糞池之後，就往自己的住處走去。

狹窄的街道上，鎮上人來人往，凡是從帆身邊走過的人，無不掩鼻側目而過。店鋪內的人，也指著滿身屎尿、無限落魄的帆、不知在議論什麼。眾人的視線如同千萬根針扎在帆的身上，讓他渾身難受。他的內心深處已經下定了決心，一定要盡快離開這個讓人窒息的鬼地方！

晚飯後，帆聽到敲門聲，開門一看，竟又是隊長。帆既驚異又納悶，心里七上八下，一時不明白平時很少過來的隊長，現在的來意是什麼？

"不歡迎我來嗎？"隊長見帆滿面狐疑的樣子，笑著問。

"哦，不是不是，歡迎之致！請坐、請坐！"帆知道自己怠慢了隊長，立刻改變態度，請隊長進來坐，又再去特意沖了一杯熱茶給隊長。

"好，謝謝！"飯後有點酒意的隊長，接過杯茶。他微睜開有點矇朧和充滿血絲的雙眼看了帆一眼，并順手拉起帆的手，看了看被樹枝打的、那條又青又紅的傷痕，又無何奈何地放下。

帆順手拉過一張矮木櫈坐在隊長旁邊，半低著頭、心里在不停地掂量著這個隊長的來意。

"帆，對不起，是我個仔令你受累，今天我特來向你道歉的。"隊長微微呷了一口茶，半閉著眼睛說著令帆大感意外的話。

"啊隊長，真的不關你的事，你無須這樣。"帆邊說邊急忙站起來，這時剛好看見隊長的額頭那塊有半個雞蛋大小的，又黑又紫的腫塊。

"我個仔頑皮，不聽話，'請'你不要放在心里。你的手一定很痛了，是嗎？"隊長說。

"最初是有點痛，不過我搽了點跌打油就好很多了，明天應該沒什么問題了。隊長，我看你額頭上的傷好像沒有進行過處理，又青又腫。我這里有些跌打油，效果不錯的。"帆邊說邊把跌打油拿來。

"今天我很忙，沒有時間顧得上去處理。"隊長不好意思地說，又用手輕輕去摸摸額頭上那塊東西。

"來！我幫你。"帆自告奮勇地用棉籤沾了些跌打油輕輕地在隊長額上的腫塊細心地塗了一圈，并問："痛嗎？"

"痛呀！今天那石塊打在我的頭上時，搞到我登時眼冒金星，我以為一定會流血了，幸好沒有流血，不然就出更大洋相了。"隊長苦笑著說。

"唏，少擔心啦！吉人自有天相，不會有事的。"帆說。

"哈哈哈！帆，你真是會說話，幾句話被你說到開心得很！"隊長和顏悅色地望著帆說。隊長又用手示意帆坐下。

"開心就好！我一向都是這樣的。"帆說。

"你真的不生氣啦？"隊長還不放心。

"隊長，這件事就過去了，我都不愿再提了。小孩子不懂事，是這樣頑皮的，我媽說我以前也是一樣。我不會怪他的，請你放心啦！"帆弄清楚隊長的來意，心裡的石頭放下，自然地說。隊長見自己的目的達到了，就歡歡喜喜地離開了。

第二天下午收工後，大家都集中到生產隊領工分，帆的心裡卻七上八下地盤算著。他心里很焦急，恨不得一步就走回廣州，就等著把工錢領到手馬上出發。他記挂着他與拍檔阿倫和樹根這次臨分手時的約定……還有、還有在梧桐山頂遙望香港的燈光，黑色的夜空泛起一團團彩色的光。它照亮了漫山遍野，照亮了他們的心！一直都生活在黑暗之中的帆，從来都沒有見過如此燦爛的夜空，也沒有見過什么是自由世界，更沒有呼吸過自由的空氣是什么味道。帆閉上眼睛，一切都在他腦海裡迴盪。但當他睜開眼睛時，所有的景像都消失了，一切又打回了原狀。帆趕忙又將雙眼閉上，努力回到剛才的景像中，自顧自陶醉著。

"楊帆，楊帆！"他覺得有人在背後推了他一下，急忙張開雙眼回頭一望。

"叫到你了！"帆背後的三嬸對他說。

"楊帆來了沒有？"生產隊會計站起來再問一次。

"我來了！"帆一面應著一面跑出去。

"這個帆的腦袋有點問題。"三嬸說。

"我看他給人斗傻了。"旁邊的一個婦女笑著說。

"這可能未必，不過單身一人到一個無親無故的地方生活，又不會摸蝦捉魚，硬打硬靠幾個工分生活，都是很困難的。"三嬸語帶同情。

"你少擔心啦！他們可以去向父母要點幫補的，我隔壁那個女知青都是這樣跟我說的，沒有人幫補就很難過了。"那個婦女說。

"長貧難顧呀，他們終究要結婚生仔，難道也要父母幫，幫到什麼時候？所以我看他們都不會安心長期在這裡生活的。"三嬸說。

"三嬸，這個後生仔不錯，你有沒有想過把你的女兒嫁給他？到時就是一家親，就可以互相幫忙啦！"那個婦女問。

"沒有！他用什麼來養活我的女兒？"三嬸笑著說。

"哇！這樣矜貴。看來我那個兒子想高攀你都沒有希望了。"那個婦女說。

"打你啦，居然又講到我頭上。"三嬸裝作發怒的樣子笑著說。

"三嬸，我先走啦，我要去供銷社買些口糧，遲了他們就關門了。"帆領了錢就跑過來對三嬸說。

"發了多少錢？"那個婦女問帆。

"幾元。"帆老實地伸出手裡的錢讓她們看。

"快去啦！遲了要關門的。"不等三嬸說完，帆已跑出去老遠了。

"你看！有事都先向你報告，比親兒子還好。"那婦女又笑著說。

"這一點又真的是，他一向都很老實地對待我們，我們也是把他當作家裡人看待。"三嬸也非常認真地對那個婦女說。

帆去完供銷社就匆匆忙忙地回到家。他趕緊洗完澡，馬上生火，煮了幾條青菜，加上兩塊腐乳，急急忙忙就吃飽了。今晚有點異樣的他呆呆地坐在木板櫈上，神思恍惚，連天黑了他都不知道。不知過了多久，好像有了一個決定在腦袋裡慢慢形成，他把火水燈[2]點起來，敏捷地走到床邊靠墻角的地方，用一根筷子從泥墻的破洞裡挑出一塊香煙包用的錫紙，正想打開。

"帆哥，開開門！"一個銀鈴般的聲音，打斷了帆的舉動。

"等等，誰呀？"帆趕忙把那卷錫紙放回原處，打開了門。一個穿著一身大襟衫的妙齡農村少女出現在門口，貼身的衣衫令她略顯豐腴的胸部和未完全發育的纖細腰身形成了對比。兩條梳得異常精細的、烏黑油亮的孖辮上，扎著紅色頭繩，襯托著那梳得工整的劉海。彎彎細眉下，少女那對會說話的眼睛盯著帆，兩頰緋紅、微笑著不說話。原來是隔壁三嬸的女兒阿彩。帆松了口氣，但仍下意識地把目光移去關注那塊錫紙包住的東西有沒有放好，竟完全感覺不到站在他面前的端莊而又充滿青春氣息的姑娘。

"阿彩，吃過晚飯啦？"停了一會帆才隨口應酬問。

"吃過了，你呢？"她注視著雙眼東張西望的帆問。

"我今晚吃得早一點。你有什麼東西需要我幫你的，快拿出來吧。"三嬸這個在農業中學念書的女兒，幾年來經常過來問功課，時間長了，大家都相當熟絡。帆一向都把她當作自己的妹妹，她的家人與帆也像一家人一樣。

"帆哥，今天我的功課都做完了，沒有什麼特別的東西要問你。"她微笑著說。

"那你找我做什麼？"帆說得有點不近人情。

"我過來看看你不行嗎？"她仍然笑著說。

"可以。"帆不以為然地說。

"我在家吃飯時，從窗口望過來，不見你這邊有燈光。我怕你有事，就過來看看。"她認真地瞪著那對水汪汪的大眼睛說。

"我沒有什麼事，現在還不是好好的？"帆禮貌地安慰她說。

"你幫我媽寫大字報的事，我知道了。連累到你被批鬥，又擔屎又遊街。這是我最心痛的事情，也是我最擔心的事情。"她有點傷感地說。

"這不關你的事，我自己會處理好的，你不必為我擔心。"帆裝得若無其事地笑了笑說。

"你以前不是對我講過士可殺不可辱的故事嗎，你現在忘記了？"她

---

2. 火水燈: 廣東人把煤油燈叫火水燈。

臉露痛苦的神色說。

"我現在不是很好嗎？以前那些是封資修的故事，現在不能再講了，不能再講了！"帆一本正經地說。

"你是捏著自己的心說話的，我和媽都很擔心你。我那天晚上和媽過來看你，你又不在。"她仰起她那低垂的頭，帆發現她的兩眼已充滿了淚水。

"你們不必擔心我。我慢慢就會習慣的。"帆不由得想要安慰她。

"你能看得開最好，我就怕你一時想不開，我很躭心。"她說著說著就把身體向帆倚靠過來。

"我會很好地活著的，放心吧！"帆知道她懂事了，就認真對她說。

"是這樣就最好，我的心非常痛，非常難受。"她睜著一對含淚的大眼睛，楚楚可憐地看著帆。感覺遲鈍的帆忽然間感覺到她的情意。他再認真看了她一眼，覺得她已經完全不像過去那個天真爛漫、活潑可愛的小妹妹。帆這才意識到，時光荏冉，昔日的小姑娘已變成了一個惹人憐愛的大姑娘。

"每個人的命運各有不同，我生來就注定要受這些苦的，你是幫不到我的。你能關注到我，我十分感謝你。"帆故作淡定地說。

"不！這份大字報本來是我媽要我寫的，可我知道，這是一份很難完成的工作。現在你幫我做了，反而連累到你。我跟你是一樣的命運，我和你是分不開的，帆哥！"她突然變得非常激動，一把緊抱住帆，嚶嚶地哭起來。

"你不要這樣，有事慢慢講。我知你關心我，我十分感謝你。你千萬不要這樣哭。而且我是個臭老九呀！跟我這樣的人在一起，你一輩子都要受苦，永遠都沒有前途，我是不適合你的。"阿彩的突然舉動令帆萬分震驚，一時之間竟不知如何是好。

"我不介意，我寧願和你一起過苦日子！"她聽到帆這樣說，更加哭個不停，雙手緊緊地拽著帆，激動得渾身發抖。

"彩，你不要這樣，不要哭了，一旦驚動了你媽，我就死定了，真是跳進黃河也洗不清。拜託你千萬要收聲、不要哭了。"帆嚇了一跳，慌忙推開她，同時向門外望去。

"你怕什麼？是我自己要的。"她清醒了一點，仰起頭來看著帆、無限深情地一字一句慢慢地說。

"我非常感謝你，但你也要為我想一想。如果剛才那一幕給你媽看見，肯定說我欺負你，再加上現在我的處境，我可以逃得過世人那一張嘴嗎？"帆心有余悸地說。

"我不管，我願意。不過……哦、我還是要聽你的話，不然就害了你。"阿彩想了想，聽話地說。

"彩，你今年才十七歲，而我三十歲了。目前我們是不可能結合的，最起碼都要等到你滿了十八歲後才可以討論。以我目前身處的政治環境，人家隨便給我一個引誘未成年少女的罪名，這不單會令你的名譽會嚴重受損，你再想一下我的下場會怎樣呢？"帆冷靜而認真地說。

"對不起呵！帆哥，我明白了，這樣反而會害了你。"她低著頭輕聲地說，臉漲得緋紅。

"我不怪你，你還太年輕了，有些東西還不知道。"帆說。

"是，我知道了。那我以後應該怎樣做才對呢？"她抬起頭，望著帆輕聲地說。

"你目前什麼也不要去想，好好念書，很快你就畢業了。那時你的年齡超過十八歲了，你的見識、眼界也開闊了。如果你到時候仍然選擇我，我們再談也不遲。如果你到時有了新的想法，有新的選擇也可以。大一年、你的想法又會成熟很多了。"帆說到這裡，偷偷看了她一眼，因為自己最後一句顯然是緩兵之計。帆不想讓她立刻失望，只希望隨著她年齡的增大，能夠逐步明白這種結合是絕無可能的。況且帆自己正在處心積慮地進行著一系列的其他行動。

"不會的、不會的。我喜歡你，你一定要等我。"她說著又一把抱著帆，失聲哭起來。

"你一定要聽我的話，不然我們就危險了。"帆輕輕地把她推開一邊。

帆花了很長的時間才把姑娘勸說定了，她終於願意先回家去。

她一離開，帆馬上把大門緊緊扣上，坐下來深深地喘了一口大氣，擦了擦額角的汗。這件突如其來的好事，實在令帆失魂落魄，他不知道如何是好。他完全沒有思想上的準備。要這忽然而來的、自己完全沒有意識到的、不成熟的愛情，還是要自由？很快，理性讓他選擇了自由。

其實下鄉之初，帆就警誡過自己，在沒有徹底解決自身環境問題時，絕不能考慮婚姻大事。這條警誡線他一直不敢逾越，直到今天。

他馬上轉過身去把放好的那個錫紙包重新拿了出來。他把它握在手裡，靜靜地聽聽外面有沒有異樣的聲音。確定安全以後，帆把燈拉到自己面前，小心翼翼地撕開錫紙，露出了一張干淨的流霖[3]。帆的心放下來了，他明天買車票就要靠這張翻新過的外出證明了。他現在有錢、有米糧、有流霖，明天一早就能離開這裡。他把要準備的東西收拾好，馬上睡覺去了。

　　下半夜二點多帆就起來，熱了熱昨晚的剩飯吃了，馬上起程。他離開時心裡很不是滋味，還不時回過頭來，看著三嬸的房子。帆不斷地反問自己，明天當阿彩知道自己的離開一定會很傷心、很傷心。自己是否太自私？是否太絕情？可是我有辦法嗎？阿彩，對不起呀！我們生長在這樣的一個時代，是我們命苦。我們沒有選擇的機會，更沒有結合的可能！

　　他越走越快。夜里沒有人，這裡又是自己熟悉的地頭，三個多小时的路程，转眼就过去了，他很快就看見自己上次被抓時的生产队。这时候他倒犹豫了一下，放慢了脚步，輕輕走到村邊的一座小房子面前的黑暗處，一動也不動地站着，仔細地打量着四周的動靜。一點風也沒有，他身上直冒汗，四周的小蟲還是挺欢快地叫着。這時大概也臨近黎明了，四下沒有一點燈火。那些整天辛苦勞累的可憐的農民，還在夢鄉。

　　帆打量了一下周圍，認定安全之後重新又走上大路，大步前行。大約在黎明時分，他走到了縣城。為了保險起見，他沒有立刻在縣城車站上車，而是花多一個多小時，走多一站，在下一個中途站上車。當他安穩地坐上了車，擦擦額頭上的汗水，才安心去想下一步的事情。

　　這次和阿倫、樹根起[4]後這么多天，一直沒跟家里人聯繫過，對家裡來說他音訊全無，生死不明，想來全家人都會惶恐不安，母親會整天暗自流淚。可喜的是，明天就可以見到家人了。

　　如果長期呆在生產隊，只有等運氣這一條路。現在跑回廣州，就因為廣州信息發達，自己從小在那裡長大，人際關係多，門路多，對辦事有利，對蛟腳有利。廣州也是各路風雲人物匯聚的中心，政府管理的政策性較強，人口流動性大，情況比較復雜，沒有明顯犯罪的證據，權力單位一般不會強行驅逐。當時農村有些地方，常有大型武斗，知青回城躲避，實屬正常。因此，對一般回城來依靠父母家人的知青，政府及農村單位的領導都不會管得太厲害。

---

3. 流霖：被漂去墨跡的使用過的出行證明。
4. 起：　此指啟程偷渡。

文革的歷史證明，當有些地方對知青進行非法驅趕、抓捕、甚至屠殺，城市的家是最安全的避難所。文革幾年來，農村干部對知青回城的態度慢慢也有所轉變，他們會認為在農村少個香炉少個鬼。回城的知青不会再有工分，也不用再分配口粮，相對減輕了農村的壓力。這樣對雙方都有好處，他們也樂得睜一只眼閉一只眼。

　　像帆這樣的最底層的小人物也看到了這種現象，也學著人家回到廣州來。至於他能否會在廣州碰到好運氣，或有一番風雲際會？那就請讀者拭目以待了。

第三章

未至家門又跌倒　欲為自由代價高

中午时分，帆坐的公共汽车慢慢地驶進廣州市，这就是所谓的大圈。帆看着車外的街景，只見市內滿目瘡痍、又髒又亂，破敗不堪。馬路兩邊的商鋪大部份關門，商店的門面都貼滿大字報，一片黑白斑駁。路邊站滿一堆堆滿腹憂慮的看大字報的人群。有些人茫然四顧，不知所措，有些人低頭匆匆趕路。到處都架有高音喇叭，刺耳的普通話一遍一遍地廣播，有主義兵的、旗派的、總派的[1]。廣東人派性不強，他們大都是逍遙派，與世無爭，不理什麼這個路線，那個革命。自古以來廣東一向被稱為南蠻之地，歷代也確實有很多"蠻人"被流放到廣東這個地方來。這裡的人在傳統上一向也不討朝廷喜歡，廣東人往往被冠以"兩面三刀"的評價。廣東人有自己的道德標準、做人的模式。當他們實在活不下去時就向海外逃亡，所以偷渡也是他們的一個傳統選擇。當時本地的年青人中已自發地形成一些秘密的偷渡小團伙，去尋找自由的生活。帆就是沖著這一點，回到廣州。

汽車拐了個彎，駛進右手邊的汽車站去了。帆忽然發現前面站着一支二三十人的隊伍，穿着全副整齊的綠軍裝，人人手臂上都戴着紅臂章，手握一條齊眉高的紅白水火棍，一截紅一截白，格外醒目！"散開，散開！"其中一個駝[2]了枝短槍的，應該是領隊的人發出了號令。说時遲那時快，整支隊伍一下散開，形成一個包圍圈，把剛進站的汽車

---
1. 主義兵、旗派、總派：當時廣東的主要造反派。旗派是一派，總派與主義兵是另一派。
2. 駝：廣東方言，背的意思。

團團圍住。幸好司机技術也不差，来了个急刹車，却苦了乘客們，大家都撞了個人仰马翻，亂成一團。正在想東想西的帆也幾乎整個人沖向前面，急忙拉住扶手。

人們驚魂未定，就聽见一陣陣急促的拍打車門声音，"開門，開門！"頓時車内的空气凝重起来，你望我望你，谁都不敢哼声。帆暗自叫苦，瞄了一眼車外面，心裡萬分緊張。眼看安全到了廣州，這突如其來的形勢難道又會令自己功亏一簣？再看看那些人，個個高大威猛，神情嚴肅，雙手横握紅白水火棍，如臨大敵。那个駝槍的領隊，看上去大约二十多岁，由兩個副手護着他上車。

"这是什么？"領隊的操著北方的口音問。他踢了一下對着車門口的一個顯眼的麻包袋，明顯這是屬於旁邊座椅上的農村大嬸的，但她没有回答。領隊的副手马上就伸手去检查并說："是黄豆。""拿走！"領隊下了没收命令。"不許拿！"旁邊坐着一個黑實又年輕的農村青年人一下子站了起來，態度異常堅決地说。这下子大嬸却又慌又急地對那青年人说："你不要管、不要管啦！"

"检查他的！"領隊指着那個青年说，他另一個副手用手一摸旁邊另一袋说："也是豆。""拿走！""你敢！""来人啦！"马上又冲上四個人来，眼看真要打起来，这可不是闹着玩的。一車人上下有幾十個人，有個三长兩短怎样去對上级及公眾交待？

这时候司机開口说："隊長，有事慢慢講，車上還有幾十人，一下子冲撞起來，傷及無辜就不好啦！發生了事情我也無法交待！"司機開口了，車上的乘客也七嘴八舌地好言相勸，这时車站的領導也匆匆跑過來帮忙處理這件事情。

"你們以為我要你的黄豆嗎？你們知道嗎？現在階级敵人猖狂，到處投机倒把，倒买倒卖，破坏我们抓革命促生产，擾亂我們的經济生活，破壞文化大革命，反對我們黨中央，反對毛主席！我们是市革委組織的工人糾察隊，我們執行中央指示，堅決殺絕階级敵人的歪風斜气。我们就是要捍衛無產階级文化大革命，打倒階级敵人。毛主席萬歲！萬歲！萬萬歲！！"聽到他一長串的、千遍一律的、由口號組成的慷慨激昂的革命道理之後，全車的人居然也不敢再哼声了，很多人也跟隨着他們一齊喊起口號来。口號聲此起彼伏，居然也壯起這班人的"革命胆色"！

这班革命的糾察隊員逐一检查了人們的物品。那位大嬸的大豆给没收了，因为她的袋子最大。她又不是廣州的居民，是廣州市周邊的農民種了點東西拿出來賣，铁定為投机倒把，炒买炒卖。年轻小伙子的豆子少很多，但他反應又最强烈。領隊想了想，最終採取了息事寧人的態度說："按照數量多少來衡量，你還不致构成犯罪，這次算啦！"其他從農村帶東西出來廣州市的，或多或少都被拿了些。這時帆明白這些人的目的是撈油水。他無法認同這些人的"革命"，心裡為這些平民百姓憤憤不平。這些人打着革命的旗号就可以隨便拿人家的東西，侵占平民的私有財產，搶奪人家的劳动成果。對這種以擄掠別人的正當財産为目的的革命，他心底里實在看不起！他愤怒，他替这些"革命者"感到羞恥。他不屑地看了這些人一眼，吐了一口涎沫。

"你的呢？"從背後走過來的隊長看見帆在吐涎沫，似乎下意識地感到他的不滿，就問。

"我沒有什麼。"帆說。

"你腳下那袋是什麼？"他惡狠狠地瞪著帆說，帆不吭聲。

"是你還是他的？"他問帆旁邊的人。

"這不是我的！"那人說。

"是一袋米。"隊長的副手伸手去摸了一下說。

"這是我的口糧。"帆說。

"你的——口糧？為什麼剛才問你不說？"隊長說，同時上下打量著帆。

"你那袋口糧足有幾十斤，你是那里來的？證明呢？"副手說。

"你看吧。"帆拿出那張流霖，那隊長一把抓過來。

"是知青嗎？"

"是。"

"回廣州干什麼？"

"探親。"

"探親？我看你是想倒流回城！綁起他，把米沒收！"他不加思索地說。帆沒有回答。

"拿繩來！"他的副手探頭到車外叫人。

"好，來啦！"隨即有兩人拿著繩子跑上來，動起手來。

"別亂來呵！憑什麼綁我？"帆一面反抗一面問道。

"憑什麼？大家聽住，剛才我說過我們是市革委組織的工人纠察隊,我們不單要整頓市場秩序、打擊炒賣炒買,斬斷資本主義的尾巴,我們還要堅決執行毛主席的號召,堅持上山下鄉的大方向。我們要加強街道管理、維持治安。我們要管控好地富反壞右、黑七類、及各類遣返人員[3]、倒流知青[4]及各種可疑的閒散人員等等。大家看看,這張證明寫著回廣州一個月,他最起碼都是倒流。有沒有其他方面的懷疑,要拉回去審過才知道。"隊長理直氣壯地說完,整車人竟然鴉雀無聲。

"我回自己的家都要拉?憑什么呵?"帆掙扎著說。

"還嘴硬!"隊長邊說邊踢了帆一腳。隨即帆就給人五花大綁起來。

"來多幾個人,把東西搬下車。"副手向車下那群人大聲指揮著。

"拉他下去再說。" 隊長下令說,兩人就推著被扎得緊緊的帆,跌跌撞撞地下車。走近前面車門時,帆看了一眼那個大嬸和她那年青的侄子,心里想、臭老九更差。本想來廣州碰碰運氣,沒想到會在家門前跌倒!未見其利、先見其害。

"快走,看什么?"帆給身後的工糾[5]一推,幾乎跌下車,和剛要上車搬東西的一個工糾撞個滿懷。帆被他一手推住,才沒有跌倒。

"咦!怎么是你?"那人扶住帆問。

帆定眼一看,這個一身草綠色軍裝的工糾隊員,原來是自己的好朋友元哥。他一副俊俏的臉孔上戴上一頂草綠色的軍帽,帆一開始完全沒認出來。

"元哥,救我呀!我回家看生病的父親,被他們認為是倒流,要拉我呀!幫下我呀,元哥。"帆如遇救星地大聲求救。

"兄弟,這個是我多年的老友,我看一定是搞錯了。"元哥對押著帆的兩個工糾說完,轉身就跑上車去找隊長。

隔了十分鐘左右,乘客陸續都下車了。只見元哥一邊和隊長下車,一邊點頭哈腰地給隊長掏煙打火。隊長噴了一口濃煙,輕蔑地看了帆一眼,頭也不回,把手中的證明向後一揚,丟給了元哥說:"帶他走吧!"

"謝謝,謝謝!"元哥連聲說完,就立刻去幫帆解開那五花大綁,又跑去取回那袋米,拉著帆就走了。

"你和我都可以走嗎?"帆不解地問。

---

3. 遣返人員:文革期間,把那些被認為成份不好的人,從城市趕去農村,這些人叫遣返人員。
4. 倒流:農村知青不經批準,沒有證明而私自回到城市的叫倒流。
5. 工糾:工人糾察隊的簡稱。

"可以走了，我們都是搞半天就完工。回到單位把沒收來的東西留一部份給領導，其餘的就大家分了算。"元哥說。

"大家分了？這樣合法嗎？"帆奇怪地問。

"合法！現在誰最惡，誰就是法。"元哥說。

"我覺得很害怕，這樣下去社會就不知會變成怎樣了。"帆十分感慨地說。

"你顧好自己先啦、兄弟！不要再書生氣十足。刁德一[6]都說，有槍就是草頭王。你見不到我們的指揮隊長是穿軍裝、駝了枝短槍的嗎？"元哥笑著說。

"就是這樣我才害怕，像剛才那樣，他說綁就綁，說放就放。完全沒有道理可說，更沒有法理可依。"帆講起法理又變得有點激昂起來。

"今天的社會變成這樣，哪裡有法理呢？我們只好跟著走啦！冷靜點、冷靜點。"元哥急忙勸說帆。

"元哥，我想問你，為什麼隊長會聽你，居然放了我。"帆問。

"哼，那個家伙是市革委派來工廠組織工人糾察隊的指導員，是部隊什麼學毛著的積極分子。他來自極貧的農村，來到城市，樣樣都覺得新奇，什麼都想要。他又好走極左路線，更喜歡向上爬。剛才我暗中塞了二圓人民幣給他，問題就解決了。"元哥笑著說。

"哦，怪不得。二圓人民幣我們也要做很多天才能得到，你怎麼就這樣輕易給他啦？"帆說。

"沒有辦法啦，現在是什麼時勢呀？"元哥說。

"元哥，對不起，錢我遲一點還你。"帆說。

"說這些干什麼？你沒有事就好，沒有事就好！"元哥說。

"今天我幸運，不知道我那一份修得到，遇上你。而你剛好又榮升為工人糾察隊員，我才擺脫這份劫難。"帆說。

"你不要笑我了，你都知我一向落後。我大舅是廠革委會副主任，關照我混這份優差，我才有機會幫到你。今天的社會，有權有勢就可以混得風生水起，沒有權就混個屁！不過，說實在的我都不稀罕，反而我是希望有機會去老K[7]。"元哥不以為然地說。

"總之我要多謝你，你幫我多謝你大舅。"帆說。

---

6. 刁德一：文革樣板戲紅燈記中的壞角色之一
7. 老K: 指香港。

"帆，我看你托住這袋米都走得很辛苦，不如到我家坐一下，我下午又沒有事做，我到時用部單車送你回家去，怎樣？"元哥的提議，真是正中下懷。

元哥的家，在狹窄的惠福西路一片老榕树遮蔽着的地方。元哥住頂層四樓，经过一条黑暗的盤旋楼梯、帆好不容易才到頂樓，已經氣喘呼呼。这个四楼，其实只有一个12平方米大的房間，外加一个三平方米的露台。

一進家，元哥馬上去推開窗門，一陣陣清涼的風迎面吹來，只見陽光照射下的老榕樹頂上，一片片嫩叶晶瑩剔透。帆站在窗前左右張望，整条路上的樹像一條綠色的长龍，扭動着柔软的腰身，游向遠方。

"聽你家人說你又起了，今次幾隻命[8]？"元哥說著遞過來一杯茶。

"三隻，大東线局[9]、博罗堆[10]。朋友叫阿倫、他有路，起過一舨。他水性不是很好，想找個人傍[11]，所以一拍即合。"

"你上次是第一舨跌倒，一放出來又起第二舨，你都起得好密，不怕辛苦嗎？"

"不怕，上一舨是頭一次，得你義气帮忙，令我能在7月4号起。當時我雖然是有心硬闖清溪，但對偷渡一點也不懂，全無經驗，更沒有成功的把握。我當時心裡想的是：若不成功就到格仔去向人家學習。所以就顧不了那麼多，去了再說。而這一次是我的第二次，人家帶著我去。他需要个水性好的人。他是被撈虾蛟[12]返來的，在危急的沖線關頭，他的女朋友游得快、幸運地游過了中線很多，巡邏艇看不到她。他自己游得慢，被巡邏艇追上撈了虾蛟。他一回到廣州後就立刻策劃，說起就起，一切都是他抓莊[13]。這次我沒有選擇、也不能顧得那麼多了，就立刻上馬。"

"這次另一隻命是誰？正式幾號起？"

"另一隻是博罗的搏仔[14]，叫樹根。9月16號就是農历八月初一，當天是樟木头墟日，我与阿倫坐車到樟木頭前個站落車時已近中午，樹

---

8. 幾隻命：幾個人。
9. 大東线局：走博羅、惠州以東的偷渡路線，一般稱大東线局。
10. 博罗堆：指以博羅縣的某地方，為預早確定的偷渡人員及應用物資匯合的起步點。
11. 傍：指依靠、支持、幫忙。
12. 撈虾蛟：在水中泅渡時被捉。
13. 抓莊：作主策劃及指揮。
14. 搏仔：泛指農民。因農民每日都要用鋤頭去敲打堅實干硬的泥塊。敲打的廣東方言叫搏。博羅是地方名，搏仔指農民，是偷渡者的背語。

根和他哥每人一部單車搭着我们兩人由小路到博罗。"

"這一次沒有查霖[15]嗎？上次你在清溪跌[16]，就是因為查霖。"

"到樟木頭才要查，在樟木頭前就不要。"帆继续说。"去到樹根家已近下午四點多，雖然還沒有天黑，但日影已傾斜。因為有當地人的接應，左拐右繞、我們很自然地、神不知鬼不覺就到了樹根家。他家近村邊，屋前面是一條很少人走的路，後面及四周又有一大片蔗地，屋前向南再望去就是一片山坡……

"晚飯後我们小睡片刻，樹根的哥、大约四十歲左右的農民提着柴油燈叫醒了我们，大家都很紧张，马上起来背上准备好的背包就出發了，临行前他吩咐樹根領着我們從山坡一直走就可以上到大山。"

"出来順利吗？"元哥问。

"顺利！出来時漆黑一片，连星星都沒有！樹根熟路走在前，阿倫跟着，我在最後。還沒有到午夜，我們就上了大山，村莊的燈火渐行渐遠，大山嶺上一片漆黑，幸好慢慢又有點月光。我們一直在大山的山脊上行走，而且是在晚上，我從来沒有过这种如幻似影的黑夜深山的经歷。从初一走到初八，共走了八天，一直走到沙頭角水邊的沙灘前。阿倫踩到山豬夾，啪的一声，夾住他的右腳，差點把他的腳腕也打壞，我和樹根兩人死命用力才拉開山豬夾，把阿倫的腳拉出。但這卻驚動了嗅覺靈敏的大猫[17]和老解[18]，馬上聽到不遠處一聲狗叫。我們走開不遠，幾隻半個人高的大猫就飛快撲過来，咬住阿倫一推，竟把他推倒在一丈多遠的沙灘上，他整個人就不能動彈，一個老解還上來補了他一槍托。我和樹根跑向另一個方向，被迎面的老解截住，幾只大猫把我倆團團圍住，我們只好束手就擒。"

"可惜，可惜！越到邊境越困難。"元哥說。

"這沒有什么可惜的，但最令我感到驚異的是，得失就在瞬間，竟有著天淵之別。"帆感慨地说。

"你這次雖然跌倒，卻令你學到很多東西，領略到很多經驗的。"元哥鼓勵著帆說。

"元哥，我這次也不平靜呀，特別在我內心上。"帆說。

"為什么？"元哥問。

---

15. 查霖: 檢查通行證明。
16. 跌: 偷渡失敗被抓。
17. 大猫: 指專門守邊防綫的軍犬或警犬。
18. 老解: 指解放軍。

"記得在踩到山豬夾的前兩天,我們向著高聳入雲的梧桐山進發,走了整個晚上。那夜天黑路滑分不清是濃霧還是細雨交錯而來,濕濕滑滑特別難走。直到黎明時分,天麻麻发亮,一阵微风卷走了圍繞着我們身邊的最後一團白色的濃霧,借著我們前方射来一丝微弱的、短暫的晨光,我們才得以環視了一下眼前的景像,不由倒抽了一口冷气。我們腳下就是一个幽深的刀削般的峭壁,路途的對面也被另一座峭壁阻擋,離大家不遠。兩座峭壁之間是一條深澗,深不見底!我們三人就像夾在兩座峭壁之間。左手邊也是高山,黑黑的看不見頂。哦!我們花了一整夜的時間就是從左邊的峭壁下來。右手邊僅有一絲朦朧的光掩映過來,看來那邊地勢較低。冷風夾雜著冰寒的水氣從下面黑魆魆的地方直往上竄,令人不停地顫抖。我們仰起臉往上望,也望不見頂,只見石壁上枝葉橫生、遮天閉日。天空開始微微發亮,四周圍濕漉漉,顯然這種情況下行走是非常危險的。"帆说到这里稍停了会儿,好像又回到了当时的情境之中。元哥目不转睛地盯着他,等着他继续。帆又接着往下说:

　　"我們決定暫時在那裡停一停,等天亮一點再走。大家就找了个稍為平坦、只有幾平方米的地方坐了下來,那里光禿禿的,只長着一些小草。昨天晚上我們是從左邊向右走,左邊的坡明顯沒有這邊的陡,所以我們才有可能走到這里。我們三人不約而同地往右前方看,當時天色還是有點黑,看不清楚。隔了一會,景像又好像看見清楚一點。在黎明時分,總是這樣的。倫再仔細地看了一下,自言自語地說,'对!斜斜地向右走,趁早找个堆[19]。'阿倫說完又站起來,謹慎地踏在狹窄而又傾斜的小徑,一步一步地往右前方走去。他腳下的泥沙和碎石、不斷地向下滑動,他要挖個步坑來支撐自己,才可以跨出另一步。每走一步,都有松散的碎石刷刷向下滾去。四邊沒有任何可以拉扶的草木,只有隨身的那條扶手棍成為生命的支柱。樹根走在中間、我走在最後,一步一步跟著向前走。忽然間、樹根驚叫:'阿倫!你看下面!'我顺着樹根手指的方向一看,馬上痛苦地閉上眼睛,整个人都在發抖。石壁的底部那里趴着一個人,一個臉朝下、背朝上的人。他呈大字形地一動不動趴着,背上背着一个背包,顯然是一位卒友[20],周圍還有一大灘血!"帆說到這里就停下來了。全身顫抖,雙眼緊閉。

　　"別激動,喝口水休息一下、慢慢再说!"元哥抑制住自己的激動對帆说,雙手用力地擦擦自己的臉,顯然他也在盡量讓自己恢复平靜。

---

19. 堆:預早確定的偷渡人員及應用物資匯合的起步點。
20. 卒友:最初是指偷越深圳界河去香港的偷渡客。後來泛指偷渡客。

"那後來又怎樣？"元哥問。

"後來又會怎樣？我們又能夠做些什么？阿倫頹然地坐在地上，戰戰兢兢地用手在衣袋裡掏出三枝煙，點燃了插在地上，大家隔空拜了幾拜就無奈地離開了。"帆繼續往下說。

"走了一陣，太陽都升起来了，大家才找到一個較隐蔽的堆位。我們的心一直很不舒服，剛才那可怕的一幕還不斷地在我的腦海里迴旋。直到現在每當我想起這件事，我都沒有辦法平靜下來。也許他是他父母的好兒子，妻子的好丈夫，兒子的好爸爸。可是再也沒有人可以知道他在什么地方了，他將在人間蒸發，永遠地蒸發了。"帆非常痛心地說。

"這就是自由的代价！'生命诚寶貴，爱情價更高，若為自由故，二者皆可抛'。古往今来，多少人肝脑塗地，不外乎為了自由！"元哥說完就沒有再響過半句聲。

自由是人生價值的第一元素[21]，離開了它，人生的一切都會毫無意義而微不足道了。人權、平等、民主等等都要在自由這個基礎上才能體現。離開了它，一切都變得蒼白、虛弱無力。帆堅信，隨著他偷渡經歷的增多，自由的內涵在他的腦裡會越來越豐富。

讀者將不難發現，在本書所描述的故事中，充滿著他們為爭取自由的一切努力！他們偷渡的努力有沒有機會成功？帆相信謀事在人，成事在天。然而是否真有天意就不得而知，上天是否會給他們機會呢？

---

21. 自由、人權、平等、民主等：廣東地區是孫中山資產階級民主革命的根據地、發源地。這種思想在廣東地區及當時偷渡的群體中，普遍流傳。其中裴多菲的詩影響深遠，"兩分錢一條命！"及"十八年後又是一條好漢！"的說法，就體現出自由是人生價值的第一元素的核心思想及偷渡者為爭取自由而不怕犧牲的決心。

第四章

紛亂社會現百態　　無法無天盡是歪

不知什麼時候下過一陣微雨，濕漉漉的，街上遠遠挂著兩三個昏暗的燈泡，格外冷清。整條馬路只有三四間必要的夜市商店，偶然有一兩個行人，有幾個工人糾察隊在街道上巡邏。大部份人一早就選擇睡覺，以免無事生非，招惹麻煩。市面極度平靜，平靜得讓人感到害怕。這與白天的革命的喧鬧形成了強烈的反差。街道到處張貼著標語，寫著"學習辛若愚[1]，堅決到農村去革命！""揪出地富反壞右、流民地痞、不法倒流及炒買炒賣份子，堅決擁護抓革命促生產！""谁敢亂说亂動就打倒谁！""工人糾察隊是7000上山下鄉的知識青年的堅強後盾！""人民解放军是7000工人纠察队的坚强后盾！""坚决维护社会秩序，刹绝偷渡逃港风！"等口號。

帆坐在元哥的單車尾，一路上感覺到這種肅殺的氣氛。很快他們就來到帆的家門口。帆輕輕敲了兩下門，"誰呀？"帆聽得出是妹妹在問。"是我，你哥！"帆輕聲回答说。門輕輕地打開，帆隨即閃了進去，轉身向門外馬上就離開的元哥揮揮手，隨手就把門關上。

这时帆的父母、弟妹们都已聞聲走出來。父親说："你回来了！"帆點了下頭。弟妹們都叫聲"哥"，他摸了摸十二岁的小弟弟的頭。見到他回来，一家人既放心又沮丧。母親一直摟住帆不停地哭，問長問短。多少天的记掛和憂傷一下子全都涌出來了……帆知道父母的心，全家人一直渴望他能逃出生天、获得自由。他們都希望帆有幸逃港成功，能获得一份可以帮助家人得到温飽的工作。他父母日漸年老，父親又有

---
1. 辛若愚：當年廣卅市九十七中初三學生，與白卷英雄張鐵生、反潮流英雄黃帥等人齊名。

病，他還有弟妹要照顧。父母本指望最大的兒子能夠接班，谁知道帆一去农村就是十二年，還要家庭照顧他。他連養活自己都困难，更不要说成家立業，照顧家庭了。

帆整整昏睡了三天。他不但身體疲累，內心也十分沮喪。到第四天上午，他還昏昏沉沉地睡着，忽然聽到嘭嘭嘭！這是很響的、大力的打門声。帆立刻被吵醒了，妹妹趕緊去開門。進來的是一大帮手执红白水火棍的工人纠察隊員和三個街八[2]，其中一個街八對着帆那唸高中的妹说："楊玉，昨天去歡送學生落鄉的萬人大会，為什麼你不去？"玉说："我病了。"這時另一個街八一眼就看見睡在廳里臨時板床上的帆，馬上就問："你為什麼又從農村回來？"

"病了！"帆答。

玉跟着说："他把病都傳染給我們了，我家一連病了幾個人了。"這時另一個街八看了看帆那副病態的樣子，忙把鼻子掩住，把一本宣傳小冊子遞給玉，说："你要好好學習一下，明年畢業後下鄉到哪裡？思想上要有個準備。"然後又對帆说："休息好就要早點回去農村抓革命促生产了！"帆順從地點了點頭沒有出聲。那些人又環顾一下，确定一時找不出什麼不對的地方，就急急忙忙走了。

帆無法再睡，也想出去走走，順便去看看外面的情況。他特別需要知道他的拍檔阿倫怎樣？回來了沒有？接下來有什麼計劃？

他見到了阿倫的哥哥，得知阿倫還沒有回来，仍留在生產隊，要等發了口糧才能回廣州。親愛的讀者，那個時候糧食與戶口是連在一起的，知青的戶口已經遷到農村，要返回廣州就一定要從農村當地帶口糧回來才有得吃，這是多么可怕的事情呵！

帆轉身就去找他的老友阿志。阿志與他從小一起唸小学和初中。初中畢業時阿志因為家庭成份是右派，不許他上高中，而被分配到街道服務站當臨時工。學校進不了，他只能在家裡找些書來自學。當他遇到問題，也經常找帆來商量。偶然找到一些異類的好書，也偷偷地大家分享。這樣的好拍檔，也經常為了一個問題，會爭得面紅耳赤。文革一開始，他和父母三個都被趕到偏遠的農村去，街道服務站的臨時工作也沒有了。阿志有一個姐姐，結婚早，嫁了一個年紀大的老实的工人當丈夫，才隨夫留在廣州。阿志是個有理想的青年，對自己的現狀不甘心，经常回到廣州，想找出路。所以帆与阿志经常走在一起，無所不谈。阿志长得高瘦，皮肤油黑發亮，两个眼睛颇大，留着

---

2. 街八：指街道居委會的人員，被戲稱多管閒事的八婆，故城"街八"。

一個大分頭，一把長髮直梳到腦後。平常沉默寡言的他，時常卻有過人的見解，所以帆經常與他見面，遇到問題也不時相互切磋研究。

阿志見到帆，非常高興，忙放下手上的書，斟了一杯水给帆，问道："聽你家人說你起了，為什麼又會回來？"帆嘆了口氣，就把自己的事情一五一十地告诉他。

"最近老毛可能失控，軍隊的支左要撤回，換上那些滿腹牢騷的當權派上場，通過解放他們去支撐那些農宣[3]、工糾，去管治這個千瘡百孔的社會。當權者中很多人對自己會否被第二次打倒還不能確定，就只會一隻眼開、一隻眼閉去工作，這就造成了權力的真空。應該说，這是跂腳的最好時機了！"志笑着對帆说。

"對！英雄所見略同。"帆说。志聽後笑了笑卻沒有再說話。

"志，你怎樣打算？有計劃嗎？"過了一陣，帆進一步追問說。

"還沒有什麼可行的計劃，你知我不会游泳。馬交[4]与老K條水[5]越來越難，除非屐局[6]。撲鐵絲網要對付大貓，難度極大，一旦擺脫不了大貓，一定是九死一生。而且我父母的情況非同一般，我沒有充分的把握就不敢動。我一有閃失，年邁多病的兩老恐怕再難熬下去，必死無疑！"志十分憂慮地说。

"運動已進行了八九年，照目前狀況看來，爭鬥的兩方還是膠著狀態，再過多少年才會有結果也未知，就怕歲月不饒人啊！我們的青春都被糟蹋了不少。"帆说。

"最近聽說有人從黑龙江往北走，有人從新疆往西北走。但我對苏修沒有好感，都是狼的制度！我也有個廣西的朋友說他的親戚家中有一個知青，去了缅甸參加游擊隊幫缅共打仗去了。缅共方面不講成份，那里人人都可以抬起頭來做人，只要你有能力，有表現就可以了。所以有相當多出身不好的知青，都跑過去了，希望日後可從生死的歷練中脫胎換骨，洗脫階級的烙印。你怎樣看？"志換了個方向對帆说。

"傻瓜！跑去缅甸帮人家做炮灰，我沒有这么伟大！鬍鬚佬[7]的理論就是把人分成三六九等，由於有了這個階級的定義才建立起他的革

---

3. 農宣：全名為貧下中農宣傳隊，主要功能為掌握及接管農村權力及宣傳毛澤東思想。
4. 馬交：澳門。去澳門被稱為大西線，大多數人去澳門後再屈蛇去香港。（屈蛇方式：給錢船家由澳門搭船去香港。）
5. 條水：即這條路。
6. 屐局：指用船偷渡。
7. 鬍鬚佬：這是指提出階級論的馬克思。

命理論。緬共也是奉行他老人家的理論，哪裡會不分階級成份？阿爺[8]天天講，月月講，年年講階級鬥爭，講無產階級專政！你學習時有沒有認真領會階級論的精髓是什麼？到時它隨便一口否認一切，翻面不認人，你哭都沒有用。如果不是這樣，現在哪裡還有那麼多叛徒和特務份子？當年去投奔延安的人如果知道有今天的結果，哪個還會去？"帆說。

"現在人家真的是無限制，人人都可以參加，立了功還升到連長、營長！不過以後還會不會履行承諾就不一定了，因為這種教訓實在太多了，太殘酷了！阿爺以前都是這樣對投奔延安的青年說，現在怎樣呢？有時我想緬共的明天也許就是我們的今天，況且我們還不是緬甸人呢。革命時期，我們也不缺外國朋友的幫忙呢，現在怎樣呢？你知道的。"志說。

"我的夢裡沒有這些偉大的元素，我只想做份自己喜愛的工作，愛自己喜歡的人，自由自在地按自己喜歡的方式去生活，有一個安靜的家，OK！我既不想去解放人家，更不想人家來解放我！我追求的是以人生自由為起點，尊重生命及人格為道德底線的生活。"帆說。

"對！我本自由！因為被解放，反而令你失去了自由，失去了原本做人的尊嚴！1949年我們曾經被解放過一次了，現在又怎樣呢？鬍鬚佬的革命是一個沒有道德底線的革命，他支持成立的共產黨就是以'共'別人的財產為目的的黨，加上他那個光頭的學生，提出無產階級專政，以暴力為手段的暴力革命，我們最好就不要去參加了！"志也認同地說。

"妹愛哥情重，哥愛妹豐姿。
為了心頭愿，連理結雙枝，
只是一水隔天涯，不知相會在何時？
綣戀驚回夢，醒覺夢依稀。
獨語癡情話，聊以寄相思。
只恨一水隔天涯，不知相會在何時！"

從外面傳來了一陣輕柔的歌聲，兩人立刻警覺地停止了談話，向門口的方向望去。只見一個年輕人，踏著軟滑而又富有節奏的舞步，徐徐而來。伴著美妙歌聲而來的是陣陣的香氣，一種在當時難得的、應該是香港人帶回來的香水氣味。那人留著男裝長髮的飛機頭，施了

---

8. 阿爺：封建社會最具家族權威的那個人。

厚厚的髮乳，兩條的水[9]，顯得又粗又黑。他戴了一副黑超[10]、一件印有紅綠大花的衭衫、一条大喇叭牛仔、加上閃亮的黑色皮鞋。那種柔然自得的満足的神态，羨慕死人咯！

"喂！茅哥，去老K打劫返来呀，穿着到咁靚？"志大聲問他。

"似吗？似K友吗？這是現在香港流行的正宗貓王裝！"茅哥說。

"似到极！哪里搞到件坚披[11]？"帆说。

"正呢！是准备過去上水時着[12]的！"茅哥说完，随即一个360度旋轉，邊唱邊跳起來。

"小別相逢多韵味，長別無期那有不悲。往日歡笑難忘记咯，你不歸来我不依。预计歸来日，哥却未知歸。舊约烟雲逝，劳燕各分飛。只恨一水隔天涯，不知相會在何時？不知相會在——何時！"隨着那歌声飘飘，他也像一缕青烟那樣搖搖晃晃地消失在帆和志的面前了。

"哈哈！他是對面屋的，一向恃熟賣熟，什么都不拘。他下鄉後跑回来，又准备跤腳，現在年青人個個都是二分钱一條命，大不了再等十八年，又是一條好漢！"志说。

"他這么大膽，光天化日竟敢如此招搖？"帆說。

"放心啦！我們這個地方是相當安全的。你進來時應當看到，我們這裡是一條屈頭巷[13]，還要向上走上幾級石級才能進來，一般不是熟悉的人不會進來。況且這里五六個房子，家家都有知青，人人都想去偷渡，全都是些不積極的人居住。有情況大家互相都能有個照應。"志解釋说。

"這個地方很好，不過街八也會來巡一下吧？"帆說。

"這個地方破破爛爛，上頭沒什么事情他們才懶得理你。現在街八也是隻眼開，隻眼閉。他們的兒女也是一樣，怎樣管得住？"志说。

"這是非常好的地方，你們真會揀地方住。"帆說。

"物以類聚，人以群分而已。"志说。

"對！其實我們現在不但沒有做人的權利，沒有自由，連生命安

---

9. 的水：男子面頰和耳朵前下垂的毛髮。
10. 黑超：時尚而又有型的黑眼镜。
11. 坚披：坚与流相对。"坚"指結实，高等級和质料上乘的。"流"指等級和質量低劣的冒牌货。"披"指衣服。
12. 上水時着：上水指登岸。登岸時換上香港的服飾，以防被人認出而遭到反戒回大陸中國。
13. 屈：參看說文解字，廣卅音-九勿切。意-無尾。屈頭巷是指一條走不通的巷。

全都沒有保障,唯有這樣躲躲閃閃過日子了。這次我被抓進沙河格,見那里人頭涌涌,又臭又熱,蒼蠅蚊子又多,人人都躺在地上。我是第二舨,身體還沒有什么傷,有些舨數多或路途不順的就傷得厲害。我進入沙河格第二天,沙河石場需要人去打石,大家一早就排好隊,由那些管教去挑人。管教們每人都拿一枝青竹枝,行動稍慢就一竹枝打下來,隔塊布衫也能把你打得鮮血直流。管教之中有一個花名叫曲尺的,生得肥胖而且滿面橫肉,目露凶光,打人數他最厲害,人人都怕他。聽說有人在被放出來之後找他尋仇,用刀捅了他屁股一刀,以後他的腰就只能弯曲着而不能伸直,曲尺的花名就由此而起。自此以後他才收斂了些。那天去劳动的人中有个身體较弱,不知为避免誰的抽打,一閃身沒站稳,从十幾二十米高的打石場高處跌落,一命嗚呼!當晚凡是有去石場劳动的,全部被警告不准与任何人講這件事。為封住那悠悠之口,還特別为去石場劳动的人加菜,每人加了兩片猪肉。第二天一早,全部去石場劳动的人都迅速被戒走,这件事就这样被抹去。看來以後就再也不會有人提起跌死人這件事情,提起這個死得不明不白的年青人了。兩片豬肉就可以封住中國人的口,太容易了!

"我們那些祖祖輩輩都自稱是奴才的、可憐的中國人!世世代代為主子而生,為主子而死,稍不順主子的意思就被株連九族。現在全世界每個角落都有中國人,你可知道,這些中國人的祖輩,有多少是無辜被株殺的人。一個朝代,一個運動,殺上千千萬萬人。殺到雞飛狗走,殺到人人寧愿離鄉背井;殺到人人寧愿寄人篱下,永世遠離自己的宗族祖先;永世遠離自己的國家!若自稱為主子的對自己的子民稍微好些,哪有這么多人民在世界四處流離而不愿回歸?統治者用暴力對待自己的子民,殘殺自己的人民,人民斗不過它,只好走!其實又有誰愿意離鄉背井呢?但是人民愛國家,政府愛你嗎?它把人民當作螞蟻!"帆越說越激動,他滿臉通紅,語無倫次。志也受到感染,瞪著大眼睛,咬著牙齒,不知說什么好。最終他們都沉默下來,面面相對。

"講點有新意的見聞吧。你在格仔裡面,一定會聽到、見到很多東西的。"志说。

"你想我說點見聞?我這次在格仔確實見到一件奇事,令我不敢相信的。"帆说。

"那你就快說來聽聽。"志一邊说,一邊遞來水壺沖了一杯茶。

"我這次進了格仔,裡面人多地方少,空氣極不流通,臭气熏天。被抓的人實在太多,有跌傷的,有被大猫咬傷,血漬斑斑的;有穿衣服的, 有被撈蝦餃而光着上身的; 有穿着光鮮, 在碼頭、在車站就被懷疑想跂腳的年輕人; 因為被別人看不順眼被抓進來的; 有住在家裡, 不愿返回農村, 半夜卻被街八查户口抓來的; 有炒买炒卖[14]的; 有打荷包[15]的; 有被笃背脊[16]的; 有点錯相[17]的; 有被公報私仇的……總之, 应有尽有。他們大多是年輕人, 也有中年人和少量的老年人。因為人太多, 都擠在一起, 睡在地上。连喝的水都沒有, 更不要說洗澡刷牙了。吃、睡和大小便都在一起, 根本麻木到聞不到臭味, 很多人整天昏昏沉沉地睡, 是太累了? 病了? 不知道! 這裡有垫[18]到发霉的老薑[19], 也有流轉快速的新薑。承蒙老周的關照, 一句'非法探親'[20]改變了'投敵叛国'的性質, 讓大批卒友進入快速流轉之列。但格仔里還有一些流轉得很慢, 或者根本上不想走的人。"

帆說到這裡, 志打斷他的話問道: "什么? 還有不想走的人?"

"對, 有些人就根本上不想走。我這次就遇到一个贵州人, 不知姓名是什么, 大家都叫他老薑。"帆說。

從帆的口中, 志知道老薑長得又瘦又矮又老, 大大的头上兩顆眼珠滑溜溜地轉。老薑氣定神閑, 從來都是不急不躁地蹲在倉的最角落, 看着一批人来, 一批人去。當整倉人走了, 他就起來清理一下倉子, 然後又靜靜地躺着, 等待着下一批人的到來。他從來都不關心什么時候輪到他被戒走, 眼前的一切, 彷彿与他完全沒有关系。他只關心別人被戒走時, 那些不拿走的破爛衣服。他整天隨身帶着的一个背包就裝着他的全部財産。當帆答應把自己一条防寒穿的厚毛衛生裤留給他, 他确認帆沒有惡意後才向帆说出自己身世的秘密。當時他已有三十五岁, 但已坐了近二十年的花廳[21]了。帆奇怪地問他, 你到底犯了什么罪? 他说自己沒有犯罪。"既然沒有罪, 那為什么把你關在這里那么長時間?"帆不解地問。

原來他從小就父母雙亡, 与祖母相依為命。他們一直都在贵州的窮鄉僻壤撿破爛, 吃爛瓜剩飯過着半乞討的日子。1958年後, 村里鬧飢荒, 他祖母死了。一向缺乏營養身體瘦弱的他雖然也十六七岁了, 卻

14. 炒买炒卖: 當時私人买賣均屬違法, 稱之為炒买炒卖。
15. 打荷包: 偷人腰包。
16. 笃背脊: 暗中舉報。
17. 点錯相: 被認錯了的無辜者。
18. 垫: 無辜被惡意長期關押, 扣㟃不放的做法扣留不放的做法。
19. 老薑: 長期被關押的老監薑。
20. 非法探親: 逃港偷渡原來定性為"投敵叛國", 以敵我矛盾處理, 後經周恩來總理改稱為"非法探親", 以人民內部矛盾處理。
21. 花廳: 監倉、拘留所、看守所及一切關押人的地方的戲稱。

矮人家一大截。無奈他隨鄉間的乞食人流去到廣州，因為没有廣州户口就被抓到看守所來。他進了看守所，每餐居然有二兩過期的糙米飯吃。對於经常挨餓的他，簡直就像到了天堂！他就一心一意地把自己整個青春和生命都交給國家，決心一輩子呆在看守所里、每天過着那不愁吃穿、送舊迎新的日子了。他無親無故，家鄉离廣州又遠，漸漸老家就没有人再記起他這個人了。當地政府也没有人愿意領他回去。每隔一段時間，某位看守所的領導來查倉時就放了他。可是举目无亲的他連走路都不容易啦！雖然他每次都哀求着、高聲喊着："領導同志！我是个模范監躉呀，我從來都不敢犯倉規的，不要趕我走吧，不要趕我走呀！我愿意在這里有飯吃，在外面我没有飯吃的！我愿意做監躉呀！不要讓我連那二兩都吃不到呀！二兩呀，二兩！"盡管他用盡力氣地叫，但是最終他還是會被趕走。

"不過過兩天我隨便偷點小东西或者摸摸哪个女孩子的屁股，雖然會挨上一頓拳腳，但我又進來了。嘻，嘻！"他得意地補充說，細小而狡點的臉上泛起一陣兴奋的、少見的紅光。帆再問他："那你一輩子就打算这样？"

"唉！我認命了，坐監房都坐到我骨頭软啦！我還能干什么呢？我再也没有其他路可走了，只能在這種地方終老了，這里還欠我一副棺材呢！"帆的眼眶充滿了淚水，說不出半句話來。他也是一個人，與你、與我一樣的人，为什么他就没有童年、没有青年、没有理想、没有家、没有親人？他来到这个世上就只想討口棺材就回去了？上天對他公平嗎？社會對他公平嗎！帆再也說不下去了。帆和志雙眼都充滿了淚水，沉默了，再也說不下去了。

帆告別志走到街上，感覺有點涼風，秋意陣陣。這時帆也慢慢地冷靜下來，本能讓他感覺到局勢的詭詐及變幻無常，他需要小心地保護好自己，然後再慢慢等待機會。

第二天，天還没有亮，帆已经在廣州西湖的小路上跑步。昨夜的露水，沾濕了一片又一片的草地。從湖邊向遠處望去，天色乍白还黑，极远深處只留下一线灰白；深藍色的天空上仍掛着一鈎淡白色的殘月，似去還留，朦朦朧朧。一縷縷婀娜的霧氣在寬闊的湖面上蒸騰而起，忽東忽西。星星還在作態地眨著眼睛，招來了一點點风，慢慢地攪動了湖面上白茫茫的水汽，遠看上去，一時像有人在輕歌嫚舞，一時又像一幅巨大的素描，掛在穹頂之下。遠處的背景是黑壓壓的一片，重重疊疊得一點都看不清楚。這一切、是那麼靜謐，那麼神秘，那麼的美！帆減慢了步速，邊走邊欣賞著這種黑暗中的似夢似幻的景色。他忽然醒悟到生活中應當到處都充滿美好的事物，生命的休整就會令人重新領略和發現生活中的美好，無論經歷了任何挫敗，都可以從它找回你對生活的愛，對美的響往，重新找到自己的目標，煥發出信心和毅力。多少年來，人們就是這樣百折不回，堅強而又勇敢地一次又一次地面向他們的目標。社會得到發展，人類才得到進步！想到這里，帆覺得身體充滿了力量，信心十足，步閥也輕鬆起來了。無論面前有多少困難，他都要義無反顧地走下去！

　　當初帆剛回到廣州，心情非常沮喪。生活艱難，自己又是大齡支青，備受岐視。環顧自己認識的同齡人，大多都工作安定，成家立業。一些幸運的人又偷渡成功，從此獲得自由。反觀自己卻前路茫茫，在社會上難以立足。他覺得不能再等了，必須有所行動。於是他深居簡出、低調做人。他還天天刨刨鋸鋸，學著修整家具。所以街坊居委會的委員們認為他還算正派，只屬回城躲避武鬥的、怕事的老知青。

　　幾天之后，帆突然聽見小弟弟叫着說："哥！倫哥来了！"順着弟弟手指的方向，帆見到倫正一面從門口走進來，一面与帆的父母打招呼。掛念了多少天，終於盼到倫出現，真令他非常興奮。他們又可以重新在一起讨論起錨、擲堆[22]；一起去准備老干[23]、老指[24]；一起跑步、鍛練身體；一起談論時局、談論自己的人生大計，等等、等等。彷彿倫的出現又会令一切重新開始，一切又会按部就班，一步步地計劃出来。

　　先前帆與阿倫和樹根兩人约好，先回家的人在家等候，到時由阿倫聯络大家一齊再起。此時見到阿倫来，帆自然喜出望外。他沒有路[25]，自然一切都要由阿倫安排。帆立刻走向門口，迎着阿倫，緊握他的雙手。這對重逢的战友，好像有着說不盡的千言萬語，有着探討不盡的話題。不知不覺他們一直暢談到深夜。

　　大約十天之後，帆和倫邊跑步邊談論著。

　　"看來我們都要準備下一舨的事情了，你和樹根商量得怎樣？你決定什么時候起？你心目中有沒有下一個計劃？"帆問。

　　"這段時間，我也一直在想，我想改變計劃，不走博羅這邊的東線，這樣太傷體力。我想走中線，會好走一些！"倫答道。

　　"那樹根怎樣認為？我走什么都沒有意見，聽你決定！"帆說。

---

22. 擲堆：偷渡起步點的處理及準備。
23. 老干：炒米粉加上糖和油。
24. 老指：即指南針。當年買指南針要單位證明，卒友都是自己做的。
25. 路：指各種可以給予幫忙的關係。

"那好，有你這句話就成了。"倫說。

"還是樹根他哥幫手擲堆嗎？"帆問。

"不是！我想在樟木頭[26]擲堆，由中路直插南下。明天吃過中午飯過我家來，我介紹一些人給你認識。"倫說完就匆忙走了。

帆回家時，天已刮起大風，一路上的標語、大字報都被大風吹到遍地狼藉。雖然雨點較少，但夾著勁風，竟能把這個在幾小時前還處在狂燥狀態的氣氛，吹刷得一干二淨。狂風呼呼地叫，人們冷得縮著脖子在路上跑；樹枝不停地抽打著，馬路上灑滿樹葉；路邊的招牌吹得搖搖晃晃，天上的烏雲滾滾而來。遙遠的天際，偶然有一兩聲悶雷，忽然之間又見一絲陽光瞬即消逝。一切都是捉摸不定，一切都在急劇變化，完全不是你可以想像的。

帆跑到家門口時已是滿身濕透。唸中學的妹妹告訴他，居委會通知：8號風球掛起，各家各戶注意天面倒塌或樓頂的東西掉下來造成人命傷亡。帆有一班弟妹，因學校停課，他們就天天在家煮飯鬧革命[27]，父母有時上班，遇到武斗就留在家里。當時的民眾，一天到晚都想著怎樣去弄點吃的東西，買點肉，買點油糖，或買塊肥皂，除此之外，還能做什麼呢？

那時候，白天一般都相安無事，晚上就不一定了。有時也會槍聲大作，啪啪聲響，像小孩放炮竹那樣。不過住慣了廣州的市民一般都知道什麼時候會武斗。如果今晚兩派武斗，一早雙方都通知好，不參加的人晚上就不出門了。晚上的時候，就由臨時革委負責人梁湘、焦林義等組織一些工人糾察隊出來維持秩序，最多的時候號稱有7000人眾。這些工糾隊伍，以總派為主[28]。武斗之時，說不定又去參加各自的派別隊伍。唯獨那些小市民，既不為名也不為利，更不為權，只為兩餐。老百姓管他哪個正確，哪個錯誤，兩派都不參加，大被蓋上，睡個好覺。

可現在的帆卻不是這樣，他在被窩里思前想後，一直為阿倫的新計劃擔心，無法入睡。外面一陣大一陣小的狂風怒叫，像有深深不忿的怨氣需要發泄一樣經久而不止。雨還是那樣猛烈地打在屋頂上，一陣又一陣的雷電交加，絞作一團。經過相當長時間的顛狂過後，終於變成連綿不斷的沙沙聲響的秋雨，單調又單調，催眠一樣讓帆熟睡了。

---

26. 樟本頭：東莞縣樟木頭鎮。
27. 煮飯鬧革命：當時不參加文化大革命左、右兩派的人口占大多數，自稱逍遙派。特別是學校的學生，整天無所事事，在家煮飯，故戲稱煮飯鬧革命。
28. 以總派為主：當時的工糾的主要成員，以紅總、地總等總派成員為大多數。

第五章

陰陽難定堪嘗試　天地無門苦自知

　　第二天中午，天漸漸放晴，雖然仍有小雨，但已不能與昨天相比。中午飯過後，帆急急忙忙啟程去倫家。

　　帆剛進倫家門口，倫就說："嘿！你遲到了。"帆連聲說對不起，同時用目光一掃廳堂，只見兩個女子端坐在廳堂側面，阿倫坐在正面。兩個女孩子看起來大約二十來歲，一胖一瘦、面色黧黑，一看便知是農村知青。倫隨即指著胖的說："她叫張潔，樟木頭知青。"又指著瘦的說："她是張潔的表妹，剛起了一瓝失手，回來不久，大約和我們差不多時候。"他又轉向兩個女孩："他叫楊帆，我的拍檔，回鄉知青。"原來張潔是六五年下鄉樟木頭的知青，張潔的表妹叫藍燕，六八年下鄉到廣東省四會縣大旺農場。他們都是因家庭成份不好，讀書無望，抽調回城做工也無望，一輩子就必須在最落後的、最貧困的農村生活。

　　當年的知青在農村必須接受再教育，所謂再教育、就是要受到農民的管束、監督、甚至半強制性的勞動改造。最終的前途如何？基本上都在其檔案中被規定了。換句話說，他們就是被政府人為劃定的一個新的賤民階層。若要問他們有什麼錯？有什麼罪？他們都是在解放後出生長大的，因為家庭出身，天然承繼了父母的階級的地位，天生就低人一等。這與人人生而平等的制度，是有著何等巨大的差異呵！鬍鬚佬不斷號召人們起來革命、解放全人類！可是因為他的階級論卻讓越來越多的人受到階級的株連，陷入到萬劫不復的地步。

　　在當時廣東的大環境下，幾個知青不需要再說什麼，坐在一起，共識就出來了：約定明天一早到越秀山登百步梯，練習跑步；響應阿爺的號召，到江河湖海去練習游泳，去暢游珠江！說到這里，大家都笑起來，望望窗外，還下著細雨，正是轉秋入冬的時節。過兩天，北風呼嘯的時候，天就不會再下雨了。

"不過、冬泳還是要的，鍛練還是要的！"倫認真地提醒大家。

"好！"大家都同意了，潔與燕就先走了。

"我們四個一齊起嗎？張潔有辦法接我們幾個人進去嗎？"等她們走了以後，莫名其妙的帆再問阿倫。

"不一定！現在還沒有最後決定，還在談，到時再看吧！"倫答道。

倫大口大口地抽著香煙，兩眼望著窗外，好像在想著什麼，明顯他不想與帆再討論下去的樣子。帆想：為什麼原來樹根這條路不走，要另開一條路呢？他摸不透倫的想法，剛才自己沒有來到之前、他們談了什麼？

他又不敢問阿倫，怕他不高興，反正路在他手中，聽他的就是了。

"我也要走了！"凳都沒有坐暖的帆知趣地說。

"明天見！"倫也沒有轉過身來回答，仍望著窗外。

第二天一早，天还没有亮，他们四人就先後到達越秀山的百步梯下。雨早就停了，微弱的北風還沒有來得及把地面吹乾，气温清爽得让人舒服。南方夏天的酷热暑气已消失得無影無蹤。這時人特別多，跑步的清一色是年轻人，三五一隊跑得大汗淋滴，氣喘呼呼。人人都懷着一個目的，只是大家心照不宣罷了，即使路上遇上工纠，也照跑不懼。工纠們都心知肚明，说不定他们的兄弟也一樣在跑。如果不是政治運動來，没有上级指示，工纠大哥也樂見這般平靜，只要没有人搞事、破壞秩序，大家都相安無事。其餘晨运的就是老年人了，上年紀的人都是在比較安全的地方打打太極拳，稍微運動一下，呼吸點新鮮空气。

他們一行四人从百步梯口向解放路跑去，轉入三元宮[1]、市二中、再回頭跑向中山紀念堂，经圍墙外到達中山紀念堂正門才稍作休息。这时一抹晨光照在中山紀念堂那雄偉的金色寶頂之上，金光燦燦，那深藍色的琉璃瓦襯托得格外的庄严肃穆，前面那八根硃紅色的巨大的圓柱，更是雄偉莊嚴地展現在眼前。中間橫匾上那"天下为公"的四个金色的大字，象徵着中山先生所主張的公正無私，及國家屬於人民的偉大思想！

"天下為公！天下為公？"帆情不自禁地说。他们四个人還在扶着鐵

---

1. 三元宮：广州市越秀山南邊山腳，對著中山紀念堂的一座著名道觀。

通花圍欄的鐵枝在喘气。

"可惜呀！天下為公？現在連這個紀念堂都被人家圈起来了，不準進去。是不是孫中山的問題還沒有定論呢！說不定什麼時候他也會給揪出來批斗一番。我們的書記說，江山是我們打回來的，這個座位、我們不坐，你坐呀？何等的豪氣，何等的'理直氣壯'呵！只要坐上這個座位，什麼事情不能做？"倫戲謔地說。大家都苦笑起來。

"天下为公，應當解釋為：任何個人、社團、黨派可以擁有各種各樣的私有財產，但絕不能把國家當作私有財產。國家是屬於人民的，屬於在這片土地上生活著的人民的！政府只是代表人民把這個國家管起來罷了。如果任何團體霸著這個國家，把它作為私有財產而世代相傳，人民應當有權不承認這個政府，甚至把這個政府推翻的。"帆忍不住一本正經地說。

"人民、什麼是人民？現在不能提了，人民是沒有階級性的。私有財產也是資本主義的東西，現在要共產！明白嗎？"倫說。

"你們誰知道《總理遺囑》？"燕問。

"別說了，還有誰會說臭老九這一套了，'天下为公'有你的一份嗎？《總理遺囑》說：余致力国民革命，凡四十年，其目的在求中國之自由平等。'自由平等'是资本主义的东西，现在都不準提了，現在要世界革命，要無產階級專政！專你們的政！"倫邊说边用手指著大家。

"唉！我們還是老老實實跑步吧，跑到K城就什麼都有啦！"還不等張潔說完，大家就一邊笑一邊跑起來。

隨後他們又轉去解放路，一下子就跑回到盤福路的百步梯口。再順著百步梯往上登，經過越秀山體育場、鎮海樓，直奔五羊石雕，斜插落游泳場、再從流花湖公園門口出來又返回盤福路百步梯口。這樣跑上一圈，兩三個小時就過去了。

當時凡是有蹺腳想法的青年，大多是上午跑步，下午氣溫高就游泳，或者聚在家里、講述各人的經歷，互相切磋取經；或者准備各種各樣必要的物品；或者串聯搭路[2]，總之是忙個不亦樂乎。各人都有自己的打算和愛好，帆還喜歡看書，喜歡在家里做些木工，就是大家常說的'斗私'[3]。

這樣跑步鍛煉了五六天之後，首先燕不再來了，後來潔也沒有

---

2. 搭路：去探詢、尋找其他人，找尋有辦法幫助自己偷渡的人事關係。
3. 斗私：制作傢俬的廣卅話俗稱為'斗傢俬'，與毛主席語錄號召人民'斗私批修'是兩回事。那些躲在家裡不參加運動的逍遙派，把當時自己在家里制作傢俬不去參加政治運動的做法，稱作'斗私批修'或'斗私'。

來。帆覺得奇怪，就問阿倫："為什麼她們都不來了，是否合作有變？"倫說："不是，別亂想！女人每個月都會有幾天不舒服的啦，你不知道嗎？"但帆總覺得現在再重新摸過一條路，總比不上樹根那種走法更實在，更可靠！況且現在男女一半，困難更多。他就把這種想法和顧慮直接向阿倫表白。

"老實跟你說啦！你都知道，我第一舨撈蝦餃，今次第二舨只能到達水邊，明顯比第一舨差。我專程去問過運程，人家告訴我命中注定要陰陽平衡才能成功，所以這次我決定要二男兩女一齊起。"倫最後坦白說，這樣反而讓帆不知如何再說好，他只有不出聲了。

過兩天，潔和燕又出現了，閑聊時她們跟帆說要到帆的家里坐坐，帆說："好，歡迎！"

事隔一天之後的下午，帆正在擺弄著一大堆木頭，聽見有女孩子的聲音叫他："帆！"帆回頭一望，只見潔和燕徐徐走來。他頓時覺得不好意思，忙說："請坐，請坐！我去穿衣服先。"原來他當時只穿了一條短褲，赤著上身，手執斧頭，劈著一條木方，滿身大汗。眼看帆轉身出去時，潔對燕說："身體還算壯實！"燕笑笑沒有回答。

很快，帆穿著整齊出來，一件藍白小格仔長袖衭衫，一條黑色西褲，亂蓬蓬的頭髮略加修撥，更顯出壯實中略帶文質。帆一手拿著一壺茶，一手拿著幾個茶杯，邊走邊說："對不起，要你們等了！"然後給她們每人倒了一杯茶，并偷偷地看了她們一眼。可能她們回到廣州也有十來二十天了，少了風吹日曬，兩位姑娘的面色都變得白淨很多。張潔穿了件白底紅色碎花的襯衫，外加一件深藍色燈芯絨外套，一條藍色的西褲，一雙黑色的女裝皮鞋。她頭上梳了對長辮，油亮的黑髮、細心地夾上幾個髮夾，顯得成熟、莊重。藍燕卻腳踏一雙高跟涼鞋，一身草綠色的軍裝打扮，緊束的腰身令身材顯得格外玲瓏，配上兩邊束起的兩條短辮，全身充滿了大無畏的造反精神和強烈的青春氣息。看到她，帆忍不住打趣說："嘩！你只差一個紅臂章，就變成了紅色娘子軍！"

"對呀，對呀！她在農場宣傳隊，就是跳紅色娘子軍的。"潔忍不住插上一句。"我現在什麼都不跳了，現在就要想辦法解放自己！我當時一面跳，一面問自己，我這種雙面人的生活，到什麼時候才能結束？其實我的內心也是很痛苦的。我祖輩是歸國華僑地主，日本侵華時，我爺也是家鄉第一個拿起槍跟日本人拼的。解放後我父親才十幾歲，就順理成章被定性成為地主成份，同樣我也成為地主家庭的狗崽子。結果父親在廣州那份工作沒有了，我也不能在學校再繼續讀書，唯一條路就是下鄉。將來我的兒女也是地主成分,這樣沒完沒了的,誰敢再往下去想?"帆原來只是想開一個玩笑,沒想到居然引出一個這麼令人沉悶和極度不愉快的話題。他連忙說:"我們不講這些東西,你不是剛跌回來了嗎?不如講一下你們這次的情況吧!"燕轉過身去看了潔一眼然後說:"我們這次三個人起,一個是潔的弟弟,一個是他的朋友,是走過兩舨的,另一個是我。三人走了七八天,在水中被撈蝦餃。"

帆聽說撈蝦餃的,覺得應該有很多精采的細節,或者有很多經驗可以借鑒,於是就再叫她講詳細一點。誰知燕用眼尾看了潔一下,就再也沒有出聲了。這時潔搭口過來,叫帆也講一下自己的情況。這時帆覺得人家可能是專程來了解自己的情況,所以就告訴他們自己為了要入到偷渡的行列,吸取經驗、才不顧一切在7月4號跨出自己的第一步,後來得阿倫關照才跨出自己的第二步,然後把與阿倫起第二舨的過程一五一十地告訴她們。至於下一步怎樣?還是要靠你們及阿倫的關照才行。

"我都是泥菩薩過江、自身難保,我都是靠阿潔姐關照的。"燕說。

"潔姐!最緊要關照我一齊走呀!"帆立即轉向潔說。

"看看吧!時間也差不多了,我們也需要回去了。"潔笑著說。說完她倆很快就離開了。這種蜻蜓點水式的拜訪,帆一直都想不通。不過一心一意地想著跤腳的帆卻沒有細心去深究。自己手中沒有路,求人是很難的。

晚飯過後,帆慢慢散步走到阿倫家,把今天潔與燕的來訪告訴倫,并問倫與潔談得怎樣,有沒有做什麼決定。

"潔沒有什麼決定,她可能要關照好她的弟弟先。"倫說。

"對!今天聽藍燕說,她是與潔的弟弟一齊起的。你還說我們倆與阿潔阿燕四個人一齊起,這是不可能的。看來你準備的陰陽四腳就變成三缺一了。"帆笑著說。不過在帆的心目中,始終認為做什麼事情都要盡人事而待天命,人生的一兩次失利并不能鑄定一切。即使一切天鑄定又如何?人總是要坦然面對的。所以無論聖意或天意,在帆的眼裡又有何足懼呢?

"我想下又覺得奇怪,為什麼她們不來找我,而去找你呢?她們有什麼需要你的呢?"倫突然這樣問帆。帆聽後心中一怔,明顯感覺到倫的不滿或多疑,不過帆最後還是打開心扉直說。

"這個我也不知道,大概是想從中了解一下我們之間的關係?可能她們女的顧慮會多很多的。"帆怕倫多想，又補上一句。

"不過不管什么情況，我都聽你的！"

"好吧！"倫隨口回應帆，帆看時間也差不多了，就約定倫明天百步梯口見，就急忙走了。

第二天一早，帆依約前往，潔與燕已幾天沒來了，但見倫與一位姑娘已在等候。她叫麗華，身材姣好，一頭微卷曲的長髮披瀸到肩，伴著一身濃重的香水氣味。她是個長期留城的、在廣州市郊務農的知青。他們跑了一圈，想不到麗華對跑步也可以應付得來，不過有時還是須要等她一下。帆對於這一點是很在意的，因為對於倫的陰陽平衡的理論，他確實不敢苟同，怕遇到問題自己不勝負荷。但他沒有辦法，因他自己沒有路，必須靠人！跑完分手的時候，帆對倫說："遲點我到你家里來。"于是大家分手回家。

大約十點鐘左右，帆又出現在倫的家。只見倫穿著一件白色的襯衫，一件深咖啡色的羊毛背心，一條熨過的藍色西褲，一對刷得發亮的皮鞋，他那圓圓的頭上的短髮，也略施髮乳，旁邊桌上還放著個'丹頂'髮乳的瓶子，一看便知是由香港帶回來的來路貨。煙灰盅里塞滿煙頭，上面還有一枝沒有抽完的冒著淡煙的香煙。

"有喜慶事去吃飯嗎？"帆一見倫就問。

"不是！是麗華約我出去食午飯，食完飯去新華戲院看個下午場。"倫故作不經意地說。

"對呀！大家聯絡一下感情，增進相互了解都好。"帆附和著說。

"你有什么事快說啦！不然人家來到時說就不好了。"倫狡黠地笑著說。"麗華的情況怎樣？她會和我們一齊走嗎？"這時帆知道倫想他盡快說完就離去，所以他就笨拙地直接問倫。

"有可能。"倫皺皺眉頭說。

"那就是三女二男走嗎？"帆顧不上仔細思考就問。

"不！還是照原來的想法。"倫顯然有點不耐煩說。

"那到時會淘汰一女嗎？"帆還在問。

"暫時不好說，藍燕應該和她以前的拍檔一齊走。"倫隨口就說。

"這樣我明白了。麗華有沒有起過？"帆再問。

"有，起過一舨，一早就跌了。她也沒有路，懂游泳，但沒有你那么好，你知我水性差，應急時多個人幫一下也好！"倫透露出自己的想法。

"阿潔她的情況又如何呢？"帆更進一步問。

"阿潔不會游泳，想屐局、撲網。她沒有起過。但勝在樟木頭裡邊落鄉，你知現在樟木頭都算不錯的路，我找她就是想走中路，盡量水路近些。我們大家一齊起就必須有兩個人會游泳才可以。不過阿潔經常拿不定主意，既想這樣，又想那樣。她又想幫弟弟去了先再起，她弟與阿燕等三人剛跌了回來，下一舨未知他們什么時候起？我心里都焦急。"倫和盤托出地說。

"你有沒有見過她弟弟？"帆稍松口氣問。

"沒有！"倫說。

"昨天她們來我家時，我叫阿燕講一下他們起的情況，想取下經，她都好像不想講的樣子，神神秘秘。"帆說到這時，外面一陣輕柔婉轉的歌聲令人精神一振，兩人不約而同地望向大門方向的來人。

> 妹愛哥情重，呢句话 发UP疯[4]。
> 無銀點[5]情重，唔通成世[6]褲穿窿。
> 梗係[7]一水[8]隔天涯，皆因水無就挨穷。
> 無水得场梦，咪话[9]妹佢[10] 無陰功[11]。
> 面包都几毫一件，唔通成世吃西风。
> 梗係一水隔天涯，皆因水满 就唔同。
> 千万家财多有味，無肉無柴真堪悲！
> 咪话妹佢唔挨义气噃，肚不饱時無心机。
> 预计将来用，所以妹要数銀龍[12]。
> 莫要被金钱弄，惟有快手去揾工。
> 只恨一水隔天涯，揾倒水你就唔同。
> 只恨一水隔天涯，揾倒水你就唔同！

伴隨著歌聲，麗華笑容可掬地走了進來，她那標誌性的香水味

---

4. 係发UP疯：係解作是的意思，发UP疯解作亂說。係发UP疯：指這是亂說的。
5. 點：怎樣能夠。
6. 唔通成世：唔通，難道。成世，一輩子。
7. 梗係：當然是。
8. 水：錢。
9. 咪话：不要說。
10. 佢：她或他。
11. 無陰功：做事情沒有本心或良心。
12. 銀龍：錢財沿沿不斷，滾滾而來。

道,立即讓整個廳堂充滿了芬芳。

"麗華,你唱得很好聽,你的歌詞又同人家唱的不一樣版本,十分詼諧有趣!"帆對麗華說。

"現在這首歌風行省港澳,特別是我們這些省港奇兵[13]口耳相傳,它也與我們的處境十分切合,再加上一些'天才'的添加修改,更加貼切、更加感人!"倫也跟著補充說。

"人家只是隨口唱唱,沒想到經你兩人'上綱上線',讓我感覺得格外沉重!"麗華有點面色緋紅地說。

"好啦,我也要走啦!"帆非常知趣地說完、就迅速離開了。

帆在回家的路上想著這些天發生的事情,覺得事情轉變得非常快,陰陰陽陽非常突然。事隔兩三天、卻變化了幾回。而且這種變化事先自己完全不知情,事後也不容自己有半點意見。帆一向自認為自己是個有獨立思考能力的人,這時完全變成由別人來擺布,實在覺得很痛苦。但他細心想下這也難怪人家,自己年紀大,急於求成;人家年輕、有的是時間和青春,他們選正、揀好才落墨決定,不同自己。無奈之下只好怨自己的命運差,正所謂禮下於人必有所求、跪地餵豬乸[14],忍一下啦!

---

13. 奇兵:指偷渡客。
14. 跪地餵豬乸:為了達成目標而委屈自己去求人,像好像跪在地上餵母豬,希望牠快生息一樣。

第六章

捨命尋路自奔走　同病相憐各有憂

　　帆離開倫的家後，漫無目的地躑躅於一條狹窄的鋪著麻石板的小巷。他在想像中感覺到倫和麗華漸漸遠去的身影，一種無以言狀的孤獨感油然而生。一種有可能被擠出的感覺，突然在他腦海中湧現。小巷兩旁盡是低矮的小房子，一間擠著一間。一片一片疊起來的舊紅瓦屋面，歪歪斜斜地用些磚頭壓著。潮濕的泥牆偶爾又砌些磚上去，顯得斑駁而勉強，牆腳長有一片綠色的青苔，是唯一可見的綠色。老遠一個燈泡掛在簷口下，拖著兩條細小的電線，供應著小巷裡面少少的光明。因為城市秩序還沒有恢復，很多人都不敢外出而留在家中。三三兩兩的婦女織著毛衣，坐在門口聊天，小孩子圍成一堆坐在石板上玩，大男人們在下像棋，有人大聲吆喝著："篤卒[1]，篤卒。篤卒過河當車用！"

　　帆突然一怔，定神一看，是一個老頭與一個年青人在下像棋。只見兩人面對面各坐著一張小木櫈，中間放個木盆，木盆上面放塊板、板上擺副像棋。老頭撮著下巴低垂的鬍子，乾瘦的面部露出一副胸有成竹的樣子。而那個年青人，用食指與中指夾著一只卒，高舉著、但又放不下，仰著面、用疑惑和探詢的眼神看著站在旁邊吆喝著的人。這一剎那間在帆的眼裡，好像一幅油畫、也好像一座群雕，世界上的一切彷彿突然間凝固了，沒有一點點風、沒有一絲絲聲音。帆趕快走前去，看看棋局，見大局形勢下，這年青人不篤卒就死路一條。他沒有路可走了！帆大叫一聲："篤卒！"隨著帆的叫聲，只見那青年人手拿著的棋子，啪的一聲打在板上，眾人幾乎同時叫"好！"。瞬間、世界好

---

1. 篤卒：象棋中把兵或卒向前推進一步叫篤卒，但偷渡客有自己的解釋：就是決心篤行之卒，一步一步跨越深圳河。所以帆聽聞會突然一怔。

像又動起來了，全部人都一齊轉過頭來，瞪大眼睛，呆呆地看著帆。那些織毛線的婦女都停下手來，那些坐在石板上玩的小孩都站起來，到底發生了什麼事情，估計當時在場的人都沒有辦法說得清楚。只有帆的心中知道，他尷尬地對著驚訝的人笑了笑，揚揚手、慢慢走開了。

帆離開了這群人之後，也覺得肚子餓了，想在路邊小食店買點東西吃，可是摸來摸去，袋子里只有幾分錢，還不夠買碗麵吃。他本能地嚥下口水，快步離開了。帆高中畢業後，就去了農村，到現在整整十二年了。他賺的錢從來都只夠自己糊口，最多剩下一兩塊錢去買肥皂、毛巾、點燈用的火水、理髮之類。喜歡看書的他，想買本書也要準備一兩個月，牙縫里省得出來、才有機會。古時孔子說'三十而立'，今天三十歲的帆卻異常寒酸，他不敢結交朋友，特別是女性朋友。他家境貧困，父母收入低微，弟妹眾多。他從來都沒有什麼零用錢，穿得破爛，整年都拖著對破舊的塑料涼鞋。在學校的時候，帆的自信心唯有來自自己的成績單。離開學校之後，他再也沒有成績單來依靠了，他便沒有了做人應有的自信心作為支柱了。被稱為臭老九的他，在農村經常受到批斗，經常在睡夢的呼喊中驚醒。他一直在痛苦中掙扎著、等待著，胸中的憤懣像即將要噴發的火山一樣！他感到無限的壓抑與屈辱。他幾乎失去了賴以支持自信的一切支點，他必須要走，要離開這個不是正常人生存的社會，要去尋找他的新世界。他堅定地知道，自由是他一切新生活的起點，是人性和尊嚴的支點！他不是一個懶墮的人，不是一個不思進取的人，可是這個沒有人性的社會，將他逼得像一個廢人一樣。

飢腸轆轆的他回到家里，家里很靜。帆驚訝地看見藍燕和他最小的弟弟阿堅在下象棋，他問燕："你什麼時候來的？"堅說："她來了有一個多小時了。爸媽今天上班去了，姐跟同學出去了，我就留下來和燕姐下像棋。"帆知道他們都吃過飯了，就對燕說："我要吃點東西先。"就進了廚房。

一會兒，帆出來就問燕："怎麼這幾天都不見你們來跑步？你們有何大計？"

"沒什麼！只不過時間還早，我們有些事情還不能一下子決定下來，需要考慮，所以今天過來看看你們的想法怎麼樣。"燕說。這時小弟堅知道他們有事情要談，就說要去看書便離開了。

"上一版大家起錨的時間都差不多，一眨眼跌返來大圈都有兩個月了。我想，你應該感覺得到，今年剩余的時間確實不多了。我們下一次怎樣起？大家一點都沒有坐下來談過，連個基本的共識都沒有，更不要說做一點準備工作了。我不想像上一舨，說起就起，跟著阿倫就走。"帆說。

"我也是一樣，不然今天就不會過來看看你們的想法怎麼樣。"燕說。

"我有什麼想法，我都是依靠人家的關照，自己又沒有路。現在阿倫說要改走中路，但他還优哉游哉地跑去看戲，阿潔又不出現，我都急死啦！你上一舨與阿潔的弟弟一齊起，你們照上一次一樣走就成了。如果我是你，一定回去大家齊齊準備好，到時再衝過就是了，一點煩惱都沒有。"帆說。

"可是事情卻不是這樣簡單的。如果你為了獲得自由，卻要先去答應一個約束你的自由的前提條件，你還會去要這個自由嗎？"燕若有所思。

"那當然不成！自由是無價寶。自由是你與生俱來的權利；自由不是某種可作交換的物品；自由是不能預設前提條件的，更不能拿自己的自由去作抵押的！"帆完全沒有想到燕一開口就向他提出了這樣尖銳而嚴肅的問題，但這是一個原則性的大問題，絕對不容含糊。他就坦率直說了。

燕仔細地看著帆那清瘦而方正的面頰上的表情，見他嚴肅而認真，雙手還緊握著拳頭。當她確認帆說這話是認真的時候，柳眉一動，讚許地微微一笑，并用手輕輕地整理一下原本已梳得非常整齊的頭髮，彷彿只有這樣，才能夠資格去談論這樣嚴肅的話題。

"我也是這樣看。但是很多人對我的看法不以為然，認為女孩子反正以後要嫁人，自由就顯得并不重要了。"燕說。

"不對！自由是不分男女的。難道男的為自由要去跤腳，女的就不用跤腳？你有沒有看過挪威劇作家易卜生寫的書，叫《海上夫人》，主題是講婦女解放的，婦女解放最重要就是要讓婦女獲得自由，獲得對自己命運的決定權。"帆非常認真地說。

"你有這本書嗎？"燕問。

"有，你拿去看吧！"帆說著就把書找了出來遞給她。

"今天的談話，使我茅塞頓開，獲益不淺；使我明白自由是我與生俱來的權利，不是可作為交換的某種東西。好，我要走啦！過兩天看完再還給你。"燕說完，把書拿在手上揚了揚，高高興興地走了。

帆看著燕的背影，心想："等了一個多小時，只說了幾句話就跑了，還說今天的談話，使她獲益不淺。女人真令人莫名其妙！"

幾天後的一個中午，正在午睡的帆被弟弟叫醒，原來藍燕又單獨來了。帆坐起來，見藍燕正在廳上瀏覽他家人的照片。

她那低垂的雙肩上，穿著一件寬松的彩紅色的樽領毛衣，配以一條布質普通但柔軟適中的深黑色的長褲，緊束著腰身，雙手還挽著一件絨外套，腳上一雙黑色的、半高跟的舊皮鞋，仍然被悉心地刷得發亮。從遠處望去，她顯得有點瘦削，有點蒼白。聽到帆的腳步聲，她轉過頭來，笑了一笑。帆連忙請她坐下，就去拿了一杯茶給她，她順手就把《海上夫人》遞給帆。

"這本書好看嗎？"帆問。

"好！它讓我明白了很多道理。有很多事情，我看完這本書後，就知道怎樣去處理了。我們去跤腳，并不單是為搵份工，更重要是為了自己的人權自由。我要為自己的將來作決定，而不該由人家來決定我的將來。"燕非常認真地說。

"那你明白有條件制約的自由，就不是自由嗎？"

"這個問題是我最考慮的核心問題，哪會不明白呢？"

"阿燕，什麼事情讓你耿耿于懷？說來聽聽、看我可以幫你嗎？"

"其實你已經幫了我啦！你讓我明白了有條件制約的自由，就不是完全的自由。自由是自己的權利，是自己與生俱來最重要的權利，不能用它為作某種利益而交換或抵押的。看完《海上夫人》後，我很開心。我可以大膽地、無懼無畏地、自主地決定我的一切。"燕笑著說。

"你越講我就越糊塗，我現在都不知道你在講什麼？"

燕看了帆一眼，今天她很開心，她覺得帆是可靠的，可以把藏在心中兩年多的秘密告訴他。不過她還要叮囑一句，不準告訴任何人！帆當然答應。

燕又再看了帆一眼，就說："我是六八屆的知青，下放到四會大旺農場。那裡有血吸蟲，很可怕！幸好很快我就被調到農場宣傳隊。那時文革正進行得如火如荼，生產癱瘓了，兩派分開後，農場宣傳隊也解散了。很多人回城躲避武斗，知青中有人也順利偷渡去了香港。我也講過我的家庭成分很差，升學及留城工作都沒有份，去農村只能落地生根，做一輩子農民，我不甘心這樣一輩子。你都知道，農民已是<u>社會的最底層</u>，知青卻是臭老九[2]，還要受貧下中農的'再教育'，也就是

2.臭老九：文革期間定義階級敵人的時候有個黑九類，分別是地、富、反、壞、右、叛、特、走資本主義道路當權派、和知識分子。因為知識分子被排在第九，所以被大眾稱為"臭老九"。元朝征服漢人時也把漢人分成十等，知識分子也排第

社會上更為低下的墊底的一層。所以我也萌生了偷渡的念頭,當時潔的弟弟阿基,在大旺附近公社插隊落鄉,他也想跂腳,我們又多少有點親戚的關係,自然就聯繫上了。"

燕喝了一口水,看見帆一動不動地、聚精會神地等著她繼續。

"我們第一舨三個人去,阿基、阿基的朋友阿海、我,總共是兩男一女。我們準備了半年的時間,當時阿海負責準備流霖。大家坐車到樟木頭前落車以後,阿潔和兩個男知青搭我們三人,分三部單車走,來到阿潔處时已经天黑。知青的房子,大多不接近農民住屋,所以我們一路上非常順利。晚飯食飽後,其中一個男知青把我們帶到門口,指著前面遠處一片黑色的小山坡說,小山坡再往前是平原,大約要走兩到三小時,再上了山就安全了,以後應當是山連山的。然後他又領我們回到屋里,把所有的物品和背包幫我們背好,再說一聲祝你們順利到達香港!當時我們三人站在門口,我站在後邊。天黑得認不見人,等了近十分鐘,他們兩人都沒有動,也沒有出聲。那個男知青問你們為什麼還不走呵?阿海說,這麼黑,怎麼走呀?真氣死人!他還說自己是個老卒,我們兩人都希望他帶著我們走的,誰知這個老卒竟然這樣說!這時我實在忍不住了,我一步冲向前,不顧一切向前走。他們這才默默跟着我出發了。走了很久,我走累了,他倆也習慣了,才把我換下來。你知道走在前面開路該是多麼辛苦的事情呵!"燕又停了一下,喝口水,仿佛她真的是很累了。

"你沒有了解過他們的嗎?"帆問。

"以前我對起錨這件事情想得太過天真,對它的困難、危險性預計不足,真正到操[3]的時候才知道是這麼困難、這麼危險的。"燕答道。

"這是生死博斗,猶如簽了軍令狀,絕不能退縮的。"帆補充說。

燕點點頭繼續說:"我們連續在山上走了幾天,走得很慢,每天只能走很短的路程。大家走的時候又缺乏正確的判斷,該走的時候不走,不該停下來觀察的時候卻停下來。每天花在堆上休整的時間很多,休息不理想,自然體力也不足。到了第五天中午,我們在堆里休息。誰知阿海醒了,看見風和日麗,一時心情舒暢,便坐起來欣賞風景。他點枝香煙後把火柴枝隨手一丟,丟在旁邊的干草堆,卻點燃了山上的干草,頓時燃起熊熊烈火。他害怕得大叫救命,我與阿基被驚

九。一官、二吏、三僧四道、五医、六工、七猎、八娼、九儒、十丐,"知識分子"列于第九,在娼妓之下,比乞丐好一点。當時中國在文革社會,居然還在前面加个臭字。"知识分子"的地位低下與被人不屑,可想而知。

3. 操:實際行動。

醒，立即起來不顧一切去撲火。你可要知道，引火燒山可是大罪，嚴重者要槍斃的！我們三人傾盡全力，花了近半小時，眉毛都燒光了，才勉強把火撲滅。當我們驚魂未定地扶著雙腿喘氣時，突然間聽到一片'不準動！'的叫聲，我們就這樣束手被擒。原來有一幫農民在旁邊山腳做工，見到濃煙，撲上山來救火，順手就把我們抓了。我們身上的東西也都給他們分了。"

"當一次經驗教訓吧！我第一次也差不多。"帆安慰燕說。

"能夠吸取教訓，那當然最好，可是我們的機會并不多，上天不會一次又一次地給我們機會。一段時間後，我們又被放出來了，并且都回到大圈，我們三個又聚在一起走下一舨了。"燕繼續說。

"這一次比上一次好很多了，我終於不用那麼辛苦了，一路上都得到他們的照顧。可是在他們的爭相照顧中，我看到一種獻殷勤的味道。雖然我心里不舒服，但是回想一下、也沒有什麼壞處，管他們啦，我自己小心就是了。這樣一路走了九天，終於到達水邊了。當我們看見那色彩繽紛的天穹、香港誘人的燈光，我的心像飛了出來一樣。自由就在對面，呵！那種心境，是我有生以來，從來沒有經歷過的！我跪在地上，仰望著天空，天離我是那麼近，我等待著上天賜給我新的生命！我們出奇的順利，在山上順著一條小路，很快就到達了水邊。水邊的一片叢林下，有一個小水坑直通外面。風平浪靜，我們下到水坑中，望著對面的燈光，三人很順利地往前游著。我正在無限興奮之中，忽然間聽見'救命呀，救命呀！'的呼叫，原來阿海突然抽筋了。立刻，不同的方向射來二支探照燈的強光，瞬間兩艘老解的巡邏艇飛駛而至，我們三人立即成了蝦餃皇。"說到這里，燕低下頭來，長長地嘆了口氣，滴下了一滴眼淚。

"燕，你們的成績比我們好很多，也很精彩。為什麼上次你與阿潔來時，我問你們起錨的情況，你卻不願意講呢？"帆問。

"問題就出在這里，我們被放回來以後，阿基看我的眼神都變了，說話聲調也變了，變得怪怪的。後來他還通過他姐阿潔說喜歡我，呵！氣死我了。"燕說。

"這也無可厚非，哪個女孩不被人追求過？哪個男孩不追求過人？你OK就說OK，不行就說不行。這是很平常的。"帆平淡地說。

"這也對，所以我就直接對潔說了。我說大家還年輕，暫時不談這個問題，以後再說吧。"燕說。

"其實你是欺騙了人家的，你是不喜歡人家，而不是以後再說。'以後再說'是拖字訣，對大家都沒有好處。"帆認真地說。

"是！我不喜歡他，我不喜歡這種沒有膽色，沒有志氣的男人，我不願意跟這種人過一輩子！我想跟他們說清楚，但又怕從此斷了自己的路。不過這段時間，我都慢慢覺察得到，他們對我的態度開始變冷了。"燕說。

"對，人的態度是可以從他們的行為中表現出來的，他們已不會為你準備了。但你是對的，你不喜歡的東西就不要勉強自己。"帆說。

"前兩天問你的問題，就是要解決這個煩惱。看了《海上夫人》這本書，我清楚很多了。婦女解放最重要就要讓婦女獲得自由，獲得決定自己命運的自由。"燕說到這裡，一看掛在墻上的時鐘，連忙起來收拾東西：

"哎呀！時間過得真快，晚了，我必須要馬上走了。"燕一看掛在墙上的時鐘，邊收拾東西邊說，"這兩天與你的談話，收穫不少，我會再找時間過來找你談話。"看來剛才她不愉快的情緒早已煙消雲散了。

"歡迎，你可以隨時過來。我早上十點鐘跑完步，整個下午都會在家。"帆說。

"這麼晚了，你為什麼不留人家在家吃了飯再走。"目送藍燕離開以後，帆的母親問。

"你們會一起走嗎？"母親問。

"不知道，我們都是阿倫介紹認識的。"帆說。

"她叫什麼名字，在什麼地方住？"母親問。

"我只知她叫藍燕，其他一概不知。我們認識十幾天，上次阿倫帶她們來過。我都沒有去過她家，聽說是在石樓崗住的，很遠的。"帆說。

晚飯過後，帆又慢步走去阿倫的家，阿倫又跟麗華出去了。帆向阿倫的家人問起阿倫的女朋友到了香港怎樣，阿倫的哥哥說："最初都有封信過來，不過現在都比較少啦。"言語之間都有幾分散了的意思。帆本想約阿倫明天去跑步，但等到十點半鐘仍不見阿倫回家，就告辭了。

第二天天還沒有亮，帆又是一個人從家跑到西湖，又跑到百步梯口。他總希望在什麼地方會碰到阿倫、阿潔、阿燕，甚至麗華，可是他跟上次一樣失望。怎麼樣？他們怎麼樣？為什麼一下子全都不見了？他們從此不去偷渡了嗎？他拼命奔跑，跑到自己大汗淋漓，全身都濕透了。但是他明白，自己雖是老知青，卻又是新卒，就必須要調整自己的心態，戒急戒躁。他讓起伏不定的心慢慢安靜下來。跑完回到家，見家人都還沒有起來。他洗了澡，安靜地睡覺去了。

帆睡得正香，卻給弟弟搖醒了。"哥，燕姐來找你啦！"弟弟邊說邊搖著帆的肩膀。"阿燕？"帆問。"是她。"弟弟說。帆起床一看，已經是上午十點半了。帆走出客廳一看，果然是藍燕，她正聚精會神地在看他新造的一個玻璃面的木柜子。可能是帆走動的響聲驚動了燕，她轉過頭來問：

"這是你造的嗎？不錯！"

"是，我見家里沒有什麼家具，家里窮，買不起，我就自己動手，弄些木板、木方學著人家去做。我一天做一點，在家'斗俬批修'嘛！街八見我長期留在廣州也不好說話。誰知日子有功，我竟然把家里也換了個樣，這就是窮有窮的活法，請勿見笑！"帆說。

燕點了點頭，用贊許的眼光看了帆一眼。帆遞給燕一杯茶，請燕坐下，然後他就坐在隔著茶几的椅子上。

"帆，你會洗流霖嗎？"過了幾分鐘，還是燕先開口問。這正巧打開了帆的話題，帆就一樣樣地告訴燕。關於地圖、指南針、背包、鞋、泡、食物、藥品、上水的衣服等等，燕都問得清清楚楚。這也是帆這一段時間來所搜集的資料和對很多實戰經驗的總結。是否燕想考察一下他與阿海比較，哪個會是紙上談兵呢？帆想到這裡，就有點遲疑，自己是否會過於直率？但是人家有問題問到，他自然依理直說，絕不會有半點保留隱藏。他心里想著，幫到人家也會幫到自己。所以無論偷渡跂腳、天文地理、或人情世故，人家問到，他從來都是翻開心來，把自己心想的，告訴人家。

親愛的讀者，對於楊帆的為人方式是褒還是貶，人們各有評價。但是在他的孩童時代，母親就教導他要為人正直，因"正直之心謂之德"，所以做人正直就一向以來都是帆的基本信條。但是在仁德禮教及道德操守被當權者號召去摧毀的時代，人人為了保命、為了利益，卻用盡了欺詐、巧取豪奪的手段。正直的帆就吃盡了苦頭，他在情感上就非常討厭這種做法。

上文講到燕與帆開啟了一個相互溝通的窗口，隔三差五，燕就帶著一堆問題來找帆，帆也照實回答，像教弟妹們做功課一樣。他們從偷渡談到天文地理、國家大事、文學藝術、人情世故等等；也談到中國的四大名著、牛虻、《紅與黑》中的于連，或是安娜卡列尼娜、普希金等等。這些都是文革前期允許看的僅有的一點點書藉。不過即使是這樣，每次都令他們興致勃勃，他們好像有探討不完的問題，講不完的話；他們感興趣的、整天談論的，都正是當時社會上要大加鞭韃的封、資、修的東西。特別在自由的問題上，他們幾乎天天都有新的問題提出來思考和爭論。當時的社會，并不認同人們要求自由的權利，對人權、自由、平等、民主等，一律斥之為資產階級世界觀而加以否定、禁止、批判！可是當時的年青人卻偷偷地私下議論，探索。這與社會上所推崇的主流的、革命的思想背道而馳，但在偷渡的群體內卻廣泛地傳播著。

"我們所說的東西，都不合政府的要求的，現在大力倡導的是去做黨的馴服工具。你以後不要隨便向人講什麼自由、平等的東西。否則給人篤背脊就麻煩了。"帆對燕說。

"我才不去做人家的馴服工具！人是有血有肉有人性的，工具是死物，沒有靈魂，沒有人性的！禽獸畜牲都不如！願意去做人家的馴服工具的人，實在是為人擦鞋，居心叵測。"燕不屑地說，帆看著她，贊許地笑了。

"通過與你討論，我對問題的認識又清楚了很多，我看還是再借返《海上夫人》這本書，回去再看一遍。"燕接著說。

目送燕漸漸遠去後，帆才慢慢地一步一步踱回家中。這時帆忽然想到，燕為什麼會和一個與自己素昧平生的男子討論自己被追求的事情呢？想到這里，帆直覺得自己心跳加快，想著想著竟覺得面紅耳赤。帆又有所顧慮，自己給人的印像的確可相信嗎？特別是他們這段時間的談話，言語合理嗎？

啊！這樣不對，自己是否想多了？以後不應向這方面想，否則自己努力的目標就會迷失了！

盡管帆對自己處境作了分析，調整了心態，但這段時間燕的頻頻來訪，令到他們的接觸機會日多，了解日深。他以前天天想見到阿倫，想快點起錨。當他明白決定權不在自己手上，急也沒用，不知不覺去倫家就少了些。有時想起藍燕，覺得與她反而還會談到一些有用的東西。一心想著起錨的帆，對這一點微少的變化自然是不會多想，可是在外人的眼里，由於燕的出現，帆就有了很大的不同。這真是旁觀者清，當局者迷了。

以後，帆與燕的遭遇又會變得怎樣呢？他們會有機會起錨成功嗎？誰也不知道，只有上天才最清楚。

第七章

未存心意幫作橡　卻惹猜疑漸入深

　　有一天早上，燕一早就過來，問帆有沒有做過橡皮艇，或者知道誰做過。帆告訴她自己沒有做過，也不知誰做過，只是在格仔聽人說過。燕聽完就一把拉著帆的手往外跑，邊走邊說："我想你一定會有辦法的，起碼現在去幫忙商量一下。"

　　"我希望我能做得到，不過我真的沒有做過，完全沒有經驗。"

　　"這是我表妹的事情，她想用橡局[1]，手頭上有手術室用的橡皮布，但是找不到會做的人，更找不到願意幫她做的人。"

　　"其實橡皮艇這東西，我從來都沒有用過，也沒有看過。我對它的所有認識，都只是聽人說過。"

　　"我們手頭上的橡皮布也很有限，我們都知道要有一個基本的想法才能去做，不然剪多兩剪，橡皮布就沒有了。而且，做出來的老橡能否載得起幾個人？半途發生問題時，這只老橡能否靠得住呢？"燕似乎沒有聽見帆的話，就非常心急地一連串提出自己的問題。

　　"對，這是人命關天的事情呵！我會盡力去幫你們啦，但最好還是大家一起商量，我心里就好過一些。"

　　坐了大約二個多小時的公交車，燕帶著帆繞過一批村鎮的街市，走向一座像是工廠宿舍的樓房。他們一直走到四樓最頂層，向最靠邊的一個單位走去。路過的頭兩個單位堆滿雜物，連門都沒有。跟著的一個單位大門緊鎖，據說武鬥發生後，這一家人就離開到別處去了。<u>走道破舊而臟亂</u>，曾經是白色的墻壁寫滿標語，墻角一片蜘蛛網。樓

1. 橡局：計劃用橡皮艇來偷渡。

梯間還有一道頗為結實的樓梯門，這是武斗期間必須具備的防護門。

走到最後一個單位，燕上前去敲敲門，門上的小窗出現了一只眼睛，門很快就開了。這是一房一廳的單位，大約十二平方的廳上，靠墻處放著二張碌架床[2]，剩餘的地方就是大門、房門和廚房門的位置。廳堂雖然細小，但經過居住人的粉刷、收拾，倒也像個住人的地方。上下碌架床靠墻中間的空間，除了偉大領袖毛主席像之外，就掛滿了各種親人的照片相架。靠在兩張碌架床邊，放著一張四腳木枱，旁邊還放著兩條橋凳。這套裝備，既可作寫字枱，又可作食飯枱，也可作攀上上層碌架床的梯級。一個像征著中國進入電氣化時代的2安倍電錶，被安裝在大門旁邊，維持著全屋三個燈泡的照明。

開門的是燕的表妹，叫天顏，是六八屆海南島知青。隨她身後走出來的是燕的兩個還在讀高中的表弟，一個叫俊偉，是天顏的弟弟，另一個叫黃漢，是燕的三姨的兒子。從廚房里走出來一個花白頭髮、看上去四十來歲的女人，這就是燕的三姨，她剛和黃漢從被趕下鄉的地方來到廣州。最後從睡房出來的是一對夫婦，四十幾歲，男的已是滿頭花白髮，女的看上去也很蒼老，默不作聲。燕介紹，男的姓李，是她的二姨丈，原是偉大領袖親筆題字的南方大學的畢業生，當了領導幹部，後來卻被關進了牛欄。他小心地制止了燕的進一步介紹，走過來和帆握握手，又回到房裡去了。三姨說要去買菜煮飯，也出去了。

帆明白，為了保護自己，年紀大的人，應該都有不在場的證據。不然運動的魔力一到，兒子就會去斗老子，到時就沒有什麼親情可言。為了避免這種事情發生，退避是必要的，即使是掩耳盜鈴，也是必要的。帆示意天顏把房門關起來，就和大家坐在木枱邊說："燕，你先把我們剛才商量的問題說一下吧。"燕說完之後，大家你看我，我看你，都不出聲。帆知道很難征求他們的意見，就說："這樣吧！我把我的想法告訴大家。我想橡皮艇最重要的有幾點：1、要承載得起。2、重心要好，不容易翻船。3、要划得動。4、要上得船。如果這樣，老橡最好做成兩個人一隻，前後一人；最多不超過三個人一隻。因為人多重量大，恐怕用這種膠布做的老橡剛性不夠。承載得起的問題容易解決，根據歐幾里得浮力的公式計算，平均每人150市斤的重量，兩人一隻的浮力要150公斤，如果圓筒3.2米長，直徑25公分就夠了。三個人一隻的浮力要230市斤，圓筒3.6米長，直徑30公分就夠了。做的時候，我們還可以加大一點，分成互不相通的幾塊來做成，讓浮力足夠又比較安全。至於具體怎樣做，我們商量好再作最後決定吧。"

---

2. 碌架床：簡單的雙層木床。

"怎樣分開來造，如何加大？"天顏問。

"我們可以分成四個或多過四個的小氣筒，造好後再連成一起，其中一個氣筒破了也不會即時產生問題。"帆說。

這時候，幾個人明白了，好像又摸到點頭緒，七嘴八舌地你一句我一句地在一些細節問題上爭執起來，例如划槳怎樣帶在身上？老橡這么重怎樣背？不會划艇怎么辦？等等。

吃過中午飯后，很快就到下午三四點，帆對大家說他要走了。帆希望他們晚上商量好，第二天帆再來過。燕說她不回家了，留在姨丈家過夜。燕送帆去搭車。路上帆問燕："你姨丈是干部，他的態度怎樣？"

"你都應當看得出來，他躲到房間里，實際上是聽著我們的說話。讓自己的兒女去冒險，誰都不放心。做老橡，大家都沒有經驗，而且是性命悠關的事情，一個疏忽就可能搭上幾條性命的！你叫他們作為父母怎么放心得下？雖然我和你都是二分錢一條命，大不了十八年後又是一條好漢，可是對於他兩老來說，天顏畢竟是他們心頭上的一塊肉。如果這個世界不是迫得人沒有生路可走，又有誰願意鋌而走險呀？"燕說。

"我是問，他兩老對跤腳這事的態度怎樣？"帆再問。

"這還用說，他十分支持！他認為在這個社會裡不會把你當人看，做人沒有意思，做官更沒有意思。姨丈最初是一個單位的領導，干得好好的。運動一來，阿爺運動群眾把他斗垮斗臭，像條狗一樣夾著尾巴做人。現在上頭覺得有需要，又叫他們當官的反過頭來咬其他人！這樣咬來咬去，怨怨相報可時了。況且，他覺得人生在世，應該為國家和人民做點實事，不應該為小集團的私利，搞到國不成國、家不似家，永無寧日。況且人就是人，不是狗，不可以互相咬來咬去，一點人性也沒有，所以他也希望他的後代將來能堂堂正正做個人。基於這一點，我才希望你能好好幫他們。"燕說。

"看來你姨丈為人很正派，屬於有理想、有人生理念之人。可惜呀！正直之人難有立足的地方。"帆若有同感地說。

"世事很難說，雖然他們平時天天聽的說的都是'大公無私''為人民服務'，但自私起來也令人很害怕的。"燕笑著說。

"這也對，自私也是人的天性，涉及到個人利益時，往往又是另一個模樣。況且文革一來，可怕的是，上樑不正下樑歪。他們這樣的人，一向以那些偉大的、標桿性的人物作為自己人生的榜樣。但當他們一旦看清楚那些偉人的真面目，明白了真相之後，他們的人生觀一下子就崩塌了，全亂了。他們幾十年來建立起來的道德標準一下子全垮了。他們立刻就無所適從，茫茫然迷失了方向。一些有堅定的道德觀及基本人性的人，還可以把持得住。但大多數人迷失了道德方向之後，就任由本能的引領，泛濫而去！特別是那些關係到物欲需求的人性，到處橫流……"

"帆，你再說下去，我就有點不明白了。"燕笑著阻止了帆的說話。

公共車剛好開到，帆就大步上了汽車。

第二天天剛亮，帆就急急離開家了。當他到達天顏家，不過早上8點多一點，可是大家都準備好坐在廳裡等他了。三姨遞來幾個饅頭和一杯茶說：

"你這么早就來了，肯定沒有吃早餐。" 帆也不客氣，接過來坐在橋櫈上，邊吃邊說："你們想好了沒有？怎樣安排？"

"想好了，我們打算做一隻二人的，一隻三人的，你看看材料夠不夠？不夠我們再想想辦法。"天顏邊說邊示意仍帶一點稚氣的俊偉和黃漢去把東西搬出來，叫三姨去樓梯睇水[3]，并把上四樓的樓梯門關好。

帆首先拿張紙畫了一個圖，把尺寸都標在圖上，然后解釋給這班未來的勇士們聽。大家都提出很多的意見、很多的猜想、很多精辟的見解，這使帆驚嘆不已，亦哀嘆不已。他想，我們這些年輕人實在生不逢時，否則年紀輕輕，何需亡命天涯？大好的青春，大好的智慧，不用在建設國家上，卻用在逃離國家的歪道上，多可惜。可是這怪誰？又能怪他們嗎？

帆強力壓抑住自己的激憤，再專心到制造老橡的事情上去。他按圖紙把各種尺寸畫在橡膠布上，反覆地比對，最后確定可以制一大一小共兩隻。大家聽到非常高興，開始正式動手制作了。

"燕，你們的膠水的汽油味很厲害！"在外面睇水的三姨走進來說。

"對，把那邊的窗戶打開，用個風扇吹吹，把大門關上。" 帆說。三姨又走出去了。

親愛的讀者，相信大家都明白，制作兩隻老橡並非一天半天就可以做好的，大家也沒有興趣聽我去描述這個煩瑣又枯燥無味的制作過程，不如趁三姨不在，背後講她幾句吧。

三姨生於盛產煙葉的半山區小鎮附近的農村，一家人耕有幾畝

---

3. 睇水：放哨。

煙地，自己種煙自己賣。解放初期，這種一向自給自足的農商戶被評為工商業地主，自然處境艱難。幸得姐夫讀了南方大學，成為革命干部。她于是追隨家姐到廣州，謀得一單位職工的位置。單位隔壁，是一所榮譽軍人學校，實際上是一所殘疾軍人療養所，住有一大批因戰爭造成的殘疾的軍人。大家都知道，這所學校是要為它的學生找出路、安排個家庭照顧。那附近的單位就成了近水樓臺，政府組織出面，對年輕女性們以"黨婚"[4]的方式動員，再施以利害得失的考量，許多人也便就範了。一向備受成份壓力的三姨也就這麼成了一等榮譽軍人的夫人。那時年輕貌美的三姨，在政治上也受到別人的尊敬，心里也并不覺得怎樣委屈。可是好景不長，幾年後，一等榮譽軍人經不起時間及傷病的煎熬而離世。正所谓夫荣才妻貴，自那榮譽軍人離世之後，三姨的日子就一天不如一天，政治待遇更是一落千丈。文革開始，住在隔壁的派出所長覬覦她所居住的房屋單位，便以派出所名義屢次向她工作的部門寫檢舉信。當時她的主管領導自身難保，遂任由單位不明真相的群眾將她的出身翻出來批斗，沒多久，一等榮譽軍人的夫人竟然被趕去偏遠的農村。孤兒寡婦，盡受折磨，幾年之後，竟然變得白髮蒼蒼。三姨的遭遇對燕的家族是一個極大的教訓，所以燕與天顏他們都寧願冒險偷渡，也不願意再相信國家的什麼保證。

經過近一個星期的努力之後，他們終於看到成果就擺在面前，帆竟然坐在充氣管上，證明這橡皮艇是有一定的結實度的。大家歡喜若狂，都想找個機會試一試。

幾天後的一個晚上，漆黑一片，在一個極少人煙的小水庫里，老橡得到了比較滿意的試驗結果，帆的心才放下了一塊大石。這時，燕對帆的信任程度也逐漸增加了。她覺得他還是會幹實際工作的人，并不是只會說、不會做的書生。

橡皮艇是造出來了，卻遇到了另外的一個難題，就是如何駕馭它。幾個年輕人坐上去划得團團轉，控制不了方向。

"帆哥，我們不會划呀！怎麼辦？"

"沒有其他辦法，你們必須學會划才可以。"

"你是怎樣學會的？"

"我在水上生活過一段時間，自然就會啦！"

"多長時間才可以學會呢？"

---

4. 黨婚：不是自由戀愛、不是經由當事人自己雙方確定的婚姻關系，而是通過黨組織來安排和決定的婚姻關系。

"這個很難說，看每個人的領會程度，不過最重要的是掌舵。如果有人掌好舵，其他人照划就可以了。做什麼事情都有難度的，努力一點就會成功的。這些都是基本功，走這條路的無論如何都必要學會的。"

因為十多天來的緊張工作，帆覺得很累，所以回去後連續兩天都在家里睡覺。

"你曾經答應過阿廣伯去幫他做化糞池修理，你什麼時候去？人家今天問我呢。"吃晚飯的時候，帆的母親問帆。

"我都忘記了，吃完晚飯我會去找他的。"帆說。

一向少言寡語的父親把話頭接了過來："這段時間不管是誰，晚上出外都不要太晚了，十點鐘左右就一定要回家。最近市委組織了輪訓班，警備區公安局又聯合成立了民兵指揮部，加上工糾隊伍和街道人員一齊，晚上去查戶口；日間去動員清理城市閒散人員及成份差的人落鄉；更進一步捉拿農村中的倒流分子，包括知青。若看你不順眼，說拉就拉，沒有一點人情講。最近特別針對年輕人，準備掃一批人返農村。你去幫人做工也要小心，不可公開張揚。最近對投機倒把的買賣分子及黑市勞工[5]，都抓得很緊。你要事事小心為上。"

因為家中兒女眾多，帆的父親怕他們不小心惹了麻煩，所以他一聽到有什麼消息，必在當晚食飯時宣布。聽到父親的話，帆知道政治上又進一步收緊了。那天晚上，不到十點，帆已回到家中了。

自從去了農村，帆就沒有經過一天安穩的日子，一開始就是天生的臭老九，受盡歧視批判。趁著武鬥，他躲回大圈家中，不去賣命。可是帆知道自己是農村戶口，站出來就低人一等。當帆一離開農村回到廣州，自然就沒有收入，連吃飯的口糧也沒有。現在每天吃的，都是由家人一口一口省下來給他的，這對他來說，是一種莫大的壓力。帆只好經常偷偷地幫人家做點短工，當時叫做黑市勞工，藉此減輕一下家庭的經濟壓力，也可幫補自己的偷渡使用。以前唸書的時候，他記得歷史老師講述秦始皇時代商鞅的戶口制，帆還不能體會到這是什麼。他現在確有親身的體會，才知道戶口制度的厲害之處，壓迫之深。

第二天早上，帆又匆匆地趕去倫的家，怕遲了倫又已經出了門。他已經有一段時間沒有見到阿倫，若長時間不去接觸人家，更怕把這種關係疏淡，那就麻煩了。阿倫正在吃早餐，應當是剛起床不久。

"這段時間沒有見你來，你去那里HAPPY呀？"倫見到帆就問。

---

5. 黑市勞工：沒有被批準，去幫人做工，并領取報酬者。

"沒有去什么地方呀！阿燕叫我幫她表妹做老橡。"帆說著，就把整個過程仔細地告訴他。

"你們試過水嗎？我都想看看。"倫聽完後說。

"試過！你對橡局也有興趣嗎？其實我們都可以考慮下。"帆回答說。

"好，你叫阿燕出來帶我們去看看。"倫說。

"我沒有阿燕的電話號碼，每次都是她出來找我的。"帆說。

"是不是呀？連人家電話號碼都沒有，你怎樣去溝女[6]呀？"倫笑著說。

"真的，都是她過來找我，我完全沒有打算去溝女。"帆有點不好意思地說。

"好啦！我打個電話給阿潔，明天一齊去吧。"倫笑完又說。

"阿倫，我們的事情你決定得怎樣？現在轉眼12月又來了，我們回來廣州已有兩個月了。除了休息之外，什么都沒有做過，我們連最起碼的鍛練身體都沒有好好練過。你有沒有跟阿潔認真談過？現在不湯不水，做什么事情都提不起勁。如果阿潔條路不行，不如我們拿回樹根條路都可以走呀，樹根有沒有聯繫過你？"帆說。

"我一早就跟你講得很清楚了，第一點，是關於陰陽調和的問題，第二點，我不想走東線，中線對我會好些。我已同樹根講清楚了，以後他會與其他人走，我們就另外想辦法了！"倫堅決地說。

聽到倫斬釘截鐵的話，帆雖然并不完全贊同，但也不敢反對。他怕倫不高興，所以都盡量依他的說話去做。

"我并不是反對你，你要這樣做一定有你的理由。我只是心急，但我還是聽你安排的。好吧，希望你抓緊機會，跟阿潔認真談談，早點決定下來。"帆無可奈何地說。

"既然這樣，那你明天早上過來，我們去看看那隻老橡。看完之后，我會去同阿潔認真談。"倫最後說。帆滿心歡喜地走了。

吃過午飯之后，百無聊賴的帆干脆去午睡了。上午與倫的談話，令他覺得心里踏實很多。他希望像那隻吊著一條長絲的蜘蛛那樣，雖然在風中搖搖晃晃地擺動著，但只要努力，憑著一條細絲，慢慢一定可以織起一個結實的網。想著想著，他安心地睡著了。

忽然他覺得有人在搖他，睜眼一看，已經是下午三點多了，他的小堅弟說："哥，燕姐來了。"

---

6. 溝女：跟女孩子親近。

帆立刻起來一看，果然是燕，她帶著一副焦慮的眼神，跟平時滿臉笑容的愉快狀態不同。帆預感到一定有什麼事情發生了。

"燕，發生了什麼事情？"帆連忙問。

"造老橡的事情，你告訴阿倫了？"燕問。

"是呀，他今天早上問我，一段時間不見，問我去了哪里。大家拍檔，我也沒有必要隱瞞他，所以我就直說了，有問題嗎？"帆答道。

"沒有問題，沒有問題！"看著帆老實巴交的樣子，燕嘆了口氣說。

"倫還說想看看那老橡，他對橡局也有興趣，想約阿潔一起明天去看看。好嗎？"帆說。

"兩個小時之前，阿潔通知我，她說明天沒有空不去了，叫我們三個人去。聽她口吻，像是很不滿意我事先沒有經她同意而直接去叫你去幫手造這些老橡。"燕說。

"什麼？這么容易就不高興嗎？"帆說。

"帆，她不是怪你，而是怪我。"燕說。

"怪你都不對，你又不是與她有什麼契約關係，為什麼非要她同意才能做？"帆說。

"正是這樣我才怕她以後不再幫我。"燕說。

"燕，對不起！我想這件事情又沒有影響到我們大家一齊起的利益，幫幫你表妹，是我個人的權利，對他們一點傷害都沒有。況且朋友間的幫忙，舉手之勞，不應把事情看得這麼嚴重。"帆說。

"帆，你不用對不起，因為我事先也沒有要你不要告訴別人。你口口聲聲地說大家一齊起，可能這個大家里面并不能包括我，潔到現在還不能決定，其中原因還是希望我與她弟弟阿基先搞惦。"燕說。

"什麼叫先搞惦？結婚嗎？"帆問。

"那就不至於不過最起碼需要我表態。"燕說。

"那你本人的意見又怎樣？"帆問。

"那還用問嗎？你告訴我，《海上夫人》是怎樣的！不過⋯⋯路也不是那麼容易找到的，這是我最憂慮的地方。"燕的聲音越說越小，帆幾乎聽不到後面她所說的。

"燕，你不用擔心，事情可能并不如你想像得那麼嚴重，萬事都會有轉機的。"帆感到事情可能有點麻煩，自己完全出於幫忙，人家都會猜疑有問題，恐怕將來大家都很難共事了。不過他仍然安慰燕。

"帆，我是很相信直覺的，特別是事關到自己利益的直覺。你是局外人，你是不知道的，況且你不是女的，你不知道女的起錨有多難，有多辛苦！"燕說著幾乎想哭起來。

"你不該只往壞處想！只想不好的，很容易走入死胡同的。明天大家開開心心地去，管他的！"帆盡量安慰燕說。他絕對沒有想到，這件事情令到燕產生了這麼大的憂慮和不安。

"好吧，我盡量促成這件事，讓阿倫看到。這樣做，可能會減少阿倫對你的猜疑。"燕說。

"那我要謝謝你！不過我真不明白，這種小事都要瞻前顧後，傷腦筋一番，人與人之間這麼互相猜忌、互相防備，那怎樣可以同舟共濟、互相幫助呢？"帆說。

"你太好人了。很多人都是以自己利益第一，幫你一點，馬上就要求回報。所以有時大家相處都覺得很煩，令人心情不佳。"燕說。

"那你與我相處，會覺得煩嗎？"帆問。

"那我不覺得煩。"燕說。

"既然不覺得煩，為什麼現在還苦起個臉？"帆問。

"哦，哈、哈、哈！哈、哈、哈！可以嗎？"燕笑著說。他們倆人終於又恢復愉快的常態，分手時已經開開心心了。

第二天早上，帆一早就來到倫家，不久燕也到了。昨天的憂慮和不安，一點都沒有在燕的臉上留下痕跡，她還是平時那樣愉快可人。而帆也興緻勃勃地向阿倫介紹那些老橡。倫帶著點疑狐的眼神看著帆與燕兩人，聽著、微笑著……一聲不響。

上午10點半左右，他們三人來到燕的表妹天顏的家。經過大家介紹之後，倫看到了老橡。他沒說什麼，不置可否地笑了笑，就說趕時間、要先走了。這一切像是走程序、趕過場。帆趁大家不注意時問倫："等看完後，是否大家一齊去阿潔家進一步詳細談呢？"倫說："你們留下再坐多點時間然後再走吧。但我有事必須先走。"倫說完後再沒有理帆，轉過身去就跟大家說聲再見，便急急忙忙地走了。看著倫遠去的背影，帆怎么也想不明白，倫昨天所說的話，今天竟可以又完全不同了。

第八章

兩人皆困全無路　枉有胸懷力漸枯

　　倫走後不久，帆和燕也就一齊從天顏家出來。兩人默默不語，一直往平時的公交車站走去。路上行人熙熙攘攘，各種噪音不絕，他們都好像視而不見，聽而不聞。他們各自在想著什麼？相信聰明的讀者你一定明白。

　　"帆，你準備去哪里？"

　　"哦！我們找個地方坐下來談談好嗎？今天事情的變化太突然，我覺得應該大家商量一下，以後才好應付。"

　　"我想先回家，因為我昨天從家里出來後就沒有回過家，昨晚我還是在表妹天顏那裡過夜的。"

　　"好，那就直接到你家去吧，反正我從來都沒有機會拜訪過你，歡迎嗎？"

　　"歡迎！不過我家住得很遠的，是在農村地方。"

　　"有車坐就可以了，哪裡？"

　　"石榴崗[1]，來這邊上車吧。"帆跟著燕上了一部去市郊的公共汽車，兩人肩並肩地坐著。

　　"這部車直接到石樓崗嗎？"

　　"對，但下車後我們還要走大約兩公里的路，才可以到村。我們是在公路旁的海軍醫院站下車，以後順著一條泥路一直走，才能走到村裡面的民居。"燕說完就再沒有出聲了。

---

1. 石榴崗：廣州市郊區廣州市郊區，盛產嫣脂紅石榴而聞名。

過了一個站,兩個站,三個站。

"我今天注意到你好像有點心情不很佳的樣子,是什么原因?是不是不喜歡我跟著去你家?"

"不是,我只是看到人家的工作進行得如火如荼,而自己卻一點眉目也沒有,一想到這裡,我就一點心情也沒有。"

"我忽然腦裡閃出一個想法,你為什么不去問問你表妹,請求他們幫你呢?"

"我也曾經問過表妹,是否有機會幫下我,令我不致於為了一條路而要屈就於人,可是一直不能得到肯定的答復。我曾經對你說過,有些人自私起來也令人很害怕的,就是這個意思。"

"為什么你又會幫她?"

"對啦,我也不明白,可能只有上天明白。"

"人有時也很奇怪,很多行為都會無解的,并不是人人對自己的一舉一動都想清楚才去做。憑著一個習慣的善念去做,就成為善行;憑著一個習慣的惡念去做,就成為惡行。"

"我有時又想起了自己。既然決定不去就范人家的要求,自己的路就斷了,怎麼辦?越想就心越煩,就越是自嘆自憐,以至情緒瞬間轉壞。剛才愉快的心態,一不子又消失得無影無蹤了,現在跟你說說,又好像放輕了一點。"燕說完又笑了起來。

帆一面聽著,一面看著外面的景色。那時候的廣州市區還是很小,鬧市基本上還是集中在河北地區,市二宮[2]以南也就是半郊區或者郊區了。河南地區在解放初時,只有沿著珠江河邊的一兩條馬路,如今二十五年過去了,能看到什么呢?帆感到十分氣餒地長長地嘆了一口氣。幸好那時陽光燦爛,一掃帆心中的陰霾。他看見公路蜿蜒地伸入鄉村,汽車掠過兩旁低矮的深綠色的榕樹。一望無邊的綠色的農作物、直連接到天際邊的白云,偶然還看見一兩座低矮的農舍、魚塘……可惜那張揚的滾滾黃塵,緊隨著汽車,令路上不多的行人趕忙掩住口鼻而大煞風景。被那老頭牽著鼻子走的水牛也急忙躲避,它一直瞪著眼睛,像心裡有無限的不滿、而又無處傾訴一樣。

"帆,你現在怎樣想?"燕問沉默不語的帆。

"我在看風景,沿途都很美麗。"帆趁機換了一個話題。

"為什么我并不覺得呢?"

---

2. 市二宮:廣州市第二工人文化宮。

"'美麗'是一個相對性、主觀性都很強的詞。有時我覺得美麗，但你可能覺得并不美。況且你經常出入看慣了而不覺得，而我這段時間居住在市區，一下見到開闊的農村，感覺又完全不同呢！"

　　"其實什麼才是美，我都沒有什麼特定的想法。"

　　"以前老師說生活就是美，生活中就有美。但是對待生活及生活中種種事情，各人有各人的看法。更是千變萬化，令人眼花撩亂、無所適從。不過我認為：如果你當時心情好，感覺好，所見到令你愉悅旳東西，對於你來說就是美。你應該抓著你當時的感覺，及時享受你那美好的瞬間。否則一切美好的東西，稍瞬即逝。當美景不再時，後悔就沒有用了！"看來帆當時是有意開解燕，而燕好像聽得入耳，細細點頭。

　　"帆，我想跟你談另外的問題。你可知道，今天阿倫走得這么急，為的是什麼事？我覺得他今天來看看那隻老橡，純粹是為了證實一下而已，並非真心想考慮橡局。"燕靠近帆的耳邊細細聲說。

　　"剛才我見你心情好像不好，也不敢跟你說什麼。昨天我與阿倫說，今天看完後大家一起到阿潔家，認真坐下來商量實際問題。當時他也答應。所以今天我聽到他自己要先走，我心里都很生氣。"帆也靠近燕的耳邊細細聲說。

　　"不會啦！昨天阿潔完全不提大家商量這件事，她還是堅持要我和阿基一起的事情，我心中已經覺得她給我很大的壓力。"燕說。

　　"燕，你們真的不可以調和嗎？如果你隨便將就一下，事情就會順利得多，你就不會那么辛苦了！"帆還未說完，只見燕瞪圓雙眼，對帆怒目而視，帆知道燕真的不高興了。

　　"嚇！你再說就不理睬你啦！"燕說。

　　"對不起，對不起！"帆原想開解燕，沒想到卻把燕惹惱了。

　　這時車已到站，燕立刻站起來，不理帆而自己走了，帆連忙跟著下車。他們走完了一條長長的泥路之後，轉了幾轉，很快就見到一個典型的南方村鎮街市。一條條麻石板鋪成的街道兩旁，散落著大小參差不齊的瓦頂房屋。因為從來沒有外墻油漆的習慣，大多都呈現青黑色，即使是紅色瓦頂，都因苔蘚和雨水多的緣故，變作黑色。街巷狹窄，人來人往。即使有自行車的富裕人家，也只能推著自行車行走。街市的鋪內陰暗而看不清是賣什麼東西的，極少掛有招牌。當地人卻駕輕就熟地，輕易就能找到他要買東西的商鋪。小鄉鎮人家，不外是賣些豉油醬醋的雜貨鋪、藥材鋪、棺材鋪、生油鋪等，不用看招牌，僅憑氣味就可以找到，所以這種有著古老商鋪的小鎮，氣味是一大特色。

但即使這種小鎮，造反派也經常來光顧。一句文攻武衛，乒乒乓乓就打起來。所以很多商鋪還架著鋪面的木門板，僅留一兩扇打開的木板門來出入，隨時可以關起門來。

帆跟著燕拐彎抹角，一下子又轉到一處僻靜的小巷。小巷盡頭的空地是一塊石榴果園地，種有十幾棵石榴樹，果園角落還有一個豬欄，養了幾頭豬。樹下的母雞呼喚著一群小雞谷谷聲響。果園外用破爛磚頭砌了一道圍牆，大約一米多一點的高度，外面還有一個木門。果園內有一間小磚房子，他們進了果園走到房子前面，燕順手推開大門，見到一個不大的天井，一個灶頭的廚房在天井深處，右手邊是廳堂及兩個睡房。廳角還有一張床，一張四方八仙枱及兩張橋櫈，一絲微弱的陽光從屋頂的明瓦投射到洗刷得干干淨淨的大紅方磚的地面上，一切顯得靜謐而自然。

燕若無其事地招呼帆坐下，然後介紹她兩個妹妹，大的叫藍鳳，小的叫藍鵑，都是靚靚的小姑娘。帆剛坐下，藍鳳和藍鵑都說要去石榴園里招呼那些小雞，起身走了。

這時，燕和帆面對面坐著，你看我、我看你，兩人都不出聲。

"燕，剛才在車上，我原本想勸你想問題不要鑽進牛角尖出不來，誰知令你不高興，對不起啦！"帆先開口說。

"我不會怪你的，但是如果阿潔幫我的條件是先要我答應將來跟阿基相好的話，我絕對不會要他們幫我。你對我講，婦女解放最重要的就是要讓婦女獲得自由，獲得對自己命運決定的自由。其實，我也不會選擇阿基這種人做自己的對像，他太膽小了。"燕繼續說，"我就算完全沒有路，也不能拿自己去作交換！"

"從這個角度來說，我是完全支持你的！但是從尋找出路的困難方面來說，我也很擔心。"帆說。

"我只能顧了主要的方面，次要的方面就慢慢想吧。你願意幫我嗎？"燕說。

"我很願意幫你，可是我自己都是泥菩薩過江，自身難保。我還要靠阿倫條路，阿倫又話要靠阿潔走中線。我都猜不透阿倫想什麼？如果他是一心想走返樹根那條線就好辦多了。"帆說。

"除了他，你不認識其他人嗎？你的朋友、親戚、同學，沒有一個人起錨嗎？"燕有些心急地問帆。

帆嘆了一口氣，然後慢慢說："燕，我跟你們是不同的，我比你們大上五六歲，我下鄉比你們早幾年。因為大躍進後，農村失收鬧飢荒；城市大煉鋼鐵失敗，工業下馬，導致廣東早期產生逃港狂潮，沖擊邊界。畢業學生沒有辦法分配，城市聚集大量閑散人員。為解決這一問題，所以要青年人去支援農村建設，承諾待經濟好轉時，調回城市工作，當年公安局發給我們每人一個戶口保留證之後，我們才下鄉的。我們這些人叫'支青'，是城市去支援農村建設的青年，而不是後來被稱為'知識青年'的下鄉知青，這兩者是性質不同的。誰知我們去了農村之後，當官的趁文革的機會，操縱一批人來造反，把戶口保留證一律作廢，把這筆賬賴掉。凡為戶口保留證爭取權益而抗議的，都被視作反革命，視作反黨反老毛分子。你想想這些人，最後的下場怎樣？下鄉靠近邊界的，早就鉸了。如果不靠近邊界的，要則年紀大了，不想再冒險了，要則就沒有路，或者因種種原因而不能去的，而我就是後面的一種人了。"本來平靜的帆，說到這時，站起來走來走去，瘦削的臉孔一片通紅。燕看見帆這樣激動的樣子，連忙斟了一杯水，叫帆坐下來休息一下再說。

眼看著帆逐漸平靜下來，燕說："你說的情況都對，我有一個姑姐就在前兩三年去了香港。如果我們不跤腳，留在這里絕對是沒有出路的。"

"跟我們一起下鄉的，有一個高干的兒子，還不到三個月就抽調出來，到電台去當負責人去了。我們呢？一直不準動，要在農村干一輩子！"

"在外邊社會才有自由、平等；在裡邊、什麼都沒有。把廣州叫做大圈，真是非常貼切的！"

"所以我們就要千方百計沖出這個大圈，沖出這個圍困著我們的大圈！"

"我們最大的困難就是路的問題，唉！怎樣去找呢？"燕自言自語地說。

"路的問題不能急，世上很多事情都要隨緣。首先從現有條件著手，我們應盡量利用阿潔和阿倫的現有條件，如果有一點可能性都要利用，前提當然不能放棄自己的主要的宗旨。"帆說到這里停了一下，看著燕。燕沒有出聲，帆又繼續說："實際上，路是人走出來的。只要你決心走，你就能踩出一條路來。如果你不願走，即使有一條路擺在你面前，也不是你的路，是人家的路！假如到時真是山窮水盡，我們就弄兩部單車，在中山八路開始起！行嗎？"帆堅決地說。

燕站起來，睜大雙眼，呆呆地看著帆。她完全沒有想到帆會說出她的心底話來。她看到帆的決心，也從他的話里得到勇氣。帆的話解決了她的後顧之憂。她覺得她更有勇氣去面對未來的一切，她很開心地看著帆。

她干脆把心中的疑問也倒出來，與帆商量、研究。他們時而緊鎖雙眉，時而開懷大笑！時間就這樣悄悄地溜走了，這時燕的母親也下班回家了。

"媽，他就是我跟你說的帆。"燕對她母親說。

"伯母，你好！"帆連忙站起來打招呼說。

"請坐吧！"燕的母親說。

燕的母親帶著滿身的疲倦從工廠回到家中，手挽著一把在經過的市場買來的青菜，順手遞給了從園里走回來的藍鳳，吩咐藍鳳去煮飯，并要帆一定吃了晚飯再走。然后她又轉過頭去問藍鵑有沒有看書做功課。

這時候，她偷偷地看了一下帆，又轉過頭去呆呆地、用憂傷的眼睛看著燕。帆心裡立刻就明白了，其實在她心里，最在意的莫過於她的大女兒藍燕。她原指望燕長大能給予家庭幫助，讓身心疲累的她稍微減輕一下自己身上的重擔。可是燕十五六歲就去了農村，不但不能對家庭有所幫忙，還要她一直牽腸掛肚。去了六年農村，如今到了談婚論嫁的年齡，還不能有足夠的、糊口的能力，還要家庭經濟上的支持。這是誰的罪過？燕嗎？

她不知道面前的年青人是干什么的，是好人？是壞蛋？多少年來，她就像園里的母雞，哺養著、守護著她的小雞。平常極少機會有人來探訪，今天女兒帶來的探訪者，她一定要想辦法了解清楚。

晚飯很快就準備好，她們還特別煎了幾個由自己的母雞生的蛋來招待帆。在那個時候，能吃上個荷包蛋也是非常不容易的。那天燕的父親加班，她們就先吃飯了。吃飯的時候燕的母親邊吃邊問了帆很多問題，父母、家庭、個人、下鄉，等等。帆也一一如實告訴她。天很快就要黑了，帆站起來對她們說，自己出來時沒有告訴家里人，怕父母記掛，就匆忙向大家告辭了。

第二天一早燕就來到帆的家門口，她老遠就看到帆那健壯的背影，看到帆的手臂有力地揮著斧頭劈木。當年的知青大多都能干些體力勞動，但人格怎樣？志氣怎樣？這才是最重要的。昨晚母親的話還在她腦子里迴響,她細細心地思量著。

"嘩!這么早就做了這么多啦!"燕說。

"沒有辦法了,答應人家做幾張櫈。一方面人家催,二方面自己催。我都想做快點攢點錢起錨用,你知啦!"帆說著看了燕一眼,只見她會意一笑。帆連忙叫燕到廳里坐,自己馬上去收拾東西。

"昨天晚上你回到家很晚吧。"燕問。

"還好,不很晚,不過聽說最近到處查戶口,街八也加強管控那些被遣返的閑散人員、回流知青,加強押送五類份子及黑七類下鄉。我們都要注意,不然無端地給點錯相就麻煩了,現在是寧殺錯、沒有放過的時候。"帆說。

"你今天早上有沒有去跑步?"燕問。

"沒有!你是否想問我有沒有見過阿倫?"帆說。

"對啊!我心里就一直記掛著這件事。你覺得他們昨天是否在談這件事呢,最后的結果又會怎樣呢?"燕說。

"我也是這樣想,不過人家不說你也沒有辦法,我實在有點猜不透他們心裡想什么。其實我不喜歡做事這樣神神秘秘的,既然大家都是同道中人,大家就應該開心見誠,一齊商量才是。只有這樣,遇到事情才能同舟共濟,大家捨命幫助。"帆說。

"帆,我要的就是這樣!"燕說。

"我也知道你希望這樣,但是人家不是這樣想,你不肯答應人家的條件,人家要不要你都不一定。他們純粹從自己的利益去想也不奇怪,亦無可厚非,是嗎?我不是潑你冷水,我看你的狀況難搞一點。我可能好一點,不過從阿倫的神秘態度,也難以樂觀。"帆說。

"你不會吧!阿倫水性差,需要你的幫忙,"燕說。

"問題是所有策劃的東西一點也不給我知道,到時他要我怎樣做我就怎樣做,這是最致命的、也是我最不希望的。從這一點來說,我和你是沒有分別的。"帆說。

"他可能還信不過你。"燕說。

"對呀!況且他現在又想走中線,不想游水,那我分分鐘就變成多餘的了。"帆說。

"那不一定,除非他想撲網或者由深圳河過。"燕說。

"或者吧!這都有可能。"帆說。

兩人沉默了半刻，帆又開了另外一個話題："我昨天走後，你媽有什麼說？有沒有叫你不要跟這個人來往？"

帆看見燕臉上有點紅，低下頭、隔了一會才回答。

"她說你看上去還像一個學生，感覺到還直率，像一個比較正派的人。但是她還是對我說，知人口臉不知心，人心隔肚皮。你不能一下子完全相信人，要多了解人家，特別要多了解他的家人。接觸多了，才知道人的心腸是怎樣的。現在世道險惡，人與人之間分分鐘講利益，你一個女流之輩，現在拋個身出去，與人家去闖世界，真的是非常困難的。我真是非常擔心，也覺得很難為你了，但也沒有辦法。如果一家人困在一起，實在是死路一條！我爸的情況也很差，那份工作都沒有保障。我最大，父母希望我能走出生天，我雖是個女兒，但父母都把我看成個兒子。他們知道，我們是在賭命的！說到這裡，我媽也忍不住哭起來，後來竟然嚎啕大哭。"

"其實每個家庭都是這樣，都有不同程度的憂慮，關鍵是你自己，只要自己夠堅強，問題是可以解決的。"

"我也是這樣想。當一切慢慢平靜下來時，對著那昏暗的燈光，我獨自坐在廳上等著父親歸來。我不停地想著母親的說話，知道母親并沒有制止我們的交往，心裡就放心多了。我覺得有很多東西需要跟你說，和你商量，要徵求你的意見，可是來到時又不知說什麼好，我都奇怪自己的記憶力去了那里……"

就在這時從門外進來一人，帆一見，馬上站起來熱情地趨前迎接。

"元哥你好！"帆說完隨即指著燕介紹給元哥說："卒友，叫阿燕。"再又對阿燕說："元哥，夠義氣的老友。"帆待元哥坐定之後，燕遞過一杯熱茶，元哥呷了一口就說："很久都沒有見過你，也沒有你的音訊，不知你怎樣，今天經過就跑進來看看。"

"對不起呀元哥，我回來都二三個月了，天天無事忙。跑下步，幫人做點傢俬，剩下的時間都是搵路。"帆說。

"你為什麼還搵路[3]？不可以走返阿倫條路嗎？"元哥問。

"我們正在談這件事情，阿倫現在想改路走中線，不知能否有位落得我們也不知道。我們都很擔憂，時間拖得越長越麻煩，聽說香港分分鐘話反戒，真是急死人。"帆說。

"這確實是宜早不宜遲，遲了就會有很多意想不到的麻煩事發生。"

---

3. 搵：尋找。

最好就是同阿倫繼續合作下去，若果真的不行，就要多想點辦法，及早擴大一點范圍去找，不要干等。"元哥說。

"對呀，所以我們都在商量，在想辦法。"帆說。

元哥看了燕一眼，就沒有再出聲了。帆看見元哥的表情，也明白元哥心裡在想什麼，他肯定覺得帆自己的問題還未解決，又去溝女。想到這里，帆也不敢再說了。

"帆，你聽！有人敲門。"燕突然打破沉默說。

帆立即走去開門，見是阿倫，喜出望外。他立即招呼阿倫入廳內坐，并介紹元哥及阿倫相識。阿倫對燕說："原來你也在這里！"燕笑笑點頭不語。

這時元哥卻站起來說："你們慢慢談，我有事要先走了。"帆送他出去。

"元哥是個好朋友，他今天經過，順路進來看看我，看我有什麼進展，什麼時候會動。阿倫，我有什麼進展就是要看你的啦！你昨天有沒有找阿潔談？她怎樣想？"帆話峰一轉就急切地問。

阿倫沒有立刻答復帆的問題，他看了燕一眼，在那上衣口袋拿出了一包香煙，抖出一根，嘚一聲打響了那個金燦燦的打火機，點著了香煙，深深地吸了一口，吐出了一口縷縷長煙，再仰起頭來，看著天花板，又吸了一口，然後慢慢地說："昨天我們都沒有見過面，更沒有談過。"

"我以為你昨天去找她談，所以當我見到你時，以為你有好消息告訴我們。"帆說時特別把'我們'兩字講得很清楚。

"燕，你那個表姐也很難捉摸，說話轉來轉去，推三推四，不知道她真正在想什麼？"倫說。

這時燕聽出其中原因，也明白倫不會在她面前再講什麼東西了。就說："我約了人見面，現在夠時間了，我也要走了，你們慢慢談吧！"她便獨自離去了。

這時候，帆就單刀直入地直接再問倫："你真的沒有見過阿潔嗎？"

"真沒有見過，昨天我是跟麗華去看電影的。"倫說。

"你真夠風流，現在還有心情去看電影！"帆說。

"你別胡思亂想啦！我所愛的那個現在還是在香港等著我呢，前兩天還寄來了一封長信。與麗華玩玩是可以的，起錨就不行了，她不能捱得住辛苦的。"倫說。

"那我們這一局如何呢?"帆再進一步問。

"我真要找個時間去跟阿潔認真談一下,行就行,不行就要另想辦法。春節又來了,想一下真是時間不等人。"倫好像又有點心急地說。

見到倫終於肯下決心去搞正經事,帆放心很多了。他希望靠著阿倫這條路一直走下去,就不至於傍徨了。

又過去了五天。帆的內心焦慮翻滾。他明白,他的人生最重要的事情,莫過於解決出路問題。阿燕沒有來找他,是不是去找其他人請求幫忙了呢?自己不便這么急就去找阿倫,他知道應該給他一點時間去和阿潔周旋。這種情況下,他沒有心情獨自去跑步鍛煉,天天不發一語,默默地做著那剩余的一點點的木工,把他的力氣用出來,默默地度過這讓他感到極其漫長難耐的時間。

第九章

民主法制談何易　屢騙國人終會知

六天後的早上，燕一早就來到帆的家，興沖沖地問帆這幾天有沒有出外。帆說沒有，燕就說："北京路和中山四路口有一份大字報，貼到有兩三層樓高，題目是《关于社会主义的民主与法制》，是一個叫李一哲[1]的人寫的，很多人在看，非常轟動。那裡人頭涌涌，擠得水涉不通。我今天特別找你一起去看看。"

悶得發慌的帆經不住燕的慫恿，一起坐公交車到達北京路和中山四路口、財政廳前的地方。只見到如廣場般大小的十字路口，黑壓壓地站滿了人，只留下中山路靠近財政廳一邊的小小通道，只容一部公交車通過。除了公交車的喇叭響聲外，沒有其他響聲。人人都集中精神在看，有些人在做筆記，有些人甚至在拍照……

民主与法制，多么醒目的幾個字，立刻映入帆的眼簾。自從清末以來，多少中華兒女為它拋頭顱，灑熱血！可是每當這種努力到了一定成效時，就有人出來把這個眾人努力的成果剽竊為己有，而民眾卻好像懵然不覺。所以帆對民主與法制，深感嘆息，一直唏噓不已。帆再往下看，覺得沒有什麼新意，就叫燕走了。燕邊走邊問為什麼不看了，帆沒有說什麼話，拖著燕一直回家。

---

1. 李一哲與《關於社會主義的民主與法制》：《關於社會主義的民主與法制》是文革時期一張著名大字報，以對"林彪體系"和特殊利益集團的批判、對社會主義體系的批評引發關注。"李一哲"是一個共同筆名，實際作者包括廣州美術學院學生李正天、高中學生陳一陽、工廠工人王希哲。時任廣東人民廣播電台技術部副主任郭鴻志也有參與撰稿。大字報在1973年9月至1974年11月寫出，1974年開始在廣州街頭張貼。被中共廣東省委定性為"反動大字報"。1978年由時任廣東省委書記習仲勳平反。

回到家里，帆才對燕說："剛才人太多，我們要防便衣跟蹤，不方便講話。現在回家了，我們可以講了。"

"你這么快就匆匆忙忙要走了，你完全看清楚啦？記得住啦？"燕問。

"你沒有看到嗎？大字報一開頭就表明他是反老劉、老林，但不反老毛的。你想想，老劉、老林都是阿爺的接班人，甚至這一點也被寫進了最高文件。可是現在他們倆人都不明不白地一命嗚呼了。這樣做有通過民主程序嗎？撤職查辦他們，有法律依據嗎？沒有！國家的憲法、黨章，這些最高文件還要嗎？是誰破壞了民主與法制，是老劉和老林嗎？不是！誰破壞了呢？這不是很明顯的嗎？廢除了憲法、黨章，實際上是一次民主與法制的大倒退。文革是辛亥革命以來，最嚴重的一次封建專制主義和封建極權主義的復辟！可是大字報對這一點提都沒有提，卻以'民主與法制'作為主題，這是很諷刺的鬧劇。作者到底想與虎謀皮呢，還是以打著民主與法制旗號面目出現的、另一種極右的行為，我不知道。如果這種訴求的提出，對老百姓有好處的，都是好的，不管它是左還是右。否則就要多加考慮了。"帆說。

"那它貼出來、也許會有一點作用呀！"燕說。

"混淆視聽。問題是提出了，不觸及根本，最終只會自己打自己的嘴巴。而且我們這一輩子都不會看得見民主與法制的。"帆說。

"你不但太悲觀，而且太武斷了。最起碼，社會是會發展的，將來總會進化到這個程度的。"燕說。

"你說得沒有錯，社會是會發展的。如果用政治經濟學的術語來說吧，上層建築是建筑在經濟基礎之上，有什么樣的生產力形成的經濟基礎，必然有相應的上層建築。生產力的改進并不是一朝兩日的事，你只要讀一下歐洲的資本主義發展史就知道了。每一次社會制度的變遷，必先有生產力的變遷，因創造了大量的財富，財富有重新分配的必要，才產生新的社會分配制度——即上層建築，來與之相適應。

"今天中國的人口主體是農民，生產力又極其落后，到現在還是極低效的小農經濟生產技術，二千年來沒有什么變化。這就決定了今天的社會制度仍與二千年來封建帝制的社會沒有兩樣。一句話、仍是老頭子說了算的封建家長制。現在的一黨專政，加上計劃經濟，生產力不知要等到什么時候才能發展。現在文盲人數那么多，提出民主與法制，很多人還不明白是什么，當權的官員有多少贊同和擁護民主與法制？沒有！"帆說。

"照你的說法，這個李一哲不是凍過水！"燕問。

"絕對的，一定被打成反革命！"帆很堅決地說。

"沒有人會幫他嗎？"燕問。

"目前看來不會有。你看，生產力落后的農民需要什麼？他們需要一個老婆兩畝地，幾只雞鴨、幾個娃；他們需要一個慢速的安定的社會，祈求一個好皇帝。民主与法制是什麼？他們不需要！同樣，中國共產黨是以農民為主要成員的黨，軍隊是以農民為主要成員的軍隊。說白了，中國現在還是在封建社會，卻非要說成是社會主義社會。現在整天說革命的，都是城市的知識分子。工人和農民一點都不動，都成了保皇派！為什麼？因為他們不需要民主与法制這東西，加上沒有知識，沒有文化，西方的東西聽不到，而且容易屈服在暴力的淫威之下。只要利益天平一擺動，很多人就會喪失了做人的良知和道德底線，淪為被別有用心的人所操控的有力工具，去整人，去斗人，甚至去殺人！"帆越說越激動。

"你看看社會上的兩派就知道了，被冠以保皇派的都是工人和農民為主體的組織。造反派基本上是知識分子為主，年青人為主，他們卻又被稱為資產階級知識分子。為什麼不說是無產階級知識分子呢？是不是無產階級培養不出知識分子呢？其實都不是，我們都是解放後學校培養出來的，為什麼卻變成資產階級知識分子？其實是為了方便統治、不準他們亂說亂動而已！這些被冠以資產階級知識分子的大帽子的，在解放後歷次運動中都是在被打倒及被改造之列，而且都是被運動起來的群眾打倒。看你們誰還敢亂說亂動？這就是臭老九的命運。"

"知青是什麼？知青比臭老九更差。臭老九有城市戶口、有糧食、有工作、有一定的生活及物質保障。統治者需要一批沒有脊骨的、屈服的臭老九。那些不屈服的、不需要的，就統統趕下鄉去，那幾十萬的右派就是這樣。知青是什麼？什麼也不是，什麼也沒有！沒有戶口、沒有房子、沒有任何的生產和生活資料！知青只能寄生在城市和農村之間，一直都需要依賴城市的親屬的救濟，無論在政治地位上、經濟地位上都是社會的最底層。統治者不敢隨便鎮壓，只是因為他們人數龐大，年輕，而且植根於整個社會。"帆說到有點累了才停下來。

"你的觀點與現在所說的完全不同，是不是我們錯了！"一陣沉默過後，燕說出了自己的擔心。

"我的觀點沒有錯，而是鬍鬚佬的階級理論不能為當權者自圓其說罷了！其實人多并不一定能代表真理，工農也并不是天然正確，工農是無辜的一群。我會認為，農民、工人，反而是社會中落後的一群。

我會認為知識分子是來源於各個階級、階層的精英及有識之士，他們才是社會發展的根本動力。農民在農業社會是落後的一群，富農、中農和農業專業人員才會推動農業社會的前進；同樣，工人在工業社會是落後的一群，資產階級、小資產階級及其精英，才是推動工業社會的前進的動力。要改變，談何容易！因為生產力的變化不容易。"

"那我們會見到那一天嗎？"燕問。

"恐怕五、六十年內沒有這種可能，五、六十年後就說不定了。"帆說。

"五十年後，我們即使不死都很老了。"燕異常迷惘地說。

"所以我們必須趁早跂腳，希望還有一段人生能享受到自由、平等、民主與法制。以後再不需要去早請示、晚匯報了。"帆說。

"既然你有這樣清楚的認識，那你為什麼不早點跂呢？"燕問。

"我也不是先知先覺的。早期的我，受那害死人的愛國主義教育，認為我是中國人，我應該把我的力量貢獻給自己的國家。那時我們是有戶口保留證的，去支援農村一段時間，是可以回城讀書或工作的。結果後來戶口保留證一下子就被廢除了，當時我馬上就有一種被欺騙的感覺。以後我們不斷地被騙，騙多了，被騙的感覺就會慢慢消失了，麻木了，隨之而起是一種怨恨的感覺。經過漫長歲月的思考，我才能把國家與自己的關係調整過來。作為國家的子民，我們一直是無私的奉獻，得到的卻是隨意的鞭撻、侮辱甚至殺戮。我們沒有作為國民的權利，沒有自由，沒有人格和尊嚴。要記住，'哪裡有權利，哪裡才有國家'！當我完全明白了這個道理的時候，我才不顧一切地走上跂腳之路。"帆說得很沉重。

"你不怕死嗎？這些話你都敢說！"燕說。

"政府是以欺騙作為它推動政策的重要手段，騙得住就騙。實在騙不了就壓。壓得住就壓，壓不住就簡單地平反一下，事情過去一段時間，又故伎重演！解放以來，就是不斷地重復著欺騙、施壓、平反、再欺騙這樣簡單的循環。以前我以為，國家有權利去要求人民無條件服從，去效忠，去愛國。其實這是錯的。人民是沒有責任去效忠政府的，反而政府必須要服務人民。反過來應該是人民去對這個政府怎樣認同，這才是最重要的。政府對人民好，人民認同它，就會自覺地去服從它、效忠它、愛它。否則……"說到這裡，帆看了燕一眼。

"跂腳！"兩人異口同聲地說，然后哈哈大笑。

燕和帆經歷了一次又一次的思想上的重大交流，雙方都加深了對彼此的了解。自然他們雙方的來往緊密了，說話的共同點多了，同時對阿倫、阿潔的接觸慢慢少了，這一點也給人家看在眼里。

第十章

情繞路困渺茫處　磊落光明見曙光

　　一天下午，阿倫獨自過來找楊帆，說有很重要的事情要與帆到外面談。帆當然很高興，就向倫提議說，我們小跑步到後面西湖，然後找個僻靜的地方坐下來慢慢談。

　　不需多少時間，他們跑到西湖一處清靜的地方坐下。南方的冬天，只要有陽光還是相當舒適怡人的。藍天白雲全都落到平靜的湖面上，遠處的樓房，色澤斑駁地連成一串，擺放在遠遠的地平線上。

　　"有什麼好消息呀？"帆忍不住問阿倫。

　　"好消息是有了，現在要看你怎樣做了。"倫說。

　　"你說怎樣做就怎樣做啦！我聽你的。"帆還是很率直地回答。

　　"那我問你一個問題先，你是否與阿燕拍拖了？"倫問。

　　帆以為他問什麼，原來他以為帆和燕拍拖了。帆馬上又想，是不是他們決定淘汰阿燕呢？但是最終他還是老實告訴阿倫："我跟你說過，跤腳時是不拍拖的。"

　　"此一時，彼一時，人人都說你和阿燕走得很近呀！"倫說。

　　"沒錯，這段時間，我們接觸很多，來往也不少，但并非是談情說愛。"帆說著就把這一段時間的相互接觸的情況，談話等都完完全全地告訴倫。沒想到倫聽完之後，居然說："我并沒有要求你不能拍拖呀，你是我的死黨，你有任何需要，我應當幫你才是。如果你們不是這種關係，那才怪呢，我就要重新考慮過幫不幫阿燕。"

　　"倫，我與阿燕的關係只是普通朋友，我絕無非份之想。"

"你不想,不保證人家不想!不然她為什麼幾乎天天或隔天來找你。她也知道你沒有路,而我有路,但為什麼她卻不來找我呢?"

"你這樣說我就不知道了,但我心里真不是這樣想!"

"所以說,你應當去問問她,去向她表白,看她怎樣對你說。"

"嚇!要我問她?"帆吃了一驚地說。

"當然啦,不是你問,難道我問?"倫笑著說。

這時帆的臉上一塊紅一塊青,腦袋發脹。他從來沒有想過或者遇到過這類事情,他覺得必須讓自己靜下來,獨自整理一下。他沉默半晌,抬頭對倫說:"我必須回去想清楚才能回答你。"倫隨著帆往他家走去。

剛來到家門前,只見帆的母親也一身疲憊地下班回來了。倫老遠就叫了聲"阿姨"迎上前去。

帆聽見家門里傳來一片歡笑聲,忙跨進門一看,他也忍不住笑起來。原來里面一屋子人,帆的爸爸、幾個弟妹都在,逗著他大妹的女兒、二妹和三妹的兒子三人,都是牙牙學語的二到四歲的小孩。小孩子天真無邪,活潑可愛的模樣,讓父親高興得哈哈大笑,弟妹們也笑得人仰馬翻。平常的憂愁一掃而空,這個家庭頓時也增添了不少歡樂!

這時帆看見母親和倫滿面笑容走進屋來,剛才的倦容都不知去了那里,看起來喜氣洋洋。小孫女、小孫兒的趣緻模樣,她好像完全沒有看見,卻逕直走到帆面前叫帆到隔壁的房間去,倫也跟著進來。

"帆,你是否在和阿燕拍拖?"母親問。

"媽,沒有呀!"帆說。

"有也很正常,你今年都三十歲了。若不是遇上這樣的時勢,你都成家立室,事業有成了。"母親說到這里,本來晴朗的心情一下子又陰暗起來,眼圈竟然紅起來。

"媽,你不要這樣!不然會令阿燕很難為情的。"帆不知怎樣去安慰母親,他知道自己坎坷的處境,令雙親非常傷心。他何嘗不想改變,但他能做些什麼呢?

這時帆的大妹、二妹兩個走進來,看見母親在哭,忙問發生了什麼事?倫就把這件事情的原委,告訴帆的兩個妹妹。

"對呀!我都覺得奇怪,我見他們有時一講就三四個小時,談得十分投契的樣子。"大妹聽罷便說。

"旁觀者清，當局者迷。有時你自己反而不知道的。"二妹也附和地說。

"我今天跟他講了二個小時了，他都說不是。"倫說。

其實他們哪里知道，帆和燕是在談一些大原則性的問題，這對他們的理想及今後的行為，有著決定性的作用。

"你可以去問一下阿燕，如果她同意，那最好啦！大家在路途上也有個互相照顧。你們都年紀不小啦，是時候談婚論嫁了。我和你爹都等著抱孫子啦。你看外面多開心！如果你不好意思去問，媽幫你問。你幾個妹也都結婚了，或者你妹幫你問。"母親說。

帆完全沒有想到母親會突然這樣說，他急忙說："千萬不要，千萬不要！不用你們幫，我自己會做！這種事情都要人家幫手，我肯定給阿燕笑到臉都黃呀！"但當他說到後面時，又發覺自己講錯話了，正在暗暗叫苦。

"對，自己來解決，我支持你！"看着帆正落入他所期望的結果，倫笑著及時補上一句。

帆用他的真實的、直率的性格，去對待社會上的事情，是好呢？或是壞呢？很難有個定論。但是目前這個問題卻確實在他的人生道路上，變成了一個突然而來的大問題。如果用世俗的眼光去考慮，他確實是結婚成家的年紀了，可是他卻一事無成，身無分文。在自己的國家，他早就已經注定沒有希望了。他一直想等他有機會逃到其他地方後，再重新努力尋找學習及振作的機會，但是這一切卻是未知之數。以後如果有努力的機會，又要花上多少年呢？生命對於他還來得及嗎？生命之神對他的最終安排又是怎樣呢？先撇開人家怎樣說、怎樣想、怎樣計劃，這件事自己該如何對待？是用世俗的方式去處理還是用理想的方式去處理？突如其來的人生大事讓帆傷透了腦筋！

正如上文提到，帆需要時間去思考。到底這件事情，是該放在他生命的鏈條中的什麼位置，他還沒有想好----其實他是不準備去想。

這一夜，帆輾轉反側，一直不能入睡。他反復思考這幾個月來與燕接觸的細節，討論過的問題，都是一些正正規規的問題。相互之間，都沒有任何親熱的舉動。但是為什麼倫他們要提出我與燕的關係問題，是阿潔對阿燕有什麼要求？這一點阿燕已經對自己講過。阿倫對阿燕有什麼要求？沒有聽說過。或是阿潔對……？對誰有要求呢？唉，總之難啦！帆不敢再想下去，也不能再想下去。或者自己一直像在學校那樣嚴束自己，從不敢踏進人生的環節，或者是自己不夠人生經驗，沒有覺察？想到這裡，他決定第二天約元哥談談，征求一下他的意見。他覺得這絕不只是他與阿燕的感情問題，而是一個關係到偷渡者各方利益的一個更深層次的問題。他該捲入嗎？他有道義和必要去捲入嗎？他有能力去捲入嗎？

第二天晚飯后，帆來到元哥四樓的房間，只有元哥一人。帆就把這幾個月的情況說了一遍，把自己的想法告訴他的好朋友。元哥一面點頭一面微笑聽著。

"看來，你們倆都給丘比特的金箭射中了！"元哥說。

"什么？為什么我自己沒有感覺！"自認頭腦清醒的帆問。

"你自己能感覺得到的還叫丘比特的金箭嗎？帆，你從來都沒有戀愛過，從來都沒嘗過愛果的滋味。你知道或不知道并不重要，重要的是事實。事實上你們接觸得越來越密切了，談話的內容也越來越超出一般人所談的范圍了。你認真想一想，一個女孩子會無端端把自己應該悄悄說的閨房私密話講給你聽嗎？"元哥說。

帆想想也是，燕為什么跟自己說誰對她有好感？他們是因為什么原因而談到《海上夫人》？自己是否對燕也有好感？他們之間為什么有這么多共同的看法？雖然這一切是自自然然而來的，但這不就是丘比特的金箭嗎？帆還在糾結。

"帆，你不要自欺欺人了，你必須要面對現實，這是其一；其二是阿燕肯定是會被人家踢出來了，至於你也很難幸免。除非你出賣阿燕，或者阿燕屈服於人家的要求。第二種情況，對阿燕和你都是一種莫大的傷害。說不定阿燕還會恨你一輩子，她會覺得所托非人。照你所說的情況看來，阿燕屈服的可能性不大，四個人一齊去的局面也不會有。阿燕跟你說這一切，就是對你信任，對你寄托有希望。如果你臨陣退縮，那你不單會失去阿燕對你的信任，令她鄙視你，而且你也會失去機會！到時候你照樣給人家踢出來。你們這些人是到了該分手的時候了。"元哥肯定而又平靜地說。

"元哥，我不明白，請你講清楚一點。"帆說。

"我剛才只是從你和阿燕那方面來說，現在我要從你們的反方面來說。你和阿燕都沒有路，都要求人家關照。世界上是沒有免費的午餐，無條件的幫忙是很難的。人家很容易就想在你們身上尋求利益。阿潔對阿燕有要求，阿倫對阿燕有沒有呢？他們對你又有沒有呢？很難說！反正在亡命的路途上，什么事情都有可能發生！如果你妨礙了人家的利益，人家又不需要你，或者需要你、而你又牽扯上阿燕的話，你也會分分鐘給踢出來。這些也許在幾十年之後，就會看得更清楚了。總之一句話，你們這些人是到了該分手的時候了，你要有思想準備，去面對一個更困難、更不可捉摸的將來，願上天保祐你！"元哥平靜地說。

帆低頭不語，他靜靜地聽著，細心地咀嚼著元哥所說的每一句話、每一個字。元哥的分析，讓他知道了事態的嚴重性。

"元哥，謝謝你幫我的分析，我知道該怎樣辦了。如果有問題，我再來找你。"帆站起來對元哥說完就默默地走了。一路上，元哥的話一直在他腦海中迴響："你要有思想準備，去面對一個更困難、更不可捉摸的將來，願上天保祐你！"

每個月都有幾天，燕是不會來找帆的，帆卻心思思。阿倫沒有再來過，阿潔就更加不會來，燕在做什麼呢？他百無聊賴，不知做什麼好。這時正值冬末，大寒剛過，連續陰天，偶然一兩天更是微風雪雨，冷得讓人有點發抖。聰明伶俐的北風躝到房子里的每一個角落，攪動得讓人不知如何是好。帆趁這幾天天氣寒冷，干脆在家睡覺。燕的形像不知不覺又浮現在他的眼前，過去時光的影像迅速在他面前掠過。燕的一顰一笑、都令他感到休戚相連，牽動著他的心。還有那互瞄一眼後靈犀相通的哈哈大笑。對！這就是愛情！是嗎？這是帆一直緊閉的、不願去開啟的一扇感情之窗。現在帆剛一觸碰到這扇窗，一道溫暖的霞光就照射進來。這個窗口，令帆能在另一角度去審視他的人生，帆的心中終於願意面對自己，面對相互之間的感情，并認定這就是愛情！

他激動起來。他覺得自己應該像個男子漢一樣，挺起胸膛、正面去面對眼前的問題。他認為與阿燕的團結一致才是最最重要的，只有爭取到阿燕，他們倆人能站在同一戰線上，才退可守、進可攻！如果單人匹馬，必然勢孤力單，一切又會被打回原形，重新開始。他應當對阿燕表明自己的愛意和立場，穩住陣腳，鞏固利益。想到這裡、他的心劇烈地跳動，他顧不了那麼多，立刻坐起來寫了一封熱情揚溢的信給阿燕。

燕：一陣偶然的風，把你像一片花瓣一樣，吹落到我的面前。我珍惜地把她捧起，放在我的胸膛，呼吸著你的芬芳！

我躺在一塊光滑的巖石上，聽著溪水自由流動的響聲。陽光的灑落，給了我無限的溫暖，胸膛卻激動得忐忑響動。我聽到前面那陣陣的呼喚，像一匹不羈的野馬，呼嘯著，就要奔向遠方。

妳最靠近我的心房，時刻聽著我的心聲。我就要遠去，面對那恐懼和死亡！命運把你帶來與我同行，我倍覺亡命中的美麗。我愛你——我那美麗的花瓣。

命運把你帶來與我同行，我倍覺亡命中的美麗。我愛你——我心中的燕。

帆把這封簡短但又極其重要的信裝進信封，出門投進了郵筒。微風雪雨中的街道行人極少，天空黑沉沉。帆的心中卻充滿暖意。

時間也過得很快，一下子十多天就過去了。

今天是1975年2月4號，立春，近十天來少有地出了太陽。雖然是短暫時間的陽光，但也令到人神清氣爽。家里沒有人，帆正想出去走走，燕卻顯得格外拘束地走進門來。

帆見到燕，不由有點緊張，但是他還是極力地穩住自己的情緒，斟了一杯茶，遞給了燕。

"弟妹們呢？"燕問。

"都出去了，若你再來遲一步的話，我都會出去了。今天難得有太陽，人人都想出去換換氣了！"帆語帶相關地說。

"這段時間好嗎？"燕問。

"天氣不好，天天睡覺。"帆說。

燕沒有再問了，帆也沒有再說什麼。其實大家都知道，這種毫無內容的對話，講了等於沒講。沉默的雙方都在等待著對方把話講明白，燕低著頭撫弄著她那尖細的手指；帆背對著阿燕，翻看著日歷，一頁、二頁、三頁……

"燕，你有沒有收到我那封信？"最終帆還是鼓起勇氣問燕。

"收到了，是阿鳳收的，那天我不在家。因為從來都沒有什麼人寫信給我，所以我爸看了。他說我們現在不該談戀愛，要我好好地跟你說。"燕很細聲地說。

帆也是第一次接觸這些事情，既心急也緊張，聽燕說後，心里立即就涼了一大截，他張口就問：

"那你自己怎樣想？"

"我想我應該聽爸爸的話。"燕繼續很細聲地說。

"那你平常跟我說的話都是假的啦！"帆說。

"我跟你說什麼？我沒有說過要做你妻子呀！"燕反駁道。

"我感覺到的，你不該否認了！"帆堅持。

"你的感覺是不能作為根據的。"燕繼續反駁。

"我堅持認為我的感覺是對的，你敢說你對我沒有好感嗎？"帆再堅持進一步地問。

"我對你是有好感！我不否認！不過有好感不一定要做夫妻，做兄弟姐妹，做朋友也可以。"燕也堅持地說。

這時候的帆像給劈開兩半，理性的一半，確實覺得燕的話在理，再說下去，自己就越來越理屈詞窮；而感性的一半，他感覺到自從認識燕以後，她越來越挨近自己，特別是思想情感方面，他們可以無所不談，雖然在身體接觸方面還是保持涇渭分明。到底帆應相信自己的理性還是自己的感覺？他肯定地相信自己的感覺，燕給予他的並不是兄弟姐妹一般的感覺。但是她為什麼一再否認？難道她與我交往只是權宜之計？疑惑和憤怒讓帆迅速把他那扇微開的心窗關閉。他背過身來，堅決地說："你走吧，你騙我！我再也不想和你繼續下去了，以後就各走各路吧！"

周圍一切突然靜下來了，靜下來了！什麼時候燕走了他也不知道。帆看見斟給燕的茶還原杯放在那里，不過已經涼了。本來大家很好的關係一下就完了。帆有點懊悔自己的魯莽。為什麼要把大家的好感挑明呢？有這樣的必要嗎？元哥的警告隱隱約約地出現在他腦中。

說曹操，曹操就到。元哥大踏步推門進來。

"帆，病了嗎，為什麼臉色這麼差？"元哥一見就問。

"沒有。你今天不用上班嗎？"

"今天工廠停電，你都知道，我們還要支援越南，電都供到越南去了。什麼國際義務，把老百姓的利益拿去賣面光了。自己工廠停工，把電留給人家開工。不然怎樣可以做世界人民的偉大領袖，真是打腫臉充胖子，自欺欺人！"元哥壓低聲音說。

"那你就多一天休息了！"

"想得美，過後還要加班補回的，今天回家經過就進來看看你。你為什麼臉色這麼差？要注意身體呵！"

"我沒有什么,只是在半個小時之前,我和阿燕進行了一場極不愉快的談話,我現在心里還耿耿於懷,極不舒服。"

"擲煲¹?"

"差不多!"帆就把剛才的事情原原本本說了出來,元哥皺著眉頭,一直認真地聽著。

"這次是你錯了,而且錯得很厲害!你跟人家講《海上夫人》,就是承認人家有對自己的命運的選擇自由。人家可以選擇你,也可以不選擇你。人家可以今天選擇你,也可以明天不選擇你。她過去愛你,并不表示她永遠會愛你。你跟人家是什么關係?什么也不是!你有什么權利要求人家答復你確認什么關係?如果你跟人家結了婚,你才有可能在道義和法律的方面要求人家去維護。愛與被愛是相對的、又經常會發生變化的兩個方面。只有雙方共同努力、共同維持、共同付出才可以維持愛的穩定狀態。"

"那我該怎么辦?"元哥的話令帆恍然大悟,他急忙追問。

"你愿不愿意挽回這段感情?"

"既然是我錯了,起碼我應當向人家道個歉。"

"對!馬上到人家那里,誠懇地道歉。或許人家會愿諒你,如果人家不原諒你,那也沒有辦法,這是天意!至於以後怎樣?確實不容樂觀,慢慢再想吧。現在挨年近晚,不要搞到一片愁雲慘霧,令到人人都不開心。目前也不能想那么多,到時吉人自有天相!希望你能抓緊人生的每一個機會,好自為之。"

帆經過人家一番點撥,頭腦也清醒起來。元哥離開時已快到中午時分。帆趕緊弄點飯吃了,就急忙趕路去燕家。

到燕家的時候已經是下午二點多了,他整了整身上的衣服,輕輕地敲了兩下門。出來開門的是阿鵑,她雙手叉著兩扇大門,翻起雙眼,一點也沒有正視帆,也沒有立刻讓帆進去。她站在門口喊:"媽,帆哥來了!"說完再往屋里望去,像是在征求她母親的意見,然後又瞪了帆一眼。"請他進來啦!"燕的母親在裡面喊話。

帆隨著鵑走進裡面,他見到燕的母親馬上就叫聲:"伯娘,今天不用上班嗎?"

"今天工廠停電就停工一天,趁空閑做幾個饅頭他們吃!"她一面搓粉一面說。

---

1. 擲煲:男女談情愛失敗而散伙。

"阿燕呢？"帆試探著問。

"今天阿燕一早回家後就說不舒服，在房里休息呢！阿鵑，去叫家姐出來，告訴她帆哥來了。"燕的媽說。

阿鳳在做功課，她笑著偷偷地瞄了帆一眼。

燕從房里走出來，對帆說："你來啦！"

"剛到。"帆說。

燕遞給帆一杯茶，帆接過，看了燕一眼，大家都沒有出聲。

"伯娘，我今天是專門來向阿燕道歉的。阿燕，對不起！我今早講話，多有得罪，請你愿諒！我希望大家今後還是好朋友，不論你以後和我一齊走，或是不和我一齊走也好，由你自己決定！"帆開門見山地向燕道歉。帆說完偷看了燕一眼，憑直覺感到燕并沒有板起面孔拒絕他的意思。

"帆，你能夠說出來最好！我們做父母的，都希望你們今後好好地共同努力，爭取成功。不過、在你們事成之前就去談戀愛，這樣是會分散精神的，很容易就會半途而廢的。將來你們有機會成功地去到了香港，你們自己雙方又都同意了，我們做父母的也沒有什麼意見，是會放手讓你們自己去闖出一個新世界來的。我和她爸都這樣認為，你說對嗎？"燕媽說。

"對！我們一定會集中精神，沿著這個方向去努力的。"帆說。

帆和燕也聽明白了媽說話的意思了，頓時兩人的心態明朗起來。燕也很開心地看了帆一眼。這時帆隱約地感覺到，也許自己是誤會了阿燕，早上的舉動太急躁了，沒有從燕的角度去考慮問題。他尷尬地對燕笑了一下。

燕的媽媽揉著面團對帆說："今天時間也不早了，你也難得過來一趟，不如我們早點煮飯，你吃了晚飯再走吧。這樣，我們就有機會大家多聊一下。"帆轉過頭去看了燕一眼，看見燕也是同意的神態，就點頭說："好吧！"

燕媽一聲令下，阿鳳就去淘米煮飯了。燕媽就坐在帆的對面，跟帆談起來了。他們從家鄉的祖輩談到現在的家庭，從父母的職業談到子女下去農村，談到偷渡等等。

燕媽是從農村出來的，現在在工廠里做一些粗重的工作。阿燕的祖父解放前在家鄉種煙賣，1949年後被評為工商業資本家兼地主，一家人嘗盡苦頭。現在運動當頭，燕的父親整天起早摸黑地干活，就想保住份工，保住戶口。當時有很多人家被以備戰疏散為藉口趕出城市、趕到偏遠的落後地區，在那個時代早已司空見慣。

"我家并不至於這樣，不過我家兄弟姐妹多，有一半畢業後不能分配工作要去農村。凡是去了農村的，都要家庭幫補，我父母的擔子就很重了。"帆說。

"現在家家的情況都差不多，不然哪有那麼多人要走香港這條路。如果一家有一個人走生了，就會帶生一家。你看看六零年大飢荒後，如果廣東不是有點南風窗[2]吹下就慘了，一定會餓死不少人。"燕媽說。

"我家去農村的、年紀又最大的是我，去偷渡的也是我。"帆說。

"唉！說是這樣說，但你們畢竟是父母生出來的，哪個父母不心痛？就像燕每次走，我都記掛得不得了，天天晚上都難以入睡，一直眼光光到天亮。你母親怎樣？"燕媽說。

"我父母親也一樣，這對全家人都是一個惡夢，一場折磨！"帆說。

"有機會我都想見見你父母，好嗎？"燕媽說。

"好！歡迎之致！我回家跟父母說說，安排個時間，請你們去一趟。"帆喜出望外地說。

對成份不好的人來說，一天工作10到12個小時是正常的，這是什麼性質的勞動？含糊不清。那個時侯，沒有人去探個究竟。人人都說是勞動改造人，勞動者偉大。但當時只有去參加這種無償的勞動，才可以減少面臨更壞後果的可能。由於成份差，燕的爸爸一般都要超時工作，這天同樣很晚還沒有回家。晚飯很快就做好了，他們沒有等燕的爸爸，一餐極其簡單的晚餐草草地完成了。飯後不久，帆告別了燕的媽媽要回家了，燕說要送帆出去。他們倆人并肩走著，大家都沒有出聲。一直走出市鎮區域，帆見燕還是沒有作聲，就說："燕，你還不肯原諒我？"

"今天早上只有你講，就不準我說。你不是跟我說過，自由是人生的第一要素嗎？在自由的面前，生命和愛情都是次要的。剛才你聽到我媽說啦，就是要我們保持頭腦清醒，先過去香港，不要分心而半途而廢。早上我正想和你說，你卻不聽人家說，就急躁起來了。"燕沒好氣地反問說。

"對！我說過！早上是我不對。"帆認真地說。

"算啦！不然我就憎你一世。"燕笑著說。

---

2. 南風窗：指受到南方香港親友方面的經濟接濟。

"今天你走後，我都覺得自己想問題太狹窄，太自私，只從自己方面去想，沒有顧及你。這是我的錯，希望你多原諒。"帆說。

"那你以後還會和我一起走嗎？"燕問。

"我剛才都對著你媽說，如果你願意，我一定會和你一起走。你願意嗎？"帆說。

"我願意！"燕低著滿臉漲得通紅的頭、輕聲地說。

"好吧，燕，你該回去了，不要再送我了。你什么時候有空，再來我家吧，我等你出來，大家再從長計議。"帆說。

"過幾天就過春節了，我都會去廣州幫家里買點東西過節。你願意和我一起去嗎？"燕說。

"好呀，我陪你去，到時來找我吧。"帆說。

"好，到時我來找你，一言為定。"燕笑著說。

"一言為定！"帆也笑著說。

兩人都如釋重負地，輕鬆愉快地回家去了。

第二天，也就是5號早上，帆一早跑完步回到家來，見燕已經在等著他。

"燕，你這么早就出來了，準備去那裡買東西？買東西也不用這么早，吃過早餐沒有？"帆問。

"吃過了，我今天并不是要去買東西，只是我二姨丈有事想問問你，你可以過去一下嗎？"燕問。帆看了燕一眼，見她的情緒并不很好，好像滿腦子心事。

"你今天的心情好像很不好，是不是老橡出了問題？"帆問。

"不是，只是我有點累。"燕說。

"那到底有什么問題？"帆問。

"你去到就知道啦！問那么多做什么？"燕沒好氣地說。

"一點提示都不給我。"帆說完卻見燕沒有回答他。明顯看來燕正在暗自生氣。他從燕的神態猜到可能出了大問題。不過他心裡想，自己一直都本著幫人的心，即使有些差錯，也沒有半點心害人，想到這裡就心安理得地跟著燕出去了。

一路上燕一聲不響，臉部表情一時像沮喪、一時像憤怒，一時又像無可奈何。帆看著這情況，真是丈二金剛，摸不著頭腦。好不容易，終於到達了天顏的家，正好也是天顏出來開門。

"早晨，帆哥！"天顏滿臉笑容地說。

"早晨。"帆見她笑容可掬，滿心歡喜的樣子，一點都不像有責難帆的意思，反而有點喜出望外的樣子。帆更加不解。正不知所措，忽然聽見有人叫他。

"帆，進來呀。"原來是二姨丈在叫他。帆走進門來，只見二姨丈、二姨、三姨及表弟等人都圍著木枱坐好，準備吃東西。枱面擺滿難得買到的點心、蛋糕等。一陣寒喧之後，大家都開始圍著邊吃邊談論了。

"帆，最近你們有什麼行動打算呀？"大家吃過頭輪點心之後，二姨丈迅速打開了話題。

"我們還沒有什麼實質性的行動。"

"你們不是天天去鍛煉身體，經常走在一起策劃行動的嗎？"二姨丈問。

"這一點沒有錯，不過我自己沒有路，一直都要靠人關照。每一次起，我都沒有決定權。本來我與上次來過的阿倫一齊起，去到沙灘遇大貓失利。這一次他又要走過另一條路線，卻一直舉棋不定，所以就拖下來了。"

"是呀！時間不等人呀。就像現在這段時間，天氣漸冷，實在是走橡局的好時機。你說是嗎？"

"對呀。天顏，你們什麼時候動呀？要抓緊時間呵！"

"動是想動，不過……"天顏說到這裡，看了她父親一眼，沒有說下去。

"問題是他們划艇的能力不行，一直都沒有辦法控制好它。"二姨丈說。

"我上次也告訴天顏，只要多練習就可以了。"

"帆，打開天窗說亮話吧，我們今天叫你過來，就是想請你加入進來。你意思如何？"二姨丈一說，帆當然高興，正所謂踏破鐵鞋無覓處，得來全不費功夫。但是他看了燕一眼，卻不見她有半點高興的樣子，他立刻醒悟過來，沒有立刻答應，卻問：

"這一次有幾個人一起去，阿燕有沒有份？"

"阿燕自己有路，她會繼續和阿基他們一起去。"二姨丈說。

"哦，這樣我是不會去的，因為我答應過阿燕，無論如何我都會和她一起走的。"帆說。

"哦！是嗎？你想清楚啦！一條現成的路，并不是那么容易得到的。特別是你現在的情況，別等到蘇州過後沒有艇搭了。"二姨丈話語之間顯然給了帆壓力。

"請你原諒，大丈夫一言既出，駟馬難追。我既然答應過阿燕，就不會改變的。"帆清楚地說。

"你與阿燕什么關係？居然令你如此維護她？你想清楚啦！不要到頭來令到自己兩邊不到岸。"二姨丈進一步施壓地笑著問。

"我們是好朋友，我是不能隨便推翻我的承諾的，請你們理解。"

"這一點我也很贊成，對朋友要講信用。但你也可以和天顏成為好朋友的，如果你和她一齊起的話。"

"我指的不是這些方面，而且我答應阿燕在先，我不能夠朝秦暮楚，更不能見利忘義，隨便改變自己的承諾的。"

兩人一問一答說到這裡，眾人心裡亦有數了，氣氛也一度緊張。

"好吧，你們回去再想清楚啦，有什么改變再跟我說吧！"二姨丈說完喝了口茶就轉身入房去了。

"我這方面就不用想啦，因為這是我做人的準則。至於阿燕怎樣想，我就不知道了。謝謝你們，我想我要走了。"帆大聲說完就站起來準備離開。

"我也要走了，不然回到家太晚了。"一直沒有說過一句話的燕，也站起身和帆一起離開了。

一路上大家都默默無言，誰都沒有說過一句話。

"帆，為什么你不答應他？"燕終於忍不住開口問。

"為什么要答應他？我答應他，那你怎麼辦？"帆反問說。

"你不用管我，能走生一個就是一個。我自己再想過辦法吧，找到一條路對於你是很艱難的。你完全沒有必要因為我而放棄了這么一個大好機會。"

"你可以想辦法，我不可以嗎？我剛剛答應過和你一起去，馬上又答應人家，我的人格還要嗎？如果這樣，我都不會愿諒自己的。如果他邀我們兩人一起去那又不同。"帆倔強地說。

"這是不可能的事，我以前都問過他們，但一直沒有下文。現在他需要的是你，而不是我。"

"所以,他是考慮自己的利益為先。他絕對不考慮別人的利益和感受,例如你。"

"我無所謂啦,任何人都會考慮自己的利益先,這也難怪。"

"道理上是這樣講,不過如果大家一起同一條心就不同。否則,生死關頭時各顧各,成功的機會就很渺茫了。我要的是能互相信任,生死與共的拍檔,而不是僅僅利益上的合作。"

"你說的情況很難,大多數人都不是這樣考慮的。"

"我觀察,你姨丈在這件事上是把你放到一邊去不管了。"

"我不想再講了,我們還是靠自己吧,我對我們自己有信心的。"

"對,不要再說了,讓我們快快樂樂地過好這個春節再說吧。"

燕滿心歡喜,與今天早上來的時候判若兩人。在各自上公交車之前,燕顯得興奮異常地對帆說:"明天一早,我來找你。等我!"

第十一章

春風得意喜雙逢　喜悅情柔意正濃

　　第二天，天氣驟冷，陰天。雖然天氣并不好，但帆的心情極佳，他沒想到自己的坦承，獲得燕和她家人的諒解。他們倆不但和好如初，而且感情更進一步。燕一早就來到帆的家。她今天梳洗打扮得相當整齊清潔，也一點都沒有因天氣不好而影響了自己的情緒。她微笑地看著帆，叫帆和她一起出去買點東西。

　　他們來到南方大廈——當時最具名氣的百貨公司。這是一座樓高五十米、共十二層的鋼筋混凝土結構的建筑，它一直以來都是政府作為標榜的全國十二大商業中心之一。

　　"這是外國華僑回來建的！幾十年過去了，我們還在拿過去的舊東西，修修補補充門面。"帆站在門口端看了一下說。

　　"誰叫我們國家窮！"燕說。

　　"我們國家不窮，而是老百姓窮。你看看對面的廣州文化公園，你看看珠江兩岸的綠化長堤，你再看看越秀山體育場，這些都是在1952年時建造的，那時剛解放，要說沒錢就是那個時候。你再看看四面大樓上的標語，寫著誰是世界人民的偉大領袖？要做領袖就要給錢，錢都拿去買面子了，搞世界革命了，懂嗎？"帆說。

　　"這不值得我們去談，我們還是上去看看吧！"燕心急地說。

　　"這里的東西都很貴的，我們是抓七[1]的人，哪有資格去買呢？"帆說。

　　"那看看也可以吧，又不犯法。你不要小看自己，我還等著你買給我呢！"燕說著回眸嫣然一笑，就徑直走進那百貨大廳。帆從來都沒有

---

1. 抓七：　7與鋤頭型狀相同，抓七指抓鋤頭當農民。在中國大陸，農民工作最辛苦，收入最低微，自然就沒有什麼購買力。

見過燕這樣嫵媚的神態，有些激動又有些緊張，本能地緊跟著走進去。

大門半掩的大廳裡卻令人意外地燈火通明，在一排排玻璃柜枱里擺放著各種各樣色彩鮮艷的貨品。燕在前面看著，帆在後面小心翼翼地跟著，一樓、二樓、三樓……燕看來精神很好，很開心。帆也受她的情緒感染，慢慢就顯得習慣多了。他們一直肩并肩地從一個柜枱看到另一個柜枱。當他們走到一個珠寶首飾的柜枱時，只見盡是耀眼的光芒，光燦燦的，著實是吸引人。燕看了很久，以至那個售貨員走過來問燕要不要拿來試一下。

"不！下次再試。"燕說完微笑著看了帆一眼。最後他們走到一個賣彩色絲線的柜枱，買了幾札彩色絲線。

"今年春節我沒有什麼東西送給我妹妹，我想繡兩條手帕送給他們。你覺得怎樣？"燕說。

"好，一點心意可以啦！"帆附和地說。

"好，就這樣啦，走吧！"燕說。

"不買啦？"帆反而詫異地問。

"還是你說得對，我們是抓七的人，有錢都該留給起錨跤腳用。"燕卻非常嚴肅地說。

"都是我不好，潑你冷水，真掃興！"帆反過來懊惱自己說。

"沒有，到了那邊，攢到錢你來買給我好嗎？"燕急忙安慰帆說，說完只見她一臉緋紅。

"那當然好啦，我一定！"帆卻認真地說。

兩人步出南方大廈，一直沿著長堤河邊走去。雖然到處仍貼滿大字報，但春節將至，街上熙熙攘攘的行人還是給廣州市增添了一點生氣。新華酒店、大三元、被造反派改名為人民大廈的愛群大廈等主要機構還是照常營業，但每間都虛門半掩，以防武鬥會隨時發生。

他倆站在珠江邊上，無言地望著那暗黑色的江水，夾帶著樹葉緩慢地、依依不捨地流向那不可知的遠方……天空陰雲密布，遠處的大眼雞拖輪，噴著黑煙，拖著一大堆裝滿廉價貨物的船艇，卟、卟、卟地、艱難地前進，還不時響起尖叫的汽笛聲。水面上散發著一片片彩色的油污，隨著拖輪卷起的波浪，無情地拍打著岸邊。可憐的珠江，流淌著混濁的河水，沿岸顯得異常破舊衰老，如那斑白的頭髮，深深的皺紋。帆看著這條哺育自己成長的母親河，一下子千頭萬緒涌上心頭。呵！你的兒女卻要離你而去，忘命天涯！

"什么事？你眼圈都紅了，充滿淚水。"燕擔心地問。

"沒有什么，觸景生情而已。"

"要回去了，天要下雨了。"

"氣溫越來越低，最遲明天就一定要下雨了，春寒雨至呀！"

"我就在這里搭車回家，這里比較近。這兩天如果沒有什么事，我就不出來了。我要在家里幫媽做點家務事，挨年近晚、很多事情都要幫手做的。"燕說完看了帆一眼，好像是和帆商量一樣。

"好吧，或者我有空到你那里去。再見！"他們就各自離去了。

當天晚上，外面下起了毛毛細雨，而且越下越密。寒風不停，越來越冷。屋里面卻暖暖和和的。帆一家人吃完飯後都圍著桌子坐著，誰都不想走開。年幼的弟妹們吱吱喳喳地、七嘴八舌地談論著過節會收到什么樣的利事紅包。年紀大的就知道時勢艱難，都沒有出聲。父親習慣地抽根飯後煙，輕鬆了一下。他一邊看著窗外的天空，一邊又問小弟阿堅今年春節喜歡吃什么東西，看來他是想為即將到來的春節張羅一下。雖然文化大革命把什么節日的慶祝，都當成封資修而破除了，但是這么大的一個節日，不管怎樣艱難，他都要在家裡私下和孩子們慶祝一下。帆明白父親的心意，也看了父親一眼，想對父親說點什么，可卻欲言又止。

"帆，過來！媽問你和阿燕怎么樣？"媽問。

"沒什么，很好！"帆說。

"是不是阿燕姐中意阿哥呀？"帆的小弟狡猾地笑问。

"小孩子這么八卦幹什么？快走！"媽說。

帆對頑皮的弟弟笑了一下。

"她父母知道嗎？"媽問。

"知道，燕的媽說想見下你們，我剛才就想告訴爹。"帆說。

"讓我跟你爹說說吧！"媽說完就拉爹進房間里嘰咕了一陣，然后兩人就滿面笑容地走出來，爹對帆說："依照禮數，我們是應該先去拜訪人家的。我和你媽商量過，最好初二去拜訪她父母，然後初六我家請她父母過來吃餐飯。初六是星期天，應該沒有問題。不過你這兩天就應該找個時間過去，告訴她父母，讓人家有個準備。"帆沒想到自己父母這樣全力支持，而且安排得這樣妥當，就滿口答應照辦。

得到父母的鼎力支持，帆這個晚上的心情非常好，也睡得特別香，特別熟。第二天早上母親搖醒了他。他起來一看，已是早上八點多了，忙問：

"媽，今天你不用上班嗎？"

"今天我跟工友調班，想跟你去買件衣服。"媽說。

"買什么衣服？我這樣不是很好嗎？"帆說。

"仔！你都三十歲人啦！連件像樣的衣服都沒有。你和阿燕一起，你不怕失禮人家，她的親人都會小看你的。"媽說。

"媽，不會的，阿燕不會的，她的家人對我都很好。媽，你要知道，我這樣回到家里，占用了家人的錢就不用說了，還有糧票、油票、肉票等等票證，占用了你們及弟妹們的生活需要，我心里是很難過的！媽，我不想要，你不用替我擔心。"帆堅決地說。

"不行！這是你爹的決定，爹吩咐我這樣去做的。我知道今天樣樣都要證，有了這些證，才可以把全部人管得死死的。你現在回家幹什麼？你就是想有一天不受這種管束，有一天獲得自由！現在我們全家人勒緊褲頭帶為什麼？就是想全力支持你，希望你們有能力逃出生天，將來有機會反過來照顧我們。"母親說著激動得滿面通紅，眼眶裡充滿淚水。

"我們不怕這些證、我們也不理這些證，我們有親情，親情是可以戰勝一切的！"母親用哽咽而又異常堅定的聲音繼續說到這裡時，再也說不下去了。

帆從來都沒有聽過媽講這些真實而又動人的肺腑之言，也從來都沒有聽過媽講得這么激動。特別是親情兩字，簡直讓帆永遠銘刻在心頭。

"媽，我跟你去買就是了，你不要再傷心了。"帆順從地對媽說。

轉了大半天，他們終於在北京路的大新公司買了一件燈芯絨外套，一件白色的長袖袖衫，又在附近的皮鞋店買了一雙深棕色的皮鞋，加上帆一直捨不得穿的深藍色的西褲。這樣的一套行頭，帆的母親格外滿意。雖然這花費了很多錢，花費了很多票證，但她認為值得。她看著穿著得整整齊齊的帆，滿心歡喜。

天黑得很早，雪雨霏微，氣溫越來越冷。父親這天也比較早回家，大概是已經歲晚，上司亦得過且過。他興致勃勃地告訴帆的媽媽，他已經千方百計地托人弄到了一只大騸雞，到時再買條預早訂好的大魚送去燕家。在當時經濟生活緊張的年代，他自己也覺得不失面子了。他隨後又吩咐弟妹們把家裡弄得干干淨淨，眾人都高高興興地應允。除了把地面洗刷干淨之外，家里別無裝飾，聰明的妹妹不知在哪些畫報上，弄了幾張風景照片貼在墻上，畫片之間，用紅紙剪個紅雙喜字，頓時屋里有了點色彩，節日的氣氛濃濃。

帆看在眼里，明白在心里。這些年來，家裡的生活也乏味單調得夠苦，天天提心吊膽地過著日子實在不爽！人人都想找個機會大家喝上兩杯，高興一下，這才是老百姓想要的日子。歷年來不斷的政治運動令老百姓的生活不斷地被攪動，每動一次好像又少了點什麼。這次家人自發的舉動，正是對帆的支持，他除了感激和努力之外，還能做什麼呢？

第二天一早，天曚曚亮，帆已經醒來了。雨越下越大，滴滴答答地打在廚房的石棉水泥瓦片上。風靜下來了，不過天氣更冷了。家里還沒有人起來，帆卻已經準備好了。

快七點半，帆帶了一把雨傘出門了。凜冽寒風迎面吹來，幸好帆有了這套新的行頭，心情也奇好，一點也不覺得冷，口鼻都呼出熱氣。帆很快就搭上了公交車，車上只有兩三個人。路上幾乎看不到行人，車也很少，馬路上盡是落葉。車走得很慢，每個站都有人上。還沒有走出市區，車已坐滿了人，人的熱氣也令到車窗玻璃模糊起來。帆坐在車上搖搖晃晃，也有點睡意了……

"石榴崗站！"帆突然聽到有人叫，即時驚醒并回應道："有落！"等帆下了車來，給冷風一吹，整個人都醒回來了。車走了多長時間？一問人家才知道快到早上10點了。帆撐著雨傘，加快了腳步，很快就來到燕的家門口。他整理了一下飄在頭髮和身上的雨水，敲了兩下門，出來開門的是阿鳳。她驚訝地從頭到腳仔細打量了一下帆，然後故意拖長聲音大聲說："家姐，你的、客——人——到！"燕走出來，滿臉是笑，這時阿娟也跟著躥出來，誰知給鳳一把抓回去："人家又不是找你，你這么八卦幹什么？"帆笑著看了燕一眼，燕低著頭笑著，有點不好意思的樣子。

他倆跟著走進大廳，只見燕媽在揑油角，燕的父親照例要去做工。帆趕緊和燕媽打了個招呼，就坐下來想幫手。

"你有沒有做過？"燕問。

"當然做過！我家裡這么多弟妹，家務事我都經常幫手的。"帆說。

"我也會，讓我來！"鵑說。

"你也會？你看看你那幾只是什麼東西！到時留給你自己吃。"鳳指著幾只揑得歪歪斜斜的粉團，笑著說。

等大家笑完了，帆就與燕媽說：

"伯娘,我父母說從來都沒有見過你們,他們想在初二來拜訪你們,想問問你們那天在家嗎?"

"在家,在家!很歡迎他們來。"燕媽很高興地說。

"我父母也說,想請你們全家在初六那天過來我們家坐坐,順便趁春節期間大家一起吃餐飯。初六是星期天,不知燕的爸爸是否休息,如果要上班就另選其他日子。"帆繼續說。

"你父母很客氣!那天燕爸休息,我們會早上過去拜年的!"燕媽說。

兩家人見面的時間表就這麼確定了。天井外面的雨還是下個不停,屋里卻充滿了笑聲。很快幾盤油角就準備好了,燕媽宣佈說:"吃完中午飯、就開油鍋炸油角!"阿鵑聽聞一下子就跳起來。啊!這可是一個了不起的重大事件!看著這幾盤油角,帆心里有些納悶。他想在這個物質缺乏的年代,那裡會有這么多的油來炸東西呢?

中午飯草草過去了,阿鳳很快就清理好飯桌上面的碗碟。燕幫媽準備了爐灶及油鍋,鵑在媽背後跟出跟入。帆幫不上忙,只好靜靜地坐在那里。只見燕媽洗干淨雙手,在床底下深處,摸了一陣,摸出兩個玻璃瓶,然後仔細地用布把滿是灰塵的玻璃瓶抹干淨,再把瓶里的液體倒在燕準備好的鍋裡。燕馬上把火生起來,片刻帆就感覺到熱油的香味了。燕媽看見油溫夠熱了,就把捏好的油角徐徐地放落油鍋,只聽見"喳"的一聲,油角的四周冒出了一堆大大小小的氣泡,白色的粉瞬間變成金黃色。老人家一年到晚就是想圖個吉利的好顏色!人人都靜靜地看著,幾盆油角不需太多時間都炸好了。燕媽一面抹著額頭上的汗一面說,今年還算順利。帆連忙給她遞上一杯茶,燕和鳳就過去收拾東西。

趁燕媽坐下來休息的時候,帆問:"伯娘,為什麼你這麼厲害,居然還可以弄到兩斤油來炸油角。"

"唉,你不知道,這些都是從年頭擠到年尾才省出來的。每個月每人有多少食油票,你是知道的。我們全家每月節省下二两,一年就可以省兩斤了。"燕媽說。

"平時盡量不用油炒菜,或者全家人在一起的時候才炒一餐菜。到了年底,才有油讓家人豐富一點。"燕媽嘆了一口氣說。

"媽,不要說這些令人不開心的事情了,現在大家過春節,應該開開心心才對!"燕打斷媽媽的話。

"對,我都不高興聽。帆哥,你們在廣州有沒有年三十晚上逛花街的?我都想去看看。"鳳說。

"以前有的，文化大革命說這是反動的，不準搞了。今年怎樣，我就不知道了。"帆說。

"我知道，今年又準許辦花街了。"鳳說。

"是嗎，你想去嗎？如果是，我們可以在大年三十晚上去看看的。"帆說。

"媽，我們到時去看看可以嗎？"燕問媽說。

"去是可以，但一定要注意安全。"燕媽說。

最後約定年三十的下午，燕和鳳到帆的家，當天晚上一起去遊花街。

接近傍晚時分，帆回到了家。弟弟告訴他，下午阿倫來過，問你去了什麼地方。後來聽說你去了燕姐家時，就沒有再問了，臨走時他叫你明天有空到他的家里去一趟。帆聽到後心里想："倫還是很關心我的。"

第二天早上大約十點半鐘，天還像剛亮的樣子，雨已經停了，有點北風，氣溫仍很低。麻石地面的街道，已經被吹干了不少。帆小跑著去倫家。帆想，都是因為阿倫的推動，自己才得以下定決心，向燕表明自己的愛意，雖然中途出現點波折，也算有驚無險，最終兩人還是達成諒解。而且兩人并沒有因此而停頓下來，反而繼續在愛情的道路上，不斷地前進。帆想到這里，不禁暗暗地感謝阿倫。而且他相信他與倫是因為有共同的理想、對自由的信念，才有決心克服困難，才能惺惺相惜，彼此信賴，走在一起。他越想就越覺得這是上天賜給他的一份恩物，他應當珍惜這份友情。

阿倫見到帆穿著整齊，神彩飛揚的樣子，笑著說："人逢喜事精神爽！看見你這個樣子，一定是和阿燕談得很投契，是嗎？搞定啦？"

"沒有，她媽媽說等我們成功地去到那邊再談也不遲。"帆說。

"等我們去到那邊再談，去到那邊還談什麼？"倫說。

帆見倫這樣說，就把這些天發生的情況，一五一十地告訴倫。他所做的事情是光明正大的，并沒有半點見不得人。他一直講到舊歷年三十晚逛花街的事情。

"倫，到時大家一齊去逛花街好嗎？"帆說。

"我不去了，我不做電燈泡，你們玩得開心點吧！我約了其他人，現在不跟你談了。春節期間我要到其他地方去，春節過後等我回來，我們再見面吧。"倫說。

"你什麼時候回來？到時我過來找你好嗎？"帆問。

"你不要過來了,我什么時間回來都說不定。我回來時自然會再來找你,到時再說啦,我不耽誤你的時間了。"倫說。

帆見他突然打住了談話,并下了逐客令,只好知趣地站起來告辭了。他不知道倫在想什么,他只能是坦誠地對待倫,希望倫會理解他、愿意幫助他。可是眼前,倫只是問完他與阿燕的事情又變得冷冰冰。不過自小就知道求人難的他,還是忍了下來,聽話地走了。現在的冷遇,與他來時的興奮就形成了強烈的反差,令他不得不懷疑自己過去的想法和自己過去的做法是否恰當。

過去的幾個月,他們除跑了幾天步之外,什么事情都沒有做過。倫這次又不知要到什么地方去,到什么時候才會回來。帆非常著急,但是又沒有辦法,感覺自己就像被掛在空中,不上不下,處境極為被動。想來想去,他最後還是覺得應先穩定現在的狀況,穩定和阿燕的關係。其他的事情就先不管了,還是收拾好自己的心情,開開心心地等過了春節再說吧。

第二天午後,燕和鳳,還有燕的表弟黃漢一齊來到帆家,和帆的弟妹們談論著晚上逛花街的事。本來大家一直擔心天氣不好,卻見這時天空的烏雲中間居然露出一片藍色的天,一道和煦的陽光直照下來。氣溫依然很低,但風停了,仍能讓人感到一陣陣的溫暖,彷彿給這群興緻勃勃的年輕人,展示了春天已經到來的訊息。

大家正談得興高彩烈,帆的父親氣喘吁吁地走進門來,肩上托著一包用舊報紙包捆著的一米多長的樹枝。帆一個快步走上去接了過來。帆的父親等喘定氣息後得意地說:"文革後這么多年春節,都沒有見過桃花上市。直到鄧小平復出後才見有,我立即搶返一枝。"然後他又對著燕繼續說:"我以前每年春節都買桃花,每年都能插到有桃子出的。文革初,說要破四舊、立四新,不準搞這些東西,才停了幾年。今年市場上又有桃花賣,所以趕緊買回來。忠!幫我搬個大花樽出來,小心點!"聽見父親一聲令下,帆弟弟應聲說:"好!"就躥進睡房內穩蔽的樓梯底下,小心翼翼地翻出一個大約80公分高、用厚厚的舊布包裹著的圓形藍青花瓶。它已在樓梯底藏了幾年了,本來也不是什么寶貝東西,但萬一不小心,被那些無知又激進的紅衛兵看見,一句封資修,立刻就會給摔爛。封資修這個東西是完全沒有標準去界定的,只是出於小將們的主觀喜好而定的。思前想後,帆的家人覺得還是冒著風險,把它藏起來為妙。

忠和父親兩人用濕布把花瓶擦得干干凈凈,灌夠水,再把那枝桃花插上，然后用一些紅紙浸濕，放在椏枝上。眾人圍住他們倆人一面在看，一面又七嘴八舌在議論著。桃花有很多椏枝，微微向一邊傾斜，略顯蒼勁而又帶有風霜的印記。一堆堆細小的嫩葉、蔟擁著一顆顆爆開的桃紅色花蕾，含苞欲放。眾人異口同聲地讚美它，讚美這上天的安排，讚美生命的精妙絕倫的奇異！帆給它噴了一口清水，一陣彩色的水霧過後，滋潤得它更是嬌嫩欲滴、千姿百媚！大家把它擺放到廳中依墙的顯眼位置，周圍襯上妹妹貼上的幾張彩色風景及那個紅色雙喜。這與原來單調而又陳舊的模樣，簡直是有天淵之別。

這時帆的母親也下班回來了，當她看到屋里因插了枝桃花而盡顯春意盎然之像，也喜歡異常。

一派歡樂中，開飯了。這餐年夜飯比平常豐富得多。但這班年輕人卻無心在此，所以我也不再花費筆墨來向讀者介紹這頓大餐，因為他們都很心急要起程了。

經過一陣擾嚷之後，帆和忠弟和念高中的四妹三人和燕姐弟三人一齊起程了。這天晚上，因為市區內主要的馬路禁止汽車通行，馬路上的車并不多。來往除了行人，還有無處不在的工糾和武裝隊伍。四處燈火通明。人行道上的人越來越多，有些人干脆在馬路上走。行人都是去逛花街的，多是青壯年，也有十歲左右的小孩子。有男有女，三五成群。偶爾還可以見到幾對老年夫婦，手拖著手，穿著難得一見的衣服，懂慎地談笑著，彷彿他們已尋回當年的青春年華。和帆、燕一起去的四個，在前面一字排開、邊走邊大聲談論，旁若無人。帆和燕肩并肩地在四人後面走著，時而碰在一起、時而離開，大家并不介意，相視而笑。他倆深受當時環境的感染，陶醉和享受著春的醇美！

人群像一股洪流、一股生命的洪流、充滿春意的洪流，越聚越多，像幾條巨龍，從四面八方涌向前方入口，擠向花街那光如白晝的閘口。走在前面的四個人擠不進去，停下來了。機靈的阿忠一轉身，走到黃漢的後面，雙手撐著比較高大的黃漢的肩膀，帆照樣撐著忠的肩膀，燕、帆妹、鳳照行走的順序，六個人一下子變成一字隊形。在人群中緊緊地挨在一起。帆感覺到燕緊貼在他的背上，雙手抱著他的腰，他轉過頭去，燕的臉緊靠他的肩膀，帆感覺到燕呼吸的氣息散發出陣陣的芬芳。

"燕，你有沒有事？可以堅持得嗎？"帆問。

"我沒有事，放心顧好前面吧！"燕輕聲說。

"漢，你可以嗎？後面跟得住嗎？"帆再問。

"無問題！"大家一致地說。

"大家一齊用力向前走！"帆說。

很快，前面推開了一個缺口，六個人的隊伍就順利走到閘口入閘了。

廣州花市的習俗已有近200年的歷史了。廣東的老百姓，一向以和平恬靜、優雅舒適、與世無爭的態度生活，極少有爭強斗狠，以圖建功立業、稱強道霸，追求留名清史的。廣東的老百姓，普遍都是極具同情與憐憫心的弱者。所以廣東也是躲避強權的弱者留連的天堂。

花！就是千姿百态！就是不要千遍一律。廣東的老百姓不喜歡每一個人都一樣，而希望每個人都能活出自己的特色，活出自己的韻味，活出自己的個性美。就像同一種花，也會顯露出朵朵不同，活出各自差異的特色美。

花！縱使千差萬別，卻各有各的美麗與個性，美是花的共性。它能賦於人心一種善之美，它影響著廣東人向善的人性而代代相傳。

花！老百姓望花而知善，老百姓深諳這種善的道理，善為積蔭德。有人說廣東人兩面三刀，其實自古以來,老百姓心中自有其衡量的標準，卻反而被視為非一統的離經背道罷了。

"你講的雖然有點玄，但我都能明白，我憑直覺也能感覺得到。但為什麼廣東人會有另外一種性格，另外一種生活的態度，另外一種人生的取向及追求呢？"燕問。

"廣東人是吃珠江水長大的，一處水土出一處人。珠江水胸懷坦蕩，量大而無缺，溫宛而不爭；緩流而低沉，不急不躁；迂迴而自斂，大智若愚。并非一時一樣，性情反復；澎湃有余，自斂不足；洶湧而來，順我者昌；滾滾而去，不留德善。廣東人愛花，花能修身養性，淘冶性情，人人都慕花而存善、行善而積德蔭。"帆說。

"你說是真的嗎？不會有點地方主義的偏好嗎？"燕笑著問。

"信則有，不信則無。"帆也笑著自圓其說。

"哦，你騙人！我以後都不聽你說了。"燕說。

"燕，這要你用心去感受，長期去觀察、體驗，慢慢你就有結論了。其實： 強者往往以勢欺人，弱者往往以心服人。我要講的就是這些了，你對照一下當今的各種現狀就明白了。而且我很愛廣東這個地方，很愛這個地方的人。把自己的家鄉說到最好、樣樣都好，是人之常情吧！好啦！我們不談這些了，先去看看花好嗎？他們在那裡？"帆把說話轉了個方向。

順著燕的手指的方向，帆很快就找到黃漢他們。帆和燕也跑了過去，只見幾個大花檔連在一起，石棉網汽燈極為明亮，發出如白晝一樣的光。檔口擺滿了柑桔，綠色的枝葉，掛滿了累累的金黃色的果實，一盆二盆，大大小小，待客而沽。幾個上年紀的成年人邊挑選邊討價還價。他們雖然嘴上不說，但心裡是慶幸的，在那紛亂的時期，過去的一年能平安渡過，就是福氣。此刻，人人都不覺也想買上一盆、以圖個吉利，祈求新的一年全家如意吉祥！

　　另一檔卻插滿銀柳、玫瑰、菊花、劍蘭等等鮮花，一群不顧革命形勢及環境、特意穿紅戴綠的年輕女士三心兩意地挑選著。

　　再一檔卻擺滿一盆盆用水浸開的水仙，清蔥翠綠，點綴著略顯蛋黃色的剛開的水仙花，十分應節。潔白的水仙頭浸泡在清澈透明的水裡，襯以各色的雨花石，有白色磁盆裝的，有玻璃盆裝的，非常好看。買的人也爭先恐後⋯⋯

　　"我們不要去爭了，我們慢慢走慢慢看就好啦！"燕拉著帆說。

　　"我聽人家說，行花市能沾點花香瑞氣，這固然好啦。但爭和擠就能擠掉晦氣！希望新的一年有新氣，有生氣！"帆說。

　　"你真的信這個講法嗎？"燕笑著說。

　　"花市已有近200年的歷史了，多少年來，無數的男女信眾都是這樣自欺欺人的。難道你要當眾揭示這個真相嗎？我們已經生長在一個毫無希望的年代，難道連這一點點善意的謊言也留不住嗎？"帆萬分感慨地說。

　　"好啦，別說啦！我依你所說就是了。我們今天全身沾滿了花香氣味，趕走所有的晦氣，今後福星高照，鴻運當頭。"燕一面說，一面笑。

　　"對，對！承你貴言！"帆笑著回應說。

　　"你們兩個在講什么？講得那么高興。"黃漢問。

　　帆就把剛才的話再講一遍，眾人都異口同聲地說："明年要好過今年，後年要好過明年！"

　　"嘻，所以我阿媽每年都要蒸年糕呢！她說要年年高，連年好！"鳳說完，惹得大家哈哈大笑。

　　一陣冷風刮來，把他們本來的倦意都驅趕得無影無蹤。此時已過午夜，部份花檔開始收市，燈光減弱。漆黑的夜空上，閃耀著的星星反而格外明亮。四個弟弟妹妹、一時向東一時向西，到處探索，似乎要把花市看個透。帆和燕在後面跟著，輕聲細語，談論著他們永遠都談不完的話題……

"我都有點累了。"燕說。

"是呀,該回家了。"帆叫停了他們幾個。

一說回家,大家都覺得累了。帆看見大家手里都拿著各種不同的鮮花,就說:"人人都買到花了,都滿載而歸了。"這一下子又挑起話題了,路上各人又吱吱喳喳地講開了……

此時天已漸漸泛白,等回到家里時,天已大亮。帆的父母親已經起床了,在張羅年初一的早點,等待著他們歸來。見面後大家興高彩烈地互送新春祝福,喝著濃濃的熱茶,吃著自家做的年糕、蘿蔔糕、油角等……

早餐過後,燕他們就準備回家了。臨走時,燕低聲問帆在初二是否過去他們家。得到帆肯定的回復後,燕三人就離開了。

初二到了,帆的父親把他的舊皮鞋擦得發亮,穿上那時幾乎是全國統一的服裝——深藍色的、四個明袋的中山裝,一件白色的袖衫襯底。母親則穿上一套深藍色的暗袋小翻領的女式"紅衛"套裝,內襯一件棗紅色的樽領厚毛衛生衣,一雙黑色的扣帶布鞋。小弟阿堅外穿一件白衫、黑色西褲,配條少先隊紅領巾,倒也醒目。帆穿的就是前面介紹過的、他母親精選的那幾件行頭了。一切穿戴妥當之後,帆就提著那只大騸雞、魚,母親還提了一包年果手信,四人一行就起程了。

他們到達時天又滴滴潲潲下起雨來,幸好他們早已撐開雨傘做足準備,才不致淋濕身。帆推開半掩的大門,只見一屋子人。燕媽和阿鳳在灶頭上不知忙著煮什么,熱氣騰騰,廚房里冒出大片的白色蒸汽。燕在桌子上收拾東西,燕爸坐著一面抽著大碌竹水煙筒,一面和一個老太婆在談話,鵑挨著那個老太婆坐在旁邊。心中有數的燕一看到帆和父母進來,立刻走出來招呼,並向她自己父母一一介紹了帆的父母及小弟弟阿堅,最後又介紹了自己的祖母。

"阿嫲!"帆跟著燕叫了聲老人家,她非常高興,笑得合不攏嘴。看上去祖母已有六七十多歲了,穿了一套農村老太婆常穿的黑色粗布大襟衫,頭上戴了一個黑絨布做的髻包[2],露出一片花白的頭髮。雖然她滿臉慈祥的笑容,但仍難以掩蓋她對世界的徨恐不安和憂慮的眼神;她滿臉的皺紋,令你看到歲月的無情及她的際遇坎坷。

燕爸也穿一套規格化的深藍色工作裝,胸前左袋還別著一支墨水筆,頭上戴著一頂藍色的有舌工作帽,這種千遍一律的裝束,算是跟

2. 髻包:老年婦女的一種頭飾,也可防止腦部受風寒。

得上潮流了。燕媽在煮飯，也像帆的媽媽那樣，穿着一套深藍色的暗袋小翻領套裝，內襯一件高領毛衫，腳上穿一對解放軍人穿的草綠色的膠鞋，這就是曾因堅固耐用而名噪一時的解放鞋。

帆把注意力轉向燕和鳳，她們都穿當時流行的、淺棕色的大翻領女青年裝，所謂女青年裝不外是女翻領套裝的改良版，把上了年紀婦女的肥大腰身改細窄一點罷了。而年紀最小的鵑，卻穿了一件新的、藍灰白三色的大花格衫，扎上一對醒目的紅頭繩短孖瓣。你可不要小看這些裝束，一般的老百姓，在這樣一個喜慶的日子，也并不容易能穿上這樣的衣服。幸好，青春是不需要打扮的，青春就是美麗，它是生命的、內在的自然的表現。

親愛的讀者，請你不要見怪。當年的中國老百姓，在那偉大的、光榮的、正確的、無法無天的、'破四舊，立四新'的革命年代，穿的都是這樣大同小異的衣服。否則、一句奇裝異服，後果不堪設想[3]！

廳堂對開的天井邊擺著兩盆四季桔，漸漸大起來的雨水灑在它上面，十分好看。鳳在花街買回來的鮮花，被插在廳中間靠牆的一個玻璃花瓶中，一個不高的木架子承載著這個花瓶，花瓶四周顯得有點空蕩，但是手巧的鳳，用紅紙剪了一對飛翔的鴿子，對稱地貼在花瓶兩邊，襯起瓶中黃白紅的劍蘭。更有各色菊花發出的清香，令到滿屋生氣，色彩萬千。

不知不覺中，帆媽走到廚房和燕媽傾談，帆爸與燕爸、阿嫲在廳裡面談，阿堅與阿鵑下起了像棋，帆與燕兩人找到一個角落，在一起談論著過去、現在和將來。今天是新春佳節，是普天同慶的大日子，兩家人在这一天走到一起，結成生死同盟。他們最大的兒女，將要走上亡命之路，生死難卜。這種悲喜交集的狀態又怎能讓兩家的當家人不心痛，不心焦！帆和燕又何嘗不知道，他們就是兩家人生死存亡的紐結。

其實，生存的喜悅與死亡的恐懼、悲與喜往往會混在一起的。這是事情的兩個相對面，一切都是天註定，是生是死，說反轉就反轉，無人可以知曉，無人可以預見。現在的時刻，只不過沒有人願意去戳穿這種反轉的現實，去想、去談那些并不吉利的事情罷了。

不多時，鳳從廚房走出來宣佈開飯了。一聽說開飯，大家一齊行動、三下兩下，一切都準備好了。只見阿鳳端出一大盆熱氣騰騰的菜來，眾人正想上前看個究竟，聽燕爸說是芋頭炆鵝。

---

3. 不堪設想：若被視為穿奇裝異服，輕則被小將當街剪爛衣服，狼狽不堪；重則要遊街示眾。

"正！"帆爸應聲說。眾人也叫好起來。

原來燕的家鄉凡有喜慶之事，都喜歡用芋頭炆鵝，這隻鵝是特別托人從鄉下買來的。在那個動蕩又物質缺乏的時期，想弄只鵝真是相當不容易了。如果在城市，想都別想。

很快一個大桌子都擺滿了。帆一看，雞啊，肉啊，魚啊，居然有九個菜。其實中國人都喜歡寓意長長久久。這時燕爸又不知從什麼地方摸出個玻璃瓶，打開瓶蓋叫帆爸聞了一下。嘩！原來是珍藏已久的九江雙蒸[4]肉冰燒。這令到好喝酒的帆爸大叫難得，難得！

"阿伯，你還有什麼好嘢沒有拿出來的？"帆媽這一問，逗得大家都笑起來了。

"今天我們兩家人難得走在一起，我們做父母，做家人的很高興。我們年紀大了，一頭家要擔當著，在這裡實在沒有什麼好想的了。我們只望他倆人能心想事成，達成願望，我們也心滿意足了。所以今天大家要開心，盡量吃，盡量飲多杯，不醉無歸！"燕爸說完就鄭重其事地給各人斟酒，除了最小的兩個孩子外，每人都斟滿了。

"我第一個贊成，你們將來有機會去到那邊，一定要記住家人，要記住這裡兩家人都望著你們，盼望著你們的成功！"帆的爸爸也接著說了重話。

"阿媽沒話說了，只希望你們將來去到那個五光十色的社會，不要學壞，要好好做人。"帆媽的聲音越說越小了。

"阿帆，你們遇事要多商量！要多——多、照顧阿燕。"燕媽的聲音已經哽咽，說不下去了。

"你們別說了，你們看阿嫲，都給你們說到滿眼是淚了。"鳳不高興地說。

"沒有事，是我老太婆眼淺。你們倆人一起努力，一定去得到的。"阿嫲擦擦眼睛的淚水，笑著說。

"別說了，新年這么高興，大家應該飲返杯。看見我們兩家人能如此合作支持他倆人，也是飲得杯落了。"帆的爸說完就舉起杯子了。一下子氣氛又緩和了下來。兩家人這時真的拋開了人生的一切煩惱、社會上的種種不如意，恐懼、憂慮及心理創傷，都給這些'傻仔水'[5]給消化掉了，撫平了。

4. 九江雙蒸：這是順德九江酒廠出的一種米酒，在當時生活物質奇缺的年代，能夠買到實屬不易。
5. 傻仔水：廣東人喜愛這樣稱呼酒。

帆看著兩家人難得的笑臉，不覺悲從中來，一股熱氣從腹中直上咽喉，眼中一陣模糊。他趕快閉上眼睛，把頭轉向一邊。當他再次睜開眼時，又見眾人笑臉盈盈。

轉眼就下午三點了，兩個爸爸都有點醉。他們滿臉通紅，搖晃著，瞇上眼睛，扶著椅背一步一步走到床邊躺下休息了。燕媽可能起床太早，現在看起來很累。帆媽喝酒不多，還可以和微笑著的阿嫲談話。燕跟鳳在收拾碗碟。大約過了半小時，帆爸用大熱水洗了臉，喝了一杯濃茶，覺得清醒很多，就提出告辭了。這時燕媽拿了一個盛著半個鵝和很多芋頭的煲出來，叫帆帶回家去，給帆的弟妹們嘗嘗。帆怎樣都推卻不掉，只好帶上。臨走的時候，燕送了出來，她悄悄地告訴帆，初六那天早上，她們會全家過來回訪。

第二天的天氣出奇地好，因為太陽出來了，氣溫也上升了。一時之間，鳥語花香，像是春天提早來到。帆的心情極好，他睡不著覺，要起來伸展一下。他到西湖跑了一圈回來，家裡的人還沒有起床。他想，該是時候集中精神去考慮起錨的問題了。倫去了那裡呢？他又不讓我去找他，是不是他有什麼東西隱瞞著我呢？但是這樣去想人家也沒有任何的事實作為依據。既然這樣，自己就必須安定在家，過好這個春節再說。

到了初三，父母又開始張羅初六那天燕父母回訪的事情。這一天，父親看得非常重要，他想把整個家庭成員都介紹給燕的家人。父親吩咐，那一天全家人都要回家吃飯，甚至連結婚嫁了出去的，都一律要回家招呼客人。

連續兩三天陰雨之後，這天沒有雨。早上偶然有點太陽，曬得街道上一片暖和，也沒有風，是一個非常好的日子。街道上滿是行人，大多都是去拜年的人。特別是去廣州市的公共班車，車次多了很多，燕和家人很快就到達帆的家了。家裡滿是人，分成幾個小圈子，有的在廳裡，有的在睡房裡，把床鋪卷起來，大家坐在床上吃瓜子，聊天的聊天，打撲克的打撲克。一見燕和父母來了，大家馬上站起來，帆的父母也馬上走出來歡迎。燕家也帶來了一大堆賀年的東西，有煎堆、油角、糕點、糖蓮子、糖蓮藕、糖冬瓜等一切甜甜蜜蜜的東西。另外有柑桔、甘蔗等一些生果，以示生生猛猛，精神爽利。帆家人多，加上燕家五個，大大小小差不多二十人了。大家一一介紹，歡聲笑語，好不熱鬧。

帆的父親和兩個妹夫，招呼著燕的父母。他們圍著一張圓木桌子，談論著各種家常、各類花邊新聞、小道消息、文革趣事、怪事、荒唐事，當然也少不了起錨事，等等。阿鳳加入到帆的妹妹的圈子，去談女孩子的事情了。弟弟他們一堆又不知在搞什麼東西。帆的母親和兩個大妹在準備午間大餐，總之大家都在忙自己的事情。一句話說，平民百姓能搞得什麼？還不是圍繞著衣食住行轉，混混沌沌。至於外面的滾滾紅塵，哪個革命、誰個當權，又與屋內之人何干？

帆看見燕把手搭在阿鵑的肩上，站在一旁在看著其他人，就走過去招呼他們說："你們今天搭車很順利嗎？這么早就能來到。"

"如果不是家姐拖拉，我們會更早一點來到。"阿鵑說。

"又說我了。"燕說。

"其實，她一早就起床了，比我們起床還早。但她對著墻上的鏡子慢慢地梳洗。她一陣整理衣服，一陣梳理著那兩條短辮；一陣又對著鏡子發呆，一陣又低頭靜靜地想什麼似的，偶然又暗自笑笑。我看她心情也有點緊張。一時她看到自己的兩條辮子好像有點不對稱，立刻就把它們拆散了又重新梳理過。一時又挺起胸膛，輕輕地、慢慢地轉了個身，在鏡子裡細細地看著自己。直到我大聲說，全家人都在等她一個人，她才醒過來說：'來啦！'可是她說完又轉了個身，對著鏡子裡的自己的頭髮、肩膀、那對用紅頭繩扎著蝴蝶結的辮子、甚至緊束的腰身，都要細看一遍。走出來時，一見真的是全家人在等她，然後才肯低著頭、紅著臉地走出來對我說：'對不住啦！我來拿。'就搶過我手中的東西。"阿鵑快嘴快舌地告狀。

"你也真是太慢了。"帆笑著說。

"帆哥，你批評得對。可我媽看著打扮得漂亮的家姐，不但不責備她，還笑著說，鵑，你長大了也會跟她一樣的，你說氣死人嗎？"

帆忍不住一下笑出聲來，燕的臉也一下子紅透了。

"小孩子真八卦，大人的事情不用你管，走去和阿堅玩像棋啦。"燕笑著就把鵑趕開。

"你是沒有道理把她趕開的。"

"還不是因為你。"

"又關我的事？"

"是呀！我早上一面看著鏡子中的我一面想，我們的關係一下子就變得這樣接近，我對嗎？沒有選擇錯誤嗎？"

"當然沒有錯，你是對的！"

"你肯定會這樣說的，後來我想起你那天和二姨丈的對話，我才敢肯定自己一點都沒有錯！"

"放心啦，你不會錯！"帆說著，見燕的臉越發通紅。

轉眼就到中午開餐的時候了，他倆立刻就去幫手。整個廳堂剛好擺上兩桌，擠得滿滿的。根據父親的安排，也是每桌九個菜，整整齊齊地擺在桌上，其實也就是一些瓜菜，加點魚肉罷了。這也是靠一家人平時省吃儉用，節省下來一些魚肉票、油票、米票等票證，春節期間才會相對顯得闊綽些罷了。花了九牛二虎之力弄來的那兩瓶白酒就一定會擺在桌子中央，起碼可以顯示一下不醉無歸的、要盡興的心情。那個時候，劏個雞就是全家的大事。像帆的家，平時劏個雞之前要約定全家人回來吃飯，不到兩斤重的雞，劏好、煮熟就一斤多一點，斬開鋪滿碟底，小的老的每人兩小塊，當哥哥姐姐的，能分到一塊已經不錯了。在那物質缺乏的年代，能夠在家裡招呼二十人的飯餐，實在是不容易辦到。

幾杯下肚，酒精起了作用，額頭上的青筋也暴了出來。大家就不再拘束了，聲調也提高了，互相勸酒，此起彼伏，好不熱鬧！帆的家很久沒有這樣熱鬧過了。

經過兩次接觸，帆和燕的家人一下子都拉近了距離。雙方像是親人或是老朋友一樣，并沒有初見面時的生疏。下午三點多大家都吃飽喝醉了，燕他們要離開回家了。臨走時，燕告訴帆這幾天不會出來市區，因為這段時間走來走去都很累了，節後她想在家裡好好休息一下。

事實上，春節前後的十幾天裡，帆一直都忙這忙那，并不覺得累。而春節一過，他卻是疲態畢露。那時日短夜長、天氣陰冷，睡覺正好。反正燕不會來，倫也不知什麼時候來，其他人來也沒有用，自己也不想把精力花在與起錨無關的應酬上。睡吧！

第十二章

風雲突變心內焦　情定一吻兩逍遙

　　二月二十三號那天,休息了很多天的帆再也睡不著了。天剛亮他就起床了。氣溫很低,帆又不想到外面去跑步,隨手抓起昨天父親帶回來的一份《人民日報》,他立刻被一條殺氣騰騰的大標題吸引住了:《馬克思、恩格斯、列寧論無產階級專政》。他一口氣看完,本能地感覺到運動一天天走向失控,阿爺要到采取專政手段的時候了,現在阿爺在做輿論,恐怕不久的將來,形勢就要大變。自從帆明白到在自己生長的地方、在自己有生之年,都沒有辦法呼吸到自由的空氣,而下定決心要離開時,他就完全不理會社會上這種事情了。但是看了這份報紙之後,他開始擔心自己在時間上來不及,若時局突變、令到自己措手不及、錯失良機,就會飲恨終生。他不能不想,不能不擔憂!

　　最可怕的人是對自己的命運失去控制力,像是一只斷了線的風箏,隨風飄蕩,一切任由人家主宰!帆對自己的處境看得很清楚,但是一點辦法也沒有。命運呵,我的命運!難道我的命運就是這樣?他不停地、暗暗地呼叫著自己的命運,可命運卻一點也沒有回應他,因為他生長在一個任人宰割的毫無保障的年代。

　　他感覺得自己好像浮在空中,一點能夠把持自己的重力都沒有。他隨風飄蕩,蕩來蕩去,手腳無力。突然間有一只手拉著他,把他整個人騰空拉起,風把他的頭髮吹向兩邊,他感覺到整個人在飛。看到地面上的房子、人群在下面急速掠過。他一看,竟然是老薹正拉著他飛。他急忙喊:"老薹,原來是你呀!你要帶我到那里去?"只見瘦小殘弱、佝僂身軀的老薹,卻穿了一套顏色鮮艷的新衣服,一雙新鞋子,一頭黑髮梳得整整齊齊,像是梳剪過的樣子。可是風好像吹不到他，他的頭髮一動也不動，還是那麼貼伏。帆感到很涼快。他俩飛得很快，一下子就飛過一群群墨綠色的山嶺、一片片滿是白色羊群的草原，湖泊和海洋。帆從來沒有經歷過這種飛翔的快感，他再轉過頭來看老薑，老薑還是那樣氣定神閑的樣子、望著遠方。

"我要帶你去一個自由的天堂，那里沒有壓迫，沒有欺凌。"老薑說。

"我們這樣就可以飛去嗎？"

"對呀！你以前不是告訴我，你追求自由嗎？假如人活著沒有自由，就會像畜牲一樣。現在我自由了，我感謝你告訴我什麼是自由，所以我來帶你一起去呀！"

"你是怎樣獲得了自由的？真有本事！"

"我呀！用一種特別的、又不辛苦的方法來達到的。"老薑邊說邊露出一種羞愧神態的笑容。

"什麼特別的、又不辛苦的方法？"

"帆，願諒我！你知道我的處境，我是社會上最弱勢、最低層的人了。我沒有可能與他們斗爭，也不可能去起錨了。我只有用一天吃少一點，到最後完全不吃任何東西的辦法回到天堂，這就是我自由的天堂！"

"那你不是絕食嗎？"

"對！我身體有病，在監倉裡又不會給我醫治，這是我能夠採取的最好的辦法了。這總比那些自稱奴才而苟且偷生的人好得多！那些人總是埋怨說，老爹生我的時候，沒有給我生下一個足夠大的膽呀。那些人不敢，可是我敢！"老薑驕傲地說，兩顆眼珠卻閃爍著神氣的光芒，像帆第一次見過的、卻永遠不能忘卻的光芒。

帆忽然想起自己這樣和老薑走了，那阿燕怎么辦？他答應過人家一起去爭取自由的，現在拋下燕獨自走了，行嗎？

"好吧，你還是回去吧，還有人在等著你。我這種方法爭取得來的自由是不適合你們的。你們有自己的人生，你們會有一個幸福的將來在等著你們，回去吧！好好爭取，我會祝福你們的！"老薑好像看透了帆的內心。

"我在最後的時刻，穿上了我最好的衣服，帶著我潔淨的靈魂飛走了，我自由了！留給他們一堆的爛砵頭、剩飯和老鼠，破爛的衣物及我的臭皮囊。"老薑毫不留戀、又自言自語地說。

帆的眼淚一下子如涌泉般流出來，他深知老薑會去什麼地方。

老羞說著就突然甩開帆的手。帆感覺到從天上掉下來一樣,一陣失重的心慌,令他急忙用手抓,一下子好像又抓住了什麼。他睜眼一看,原來抓住了弟弟的手。

　　"哥,你沒有事吧?你已睡了一整天了,中午吃飯時候叫你也不應,我們就讓你繼續睡。你剛才肯定是發惡夢了,我在外面聽到你不停地說夢話,就進來看看你。"弟弟說。

　　"沒有事,沒有事!"帆一面用手擦著眼淚,一面說。

　　帆感到頭非常疼痛,骨頭像散了架一樣,身體在發燒。他起來一看,已經是下午四點多了,剩下一點點太陽,吝惜地在窗邊照射進來,外面還是那樣冷。帆告訴弟弟,他不舒服,不要叫他吃晚飯了,然後他找了包檸檬精[1]吃了,又喝了兩大杯白開水,回到床上睡了。

　　燕自從那天隨父母一起回家後,就一直在家裡看書,什麼地方也沒有去過。她聽父母談起帆和他家庭的情況,正面意見居多,估計父母也不會阻攔她與帆的交往。她自己對帆各方面都認可,她也咨詢過不少人的意見,有老的有少的,都覺得帆可靠、可信;有能力、有擔當。特別是她的阿嫲,非常喜歡帆,她一直叫自己跟著他準沒有錯。現在雙方家庭都見過面,也沒有什麼意見,估計自己的選擇是正確的。她暗暗替自己歡喜,但又怕自己搞錯,便再次翻看《海上夫人》這本書,直到再三確認無誤才放心。

　　"燕,這幾天你為什麼天天看書,沒有到外面去嗎?"燕媽問。

　　"沒有!在家看看書,長點知識也好。"燕說。

　　"是嗎?不是跟帆吵了架吧!"燕媽關心地問。

　　"我那天和你們一起回家後,就沒有出去過,怎樣吵架呢!"燕說。

　　"不是就好啦!媽見你有點反常,你現在已經過了讀書的時候,為什麼現在突然勤力讀書,我覺得有點怪才問你的。"燕媽說。

　　"這本書是帆叫我看的,我有些問題不明白才再看。"燕說。

　　"你們的事情準備得怎樣?帆有什麼打算?阿潔那邊又有什麼動靜?"燕媽擔心地問。

　　"我們還在等阿倫,帆沒有路。阿潔那邊對我很冷淡,我又不想委身就范,什麼事都要看人家的臉色。"燕說完就回房里去。燕媽見狀,嘆了口氣就不敢再問了。

　　燕回到房後,把書一丟,就躺在床上。她怎樣都想不通,為什麼

1. 檸檬精:當時一種便宜的口服成藥,治頭痛、發燒、感冒等。

騎白馬的都是"王子"，徒步的都是平民？這個世界真是不公平呵！但是她回心一想、"王子"的父親是"王子"嗎？有可能！"王子"的爺爺是"王子"嗎？不一定！對啦，燕想通了，她找到了！她找到了白馬"王子"的爺爺。她知道：幸福是要經過自己努力去爭取回來的，"王子"幸運，"爺爺"偉大。她更知道，"偉大"比"幸運"的份量要大得多，重要得多！她忽然間覺得她明白了自己眼前的一切，她必須要去找帆，和他共同去努力，去創造他們共同的王國！

　　二十五號那天一早，燕她細心梳理好自己就出門了。十點左右她來到帆家，聽堅弟說帆病了，還未有起床，她就逕自走到帆的床前推了一下帆，低聲問："帆，你怎樣啦？"帆聽到是燕的聲音，睜開眼說，"沒什麼了，前兩天有點睡不好，有點發燒。這兩天好很多了，沒有事情了。你到外面坐一下，我馬上起來。"

　　片刻，帆出來走到燕的面前，看見燕今天打扮得特別整齊，很高興地對她說："這幾天你休息得好嗎？外面天氣怎樣？"

　　"今天天氣很好，有太陽，沒有風！你還發燒嗎？"燕見到帆消瘦了不少，很擔心地問。

　　"早沒事啦！只是兩天沒吃，有點懶洋洋的。"帆說。

　　"我陪你去吃點東西，然後走走、曬曬太陽，怎麼樣？"燕提議說。

　　"好呀！自從你們上次來過之後，我都有八九天沒有出過街了。"帆說。

　　他們倆出門之後就一直往附近的越秀西湖走去。雖然已經是十點多了，但很多店鋪還是剛開門。俗語有話一節淡三墟，這也是一種影響。但根本的原因卻是：運動的形勢緊張一點，生活的節奏就慢一點。他倆好不容易在人民北路的大榕樹腳下，找到一間狹小而簡陋的小食店。

　　吃完粉後他們就肩並肩向西湖方向走去，走過人民醫院、德泥路，再走一段小路就步入廣州西湖。陽光和煦，遠處一片樹林圍繞著，近處一團團的各色菊花盛放；幾只麻雀在前面的石塊路上啄著什麼，吱吱喳喳地嚷個不停，幾只小蜜蜂在花瓣上嗡嗡響，也不知在找尋什麼？陣陣漣漪搓皺了湖面上的白雲，萬物生機勃勃，花朵散發出醉人的芬芳。他倆不約而同地深深地吸了口氣，呵，空氣真清新！

　　見到前面有一條石凳，他們背靠背地坐下來，閉上眼睛，深深地呼吸著，享受著陽光的溫暖和大自然的寧靜，也不知過了多久……

"帆，你感覺怎么樣，好點嗎？"燕問。

"噢，好多了！你感覺怎樣？"帆回答說，然后轉過身去對著燕。

"回去了幾天你做什么了？"帆再問。

"什么都沒有做，休息。不過我也再看了一遍《海上夫人》。"燕說。

"你父母有沒有說我和你的事情？"帆問。

"沒有，今天我也告訴他們說我來找你，他們也沒有說什么。"燕似乎有點并不習慣地說。

"我這段時間仔細地看了幾遍二十三號的《人民日報》上面的一篇文章，叫《馬克思、恩格斯、列寧論無產階級專政》。我覺得我們的時間不多了，要加緊時間起錨了，不然到實行全面專政的時候就後悔不及了。現在的局勢，接下來會發生什么誰都說不準，老周和老鄧都會自身難保，更何況我們？"帆說。

"那我們該怎么辦？"燕問。

"我也不知道，總之越快走越好！所謂圖窮匕現，到時祭出'專政'的手段，即是說要用武力來解決文革的收場問題，這樣的話，什么後果都可能發生的。"帆嚴肅地說。

燕聽後也覺事態嚴重，就說："我們還是回家再說吧，這种事情不宜在这里討論。"

回到帆家，帆把報紙找出來讓燕看了一遍。雖然兩人認為不宜再拖下去，但是一談到實際問題就又有困難，現在自己手中沒有路。如果有路，即使并不很堅[2]，也要走，寧願辛苦一點。他們兩人士氣很足，決心很大，可是最後還是覺得應該等一等阿倫如何決定再說，做事求人真難呵！

兩人談得正酣，帆的父母相繼下班回家，他們買了菜肉回家煮飯，并說要做湯圓慶祝。帆才意識到今天是元宵節。話題又一下子變得輕鬆多了。帆的弟妹也嘰嘰喳喳說個不停。有的說會有花燈看；有的說會有醒獅看；有的說會有猜謎語；有的說會有放煙花。

"今天不同年三十晚的花市，當時是政府出來組織。雖然相隔的時間不遠，但現在收緊了。此一時不同彼一時，治安不一定有保障了。"帆的父親說完，大家就心中有數了。時間相隔只有半個月，形勢竟有如此大的轉變，原因是老鄧開始失勢。時局真是不可思議！

晚餐在一片歡愉的氣氛中完成，雖然時局緊張，物質匱乏，帆的

---
2. 堅：這里指實在的意思。

父母還是絞盡腦汁，讓一家大小能過上一個十分開心的元宵節。當最後上湯圓的時候，母親就說，這是象徵一家人一年要甜甜蜜蜜，團團圓圓。

飯後天色還沒有完全黑，帆告訴父母要送燕回家，就出去了。街道上行人也不少，特別是那些青年男女，成雙成對、身姿綽綽。雖然沒有花市那天擠擁，但也是遊人如鯽，綿綿不絕。燕輕輕地拉住帆的手，緊靠着他的肩膀，慢慢地走着。入夜的氣溫和暖，空氣清新，令人感覺格外舒暢。

"你知道今天是元宵嗎？"燕輕声地问。

"我一点也不知道！我這幾天都在想著那份報紙的事情，什麼東西都沒有顧得去考慮。"帆說完，燕笑著看了他一眼。

"你好像很高興很興奮的樣子！是嗎？"帆看見燕滿臉緋紅，含情脈脈，微笑著問她。

"是呀！今天是個好日子，現在天氣又這么好，走起路來也感到很舒服。你不覺得嗎？"燕反問帆。

帆馬上明白了，元宵是情人的好日子。帆握緊燕的手，把嘴靠近燕的耳邊，輕聲地說：

"燕，我明白你的意思，今天是我和你的節日。"燕低頭不語，臉脹得通紅。

文化大革命，把一切傳統習俗都破除了。今天這樣一個節日，人們也不過自發到街上走走，自我陶醉一下，尋找一點往時的記憶及現在的心理安慰。

帆和燕漫步多時，來到公交車站，準備送燕回家。

因為時間尚早，入城的人多、出城的人少。他倆在車上找了前面靠窗的位置并肩而坐，燕一直拉著帆的手。公交車風馳電掣地飛駛著，一眨眼功夫就過了市二宮，一大片田野就呈現在眼前。車一拐彎，一個又大又圓的月亮既掛在天邊又好像在眼前，像熟了的檸檬一樣黃澄澄的。燕高興得雙手直搓帆的手掌，又不敢叫出聲來。帆把身體挨貼著燕的身體，在燕的耳邊說：你看那月亮真漂亮！"燕看著、看著，不覺閉上了眼睛，半倚著帆……

不知是車開得快還是時間過得快，到石榴崗了。他倆下車後，順著往常的路慢慢走去。這時的月亮特別明亮，人影清晰得很，互相也看得清楚，但看遠處卻有點矇朧。天地顯得寬大而無垠，所有景物在月光之下，竟似渾然一色。他們在這條不長不短的路上談談走走、走走談談，享受著這片刻的甜蜜。

"燕，有情人哪里像我們這樣走來走去的。"帆說。

"誰跟你是情人？"燕面露慍色地說，并隨手想打帆一下。說時遲那時快，帆一手抓住燕的手指。

"哎喲！"燕立刻叫了起來，并用另一只手拿著手指，輕揉起來。

"對不起，對不起！你手指有事嗎？"帆慌忙說道。

"對不起就可以了？"燕說。

"說對不起都不行，那你要我怎樣才行？"帆說。

"你自己想想，怎么辦才可以！"燕說完就急步往前走，走了大約二十公尺左右就停下來，帆馬上跟著走前去。

"今天帆鄭重向燕道歉，對不起了！"帆走上去對著燕說。

"不成！沒有誠意，假道歉！"燕說。

這時他們已經快走到鎮上。帆知道燕在耍弄他，等走到她家，燕就沒有辦法了。誰知燕一把拉住帆往回走，不讓帆再向前走去。

"今天一定要把這個問題解決掉才行，不然就不放你回家！"燕說完又大步往回走。帆不知道燕會搞什麼花樣，就決定采取被動的方法，跟著燕走，相機行事。燕在往回走的路上突然間走向一條分岔路，只見前面有幾棵大榕樹，妖嬈婆娑、枝豐葉茂，低垂得像一把大傘。他們步入樹影之下，頓覺幽深寧靜，可外面的景物在月光之下卻一目了然。

"你打算怎樣？"燕忽然停住了腳步回頭問。帆急停了腳步，還幾乎碰到她。兩人面對面地站著，靠得非常近。此時萬籟俱寂，燕急速的呼吸聲清晰地傳來，夾雜著一陣陣芬芳的氣味直呼到帆的臉前。帆低頭一看，燕那突起的胸脯、因呼吸強烈而一起一伏，幾乎抵到自己的胸膛。帆什麼都不想了，他一把摟住燕那纖細的腰肢，讓燕的胸脯緊貼自己，低頭尋找她的雙唇，然後深深地一口氣吻個夠！燕卻異常地順從，讓帆摟抱著、吻著。她輕輕地閉上眼睛，盡情地享受著。

不知吻了多久，帆才戀戀不捨地抬起頭來。兩人都有些不好意思。帆突然問燕："我這樣做對嗎？應該夠誠意了吧！"被帆摟在懷里的燕低著頭一聲不響地笑了。

"我要回家了，你也要回家了。"隔了一陣燕輕聲地說。帆擁著燕到了家門口，他再次摟著燕深情地吻了一陣。

"我過兩天會出來找你，你快回去吧，夜了。"燕依依不捨地說。

帆離開燕之後，大步流星地往回走著。明月伴他同行，輕微的涼風把他吹醒了。他反復回味和燕在一起的一切，更感受到那濃濃愛意。他清楚，燕和自己的元宵定情在人生中有重大意義，

隔了兩天，燕果然出來與帆見面。他們的會面又重新引起了情愛的激盪，他們忍不住擁抱，激吻！他們走到熟悉的西湖，看著藍天白雲；看著湖面的漣漪；看著對對的情侶；看著太湖石下搖曳的小草……燕倚著帆的肩膀，習慣地用她那纖細而柔軟的雙手，輕輕地搓著帆的手掌。他們腦里一片空白，任性地揮霍著他們的寶貴時光；他們肚子也不餓，彷彿他們的情愛充滿了生命的能量。時間一分一秒地過去，他們就這樣渡過了整整的一天。

帆和燕就這樣地你來我往天天見面，一日不見如隔三秋。對方的身影、音容、一頻一笑，都會令到他們心醉神往。他們眷戀著、依偎著、親吻著，他們享受著這神秘而又令人如癡如醉的感受，享受著人生最難忘的、幸福快樂的、如膠似漆的這段戀愛的日子。

第十三章

因由不論終出局　　溫情得焉知禍福

　　春光明媚的好日子總是短暫的，風和日麗之後便是風雨來臨。這是起伏更替的社會和循環往復的自然界的必然規律。幾天之後，天明顯地陰下來了，慢慢開始下雨。三月初的陰雨綿綿令人格外的難受，帆每天只能留在家中聽風看雨，飽食終日。他想著燕，大概燕也想著他，無奈天氣極差，他們也有四五天沒有見面了。

　　午飯過後，閑極無聊的帆去睡個午覺，變得陰涼的天氣使人容易入睡。忽然間帆給人搖醒，睜眼一看，原來是阿倫。

　　"阿倫，什麼時候回來的？"帆很高興地跳下床。他從窗口看見天色陰沉，黑云密佈，雨還在下個不停。

　　"昨天晚上才回來的。"倫慢條斯理地說。

　　"到什麼地方去玩了呀？"帆問。

　　"沒有到什麼地方，只是到鄉下的親戚處探探親而已，也沒有什麼特別。"倫說得非常平靜、簡單，完全沒有半點旅遊回來的興奮樣子。

　　"那也會吃到一些家鄉的野味、土特產吧！"帆還是很有興緻地問。

　　"沒有！"倫木然地說。帆愕然了一下，感覺得很不自然。

　　"我離開的這段時間，你和阿燕倆人很快活啦？"倫緊接著問。

　　"都是這樣啦！"帆回答得極不自然。

　　"什麼都是這樣啦！我叫你問阿燕的事情，你有沒有問過？"倫處處迫人地追問帆。

　　"我問過阿燕，她沒有意見，看來阿燕是同意的。"帆本來不想回答倫的問題，因為這是他與阿燕兩個的私人感情，但最終帆還是回答了他的問題。

倫聽見之後，他的臉馬上陰沉下來，像當時的天空一樣。他站在那裡望著窗外沒有吭聲。風越吹越緊，雨越下越大，整個天空盡是烏雲，天黑得像是晚上一樣。倫從自己的上衣口袋里取出一枝香煙，點燃了又深深地用力吸啜著，令到額角青筋爆現。這時從窗外閃來一道電光，把倫的面部表情清楚地表現在帆的面前。片刻，遠處又傳來一陣低沉而連續的悶雷聲。這是第一聲春雷，想不到離驚蟄還有兩天春雷就到了！帆看著倫，感覺這道春雷的到來，竟讓人覺得如此的不愉快！

"我與阿潔談過，看來阿潔沒有辦法預備阿燕一份。我也正式告訴你，我亦沒有辦法幫你，你倆人自己打算好了。"倫一字一句決絕地說。

"倫哥，我已按照你的意思問了阿燕，現在為什麼你又推翻你的承諾，不再幫我們呢？"帆還是低聲下氣地問阿倫。

"嘿，我最討厭就是你們這些臭知識分子，一股臭味！人家叫你去死，你怎么不去死！"倫說完惡狠狠地把煙頭按熄在桌面上，然后用力吐了一口潲沫，拿起他帶來的雨傘走到了門口、又回過頭來對帆決絕地說："以後不要再來找我！"這時一連串雷聲震天動地，響個不停。

帆看著倫遠去的背影、足足呆了一陣。他怎麼都受不了、給人家罵了句'臭知識分子'！他對這一句話耿耿于懷，憤憤不平。這本來是當時社會上罵知識分子的一句話，一句毫無道理罵人的話！為什麼居然可以出自同是讀了幾年書的人的口？本是同根生，相煎何太急！是不是自己真的錯了？帆自問自己缺少的僅僅是一條跤腳的路而已，并不是缺少道德和人格，何致被羞辱！誠實忠厚、也不是知識分子才獨有的行為與品格。為什麼偏罵讀書人？為什麼臭？是否被寓為迂腐之味？相反、朝秦暮楚，反復無常才是識時務的做法？帆感到被羞辱，雖然自己根本算不上什麼知識分子，但也深深為讀書之人不值。

倫已走了很久，雨還是不停地下著……

"我最討厭就是你這些臭知識分子，一陣臭味！人家叫你去死，你怎么不去死！"，"以後不要再來找我！"倫的這兩句話，還不停地在帆的耳朵裡迴響。

他想起剛才的一幕，感到無限的屈辱，無限的痛苦。他覺得自己很無能、無助。他感到自己此時陷進了一個深深的、進退兩難的、誠信和道德的泥潭里。人家對自己守不守誠信，他顧不了那麼多了。本來打算依靠阿倫及阿潔幫助的路一下子全沒有了，那么自己對阿燕的承諾還有用嗎？自己以什么去和阿燕一齊偷渡？自己這個泥菩薩怎么辦？帆站在窗前呆了很久，看著窗外的世界紛紛亂亂，聽著雷鳴電閃震天動地，他陷入沉思。

三天之後的一個傍晚，燕急急忙忙來找帆，說有重要的事情找他談。從燕的神色來看，帆也猜到了幾分。

"你吃了晚飯沒有？"帆問。

"沒有，我趕著來找你，沒時間在家等吃晚飯了。"燕急忙地說。

"好吧，在我家一起吃了晚飯，我們到外面再說吧。"帆說。

帆怕父母家人擔心，一直沒有把自己被阿倫踢了出來的事情告訴家人。現在看見燕的表情，估計她也遇到同樣的事情。經過兩天的思考，帆感覺淡定多了。他覺得自己應該挺起腰桿、負起責任，馬上行動去兌現自己的承諾。他堅信，路是人走出來的，只有你有勇氣跨出你的腳步，路才是你的路。否則，哪怕一條路就擺在你面前，你不走，它也不是你的路。帆反復思考及領會其中的道理，越想就越有信心。

晚飯後，帆和燕就依偎得緊緊地走出去了。不明內裡的街坊，一定認為這是一對拍得火熱的情侶，誰都沒想到這是一對面臨山窮水盡的、深陷前途危機的亡命鴛鴦。

出門以後他們很快就坐上公交車去到珠江的長堤。在當時的環境，長堤是晚間相對比較安全的地方。華燈初上，一河兩岸大都是商業樓房，雖然低矮陳舊，但在矇朧夜色的遮蓋下，仍可看到有點色彩的霓虹燈。樓宇牆壁上滿貼的大字報，也因相隔太遠而可以視而不見。帆和燕走到珠江河畔長堤上的石櫈坐著，看著默默的河水向前流去。兩岸一排排樹蔭下的一盞連一盞的路燈，且明且暗。身後不時有一隊隊的工糾及軍警混合的治安巡邏隊，雖然給說著悄悄話的一對對男女帶來不舒服，但這也給他們帶來安全感。帆和燕後來就經常選擇這種地方來商量他們的事情。

"今天下午潔通知我，她不能再幫我了。"燕說。

"大雷雨那天，倫就正式通知我了。我估計過兩天你也會出來找我商量的，所以沒有立刻去找你。"帆就把那天倫來訪的詳情，一五一十地告訴燕。

"那我們該怎么辦？我們無路可走了！"燕焦急地說。

"那可不一定！"帆把這幾天自己的想法告訴燕。"路是人走出來的。"帆說。"我們要自己想辦法去找出路來！"

"沒錯，路是人走出來的。可是我們自己沒有直接的人手去建立堆位。你和我都花了幾年時間，間接地通過人家的幫忙，才有機會起。但自己的一切都被人家控制住，稍有不順就給人家踢出來，像現在一樣，一切又要從頭開始。你想，到什麼時候才能有機會再起？我沒有問題，我父母也不一定容許這種情況繼續拖下去！"燕沮喪地說，雙眼不禁地淚落漣漣。

帆稍微沉默了片刻，提起精神，握著燕的雙手，拉到自己的胸前，認真地看著燕說了下面一番話。

"燕，不要哭！我們起錨為的是自由，為的是自己的出路。如果我們把自己現在作決定的自由和愛情、人格，都押給人家，去換取人家的幫助，這對我們又有什麼用呢？你看《海上夫人》就應該明白了，你們女人不會把愛情、婚姻放在自由之上；我們男人也不會把自己的出路、愛情、人格放在自由之上。自由最寶貴，其次就是愛情。我會不顧一切地和你去追求自由，我也會不顧一切地去珍惜我們的愛情。

"燕，我經過幾天的思考，我有信心和決心自己來。我會馬上去想辦法，找朋友商量，大不了自己擲飛堆。我希望你不要離開我，否則我瞬間失去了一切。難道這遙遙孤單路，連個可以說說話的人都沒有嗎？"

"不要說了，帆！不要說了，我不會離開你的。"燕一下子松開雙手，又摟住帆、吻著帆，不讓他再說下去了，淚水不停地淌流。帆也抱著燕，讓燕依偎在自己的胸前，一只手輕輕地撫摸著燕的背部，讓她慢慢地平伏下來。

也不知過了多久，燕的抽泣終於停止了。帆望著靜靜流去的珠江水，想起這生他養育他的土地，想起他的父母兄弟、眼前愛他的燕，他感慨萬分，十分唏噓！

附近的大鐘樓又響起了低沉的鐘聲，讓帆的心也一起震動。堤岸上的情侶已經走得七七八八。帆推了燕一下，他倆就匆匆離開了。臨走時，燕還滿臉憂愁地看著帆。帆明白她在想什麼，就對她說："放心啦！我會努力的！"

燕離開以後，整整一個星期都沒有過來。帆卻天天早出晚歸，發狂地找那些在格仔認識的卒友，看人家有什麼需要的、有什麼可以介紹的、有什麼可以引薦的，結果一無所獲。困倦的帆每天晚上吃完就上床睡了，什麼也不管。

"帆，你是否與燕吵架？怎麼這段時間都不見燕來？"媽覺得奇怪而問帆。

"沒有！"帆說完就把他倆都給踢出來的事情告訴媽。

"那你有沒有去見過燕？"帆媽問。

"沒有！"帆說。

"明天是星期天，你應該去看看人家。這是你的責任，記住了！至於路的問題，慢慢再想吧。"帆媽說完嘆了口氣就離開了。

第二天帆起得很遲，他勝在年輕，一星期的奔波勞累，又恢復過來了。下午二點左右，他到達燕的家，敲門很久才見面容憔悴的燕出來開門。

"燕，你病了嗎？"帆問。

"是呀。"燕有氣無力地回答。

"你應當放寬心，不用太擔心的！"帆說。

"上次回來後，我就不舒服。我一直躺在床上，全身沒有力氣，又不想吃，昏昏沉沉地時醒時睡。我想起將來就害怕，不想又不可能。我們剛建立了感情，就出現了這種波折，簡直是對我當頭一棒，說不擔心是假的。"燕越說聲音越小，最後竟坐在櫈上，低頭咽泣起來。帆連忙走過去用雙手捧起燕的面頰，見她滿臉淚水，用無限哀愁而深情的眼神望著他。帆禁不住深深吻了她一下，摟緊了她，輕聲地安慰她。隔了一陣，燕似乎平靜下來，到廚房盛了一碗白粥來吃。

"我今天沒有吃過東西，現在有點餓了。"燕說。

"不吃是不行的，身體是'革命'的本錢。身體不好、什麼都做不了，特別是起錨！"

"這我知道。這幾天你有沒有什麼新消息，你有沒有去找朋友？"燕吃了點東西後，好像恢復了點元氣。

"自從上次分手後，我跑了整整一個星期，找遍了所有朋友，結果都一無所獲。記掛你，今天過來看看你怎樣。"

"我沒有事，你不用擔心。明天我也應該出去走走，多個人找找門路也好。"

"對！多個人多點辦法。不過你應當休息好再出去，千萬不要累壞了身體。還有，你有沒有把阿潔和阿倫的事情告訴你父母？"

"暫時還沒有，不過遲早都應該讓他們知道的。"

"對，但能夠遲一點就最好，免得他們擔心。"

"你擔心嗎？"

"我是怕你——"

"帆，我既然決定跟你在一起，就不是那麼容易改變的，放心啦！"燕笑著對帆說。

"你不擔心嗎？你不擔心就不會病了。"帆也笑著對燕說。

"其實我也很擔心呀，真的很擔心呀！"燕說完大家都哈哈大笑起來。

歡快的笑聲不斷傳到屋外，剛回到家的燕媽十分奇怪。

"阿鵑，你猜誰來了？"燕媽問。

"帆哥。"阿鵑不加思索地說著，隨手把大門推開，只見帆和燕相對坐著，談得正歡。

"媽！我猜對了，是帆哥來了。"阿鵑也不加思索地說。

燕媽進屋後，見病了一個星期的燕和帆談得開心，與前幾天判然不同，頓時放下心頭大石。做媽的怎不知女兒心思？但求提振女兒的精神狀態。燕媽馬上作出了決定。

"帆，你來得正好，今天吃了晚飯再走，我剛才去買了菜回來了。"待雙方打過招呼之後燕媽對帆說，帆也答應了。

"媽，需要我幫手嗎？"燕問。

"不需要，你們談自己的事情吧。"燕媽說。

晚餐按照以前的慣例，沒等燕爸就用餐了。這一餐大家都談笑風生，十分愉快。特別是阿燕，興緻勃勃、胃口大開。燕媽看到燕的狀態幾乎恢復，也感到安慰，對帆與燕的相愛，在心裡給予了認定。飯後燕告訴帆，往後幾天會出去會會她認識的卒友，就不去見帆了。帆也覺得有分頭努力的必要。

雖然這倆人最終都被踢出局，擺在他們面前的是前路茫茫，但是誰也不會料到這種困難反而讓他們更加團結，感情更好。世事真難料，禍福竟相連。至於他們的前途命運會怎樣發展，真是無人能夠知曉。

第十四章

難分福禍相依辨　柳暗花明見新天

　　春末的廣東天氣，忽冷忽熱。昨天還是春光明媚，今天卻陰霾滿天，一點太陽都沒有，氣溫也降下來了，怕是要下雨了。帆照例一早就帶把雨傘出門了，這段時間他天天出去找人，但天天都失敗而回。他去到人家處，有時早，有時遲。人家有路的，大多早有計劃，或者要求一定條件的交易，非親非故不易幫你。燕也不斷去訪尋，但得到的結果也是一樣。這時他們真是到了山窮水盡的地步，失去信心的他們甚至想索性自己來——自己踩單車、搭著物品南下，去到哪里就在哪里擲堆。這是一個相當冒進的、風險很大的計劃，但除此之外、他們又有什麼辦法呢？

　　這天，帆走到極度困倦的時侯，經過元哥家的附近，忽然想起去他家喝杯水再走。剛好在家的元哥見到帆很高興，招呼帆坐定，遞上一杯熱茶。

　　"近來如何？不見你有兩個多月了，你和燕怎麼樣？"元哥關心地問。

　　"上次照你的意見，我和燕和好了。而且也得到她父母的同意，雙方家庭也見過面了。"帆說。

　　"這樣很好呀，進展神速，恭喜你呀！"元哥說。

　　"可是好景不長，十天前阿倫來對我說，他不會再幫我，叫我不要再去找他了，同樣阿燕的表姐阿潔也是這樣一腳把燕踢了出來。"帆說。

　　元哥聽到這里，臉色一沉，沒有再講一句話，只在房間里踱來踱去。

　　"看來你們這一班人都有問題！"踱了很長時間元哥才吐出這句話。

　　"阿潔的弟弟喜歡阿燕，阿燕不就范就踢走阿燕，阿倫喜歡阿燕叫你去試探阿燕,誰知讓你弄假成真,自然亦要踢走你,還有一個可能是阿潔也喜歡你,誰知讓阿燕截足先登。無論從哪個角度來看,被踢走的都會是你和阿燕。天意呵,天意!天意注定你是和阿燕一起的!"元哥似乎很得意自己的推斷,說完望著帆微笑。

"元哥,不要再笑我了,我正煩得不得了。我不明白你怎樣推斷出這種天意,不過目前我們的確是處境困難。如果我們找不到路走,時間一長,阿燕離開我也并不奇怪。"帆苦笑著說。

"我明白,這的確令你非常尷尬,怪不得人家叫你臭知識分子了,你太老實了,你太老實了,也就是太臭了!"元哥大笑著說。

"我以為大家能一起出生入死,必以誠相待,所以總是以誠待人。元哥,你看有沒有人有路可以介紹給我,幫幫忙啦!"帆異常焦急地說。

"到目前這個情況,你是要自己另謀出路了,我幫你打聽一下,有合適的就告訴你啦!"元哥還是一面笑一面回答帆說。

帆聽元哥說可以幫忙,就喜出望外地多番道謝後才離去。

俗話說得好,山窮水盡疑無路,柳暗花明又一村。兩天後的一個晚上,天下著毛毛細雨,一陣輕輕的敲門聲帶來了滿臉笑容的元哥。他一進門,就伸出雙手一把拉近帆,靠近帆的耳邊低聲地說:"路的問題解決了!"

"什么,什么解決了!"帆興奮得不敢相信,雙眼泛著淚光。在他們極度困難的時侯,哪里會想到有這樣的福份從天而降?

"這人叫阿祖,是我妹的同班同學。他是新卒,沒有經驗,你必須要照顧他。但他有路,這正是你們沒有的。祖想通過我妹找我一齊去。你知我家的情況,我幾乎是全家唯一的經濟支柱。我與阿珍又結了婚,不可輕舉莽動。我也不敢讓我妹與他同行,兩只新卒,更慘。我細想一下,適合你們。你和阿燕都是起過兩舨的,應該是老卒了。你們缺的只是要人家幫你擲堆,其他你們都不成問題。兩隻老卒帶一隻新卒,很好的配搭,是時候自己來了。你先想一下,想好了再告訴我,我到時帶你去見他。"元哥說。

"不用想了,我馬上就可以作決定的,你就帶我去見他吧。"興奮的帆迫不及待地說。

"你這么快就可以作出決定?不用再想嗎?"

"不用了,我又不是小孩子。無論如何,我要謝謝你是真的。"

"好吧!明早十點,你到我家來,我帶你去見他。"

"我一定準時到,謝謝你!"

元哥走後,帆仍然不敢相信這是真的。他又反反復復地思考過這些日子來的每一件事情,起起伏伏而又錯綜復雜、難以想像。只要自己秉持善良正直的宗旨,不為利害關係所左右,上天的安排總是自然而又完美的。誰人深信人性善良,哪個堅持人性丑惡,只有他心裡知道。不過在利益傾軋的時候,人性表露無遺!雖然崇尚善良平和的帆每每遇到困境,但上天似乎并未虧待了他。他深深地感激上天;感激一切幫助過他的人!

第二天帆準時見到元哥。祖就住在他隔幾間房屋的二樓,元哥領著帆走到二樓的門前一面敲門一面叫:"大懶祖,大懶祖!"差不多二十分鐘左右,門開了。他倆人一側身就進去了,見到原來也是一個大約12平方的房間,里面空空蕩蕩的,只有兩張低矮的方櫈,兩塊破爛的床板墊在花階磚地面上,權且作為床舖。床舖上有一張破爛的棉被單及一張起了油漬的破草蓆。遠處墻角的地面上放了塊木板,上面放了二只碗和筷,用一張舊報紙遮蓋著;挨著墻有一個布袋,大概是放幾件衣服之類,布袋上面放了個草綠色的軍裝背包。一眼看齊,這就是祖的全部家當。

"大懶祖,還未起床?"元哥問。

"起啦!昨晚玩得夜,大清早又沒有人上來,所以就睡多一點。"祖說。

"祖,我來介紹你們相識啦!這是我跟你說過的人,叫阿帆。你們有什么問題就大家好好商量。"元哥說。

"不好意思,我去洗臉擦牙先。"祖對帆笑著說完就趕忙走向後面用磚砌的小間格去。

"他父母跟我父母一樣,解放前一直做小生意,現在一家被疏散下鄉。他是獨子,怕辛苦,捱不住就跑回來,靠賭博為生。房子是他父母名下的,給政府沒收後給回一個房他們住。他白天睡覺,晚上就賭,經常有一餐沒一餐地過日子。你以後找他都要白天來,晚上是他賭博攢錢的時間。"元哥說。

說著、阿祖已經洗擦好,一副若無其事的樣子走出來了。他一米八左右,高高瘦瘦,有點背彎。看上去大概二十七八歲,十指尖尖,雙手留著長手指甲,一看就知道是個缺乏勞動鍛鍊的人。

"祖,你還沒有吃過早餐!我們下去樓下粉舖吃碗粉吧!"元哥說罷就先下樓去了，帆和祖隨後也跟著下去了。他倆到達粉鋪時，元哥已經買好了兩碗粉。

"帆，你陪祖一起吃吧，兩個吃完再上樓去談。我有事要先走啦！你們談得怎樣就自己決定了。"元哥再三吩咐完就走了。

帆明白元哥的苦心，就點點頭說："多謝元哥，我們會了，你放心吧！"

當他們吃完返回到樓上時，祖忽然愣了一下。

"不好意思，連坐的地方都沒有。"祖說。

"這個櫈就可以坐了。"帆順手拿起了一個矮方櫈給祖，自己坐另一個。

"你起過嗎？"

"起過。你呢？"

"我是新卒，就想找個人帶。"

"我起過兩鍋[1]，一鍋在清溪被釘[2]，一鍋沙頭角落水前遇大貓。"

"聽說你還有一隻命[3]，他的情況如何？"

"她叫阿燕，起過兩舨，其中一舨撈蝦餃。原本我們準備再四人一齊起，後來抓莊的人改變了主意，我們都被人家彈[4]了出來。這些相信元哥都向你介紹過了。你有沒有其他人要一齊去的？"

"沒有，只有我一個。我什麼都不懂的，要準備什麼，怎樣策劃等等都要靠你們的。"

"沒有問題，以後我們幾個人齊心合力，大家商量，互相幫助就一定可以去到K城的。"

這時祖瞪著兩個眼睛看著帆，好像有什麼東西要講的樣子。

"祖，你是否有人幫你擲堆？"

"對，我有一個遠房親戚，叫聶平，是個復員軍人，現在是東莞道滘的農民，一家四口，生活相當貧苦。他說可以幫我，只是希望每次能給他一百幾十元，幫補下家庭生活就可以了。"

---

1. 兩鍋：這裡指兩次，與下面的舨相同。
2. 釘：捉拿。
3. 一隻命：一個人。
4. 彈：排斥、放棄。

"嘩！道滘？還未入圍⁵呀！很遠的呀，最快都要走十幾天。"

"什麼叫未入圍呀？"

"道滘這個地方坐車去都不需要'霖'，還是在邊防的外圍，如果他能送我們深入些又不同。"

"你所說的地方，我一點概念都沒有。具體要怎樣送、要送到什麼地方，我完全不清楚了，就要你跟他談了。"

帆一想也對，祖實在是完全不懂的，他又怎樣能說出個所以然來？具體還是要叫聶平出來跟他談才行。

"祖，現在我跟你談也沒有用，還是你想辦法叫他出來一趟，大家當面談好怎樣辦，他回去照辦就是了。"

"好，寫封信給他，一兩天信就到了，我叫他馬上出來。"

"這樣比較實際一點，雙方亦可以有問題當面解決清楚。"

"呵，不過有個問題我要跟你說的，不知你⋯⋯"祖吞吞吐吐地說。

"祖，有什麼問題你可以直說，反正我們都在一條船上，大家一齊去解決就是了。"帆坦誠地說。

"帆，你看看我這里的情況，我連個睡的地方都沒有，吃也不定時，有一餐無一餐。你想我怎能招呼他呢？"

"對呀！"帆脫口而出地說。祖看著帆，沒有出聲。

"好吧！招呼他的事情由我來解決吧！"帆立刻決斷地說。

"那我就馬上寫封信他。"祖聽到帆肯定的答應，馬上松了口氣說。

嗒、嗒嗒！外面響起了輕輕敲門的聲音，祖往外面看了一眼。

"明天你有空再來吧，現在我們要開工了。"祖低聲地對帆說。

"明天我不來了，我去通知阿燕，後天早上我帶她一齊來，大家見個面好嗎？"帆說。

嗒、嗒嗒！敲門聲又響了。

"來啦！"祖趕緊去開門，兩個穿著整齊的年輕人走進來，帆便趁機出去了。

"後天你們一起來吧！"帆出門時祖對他說。

回家的路上，帆異常興奮。他想這樣從外圍往內圍擲堆、應比自己擲飛堆好上萬倍。一方面有當地人幫助，往內圍擲堆的目標可更靠

5. 圍：邊防線。

近，二方面危險性少、準確性高。如果聶平到自己家裡住，這條路就差不多由自己掌握，他越想就越有信心。但是還有一個問題必須解決的，就是要接待聶平的事情必須得到父母的支持才可以。當天晚上，帆把自己和燕被踢出來的事情原原本本地告訴了父母，然後又把元哥介紹阿祖及需要接待聶平的事情跟父母商量，這事得到了父母的支持。到這時候，這件事情才可以說完全定了下來。

"這事阿燕知道嗎？"母親問帆。

"還不知道。"

"應早點讓她知道。"

"我會。"

再說那邊的燕，覺得精神好點時，也到外邊跑，看看有沒有人家可以幫忙的機會。她下鄉的地方是廣東四會大旺農場，以前整天望著滔滔南下的江水，幻想著有天順江而下，直達香港自由世界。雖然當地有時也傳出一兩個知青成功地偷渡到香港的消息，可那都是由外地人搭路輾轉幫忙，才可以成功。她尋遍自己的農友，很少人想走這條路。再拜訪自己的卒友，大多自己顧自己，外人非親非故，絕少幫忙。那天她走到混身疲乏，忽然想起表妹天顏的家就在附近，於是想去她家，看看她的情況如何。但她越走越慢、最後竟調頭坐車回家。

回到家里一個人都沒有，她對著四面墙壁，靜靜的、冷冷清清。想著自己為什麼這般困難無助，這般走投無路、處處碰壁，不禁兩眼熱淚盈眶，哭了起來！哭罷實在覺得疲累，不知不覺地就在床上睡著了。

也不知過了多少時間，她忽然給一陣打門聲吵醒了。她趕忙起來，原來是傳呼電話站的人來傳話，說是帆要進來找她，叫她務必在家等他。聽完後她搖搖晃晃地踱著小步、慢慢地在廳裡走，陰天的涼風讓她清醒了許多，也精神了不少。帆為什麼這麼晚才來？是不是有什麼重要的事情？她對著墙上的鐘一看，時鐘已經是四點多了，她也覺得有點餓了。當她吃完東西，順手拿起本書看時，腦海里又想起帆而看不下去，帆到底有什麼事呢？

"燕，我剛剛斟[6]到一條路啦！"帆一見到燕時就興奮地對她說。

"什麼？你斟到一條路！"燕又驚又喜地問完又問。

"是呀！"帆就一五一十地把元哥和阿祖的事情告訴了燕。燕高興極了，所有影響她心情的陰霾頓時一掃而光。這是一條能同時容納他們

---

6. 斟：尋找、聯絡。

兩個人的路,一條不再讓自己提心吊膽、要看人家臉色的路。

"帆,你今晚一定要在我家吃了晚飯再走,我想由你親口告訴我父母,我們自己手頭掌握了自己的路。"帆答應了。

因為要等燕爸下班,等得較晚。帆扼要地告訴了燕父母三件事:

一是:燕和帆相繼都給人家彈了出來,也就是說人家不能再幫他們了。

二是:天顏想邀帆去,帆決定不去,跟燕在一起。

三是:他們自己也確實找到了路。

燕父母聽過之後,面露喜色,但也來不及說什麼,只匆匆對帆勉勵了幾句,帆就因趕公共汽車而離開了,余下的就由燕詳細地講給她父母知道。臨行時帆告訴燕,明天早上他們要三人見面。

在回去的公共汽車上,帆閉上雙目,謹慎地、詳細地回憶這幾天發生的事情,務求不要做錯。這幾天的事情也實在變化太大了,一百八十度的大轉彎,實在令人有點頭暈目眩!

第二天一早,燕就出現在帆的面前。她還像以前那樣,梳洗得整齊清潔,并沒有因為近來的挫敗而令自己儀態盡失,帆滿意地想。他首先向燕簡單地介紹了祖的家庭及個人的情況,希望燕對祖有個大概的認識,然後大家一起把事情辦好,達到自己的目標。

"昨天你父母聽到我們找到路時,好像并不是很興奮的樣子,這是為什麼?"帆問。

"哦對啦,你走後父母對我說,要我們更加謹慎小心,後面的路更長呢!"燕說。

"對,他們說得對。我們是要時刻記住,認真對待的。"帆說。

上午九點半,帆和燕準時敲響了祖的門,其實祖已經準備好在等他們了。帆一眼就看出,里面起了明顯的變化。房間里多了一張四方舊木枱,木枱兩邊整整齊齊地各放了四張舊木椅子。地上的床鋪還在,卻添了一張舊的花布面棉被,大塊的綠葉及紅色的花朵,令這個枯燥的房間,頓時充滿了生氣。俗語說:"仕別三日,当刮目相看"。帆完全不敢相信,相隔一天,祖竟有如此大的變化。

"燕,這位是阿祖,我們將來的同路人。"帆指著祖對燕說。

"這位是阿燕。"他又指著燕對祖說。

"從今天起,我們三人都是同路人。你們有什麼問題,有什麼話就大家提出來商量討論啦！"帆拉著兩人的手說。

"我已經寫信通知聶平出來，再過兩三天就可以收到他的回復了。你們估計什麼時間我們可以起呢？現在我心里很急了，一想起這件事，我的心就非常激動。"祖說。

"祖，這件事情還早呢！我們要等聶平出來，大家商量好，把要用的東西運進去，這樣來回要走幾趟。另外我們也要鍛煉身體一段時間，把各樣條件準備好才能動。況且時間上也要仔細選擇，並非想怎樣就可以怎樣的。我看從現在開始，最快都要三四個月後才能動。"帆說。

"我沒有想過要這樣長時間的，現在我才明白。"祖說。

"養兵千日，用在一時，就是這個道理了。"帆說。

"祖，你會游泳嗎？"燕望著又高又瘦的祖，用二只手指做了個游泳的手勢問。

"會！不會還學人跤腳嗎？"祖自信地說。

"不過我想都要定個計劃，天天跑步、游泳才行。不然身體垮下去，做什麼都做不成。"燕說。

"我贊成！身體隨時都應處在最好的狀態中，一定不能讓身體垮下去；因為隨時都有可能要起，這樣才保證能抓著任何一個合適的機會。祖，我看我和燕應該沒有什麼問題，現在主要是看你能否抽出時間來鍛練。我都很明白你的處境，不過跤腳不同去旅行，辛苦時可以坐下來休息一下。跤腳也不同賭撲克，不單要有好運氣，更要用生命去搏取的，你必須明白這個道理，不然到時就後悔莫及了。"帆非常嚴肅地說。

"帆，我上個星期出來廣州時，只帶了這個草綠色的背包，背包只有五毛錢及一副撲克牌。你看，現在我有了一副小家當了。我天天吃的、用的、穿的，都是從撲克中來。還有，我還要用它來養活我在農村的父母。他們都是六七十歲了，一下子被趕下農村，無親無戚，無依無靠，能靠自己下田勞動來養活自己嗎？我是不能丟下他們不顧的！我是不能丟下他……"祖越說越激動，哽咽著用他那尖瘦的、有點發抖的雙手、收拾著在木枱面上隨意散開的撲克牌，生怕人家搶走他的撲克牌似的。

"對不起，祖。帆的意思也是為大家好，更是為你好。你就盡量吧！你可以天天去就天天去，反正你自己確定。我們這段時間先跑步，下一段時間慢慢再游泳好嗎？"燕說。

燕的提議很容易得到了大家的支持。最後決定每隔一天去廣州四通八的西湖跑步，越秀山百步梯就不去了。現在因為太多人去，恐防給專門人士[7]點錯相。

　　親愛的讀者，大家不要以為他們懂小慎微。事實上在那個非常時期，抓人是不需要什麼政法機關批準，不需要什麼法律條文，更不需要出示什麼犯罪證據的。只要在那紅本子[8]上找到兩句什麼，就可以抓一批，關一批，判一批，甚至殺一批。況且連日的報紙頭版都大登特登要進行'無產階級專政'，為了避免無辜被牽連，還是小心點好！

　　因春節而平靜了一兩個月的廣州，最近又頻傳運動再起。這種一浪高一浪低、一浪緊接一浪的運動方式，老百姓慢慢也習以為常。現在又強調'階級專政'，這只是刮風，還是狂風大雨，則無人知曉了。不過這種'民間電臺的天氣預報'[9]，你也不能不給予足夠多的重視。

　　他倆從祖的家出來之後，為了慎重起見，還是要走去西湖親身體驗一下，探探路，感受一下，看過以後才會比較放心。

---

7. 專門人士：專門捉人的便衣、警探。
8. 紅本子：指紅色封面的毛澤東語錄。
9. 民間電臺的天氣預報：民間盛傳的小道消息。

第十五章

歌聲夜半唱天明　狂風葉落盡飄零

　　一時陰天、一時陽光，正是典型的春天氣候。正像當時的政治形勢'預報'一樣，中國人早已習以為常。像帆這種低等蟻民，自然是看著'天氣預報'做人。既然現在有片刻的陽光，他倆沒有理由不盡情享受。雖然明知是瞬間的陽光，它卻帶著朵朵白雲，擁著藍天，大陣仗地出現。片刻的南風徐徐，分外醉人，伴著被吹皺的湖水。湖邊綠葉婆娑，搖曳著發出沙沙聲響。樹上的小鳥，吱吱喳喳。花叢中的蜜蜂和蝴蝶，忙碌地享受着它們自己的生活。勾著手珊珊來遲的帆和燕，除了來廣州西湖看看早上跑步的環境之外，也享受著他們所面對的世界，像蜜蜂和蝴蝶一樣。

　　"燕，你看這里多美！在前面樹蔭下有條石凳，我們去坐坐，欣賞一下這美麗的世界。"帆說。

　　"這里道路分散，目標就分散，在這里跑步比較好，會安全些！"燕卻專心地說。

　　"我們這一代人真慘，連生活都不能按照自然的方式去生活，只能按別人強加給我們的方式去生活。你看，如果我們能像這蜜蜂和蝴蝶該多好！"帆看著蜜蜂和蝴蝶有感而發。

　　"蜜蜂和蝴蝶比我們幸福多了！"燕附和地說。

　　"對付我們的是極端野蠻的'專政暴力'，到現在為止還未有改變過。"帆說。

　　"你不要講這些了，小心隔墻有耳。還是講點別的吧，就算講個故事也好過說這些話。"燕顯然受周圍的美景感染，不過她仍然非常小心地說。

"那講什么好呢，什么才是好話題呢？好吧！我講個'夜半歌聲'的故事吧。"帆趁著有點余興，想了想就說。

　　"'夜半歌聲'不是阿爺老婆的故事嗎？我不聽！"燕不以為然地說。

　　"那個是男唱的'夜半歌聲'，我要講的是女唱的'夜半歌聲'，兩者完全是不同的。"帆說。

　　"什么男唱、女唱的，還不是一樣嗎？你不要自己作一個女唱的'夜半歌聲'來騙人呵。"燕疑惑地笑著說。

　　"這是我親身經歷的事情，真人真事的，女版的'夜半歌聲'。"帆反而非常認真地說。

　　"女版的'夜半歌聲'跟你也有關係？是嗎？好笑的嗎？"燕仍半信半疑、帶點嘲弄的口吻說。

　　"你聽過這件事，就不會認為我講得兒戲或過分了，"帆堅持地說。

　　"好吧，我洗耳恭聽。"在帆的堅持下，燕最終願意聽了。

　　"我說的是現代版的'夜半歌聲'，是我在第一舨跌倒後，在佛格[1] 親自聽到的女人唱的'夜半歌聲'。"帆說。

　　"聽你言之鑿鑿，我真要認真聽一聽了。"燕收起笑容，認真地說。

　　"一九七四年，我第一舨硬闖清溪檢查站被抓後，因廣州沙河格人滿為患，幾天後我就被急戒到佛山格。在那裡，我聽到這個'夜半歌聲'的故事。那天當我到達佛山格時，正值中午派飯時候。我被推進了其中一個倉，所有坐位都沒有了，我只能蹲在門口位置。'走開，走開！'其中有個人大聲呼喝我走開，我急忙避到墻角。原來倉門上離地面高約20公分處，有個大約30x15公分的小窗口，是全倉人呼吸和送飯用的，這個人就探頭從那小窗口往外張望。只見對面女倉門口的地面上，也放了一砵頭飯。說時遲那時快，就見小窗口伸出一只瘦骨嶙峋的手，一剎那間就把那砵飯搶了進去。'看到了沒有，看到了沒有？'後面還有些站起來的人問。'唔，像隻干屍的手！'在我的記憶中，那真像隻干屍的手。又瘦又黑，長長的指甲向內彎曲，瘦長的手指因長時間缺乏營養，都變得僵硬而畸形。這只手有什么值得好看？我真覺得這些人低俗無聊！

　　"這餐飯只要一刻鐘就吃得一干二淨了。飯後都各自休息，我便揀了個靠墻的地方坐下。旁邊是位年紀大一點的人，他移過一點，讓我坐在他的旁邊。我忍不住就問他，'大哥，剛才食飯前，大家興高彩烈

---

1. 佛格：佛山市看守所。

地看對面倉,到底是看什麼呀?""你不知道嗎?這是佛格鼎鼎有名的'夜半歌聲'女主角。他輕輕地嘆了一口氣,然後他就慢慢地把這個故事的來龍去脈一一地告我。"帆停了一下,接著往下說。

"大約在兩年前,也就是一九七三年的時候,她——就是那'夜半歌聲'女主角,與幾個人起錨走失,落水前被大貓咬住,被戒到附近的哨站。據說她身材裊娜、相貌姣好,特別是聲線溫婉動人!那時偷渡算投敵叛國,以敵我矛盾處理。幾個咸濕的外省兵把她綁在一棵大樹身上,叫大貓去扯她的衣服。每扯一下,都伴隨著她那淒厲的叫聲、哀求、痛苦呻吟和那些野獸般的猙獰笑聲。她是那樣的淒愴悲絕、那樣的無助。她呼叫著、掙扎著,直到最後、她被完全扯光了,大貓還去舔她的臉、血盤般的大口沖著她,噴發出一陣陣的惡臭氣味……最後她發出'啊!'的一聲尖叫,昏過去了。也不知過了多久,她醒來時發覺自已躺在一堆亂草上,身上一絲不掛,羞恥的本能讓她死死抓著蓋在她身上的一張軍毛氈。她不知道她經歷了什麼,也不知道自己受過什麼樣的污辱。自此她被嚇傻了,她麻木了,失憶了。她不知道她從哪裡來,也不知道自己要到哪里去。她報出的原單位的地址,當地機關卻報查無此人、無人認領。一趟、二趟、三趟、最後她成了無主孤魂。後來,後来……"講到這裡帆講不下去了,他看到燕的兩眼不停淚下。

帆握著燕的手,一句話也沒有再說,默默地望著前方。隔了很長的一段時間,帆確認燕已經恢復過來,再接著說。

"她講得一口純正的廣州話,自報在佛山,但佛山的下屬單位沒有一個去領她。有人說她年邁的父母也在什麼地方去世了,反正一切不幸的事情都降臨在她的身上,她真正變成舉目無親了。"帆說。

"其實政府應當有人出來負起這個責任,找醫生幫她醫好才是。"燕說。

"現在是什麼時候呀?比這種事情還緊迫得多的事比比皆是,誰還會去理會這種事情呵!"帆說。

"那她以後怎麼辦?"燕問。

"我看她只能聽天由命了,不過據當時我看到的情況估計并不樂觀,恐怕她很快會死在關押的地方。"帆說。

"不會吧,不會落得個這樣悲慘的下場吧。"燕說。

"這種可能性很大,格仔是什麼地方你是知道的,況且她還是被摧殘到這樣程度的一個人。幾年來她就用那張軍氈、那張'人民子弟兵'

的軍氈、本能地緊裹著自己，讓自己不再被沾污。她經過這種摧殘之後，已經不能自理了，身體發出一陣陣臭味。她就被單獨關在一個倉裡，倉門幾年都沒有被打開過，她甚至連放風的權利都沒有了！有誰對她說一聲同情，有誰去為她呼冤？有些做環境清潔的老嫗說，走近倉門已聞到臭味了。她本來可以有一個好的前途、有一份好的職業。她應該有一個愛她的丈夫、有一個好的家庭、她也許會成為一個好的媽媽。可是，這一切都灰飛煙滅了，還有誰會記得她、提起她？這是誰的責任？這是誰的罪過？"帆再也說不下去了，他站起來，來回地走動著，默然半晌。

"當我聽完倉裡的這位大哥講完以後，心裡隱隱作痛，久久不能平靜。我居然再走到倉門的那個小窗口，像其他人一樣，向對面倉探望了很久，直到最後確定看不到什麼了，才回到原來的位置坐下來。這種不安的心態，就像掛念親人一樣。我倚在墻邊，彎起雙腳坐著，疲累的我很快就昏昏沉沉入睡了。直到下半夜，我耳邊忽然響起了一陣陣異常悅耳的聲音，啊！簡直是天籟之音。我以為自己是在夢境之中，睜開眼睛一看，不對！眼前一個六瓦的電燈泡掛在四周圍密封的監倉的上空，從大約6米高處四個10x40厘米的透氣孔還可以看到那暗藍色的天空，一縷縷寒冷的月光從那裡投射進來。鐵板的倉門下取飯的小窗口，不停地灌進來夜半的涼風。在那30平方米的監禁倉裡，一排排在地面上踡縮著睡的、倚墻坐著睡的，總共有40人之多，還包括一個約一平方米的廁所，到處都擠得滿滿的。衣衫襤褸的各人睡姿，有恐懼的、有淒苦的、有悲哀的、有無所謂的，各具型態。秋天淡白色的月光落在他們身上，顯得那麼冰冷，那樣的寒涼。

"婉轉悠揚的歌聲是從外面傳入的，我急忙坐起來，認真細聽，哦！似是鄧麗君的歌曲《何處是我歸程》。

> 飄泊在風雨中的我、帶着朦朧的悲哀，
> 度过多少逆境風雨、厭倦那流浪歲月。
> 寂寞的心、有着多少苦涩的淚，
> 走遍天涯海角、到處有我孤獨的影踪。
> 我随着風到處飄零，何處是我的歸程？
>
> 撥不盡心中愁的我、我这愁情苦難挨，
> 人間真情可有多少？依然是辛酸歲月！

流浪的人、 失望的人兒淚常流,
走遍天涯海角、何處追尋你的影踪?
我心像那落葉飄零,何處是我的歸程?

"哦,這《夜半歌聲》,是對面倉傳來的!我醒了,我禁不住打了個冷顫,完全醒了。我仔細地聽著,她的每一句歌詞,每一個字,每一個音,都蘊含著無限哀怨、憤懑和悽愴!可悲呀,她正徘徊在那條不歸路,何處是她的歸程?沒有人知道。呵,她已經沒有了家、沒有了歸程!這是誰之過?誰之罪?又能向誰申訴!我禁不住默默地流淚,直到天明。"帆說到這里,燕已泣不成聲。

第十六章

幸得家人來相助　眾手措籌順事多

　　三天之後祖通知帆，聶平答應星期六出來廣州。聶平來到那天，正好是星期六。帆和燕去到祖的家，見到了聶平和他十歲大的兒子小軍。聶平大約四十出頭，當過幾年兵，因性情耿直，又在政治上不甚了了，故復員之後得不到任用，務農為生。他中等身材，又黑又瘦、略見禿頂，有少許絡腮鬍鬚。他有一個大約35歲左右的妻子，兩人育有一子一女，女兒是六歲的小紅。中國的工農階級一向收入低微，受教育少，卻被冠以領導階級的虛名，卻實在沉重！在極落後的小農經濟生產力下，工人、農民幾十年來，連基本糊口都倍感困難，這就是社會主義中國的現實。聶平世代務農，自然難脫離經濟困難的狀況。這不是他懶，而是在他頭上的各種城鄉制度及稅項等限制，令他無法去改善自己的生活。誰不想讓自己的妻子兒女吃得飽，穿得暖呢？手頭拮据的他就是在這樣的狀況下答應出來見帆和祖他們的。

　　"這位是聶平，我們就叫他平叔吧。這兩位是阿帆和阿燕，我們三個都是知青，都準備去——"祖說著就用兩只手指做了個自由泳的手勢。

　　"知道！我們那里的知青，都走得七七八八了。"平叔毫不諱言地說。

　　"所以我們就請你出來，看看你能不能幫下我們。"祖說。

　　"燕，你和小軍下去樓下店鋪，看看有什麼好玩的東西，買點給他，順便帶他玩玩逛逛。"帆看見小軍好奇地四處張望，就對燕說。

　　"燕，不要買東西給他。帶他逛逛就可以啦！"平叔說。

　　"平叔，我會啦！"燕拖著小軍離開了。

"平叔，我們很冒昧地請你出來，就希望你能幫助我們。"帆說。

"是呀，平叔！你以前也跟我說過，同情我家庭的不幸遭遇，如果我要走，你會幫我的。以前我沒有人帶，不敢。現在我找到阿帆，他和阿燕都去過兩次，有經驗。現在我真的想去了，請你務必幫忙。"祖說。

"我會盡力啦！"平叔說。

"那多謝你先！"祖拉著平叔雙手高興地說。

"祖，不用多謝。你叫得我出來，我都心中有數了，你們想我怎樣幫忙呀？"平叔說完，迅速地看了祖與帆一眼，盡顯那受過軍人訓練的干練作風。祖也看了帆一眼，帆知道祖希望這個問題由他來回答。

"平叔，我和祖商量過，確定一個原則，就是一定不能連累到你或是你的家人。我們如果一次失手，可以有第二次；而你一次失手，你就會在當地的監視下，我們就沒有第二次了。這一點，我們在考慮問題的全過程必須要按這個思路去考慮。"帆說到這里，停了一下，看看平叔的反應如何。

"我既然答應幫你們，就不會去考慮這么多的事情了。"平叔顯然放心多了，不過他還是這樣說。

"平叔，這點我們說定了，整個計劃怎樣，帆，你就快說吧！"祖說。

"在剛才的大前題下，我們希望越靠近堆位越好，越深入越好。這一點就需要平叔你幫忙考慮。所謂堆位，必須能滿足兩個條件：第一、起錨的人必須能夠安全到達這個地方，并且可以成功開始踏上第一步。第二、在這個地方起錨的人必須能夠拿到起錨所需要的一切裝備。"帆說。

"按照你剛才所說的要求就是越深入越好，堆位的條件是人和物品都能安全到達。我想第一步到我家，我家在厚街。你們坐船到道滘不用證明，道滘為邊防線之外，然后我用單車把你們接到我家。第二步是趁墟[1]，我們的目標是到太平鎮趁墟。你們裝作當地知青在趁墟後返生產隊，走到預定堆位時躲起來等我，稍後我會把行李送到堆位。

"至於在哪里找堆位，我會預早觀察好路徑，選好大致位置，估計好時間才去。我先把你們要用的一部單車帶到我家，墟日時兩部單車四個人去趁墟。行李我先帶到太平朋友家，到時你們的單車也放在那里，過後我去取回，這樣可行嗎？"平叔說。

"帆，你看怎樣？"祖說。

"平叔，從道滘到公明基本上都是平原，太平也是，這容易找到堆

---

1. 趁墟：去農村集市趕集。

位嗎？"帆問。

"這也並不容易，所以我預先要去看看。我會告訴你們，走到什么地方就要躲起來，等行李送到，中間時間很短，躲一陣應該沒有問題的。至於你們起步後就不能往南走，而應當往西南的蓮花山方向走。"平叔說。

"那我明白了。祖，這就是我們所說的擲飛堆。好吧平叔，就這樣決定吧！我們就按這樣的思路去準備了。"帆說。

這時燕和小軍也回來了，小軍嚷著告訴平叔，燕買了什么東西給他。

"平叔，我們到外面吃飯去吧，今天我請。"祖得意地說。

"贏了？"帆問。

"昨天手勢好，托賴！錢，糧票都有了。平叔，這里十塊錢，你拿去用住先，遲點我再給你。"祖說。

"嘩！闊啦祖。"平叔笑著說。

"沒什么啦，我這種人醉生夢死，今天不知明天的事，與世無爭。不論社會變動、時年好壞，我們都一樣。我們不求發財，只求天天有得賭，有賭就有生活。我的師傅也是一輩子不做工的，專注賭。今天你說我闊，說不定明天我撲街。這些是街外錢，拿著啦平叔！不要推來推去了。"祖說。

"十塊錢我們都要做半個月工才有，謝謝啦！"平叔嚴肅地說。

"平叔，謝謝你才對。阿祖一片誠心給你，你就拿著吧！"帆說。

於是一行五人，浩浩蕩蕩地走到附近一間叫朝陽飯店的小店吃飯。祖叫了幾個小菜，五人飽吃一餐要二元半，這個價格在當時也不算很便宜的了，普通的老百姓也不是隨便可以食得上的。

"平叔，你知道我的情況啦！居住都成問題，以後你就到帆的家裡去住吧。具體怎樣走的事情也由他來一手操辦，他決定就可以了。"祖說。

"帆，那要麻煩你了。"平叔說。

"平叔，別這樣說，我們要麻煩你才是真的。我家兄弟姐妹人多，你就不要理他們，在我家就像在自己家一樣就可以了。"

飯後帆就帶著平叔和祖等人一同回家了。這天帆的父母休息，特意準備了一頓豐盛的晚餐，招呼了大家。

飯後，祖與朋友有約先走了，有少許酒意的平叔、帆和燕斟了壺茶，坐下來傾談起來。

"平叔，聽說你參過軍，是嗎？"燕問。

"對呀，參過軍又怎樣？復員之後還是要回去耕田，當農民的工分收入很低，生活都有問題。"平叔說。

"政府沒有重用你嗎？"帆問。

"起初是有的，不過我不願做些欺霸自己鄉親的事情，不願做違背自己良心的事情。結果運動一來，我就給踢去學習班。你們應當知道學習班的滋味！當時小軍剛要出生，小軍媽又沒有人照顧，幸好祖的父母出錢出力給我幫忙，這事才慢慢渡過。自此之後，我的情況就一直沒有過任何改善。唉，好人難做！"平叔說完、不禁深深地嘆了一口氣。

"平叔，今天社會上大批的平民百姓何嘗不是這樣？甚至大批的官員、大批的干部跟那老人家革了一輩子命，又何嘗不是這樣？當他覺得你不再能為他所用，你就會被丟在角落裡，這已經算是幸運了。"帆嘆了一口氣說。

平叔聽帆說完，點點低垂的頭，然後又仰起頭來、長嘆一聲！

"平叔，為什麼你不去咬腳呢？"燕問。

"遲啦！"平叔說完，對著燕苦笑一下。

"我們不講這些不開心的話了，想想明天帶小軍到什麼地方去玩，玩得開心，玩得快樂！"帆及時岔開話題說。

"對，你們也要仔細想好，各種事情不要忘了，希望你們旗開得勝，馬到功成！"平叔也不想再談他自己，隨即順著話題轉向了。

"對！一定要想好。"談話就在這種氣氛中結束。

往後的幾天，帆和燕幾乎天天陪著平叔父子，遊覽，參觀，購物等，他們之間就混得很熟了。帆和燕有的是問題要問平叔，幾天下來，對東莞厚街，太平鎮等地的情況也增加了不少的了解。一個星期眨眼就過去了，平叔帶了背包、鞋、上水衣服、塑膠氣枕等，混著一大包衣物順利帶了回去。臨行時大家約定，端午節前起錨，希望端午節到水邊時，一片雨水朦朧、大貓失靈。到時龍舟水洗身，行個好運到香港。所以平叔還要再出來兩次。

平叔走後，他們休息了幾天。這天，帆一早起來就獨自跑步到祖那裡。祖已經醒了，但還是賴在床上。帆來了，他也不願意起床。

"祖，你喜歡睜著眼、賴在床上？"帆問。

"對，我很喜歡，我覺得特別舒服。"祖說。

"怪不得元哥叫你大懶祖。"帆說。

"我小時候他就這樣叫我啦！我們是老街坊，隔幾座房屋，他妹也是我同班同學，兩個家庭也相似，小時候也一起玩。"祖越說越興奮地坐了起來。

"祖，你花這么多時間去玩撲克牌，不如花多點時間去鍛練身體更好啦，我們很快就要起了。"帆說。

"帆，我上次告訴過你，我的生活來源都是在撲克牌中來，這是不能停的。我去到農村也是一天到晚玩這種遊戲，不然我無法維持生活。"祖說。

"你能保證每次都贏嗎？或者大部份是贏，小部份是輸。"帆問。

"當然可以保證啦！我們是跟師傅學過的，不然怎麼敢出來搵食呢！好，讓我玩兩手給你看看。"講起賭博，祖顯得異常興奮，說完就站起來穿好衣服。他抓起枱面的撲克牌，迅速地洗起牌來，露點洗牌的奇技，搞到帆眼花繚亂。一下子他就把4條A翻在臺面上，然後他把手中的牌交給帆。

"你把牌洗過後把4條A放回去，讓我倒一下牌，你派牌，我總是可以拿到A牌的。"祖說。

帆不信，祖試了幾次，果然。

"我還可以拿到同花順、四條。我也可以認牌、記牌，做到過目不忘。也可以在牌面上做記號、偷偷換牌等方法，也有使用障眼法，好像變魔術一樣。嘿，總之千變萬化。"祖說。

"那你有沒有給人識破？"帆問。

"很少，主要是靠自己的做人方法，師傅都有教過。一般人都按師傅的尺度去做，不應把人趕盡殺絕，得些好意須回手。有時候贏多了，又故意輸返一些，自己夠食就好啦。"祖說到這裡、看了帆一眼又繼續說。

"每一行都有它的行規、禁忌。一般入行的人都應遵守，就會犯錯少些。我講這些話給你聽，就是要告訴你：'十賭九騙'。希望你不要像我這樣，沉迷賭博。賭博之所以成為偏門，就包含有欺騙的不道德成份，不使用一些技倆、不出貓[2]是沒有辦法包贏的。可是一旦食慣容易飯，就很難自拔，就談不上自己的道德尊嚴了。"祖十分感慨地說完，長長地嘆了一口氣。

---

2. 出老千。

"哦，我不會迷上這種嗜好的，我只是好奇而已。"帆說。

"既然你沒有這種想法，干脆就看都不要看了。我再也不會跟你說這種事情了，我們就專一講跤腳就好了。"祖說。

"好，我們一言為定！"帆說。祖的話令他對道德有更深的理解，人生不管干什麼，都要受道德戒律的約束，不敢為利益而忘記了做人的道德和行業道德。

"一言為定！"祖說。

帆做私人散工掙了些錢，加上家人的幫助，七湊八湊，湊了幾十元去買了一部很舊的單車。他回家花上一個星期的時間修理好，再換了一些零件，也可以將就著使用，這就是帆用來入局的主要交通工具了。這個大問題解決了，帆變得輕鬆了些。干糧就用炒米粉加糖加豬油、揉成一團用塑料袋裝好，帶些咸姜、榨菜，在路途中的十天半月就要靠這樣的食物熬過去。每人還要帶一個吹汽塑料枕頭，大風大浪中個人的生命就靠它了。一個鋁質水壺，田野、山溝到處都可以加滿水。吐瀉藥、蛇咬丸是必備的。一把菜刀是有用的工具和對付野獸的利器。除此之外還要電筒、指南針、時鐘。那個時候，去買指南針都會給抓起來的，所以跤腳的人，都是自己用刀片再上磁做成指南針的。地圖早就記得滾瓜爛熟。這些裝備足夠嗎？誰知道！即便是這樣簡陋的東西，在當時也要從口裡省下錢來才能備齊的。

生命就是靠人的意志和毅力來維持的，上面所說的簡單設備如果落在意志堅強的人手中，往往會起到起死回生的作用。帆每次背起這二十幾斤重的背包，熱血就會從腳底往上冒，像聽到沖鋒的號角，義無反顧地往前沖。有人幸運地沖過去了，就被看作重生了；有人跌了、受傷了，被視為應吸取教訓，再接再勵；有人不幸地沖不過去了，生命在旦夕之間消逝，那也不過是十八年後又會重生成為一條好漢。帆和他的同伙們，個個都認為自己的命賤，在外人眼裡，不值兩分錢。但他們心裡清楚，為爭取自由而獻出的生命，才是最崇高、最寶貴的！歷史、歷史會牢牢地記住這一切，記住他們用自己血肉之軀，去沖擊這個腐朽的專制時代，去為自由而努力、而發聲！

帆心裡一直有個疑問，偷渡群體自發的努力、對這種制度造成的沖擊，自解放以來就從沒有間斷過，這算是群眾運動嗎？這和當時的文革的兩大派，被運動起來的群眾是一樣的嗎？什麼才是群眾運動？這個問題，常常浮現在他的腦中。

自從平叔離開之後，他們又天天跑步，到大金鐘水庫[3]或珠江河去游泳。不管天氣如何，不管條件多么惡劣，都堅持不懈。當年的偉大領袖說過："大风大浪也不可怕。人类社会就是從大风大浪中发展起来的。"所以年青人都跟着毛主席在大风大浪中前进，誰敢攔阻？人人自己心中都明白。這是多么諷刺的現實，只是大家心照不宣罷了。

　　四月下旬很快就到了，按照約定，平叔應該不久就出來了。帆與祖、燕三人確實心急，自然就不在話下，連帆和燕的父母都整天在盼。終於在四月二十五號，平叔、平嬸和兒子小軍、女兒小紅四個人一同探親來了。帆和燕兩家人、阿祖都總動員了，由弟妹們帶平嬸和小軍、小紅四處遊玩自然不過了，帆三個人就和平叔再仔細考慮入局的細節問題。所有人都全神貫注，盡力將計劃做到完美無瑕。一眨眼一個星期過去了，小孩子玩得很開心，要買的也買了，一家人都開開心心回去了。

　　這次他們把單車、食物及上次沒有帶完的東西都帶出去了。帆他們決定在六月十四號的端午節之前幾天起行。六月一號是兒童節，平叔會再帶小紅出來廣州玩幾天，幾天後帆三人就會和他們一同回去道滘。他們在賭端午節前好天氣，容易走路。走到水邊時是在端午節左右，必有雨，下雨時邊防搜捕不會那麼緊，這時沖線落水會容易些。眼看著他們在眾人的幫助下，很快就要成行，但事情真會如他們所想的一樣順利嗎？

---

3. 大金鐘水庫：廣卅市白雲山腳邊的一個水庫廣州市白雲山腳邊的一個水庫。

第十七章

天涯亡命覓流檔　貴人天降實力幫

　　一切似乎按計劃進行著。但有一件事，埋在帆心底很久。如果這一次能順利達到目的當然最好，否則他就有可能失去僅有的一點自由。保安官員對帆曾經多次發出警告，"再去偷渡必定嚴懲！"這個警告像惡夢般一直纏繞著他。如果帆因此收手，這輩子就白活了。他一定要爭鬥到底的。如果這一次失手，但不會記錄在檔案裡，就最理想不過了。要做到這一點，就要找一個其他地方的其他人的檔案資料，并且這個人已經成功地偷渡出去。有了這人的名字，及其所在單位的真實資料，到時就可以冒充這個人、報到他的地方去。這樣就使自己被戒去預期會經過的地方，讓自己在戒押途中設法逃跑。逃跑得掉，案就消了。但如果逃不掉、有可能被對方單位識破，并罪加一等。　使用別人的身份信息，在關押或在戒押途中逃跑，這種危險的做法就叫做"報流"。一句話說，報流就是冒險加冒險的做法。但是總好過放棄自己的目標，或束手就范、或從此放棄追求自由的目標。凡是走到這樣極端冒險行徑之人，非有不顧一切後果的決心不可。

　　燕接到帆的傳呼電話後，匆匆忙忙在第二天早上趕到帆的家中，和帆一起又來到廣州西湖。帆一直沒有出聲，雙眉緊鎖，一直像有些東西想不通。燕卻挽著帆的手臂，依著帆的肩膀，看著西湖邊上的一草一木，享受著這短暫的二人世界。

　　"你急著要我出來，現在我來了，你卻一聲不響，到底發生了什麼事？有什麼為難的，你就說吧。"燕問。

　　她又拉著帆走向那三面環水的一小片陸地上的唯一的石椅。石椅旁邊有一棵大樹，像一把大傘，毫不吝惜地把它的蔭潤，惠澤給在石椅上的一對。帆和燕坐定，只見微波粼粼，涌動著水中的樹葉，一群小魚在吸啜著岸邊的水草。

"我想報流！"帆下決心說出了這一句。

"為什麼？為什麼以前不聽你說過，現在你又提出來？"燕問。

"人無遠慮必有近憂。我不知道這一次起的結果如何，如果成功當然好，假若失敗，舨數就累積升高，檔案裡都會有記錄。下一次又失敗呢？後果不堪設想！我在運動初期最先去搞戶口，已經惹來麻煩，如果現在又不斷偷渡失敗，就很難熬下去，遲早都會給人一鍋炒起。"帆說。

"沒有錯，這個問題應當考慮了。我有時也斷斷續續地想過，不過未敢向你提出來，怕你說我盡說些不吉利的話。"燕說。

"你也這樣想？"帆問。

"我也想過報流！不過以前我覺得不是時侯，所以沒有向你講過。"燕平靜地說。

"什麼？你也想過報流？這對於你太危險了。"帆沒有想到燕也會有這樣的想法。

"其實我和你大家都是半斤八両，難兄難弟。不為什麼，因我也有舨數了。單位的檔案都有記錄，如果舨數累積，到時一定會把我拿來開刀祭旗的。為了殺雞儆猴，判你幾年是常有的事，又不用擇日或批準的。危險我倒不怕，我倒是擔心我和你，好不容易建立起來的信任、情緣，若有什麼不測，一下子就會付之東流！你我的感情，頃刻間煙消云散。"燕說不下去了，她一下子摟住帆，不停地哭起來。從她的哭聲，帆感到燕是那樣的悲傷、那樣的絕望。

"燕，我們都摸不透上天的心意，最後的你我會落在何方？沒有人能知道。不論將來你我有什麼不測，在我心里，你永遠是我第一個愛過的女人。不論將來命運安排我和誰結婚，你都在我心里占有第一的位置！假如我們將來不能成為眷屬，或者我已不在人間，當你兒女成群的時侯，能夠偷偷地想起一下我，我就心滿意足了。"帆再也不能說下去了，眼淚直流。燕也忍不住了，哇的一聲又哭了起來，她摟緊帆吻著，嘴里不停地輕輕地說："我也是，我也是這樣的想法！"

也不知過了多久，燕和帆終於從極度悲傷和失落中清醒過來。他們既然能在絕望的心境和生離死別的情緒邊緣走回來，就不會是那樣容易懼怕失敗了。燕望了帆一眼，見到帆還是雙眼直直地向前望，不知在思索著什么東西？

"帆，我想說，我想說——"燕淚眼望著帆，說不下去。

"說吧，燕。你想說什么？"帆問。

"你若是因為害怕回去見到阿彩而報流，這是不對的。"燕終於下定決心說。

"哎呀，燕！你想到那裡去了？我以前告訴你關於三嬸的女兒阿彩的事情時，不就明白地說過，我只把她當作自己的親妹妹一樣嗎？我完全是坦然面對她，報不報流與她毫無關係的。"帆說。

"這個我明白，我只是擔心你。為此而報流實在是太危險了。"燕說。

"那你為什么又想去報流？"帆問。

"唔，哦——我跟你是不一樣的。"燕說。

"我們還是具體商量一下怎樣做才好，不要在無謂的事情上糾纏不休。"帆說。

"你打算怎樣？"燕慢慢問。

"還有什么打算？這是明擺著的，只有一條路，盡人事而待天命！這是我的信條，唯有這樣，才能有一個積極的人生。我不相信這個社會的安排，這是一個永遠要你接受壓迫、永遠要你接受奴役的安排。什么階級烙印，什么接受改造！完全是騙人的鬼話。階級烙印是血統論最反動的地方，實際上是一種變相的誅連。由上輩誅連到下輩，與封建社會的連坐法無異。

"為什么我天生就要被壓迫，為什么我天生就要被勞役？在我們下鄉的地方有個知青，他姓甘，他干脆把自己的名字改成'牛'。他還引用魯迅的'俯首甘為孺子牛'的句子為自己辯解，是孺子牛嗎？不是！而是在惡勢力下、喪失了自己的基本人性的笨牛。若是他甘心為奴、為牛，相信魯迅在棺材里都會笑出聲來，都會罵他是個正牌的阿Q。這是徹底的奴才！現在的人滿口辯證唯物主義，天天都說阿爺是救世主，他是來解放你的。

"呸！我寧愿相信有神論、相信偶然的力量，也不要信這種唯物論，階級論，不相信那種因為讀書識字明道理而變成臭老九的歪論。它是認定你天生是反動的，天生是要被改造的。如果跤腳由偶然性來決定的話，起碼都有50%的機會，就是可能成功又可能失敗。好過聽他們的鬼話，連這50%的可能性都沒有了。我生來自由，我們要自己去掌握自己的命運。我既不去解放別人，更不想別人來解放我！"帆說著說著，竟激動得又站起來踱來踱去，把他一向抑屈在心的不滿，一下子不分次序地倒了出來。

"帆，我們都在同一條船上。我的舨數也高，加上家庭成份，出事的話很難幸免。既然我走上這一條路，就把生死置之度外，讓上天來決定吧。既然我們的緣份到了這個份上，我會完全跟你一樣，你怎樣我就怎樣了！我絕對不會改變自己的決心，像條狗那樣，屈服於咆哮聲下，或與同類爭搶那塊被施捨的狗骨頭！"燕義無反顧地說。

"好！既然如此，我們必須立即準備，搞定流檔，這是刻不容緩的事情。"帆一面說，一面用贊許的目光看著燕。

"對，時間不多了。我們去哪裡找流檔好呢？"燕說。

"這一點我沒有辦法，所以馬上要你來商量。"帆說。

"聽說海南島生產建設兵團的人多、人雜，倒流返廣州的絕對人數多，跤腳及成功的人數量大，相對單位領導管理控制較難。另外海南島比較邊遠，管理人員的素質也比較差，可以有空子鑽的機會較大。不如我們往這方面去找流檔，你覺得如何呢？"燕說。

"這很好！不過我和你都沒有去過海南島，人生路不熟，那裡又沒有人接濟，而且聽說那裡是很荒涼的。"帆說。

"這也是，不過去那裡路途遙遠，到處荒涼，逃跑的機會會多一點。至於人生路不熟這一點，就只能聽天由命了。"燕說。

"我們可以從兩個方面去解決人生路不熟的問題：1、自己地藏[1]一點東西，如霖、錢。有了這些東西，到時不用求人。2、盡量在當地有人，可以接到地氣[2]。我們搞流檔容易，找這方面的人在當地幫助我們，這才是最重要的。"帆說。

"我表妹天顏是海南島知青，我去問問她。把已經逃港的人的真實資料弄來，到時報去，并在被戒去的途中逃跑。我估計他們那裡應該會有些流檔的。你認為好不好去求她幫忙一下？她又會不會幫呢？"燕說完後，兩人都沒有說話，你看我，我看你。

"當初你沒有答應人家，現在我又怎樣去跟人家說呢？如果給人家數落一番，這不是自討沒趣嗎？"燕說。

"或者不會呢，試試吧，反正我們一定要沿這個方向去找，而且要花大功夫去找，越詳細越好。如果在廣東附近的縣份找到也好，不用

---

1. 地藏：秘密收藏。
2. 接地氣：指連系到當地的關系，得到幫助。

山長水遠去海南島。特別是對報流的地方環境，一點疏忽都會令到自己遭受嚴重的挫折。"帆說。

　　商量的結果是：祖是第一版，不需要考慮報流，而帆和燕兩人則要去準備流檔了。他們分頭去準備，約定兩天後再在帆家裡碰頭。

　　燕與帆分手之後就直奔表妹天顏家去，當燕道明來意之後，天顏為之一驚，但又見燕的主意已決，一時十分為難。

　　"燕，這對你們來說是非常、非常危險的事情。在押途中幾乎是沒有逃跑的可能，即使跑得掉，卻又人生路不熟，還隔著個瓊州海峽，你怎樣才能回得來呵？若跑不掉給抓回去必被打個半死！你們必須好好想清楚，不可輕舉妄動，要三思而後行呵！"天顏憂心忡忡地對燕說。

　　"顏，我們都知道其中的難處和危險。可是我們有其他辦法嗎？沒有！與其讓自己束手無策，任人宰割，不如放手一搏，求得轉機。我來找你，就是希望你能幫我。幫我找兩個流檔，幫我想辦法接到地氣。"燕開心見誠地把自己困境對表妹說出。

　　"幫你找兩個流檔不難，幫你想辦法接到地氣就難了。況且我也沒有試過報流，完全沒有這方面的經驗。我也知道你難，卻沒有想到你竟然難到這個地步，完全是把自己置之死地。"天顏禁不住感動地說。

　　"顏，我們都知道難，但我們實在沒有辦法，才走這一步險棋的。這是一步用生命來作賭注的險棋；這是一步用生命來換取明天的險棋！請你看在姐妹的份上盡力幫幫我吧！"燕用近乎哀求的口吻說。

　　"好吧！明天你再來這裡，我再告訴你吧。我現在要去找朋友商量一下，看人家有沒有辦法幫忙。"天顏禁不住眼圈都紅了。

　　燕對天顏實實在在地多謝一番然後才離開，這時燕也開始感覺到這是一件非常不容易的事情。報流危險，不報流、任由舨數累積下去，後果亦不堪設想，真是左右為難！燕昏昏沉沉地回到家裡，天已經接近黃昏。燕媽看見女兒這個樣子，心痛極了。

　　"燕，什麼事情這樣為難？搞到自己落魄失魂的樣子。你可不可以讓媽知道？"燕媽憂慮地問。

　　"是嗎？沒有什麼呀！你怎樣看到我失魂落魄的樣子？"燕強作精神地反問道。

　　"燕，你不用安慰我了。我和你爸都觀察到，自從上次你們倆給人家踢出來之後，你們兩個都消瘦了很多。後來見你們又聯繫到平叔，我們才安心點。今天見你又這個樣子，所以才問一下你。"燕媽說。

"媽，我們的事情進展得很好，整件事情由帆自己抓著來做，你不用擔心。我今天有點累，休息一下就沒有事了。"燕說。

第三天中午，燕經過休整，人也精神很多了。她按約定準時來到帆家，帆一見她就迫不及待地問："找到沒有？"

"流檔找到了，一男一女的，同一地點但不同分隊的。"

"這很好，同一地點，必要時可以互相照應。誰給你的？"

"我表妹天顏，她也去問過一些朋友，從多方面證實可靠的。"

"那么接地氣方面怎樣呢？"

"接地氣方面是個大問題！現在正是兵荒馬亂、山頭林立、各自為政的時候。各種派別集結成堆，外來的知青大多為旗派，卻雲集在廣州；留在當地的知青畢竟少數，由於各種原因，不容易聯繫得上。我表妹天顏及她的朋友也回流到廣州躲避有幾年了，他們也不願意為我們返去海南島建設兵團一趟。況且回去也有危險，看來我們只能見一步走一步，或者自求多福了。"

"這是一個極大的問題，我這幾天都是去找朋友，問來問去都說沒有辦法。最後找到個親戚，是個下鄉的女知青，她也不願意為幫我而返鄉一次。唉，難啦！"帆說。

"原來由老鄧掌管政府，開始逐步整頓。他拉了一大批原有的政府官員復出，重新控制基層、組織政府，恢復生產。另一方面阿爺又一再強化無產階級專政，這令很多人感到恐慌。大部份的人不知道應該聽誰的，在這混沌的時候，大家自顧不暇，自然顧不上來幫你。我們很難怪人家，唯有自己靠自己了。"燕堅決地說。

"按目前的情況，我們只能是這樣。不過事物是會變化的，現在我們得不到的條件，未必將來得不到。只要我們能堅持，說不定哪一天條件成熟，我們又可以水到渠成呢？"

"那我們就等一下，看看以後再說。"

"不對，我們馬上就要行動了。"

"你不是說等以後水到渠成嗎？"燕不解地說。

"上天不會讓你不勞而獲的，我想明天再去問問天顏。第一是問清楚海口市的情況，我們必須選擇海口市為第一個逃走的地方。因為不論你在那裡逃脫，都必須越近廣州越好。如果我們能在海口市逃脫，就不用再經受後面的困難。海口市人雜，機會多。第二是問清楚兵團的情況，如果在海口沒有機會，我們也要硬著頭皮去到兵團，如果我們對兵團的情況不明，就更慘了！"帆說。

"對，我們明天就去找她。"

第二天燕和帆相繼去到天顏的家，他們提出了自己要問的問題之後，天顏想了一下也同意他們的意見。

"根據以往的經驗，很多人都會在海口市墊上一段時間，然後才會被領回兵團。整個海南島被拉回去的人都集中在海口秀英格[3]，那有幾個大倉，男男女女，人多時有過千人，一般最少都有四五百人。很多時候放風，男過女倉，女也過男倉。管理也就一般，不會太嚴格。但阿爺不會讓這麼多人白吃飯，所以幾乎每天都要去勞動。有些人就趁混亂逃跑了；或者有些人說去看病，在醫院也趁機跑了。如果能夠在海口找到機會就是最好的了。如果海口沒有辦法就只有在回去的路上，或者回到兵團再找機會了。"天顏說。

"那你能不能簡單地告訴一下我們，海口的情況呢？"帆問。

"海口在海南島北面，是海南的政治、行政、經濟及交通中心。海口有三條主要公路：東線、中線、西線，都是由海口開始向南伸展。到海南島要從廣州太古倉碼頭、坐紅衛輪去到海口市秀英港上岸，返回廣州也要照原路徑返回。秀英港也有一渡輪去雷州半島徐聞縣的海安鎮，由此也可以直去湛江市。一般人都是經由紅衛輪返廣州的，很少人捨近取遠走湛江的。"天顏說。

"那還有什麼主要公路或橫向公路呢？"燕問。

"沒有！就算有也沒有用。因為你們在海南島任何一個地方，你都必須回到海口，才有機會坐紅衛輪。換句話說、你在海南島任何一個地方，都必須向北走，才能回到海口。"天顏說。

"這樣我明白許多了。"燕說。

"海南島有沒有鐵路呢？"帆回頭一想，忽然問了這個問題。

"有，只有一條海秀鐵路，它由秀英港起到大英山止，全長約八公里。它有三個車站，秀英港站、寶島站(秀英村附近)、大英山站。到大英山站就到達海口市區內，這條鐵路是東西走向，秀英港在西、海口市區在東。記住：秀英格在秀英港附近的南面。方向是很重要的，沒有老指 就看太陽定方向，在海南島就行得通了。"天顏說。

"對，你這樣一講，我就信心足很多，也不再怕了。"燕說。

---

3. 秀英格：秀英港看守所，當時是總看守所。

"不過我們怎樣可以接到地氣呢？這對我們來說還真是個最關鍵的問題，你看看有沒有辦法幫到我們呢？"帆問。

"這個問題我在前幾天都和阿燕談過，因為我所認識的朋友已出來大圈幾年了，最近也沒有人回去，接地氣的事情實在有困難。不過出外靠朋友，同行的必有當地人。到時可以直接向同行的當地人坦白，請求幫忙。一般青年人，特別是廣州知青，同病相憐都講下義氣，得到幫忙的機會還是會有的。這種臨時接地氣的做法，有時都行得通的。"天顏說。

"按目前的情況來看，都只能夠這樣走住先啦！如果到時候還不能解決接地氣的問題，就只能按你的意見，相機行事了。"帆說。

轉眼六一兒童節到來。祖、帆和燕，歡歡喜喜地迎來了平叔和小紅兩父女。他們和小紅一樣既興奮又緊張，畢竟是個兒童節，幾天之後就沒有什麼好玩了，但起錨的日子卻一天比一天更接近。

因為現在是端午節的前夕，外面已不停地下著大雨，大家都聚在帆的家裡，等待著時間一點一滴地過去。

下雨天，天色顯得格外昏暗。他們幾個人坐在廳里，仔細地再一次檢查他們的計劃細節。突然大門被推開了，沖進來一個拿著濕淋淋雨傘的軍人。平叔和阿祖當然沒有出聲。帆和燕卻認出是帆的老表，急忙上前打招呼。一陣寒喧之後，帆的父母也相繼下班回家了。好客的帆父母自然留老表在家吃飯，藉著淡薄酒意，老表說，他近來調去海口市電臺支左，剛回家休假探親完畢，明天要返回單位，趁有空過來走走。席間，他見帆的弟妹祝帆他們三人"一帆風順"，老表是廣東人、自然心知肚明，低頭問旁邊的帆媽，帆媽也直言相告。隨即、老表也舉杯祝帆他們三人"一帆風順"。大家聞言後，一陣歡快笑聲，一飲而盡。帆突然靈機一動，趁母親走去廚房時與母親耳語一番，想請老表幫忙接地氣。母親想下，覺得可以一試，馬上去把老表叫到廚房來。

"老表，兩天後我們就會去逃港，這是一個生死難卜的過程。如果失敗，我會報去海南島，當我有機會返出來時，會到海口市向你取些錢搭船返來廣州，你可以幫我這個忙嗎？"帆問。

"這個沒有問題！不過你們人生路不熟呵！"老表擔心地說。

"這你就不用擔心了，你只要把你的地址給我，我絕不會連累你的。另外和我一樣報去海南島的，還有阿燕，你也可以幫她嗎？"帆問。

"幫一個是幫、幫兩個也是幫，沒問題！"老表爽快地一口答應。

誰會想到，在最後的一分鐘竟把地氣接通了！這是誰的安排？這不是天意嗎！還是偶然？這是一個非常簡單的晚餐，卻又是令人感到溫馨和充滿親情和友愛支持的晚餐。

"有人說緣生緣滅的一切安排都在佛祖手里，他的手指頭捏著眾生緣的一切緣由絲絡。看來毫無關係的兩件事情，天南地北的兩個人，在一個原先一點關係都沒有的兩個時空的碰觸點上，居然能把他們串連在一起 。這不能不令你感嘆，不能不令你折服！"晚餐後，大家都散去了，帆萬分驚奇地對燕感歎道。

"而且這一切都是在最後一秒鐘出現，當我們一切都順利接通時，我真是高興到要哭出來了。我真要感謝上天，感謝命運的安排！但願一切如你所說，眾生緣的一切，都在佛祖手里。"燕說完再雙手合十，虔誠地閉上雙眼，一本正經地喃喃細語："感謝佛祖，感謝佛祖！"

佛祖手中的緣，到底又會為他們幻化成一場怎樣的奇遇呢，那就請大家拭目以待了。

第十八章

風雨入局擲飛堆　雲霧繞繚路難追

　　第二天六月五號，離端午節還有十天。他們五人裝做各不相識的樣子坐上道滘的船到道滘鎮去。這次平叔把帆準備好的、農村用的長尾架單車，和一大包衣服、咸淡食物、日常用品帶上了。下船時由他搭上阿祖和小紅，平嬸搭帆和燕。

　　出門的時候，天下著雨，沿江河畔一直是天連水、水連天，白茫茫的一片，分不清岸上的一切。船帶著突突、突突的聲響，拖著一條長長的黑煙，緩慢地前進著，乘客們踡縮在床位上享受著各自的好夢。艙內一片寂靜，偶爾有一兩聲低沉的汽笛聲傳來，看見一兩只搖曳的小艇在風浪中顛簸。有時遇到一小塊的晴天，趁著陽光的合適角度，也會在你眼前展現出一小段瞬間的彩虹……帆一直裝作睡覺，但內心異常警惕地聽著各種聲音，時不時微開雙眼，看著窗外的一切。其實當他看看燕和祖，也可以看到各人都不能安然入睡，時刻警惕著。

　　一陣嘈雜的響聲把慢慢睡著了的帆驚醒，他睜開眼睛一看，原來是到了。他們互相打了個眼色，把隨身的一點東西整理一下，準備下船了。

　　一片晚晴，雨全停了。碼頭附近有幾間小鋪，地面還是濕的。碼頭上擠滿了接船的人和單車，有頭戴蝦姑帽身穿簑衣的、有穿塑料雨衣的、有淋濕了的小伙子、有抬頭張望的老年人……擠滿了那黑暗的候船碼頭大堂。平叔推著單車在前面走，單車尾架還有一包手信之類的東西。祖抱著睡眼惺忪的小紅跟在後面，隔了兩三個人之後就是帆和燕，抱了一大包日用品，像是從廣州回去的知青一樣。走過了很短的橋板就進入候船碼頭大堂，人群熙熙攘攘。小紅看見媽就嚷著飛奔過去，帆望去時，她已被平嬸抱在懷裡。大家打過招呼之後就立即起程趕回家了，因為還有近兩個小時的車程。幸好天沒有再下雨了，沿途也沒有什麼麻煩事發生。他們在表面上很自然輕鬆，但是他們的精神上高度緊張。

傍晚的晴天一片蔚藍，天邊遠處還殘留著一兩朵白云，格外醒目地反射著那流連不去的陽光，無盡田野青蔥翠綠……帆心中一直祈求上天能夠好天一個星期左右，到達水邊時再下雨。可上天是否如他所願，誰也沒法知道了。

平叔搭著祖和小紅在前，平嬸載著帆和戴著頂蝦姑帽的燕在後。經過大雨之後，鄉間的沙石路很快就干爽了。兩部單車一前一後，左轉右彎，很快就到了平叔家門口。

小軍坐在門口等著，見到一行人到來非常高興。小紅馬上就向哥哥展示自己的禮物。燕和平嬸去煮晚飯，平叔與祖去整理晚上的床舖。帆有一陣空閑，本能地站在門口向外張望。剛才沿路所經過的一切，像電影一樣又迅速在他眼前掠過。他已進入了高度戒備的精神狀態，隨時準備應對各種突如其來的事情。

平叔的家離其他村民的房子有二三百米遠，座落在村路的盡頭。這是一個比較窮僻而又人口稀疏的村落，大多是泥磚和紅磚混砌而成的房子。天還未完全黑，家家都炊煙縷縷。辛苦了整日的可憐的農民，人人都抓緊日光最後的一刻，準備他們那微薄的晚餐。晦月很快就不見了，當最後一線霞光消失後，到處沒有路燈，大地就完全陷入一片漆黑。蟲鳴隨即而起，遠處農家的火水燈一閃一閃，像螢光一樣，微弱得可憐！

"去吃飯啦，這裡比較安全的，不用擔心！"平叔像明白帆的心思，在帆身後說。

"這裡人口好像并不很多，是嗎？"帆問。

"是呀，年青的都跑得七七八八了。剩下年紀大的、有家庭及兒女的，困死了，沒有辦法！"平叔說。

"這裡常搞運動嗎？"帆說。

"一時一事，上頭要抓人就去搞一下，否則人人都不理。快點去吃飯吧，明天要做的事情多呢！"平叔說完就往裡面走去。

帆跟著走進去了，經過前院，這時候他才有機會看清楚平叔的家。他的房子有一廚房、一廳、一睡房。廳在中間，廚房和睡房分兩邊。廳呈方形,每邊十米左右,廚房和睡房各為五米寬,十米深。廳顯得很大,沒有任何擺設,相反卻塞了很多廚房裝不下的蔗葉。墻壁沒有粉刷,黑黝黝的,加上全屋地面為泥地,更顯得黑。兩張木板床靠墻邊、掛著略顯得烏黑的蚊帳。偌大的廳中間放了一張低矮的圓形木飯枱,枱上已擺上幾碟農家菜蔬,大碗熱飯。一陣招呼之後,各人坐在僅有的幾張矮方凳上,一陣狼吞虎嚥之後,各自迅速打理自已、抓緊時間去睡了。

　　時間緊張,精神就更為緊張了。加上南方五月底的高溫潮濕,令躺在新床上的帆,左右反側,久久不能入睡。相反,那邊卻傳來陣陣的鼻鼾聲,令他越發清醒。借著放在圓木桌上的微弱的風雨燈的燈光,透過蚊帳紗,帆環顧一下四壁黑墨墨的墻身,卻有一張異常熟悉的面孔,大大的貼在正堂中間。在這麼一個家徒四壁的農民家,還需要張貼一張以示緊跟的畫像!帆輕輕地嘆了一口氣,閉上了眼睛。

　　"天亮了,起床啦!"帆聽見燕的聲音,睜開雙眼一看,原來天已大亮了,便急忙起來。早飯以後,他們就按照計劃踩自行車到太平鎮趁墟,傍晚散墟時趁機在太平鎮附近擲飛堆。平叔車尾搭著祖在前,帆車尾搭著燕在後,兩部單車,一前一後向南而去。至於他們所需之物品,平叔早已放在太平鎮的一個親戚家里。

　　天空非常晴朗。太陽早早就出來了,微風、鳥聲伴著他們,但是帆沒有心情去欣賞。他心事重重,感受著巨大的壓力。以前他是跟著人家去,一切聽著人家指揮就可以了。現在他要告訴同伴怎樣做,自己心里沒有底氣。他不知道如何去和命運搏斗,他不知道等待著他們的是什麼?燕緊靠著他的背後。帆跟著前面的單車,保持著一段距離。最初路上沒有行人、沒有車,慢慢人多了,車多了,房屋、店鋪也多了。踩呵、踩了很久,燕輕聲地對帆說:"看來這是一個大鎮,估計行程也差不多,應當是這裡啦!"這時只見平叔他們在前面一個茶樓的門口停下來了。帆就慢慢駛過去,把單車也停放在茶樓門口。

　　墟場主要在一條路上,人頭涌涌,熙熙攘攘,有老有少、有男有女。數十家商鋪賣的雖然不是什麼高檔貨品,卻是農家人所需要的日常必需品。有人種了些瓜菜拿來賣;有人來買兩個錢咸淡及肉食;有人要來喝上兩杯;小孩子也要買些書紙筆墨……雖然文革還在進行中,但在此時此地,一點革命氣氛都沒有。鄧小平復出後,也相對松了一松。不管如何,老百姓還是要生活的。有人說生活是永恒的,生活萬歲!你認為如何呢?

平叔在茶樓偏角的地方找了一張小桌子，開了每人一盅茶，腸粉大包之類叫了幾碟，幾個人就圍在一起一面吃一面閑聊。這裡一片嘈雜之聲，有大聲吆喝的、有蹲在木橋櫈上低頭自酌的、有兩相爭得臉紅臉綠，額頭上青筋浮現的……

　　"這裡最安全，我們就在這裡邊吃邊等，到中午一點多，我帶你們出去走走，看定今晚擲堆的位置及路數，再回來這裡吃晚飯，差不多快黑時才出去。"平叔低聲地向大家迅速地交待了一下。

　　茶樓裡的客人越來越多，大家也吃得差不多了，就離開茶樓，到墟市裡邊逛了。平叔去把其中一部單車拿去他親友家中後，很快又回來匯合了。墟市的檔攤都擺在馬路邊，面對面擺著，檔攤後面是各種商鋪，行人都走在路中間。檔攤最多是賣農民自己捕捉的小魚蝦、自種的瓜菜、自己養的雞鴨、甚至豬肉；也有賣鐮刀、鋤頭、鐵鍋；也有賣碗碟、瓦煲之類日用品，總之五花八門，應有盡有……

　　為了拖延時間，他們就一檔一檔地看，為了掩人耳目，也買了點東西，拿在手中。在平叔的指引下，他們一直往南走，慢慢就離開了墟場，市面逐漸顯得避靜。再往前走到一個左手邊的三岔口，看見一條小路離開墟場遠去，平叔就叫大家往回走。

　　"今晚你們分兩批走，祖單獨在前，帆和燕在後。不要分太開，又可以互相呼應。往左手邊的岔路上走，走上四五百米會見到你們的右邊有一片小樹林，你們就在那裡匯合後等我。記得左手邊的岔路，只有一條岔路是在左手邊的，不要搞錯！到時我把物品帶來給你們，你們就可以起程了，往東南方向去就可以上到山了。"平叔再三叮囑著說。

　　他們很快又走回墟場，只見墟場上的人少了很多，有些擺檔攤的人都在收拾東西，準備散墟了，但兩邊的商鋪還在營業。一看時間，已是下午四點多了。很快他們又走回到原來的茶樓，茶樓還是那麼多人，不過大多是擺檔攤的人，早早吃飯後回家去。走了幾個小時，他們也餓了。坐下來，叫了幾個菜，幾碗飯，吃完已是六點多了。平叔和帆到門口去看了一下，只見所有的商鋪已經開始關門了。天還沒有黑，少少的斜陽晚景，路上只有疏疏落落的兩三個行人，這與幾個鐘頭之前的景況，真是完全不同了！帆急忙進去通知大家準備出發。

　　祖先離開，走出一兩百米之後，帆和燕提著一條水草扎著的豬肉跟在後面，好像一對趁墟完了的知青男女從墟場回生產隊一樣，一切都是那樣的自然。晚風陣陣吹來，卻又吹不掉他們的興奮和緊張，帆望了燕一眼，燕也望著他。這時他們唯有在眼神中互相鼓勵。大家都沒有說話，走到僻靜處時已經沒有行人了。帆向前一望，只見祖在前面回頭向他們望過來，確認相互之間在預定的範圍之內後，祖繼續向前走去。不覺之間，太陽完全下山了，到處一片寂靜，他們正在向左手邊的三岔路上走著，忽然間燕說："怎么不見了阿祖？"帆急忙向前四處張望，只見到處麻黑一片，前面右手的地方有一片黑色的樹林，他用手指向路邊黑暗處，"向那邊走。"帆說。燕急急走上前去，帆在後面，轉身背對著樹林、面朝著來時的路，慢慢退到樹林中去。這時祖發出預定暗號的叫聲，大家會合了。

天已完全黑下來了，晦月的日子，天上又沒有星星，樹林裡一片黑暗，光線的變化太過急速，一下子眼睛適應不過來。帆急忙叫大家走到樹林邊蹲下來，慢慢他們的瞳孔就適應過來了。

"看，前面有單車來了！"燕輕輕地說。說時遲那時快，單車已經停在路邊，發出同樣的預定暗號的叫聲。祖馬上走到路邊，把單車尾架上的蔴袋拿下來，往樹林走過來。平叔把單車打平放在路邊草叢，也跟著跑過來了。

大家馬上把行裝穿載好，把不要的東西丟到蔴袋里去，看著平叔把蔴袋放回車尾架，順順當當地走了。帆吩咐大家在樹林里，砍一根結實的樹枝當拐杖。準備停當，人人都精神抖擻。一看時間，已經是八點多了。蟲鳴的嘈雜叫聲一陣又一陣地響著，好像是催促著他們一樣。

"大家準備好沒有？準備好就起程了。"帆輕聲問。

"準備好了！"聽到大家應聲後，帆微弓著身體，第一個邁開了步子，燕跟著，祖押尾。三人神不知鬼不覺地走著，避開了村莊、農舍，繞過了山塘水庫，一直往東南方向走去。不時還聽見遠處的狗叫聲，聽著這叫聲，就知道自己走了多遠。大家都沒有說話，只聽見刷刷的腳步聲。人人心中有數，今天晚上必須要走到山上埋堆，這是第一天最艱難的事情。他們越走越熱，口也越渴。衣服都濕透了。他們正想坐下來休息，卻見到前面有一座山影，於是一致同意在路邊的水坑把水壺灌滿，馬上上路，上到山才安心，上到山才休息！

親愛的讀者，你們必須知道：凡是偷渡客，如果不能在山上埋堆，白天在平原上沒處躲藏，十有八九是束手就擒的。望山跑死馬！他們又花了整整一個多鐘頭才到達山腳。

一陣巨大的流水聲，在山谷里迴響，他們頓時有了無窮的力量，一下子衝到山澗的溪水邊，大捧大捧地喝著。大家都有點餓了，於是從背包中取出點干糧來吃。雖然干炒的米粉相當難吃，但和著溪水也硬嚥下去了。不知不覺，半個小時就過去了。在帆的催促下，大家重又動身了。轉了幾個彎、繞了幾個圈，水聲漸漸聽不見了。可是越走越黑，最後竟然陷入一片伸手不見五指的云霧中去。這時天還沒有亮，四處都像深淵一片，走錯一步都有粉身碎骨的危險。忽然間聽見一聲響，像是打爛缸瓦的聲音。祖用電筒一照，原來是他的扶手棍不小心碰爛了一個金塔蓋，不看則已，一看則嚇得他立即掉頭就走，踉踉蹌蹌。

"祖，你有事嗎？"帆問。

"沒有事！"祖用顫抖的聲音回答。

"你看見什麼？"燕問。

"不該看的東西，別問了。"祖說完就不再出聲，大家也心知肚明了。

這時一點風都沒有，什麼也看不見。帆用手按著電筒往地面上照、借著微弱的光線反光，看到是四周圍都是白茫茫的一片，他們轉來轉去都還是在那個地方。看不清楚就只能用扶手棍探路，可是一點都探不著地，探不到底，他們感覺是到了一個懸崖邊。他們在那裡花了很長時間，探來探去也無法走出這個困境。除非往回走才能探到堅實的地面。這時他們感覺得霧氣很大，霧水令到他們全身濕透，氣溫相當低，冷到禁不住發抖。帆干脆把電筒放在傾斜的地面打開了，大家都沒有辦法互相看清楚對方，一兩尺內都只能見到白色的一片。順著電筒的光線，反而看見地面上的草鋪上了一層白色的冰粒。

"我們肯定是被一團充滿了冰雪的雲霧包住了，現在沒有風，雲霧也不會自動散去。"帆說。

"從地形來看，我們也許走進了一個半島形的懸崖。"燕說。

"我們怎麼辦？剛才打破了人家那個金塔蓋，我就覺得這也許是不祥之兆。我第一次經歷這種事情，說老實話，我真有點驚怕。"祖用微微發抖的聲音在說。

"祖，你覺得很冷嗎？講話都有點口顫。"帆問。

"是呀，剛才跑到全身發熱，衣服上濕了一身汗，現在卻像走進冰庫里，怎麼會不冷呢？我的牙鉸都一直發顫。"祖說。

"帆，我也覺得很冷，一種刺骨的冷。"燕說。

燕一說冷，帆頓時也感覺到一股寒氣從背部直迫過來。借著電筒光的散射，帆向四面環顧一下，只見白茫茫的一片，連樹木都看不見。憑感覺，地面傾斜，又濕又滑。若要一意孤行，一旦滑倒則危險萬分，勉強推進看來未必是好。況且經過一整晚的勞累奔波，也需要休整一下。反正來日方長，不應一早就把自己的戰鬥體力耗盡，不如就地休息，待明天看清楚地形地物再作打算。但是現在就地休息的形勢也不容樂觀，第一是太冷，就地休息會不會有生命危險？第二是這個地方是否安全，讓人發現了怎麼辦？

最後經大家商量之後決定：原地休息。這總好過冒險推進，這個時候一旦出事，後果不堪設想。他們也想到這個時候、這種地方，應當不會有人出沒，不用擔心。大家就用電筒在傾斜的地方找了個凹進去的位置休息。他們穿上雨衣，三個人擠作一團。但是溫度越來越低，冷得他們身體不停地發抖。他們趕緊吃了點東西，喝了幾口帶酒的人參精，慢慢身體才停止了顫抖……

不知是酒精的作用還是疲勞的緣故，他們開始感到身體暖和了很多，有點矇矓的睡意，最後大家就完全睡著了。

第十九章

大嶺山道崎嶇行　風雨蓮花失手擒

當他們一覺醒來,已是太陽當空了。鳥兒在頭頂上的樹枝吱喳叫著,四周圍卻靜悄悄的。帆睜眼一看,發現他們在一個狹窄而陡陗的高崖頂上,幾棵低矮的叢林野草僅作遮擋。一眼望去,後面遠處盡是平原水田,這就是昨天爬上來的地方。前方卻是更高的山,重重疊疊、連綿不斷。這時燕和祖也醒來了,坐在原位在觀察周圍的環境。

"昨天晚上我們剛好上到山,現在下面還有人在田裡做工的,我們不要活動太大,以免被人家看到。"帆低聲地警告大家。

他們小心翼翼地折了些樹枝、遮蓋一下自己的堆位,確保他們不易從遠處被看到。一切搞好以後,他們就坐在原地吃了點東西,安靜地躺下休息了。

"祖,覺得辛苦嗎?怕不怕?"帆低聲問。

"我現在就不怕了,不過確實覺得有點辛苦!"祖苦笑著說。

"第一天是最辛苦的,走一兩天後就慢慢習慣了。"帆笑著說。

"昨天晚上不小心碰爛金塔蓋時真有點驚!"祖說完就向墳頭那邊望去。

"驚都沒有用,你也不是有心的。他都知道我們已落得到山窮水盡,命都不顧,而要鋌而走險。上天之靈是有憐憫心的,他都會原諒你的。今天晚上起行時去叩返兩個響頭,求他保祐你吧!"帆說。

"我都深感不安,因為我們畢竟驚動了人家!"燕說。

"我們既然走上這條路,就早已把自己掛在命運的天平上,這個天平倒向這邊或是倒向那邊,就由不得你了。自己應該泰然處之,做事問心無愧。一切都由天注定！平生不做虧心事，半夜敲門也不驚。不論面對蒼天或鬼神都一樣！"帆說。

"我也是這樣認為！"燕說。

"不要再說了，快點休息。今晚叩返個頭時，講聲對不起就可以了。祖，要提起精神呵！"帆怕大家心裡不安，影響情緒，就打住了談話，不再說下去了。

當帆再次醒來時已紅日西斜，他一看已是五點多了，就急忙叫大家起來準備。大家坐起來，看見農田裡已沒有人做工了，遙遠的天際掛起一片蒼茫的薄霧。他們快手快腳地整理好行裝，吃飽東西，坐在那裡，等著天黑起程。祖也急忙去墳頭那邊叩拜過。

太陽慢慢往西一分一吋地落下。暮色漸上，天空逐漸變暗。四周深山處的鷓鴣，間歇地發出咕咕、咕咕的叫聲，令人感到格外的孤寂、淒滄。天開始變得麻麻黑，風也靜下來了，長長的野草枝枝直立，動也不動。緊接著是一片此起彼落的、悲涼的野獸哀號，有長有短，似是死亡的號角、世界的末日，令人感覺毛骨聳然。忽然間，所有聲音都沒有了，世界萬物好像都停下來，靜下來，靜得非常可怕，靜得令人窒息！所有生命都一動不動地在等待，等待什麼？誰知道！時間一秒一秒地過去，彷彿一切都屏住了呼吸。這漫長的感覺、像死亡的空寂，持續了十五分鐘左右，卻像是十五個小時一樣令人難耐、恐懼。慢慢又有點風吹來，星星也不知什麼時候出來了，天完全黑透了。突然間一陣陣蟲鳴響起來了，像一部偉大的交響樂。一切黑夜的精靈，伴著綠色螢火的怪異鱗光、飄飄浮浮，都爭相響起來了，動起來了。整個世界又像充滿了生命，活起來了！剛才那種孤寂、淒滄及恐怖的感覺都沒有了。這是白天和黑夜主宰之神在交接嗎？這是"交接之靜"嗎？似是萬物在等待的是主宰夜晚之神的到來，她是那麼多姿多彩，有了她，那孤寂、淒滄及恐怖的感覺忽然間一點也沒有了！帆想去參透這種"交接之靜"……

"帆，我們該起程了。"燕打斷了帆的思索。

"對，該起程了。"帆猛然清醒，說著就站起身來向前走去。

他們一個跟著一個地、按照原來的隊形前進。翻過了幾座山之後，帆覺得有點肚子痛，想大便，就走到一邊去，叫他們等一下。誰知道問題大了，原來帆拉肚子，搞了十幾分鐘還沒有搞定。突然間，帆聽見"唬"的一聲震天動地的長嘯，樹葉都震得沙沙聲響，令人不寒而慄！隨後、世界就全靜下來，完全靜了下來，不知發生了什麼事情，難道又是剛才那種"交接之靜"？隔了幾分鐘之後，"啹啹"、"啹啹"的蟲鳴聲響才恢復。帆從來都沒有聽過這樣令人不寒而慄的聲音，也沒有感受過這種哮天震地的威力。頓時肚子也不痛了，急忙搞定跑出去問燕他們。他們也聽到這震天響聲，嚇得一動也不敢動，但誰也不知那是什麼。為了安全起見，他們急急忙忙地離開了這個地方。一直再走了兩三個小時，都沒有再聽過這種響聲，他們就安心多了。

　　下半夜，又下雨了！起初小雨，越下越大，天黑路滑，實在難走。他們雖然穿上了雨衣，但山風掀起雨水，四面八方潑過來，橫風橫雨，風雨混作一團。夜半寒氣，入骨入肉，他們只好走到樹叢下暫避。他們三人擠作一團，無奈風雨交加，直到天亮也不停下來。三個人全身濕透，冷得發抖，眼看此處外露，根本不能做堆，帆就領著他們、趁早轉移到叢林茂密的地方，背靠一塊大石，前面有些遮擋的小樹叢。這樣、風顯然減弱了很多，人也感覺暖和了一點。大家又吃了點東西，感覺就更加好一些了。

　　天空白茫茫的一片，霧氣環繞。風好像停了一點，雨垂直下落，大點大點地打在地上，發出沙沙的聲響。帆不無憂慮地看著遠處的天空，輕輕地嘆了一口氣。

　　"看來這場雨並不容易停。"燕說。

　　"我就是擔心，這場雨很傷人的。昨天晚上一夜，把大家都折磨夠了，大傷元氣。你們有沒有問題？"帆問。

　　"還可以！"祖說。

　　"大家一定要保持好身體，這是我們能否成功的保證。看來這場雨還會下一段時間，如果可以休息的話就盡量休息了。"帆說。

　　"又不能躺下，怎樣休息呢？"祖說。

　　"那就閉目養神吧！"帆說。

　　"大嶺山[1]頂養神，閉目聽風雨。"燕自嘲地說。

　　"蓮花[2]腳下修身，張眼望前程。"帆對著說。

　　"不枉不滅。"祖說完，大家不約而同地笑起來。

　　"想不到我們還有這份雅興，苦中尋樂。現在大家還是要休息，今晚要走路的，"帆說完就不再響聲了。

　　　　雨繼續地下呀下……他們也慢慢地睡著了。帆一覺醒來，居然見

---

1. 大嶺山：東莞縣大嶺山脈。
2. 蓮花：蓮花山是大嶺山脈的主峰。

到太陽出來了，整個天空已呈現藍色，只掛著絲絲的白云，但雨還是稀疏地下著。帆知道雨很快就會停下來，他一看時鐘，還不到三點，就馬上把祖和燕叫醒，準備立即起行。

"雨剛停，估計沒有人這么快上到山來，我們應該抓緊時間，走兩個小時的路，把昨天因大雨而躭誤了的路程補回來。"帆說。

"好！"燕和祖異口同聲地說。

三人迅速行動，不足一小時，就翻過了幾座山頭。路越走越難走，越走越荒涼，所到之處，只見人煙稀少，大片大片的山邊耕地失耕。忽然間，眼前出現一座高山，高聳入雲，正正擋住了前面的去路。大家抬頭一看，此山底盤寬大，青中帶黑，夕陽之下，只見頂上四峰並立，加上半山雲霧環繞，蒸騰而出，藉周圍眾山拱托，猶如含羞半開、噴薄欲出之蓮花，確實氣宇非凡。

"在這地區，最高的山應是蓮花山，看來這山就在眼前。上到蓮花頂就可以看清楚周圍的一切，它青中帶黑，表明它樹茂林密，看這山勢，也並非容易攻克。現在我們都走了兩個小時有多，太陽光線十足，白天這樣大模大樣行走，碰到人就麻煩了。我想我們應找個地方，休整一下，待今晚再繼續前進好嗎？"帆提議說。大家也同意，帆就領頭直往林密地方奔去。

不久，他們聽見在旁邊有流水響聲。大家一路走去，看到是一條不大的溪水，連日下雨，水量也十分充沛。他們一直走到有七八米深的山溪底部，山溪頂部卻覆蓋著茂密的枝葉。如果不是潺潺的流水聲響，人們即便從上面經過，也完全不會知道有這么大的一條山溪。樹根像藤木一樣直延伸到溪底。上面只聽見外圍的潺潺流水響，但完全看不到下面。底部平坦而隱蔽，還有小片小片的沙灘，水流清澈而緩慢。這裡十分幽清雅靜，陽光透過樹葉，散落在黃色的沙灘上顯得樹影斑斑，陽光點點。一陣陣涼風，從下而上，順著山溪向上吹動，給人陣陣透心涼的感覺。

三人忙脫下濕透的衣服洗了掛在樹根上，喝著清澈透明的溪水，吃著干糧，難得的愜意。衣服很快就干了。在這樣好的環境下，人人都想多停留一會。他們也走了頭尾三天，都比較累了。但不上到蓮花頂，心中總不安穩。所以等到天黑齊，三人便又整裝前進了。

雖然天黑，已習慣了黑夜走路的他們，還可以從容應付。這裡應是山深地帶，如果在人口稠密的地方，山中也會有人居住。而現在絕無人煙燈火，一片黑墨墨，除了野獸之外，就是他們了。山上沒有路，到處荊棘一片，棘刺把人手刺傷，幸好他們都帶有手套。能夠走山脊時他們都走山脊，山脊方向不對，他們才跨過山溝。有時要跨山溝時，花一個小時也不能走得二三十公尺。密密麻麻的帶刺勾藤，勾住你身上每一個部位，使你一動都不能動！大家都累得呼呼氣喘。後來他們終於想出了一個辦法，就是盡量把荊棘抬高，人從荊棘底下爬過。這樣就快很多了，以前要用一小時，現在二十分鐘就搞定了。偷渡的過程會遭遇到各種不同的事情，只有動腦筋，想辦法，有急智慧才能解決，才能轉危為安。

花了整個晚上，直到天明才順著山脊路登上到蓮花頂。三個人在下半夜一直找不到水源，喉嚨焦渴得像一塊燒紅的火炭，燒熨得人失魂落魄！當黎明時分，他們登上蓮花頂時，發現了幾個牛腳印踩成的小小一片低窪地，上一天下雨時還殘留了一些雨水。他們已顧不了一切，趴在地上用口吸啜著，啜著啜著才發現旁邊有一大堆牛屎！但這有什麼關係？為了生存，他們又把剩餘的水再吸在口里，然後吐到水壺，留待以後再用。這時候，他們才認真地去看清地形。右邊遠處山腳有一個山塘，右前方是一個稍大的平原村鎮，從山頂一條山脊直通山下，走完這條山脊的前方就連著對面的另一座低矮的小山，然後山連著山直通遠方……左右的山丘盡收眼底，一目了然。為了安全起見，他們又退回一段距離，用右邊的山溝作堆位。

近山頂的山溝沒有水，但植物相當茂盛，山溝都有四五米深，滿佈著野芋頭、鐵芒其及海金沙等蕨類植物。特別是那些野芋頭，每片葉都有一米多長，葉片最寬處有一米，一個人站在葉柄上也能支承得起。整棵野芋頭高有四五米，上面被高大的松樹、木麻黃，間中有些臺灣相思等覆蓋著。這裡山高林密，是一個理想的堆位，可惜沒有水，不過山溝中也陰涼。他們又十分疲乏，躺下不久就睡著了。

一覺醒來已是下午四點多，大家都睡得很好。肚子有點餓，靠著剩下的一點點水，大家嚼了點干糧。太陽還是高高掛在藍色的天空上，大家既然不想睡，干脆收拾好行李，坐著慢慢閑聊。忽然間、在前面草叢中竄出一條大拇指粗的青竹蛇，左搖右擺地游移過來。啪的一聲，祖手中的軟樹枝正正抽打在牠身上，再跟著抽多一下，牠就一動也不動了。燕趕忙過去制止，都已經遲了。

"祖，你為什麼打牠！"燕厲聲喝問祖。

"為什麼？牠咬人的，有毒的！"祖說。

"牠現在咬了你嗎？我們都在逃亡，就更應該珍惜生命，一般不應該殺生的！"燕十分惋惜地說。

"唉！你不要太迷信了。"祖說。

"己所不欲，勿施於人。我們自己都希望生存，如果大家都能共存就最好。不要爭了，好好休息一下吧！"帆說完，大家都靜下來了。

時間等人，特別過得快；人等時間，特別過得慢。他們從過去講到現在，又從現在講到將來。天還是那樣光亮，一點臨近黑夜的跡像都沒有。他們又把東西拿出來吃，可是沒有水又吃不了多少。本來大家好好的精神狀態，在這種急躁的情緒下，慢慢轉化。好事會轉變成壞事，壞事也會轉變成好事。五點四十五分，太陽還在，應該起行了。大家按捺不住，慢慢走到蓮花頂，向下望去，只見山嶺之間一條細細的山脊，直通遠遠的低矮很多的對面山。一條道，就一條道直通過去！兩邊沒有分岔小山。山脊陡峭，靜悄悄的，連一只飛鳥也沒有，什麼都沒有！他們伏在一塊石頭上往下看了很久，因為實在太遠了，還是什麼也沒有看到。時間一分一秒地過去，天漸漸暗下來，開始麻黑了。這是唯一的一條路，為什麼會沒有人把守的呢？他們就只相信自己的眼睛，經不起環境的誘惑，沒有深入地想一下。只要再想深一層，他們就會另選途徑。

他們魯莽地跨出了第一步，跨出了不可彌補的失敗的一步。他們走得很快，天馬上就黑，而且他們也漫不經心。誰知道，一個厄運正悄悄地等待著他們，一個天羅地網正在山路兩邊擺開，在這山脊的兩邊有近二三十人手握著槍、棍、繩索在等待著他們。當他們走近時忽然一聲哨子聲響，只見前後左右一大班人一擁而上。他們三人隨即分開，左沖右突。但對方的人實在太多了，幾個人抓一個人，是相當容易的事。這時走在前面的帆忽然踩到一塊石頭，向側滑倒。他順勢一滾，向旁邊竄去。誰知一個高大的光腳民兵，一個飛身過來，踩在帆旁邊的一堆碎石上用力一撣，把帆撣倒在地上。另一隻手一下叉住帆的頸部，把帆戴著的近視眼鏡一下脫走。這時另有幾隻手又叉過來，把帆抓得緊緊的。隨後幾條大漢，三兩下手勢，把帆像條裹蒸棕一樣，扎得緊緊的一動也不能動。再說另外一邊，祖身高步子大，三四個并不高大的民兵狂追不捨。他見旁邊是叢林一片，竄入叢林便易逃脫。卻不料這個包圍圈卻有兩層，眼看祖跨過那邊就可以突圍，誰知突然在叢林中沖出一班埋伏的女民兵，拉出一個網迎面撲來，哎喲，慘了！瞬間祖成了網中之魚，并被連綱帶人，來了個五花大綁。這樣還不止，那班女兵，見祖跑得快，干脆把他的鞋襪脫掉。看見祖走路的樣子，帆實在沒法形容。燕又怎樣呢？當她看見突然出現的民兵撲向帆和祖時，她急忙閃向旁邊，卻被沖向上邊的幾個民兵發現，幾個民兵轉過頭撲向她來。

"站住！不準跑！"，"站住！開槍啦！"隨著一陣喝令，幾個人拿著槍居高臨下朝她沖來。她繼續向低點的地方竄去，繞過幾個草叢棘林之後卻發現前面是一個斷崖邊，完全沒有退路，只能束手就擒。

"全部把他們綁好，串起來，把他們的鞋襪給脫掉！看你們再跑，跑給我看see！"這時指揮的隊長下了一個非常絕的命令。

帆他們沒有辦法了。眼看著他們一個串一個地被粗大的繩索串起來，三人垂頭喪氣地被拖著走。這時候天才完全黑下來。

"我說這條路一定有人要經過的。因為這幾天下大雨，其他地方不好走或是不能走，他們走來走去都會走到這邊來，一定要由這裡走的。"領隊的人神氣地說。

"這幾天來，我們天天都有收穫！"其中一個人附和地說。

"這是隊長神機妙算的功勞！"另一人奉承地說。

"隊長布置的甕中捉鱉戰術真好，眼看著這班傢伙一步步走進入圈套，來到這個地形特別的地方就一點辦法都沒有，更厲害的是那魚網陣，能往那裡走？我越想越興奮！"再有一人說。

聽到他們的說話，帆非常後悔自己沒有深入去考慮行動的每一個步驟，令到現在已無法挽回，他只得低頭走路。走了大約半個小時，天上開始打雷閃電，一刻鐘之間，滂沱大雨迎頭落下。被綑綁的三人被淋成落湯雞，全身濕透。他們艱難地光著腳，在泥濘和山石中一滑一溜地走著。幸好三人串在一起，還有點互相扶持。帆想："今天抓住自己的光腳高個子民兵，也在自己的旁邊同行，他也光著腳、也一滑一溜地走著，真賣力，也真辛苦！不明白他為什麼要這樣做，他是否知道自己在做什麼呢？"

過了近二個小時後，他們就被押到一個大倉庫里，手腳綑綁著，另外再加一張大漁網，把三人綱得動也不能動。倉庫里還留了兩三個人守著，一到天明，他們就被押戒到莞城的格仔去了。

幸好，民兵們這時卻怕他們走得不快，在押戒之前把綁在背包上濕透的鞋襪丟還給他們，

天不時下著雨，潮濕與陰霾的天氣令人感到非常不舒服。莞城格仔裡的人日漸多起來，大概又是偷渡的旺季開始了。帆感到極度疲勞，身不由已。他倒在水泥地上便睡著了，儘管衣服還是濕透的。

不知道他是極度疲勞還是病了，或是處於高度緊張之後的一種身體崩塌現象。兩天以後，他又被輾轉押戒到廣州沙河格。在那裡除了吃飯，帆還是天天昏昏沉沉地睡。直到第七天，他才感覺到自己清醒了很多。問起格友，才知道海南已戒走了一批，主要是戒走女倉的，男倉的一個也沒有。據老卒友講，海南卒如果錯過戒期、最少都要墊上一個多月，有時甚至兩個月。祖已被戒走，臨行前祖曾經告訴過帆。帆想起阿燕報流海南，現在被先戒走了，這完全出乎他們最初意料之外。他們以前并沒有想過會有這種情況發生，現在出現了這種情況，也不知道阿燕能否應付得來。她現在又怎樣呢？會發生什麼問題呢？總之一連串的問題在帆的腦裡湧現出來。他萬分擔心，卻又無計可施。

到了第八天，帆坐起來靠在墻上，正想著燕現在不知會怎麼樣，睡在他旁邊一個叫阿光的卒友靠過來看他。

"感覺好點嗎？這次起好辛苦呀？"阿光問。帆點了點頭。

"我看見你一天到晚昏昏沉沉地睡，一睡就睡整個星期。我最初想你病了，想幫你又沒有辦法。唉！我們這種人在這個地方病了，就只有靠自己身體的底子及自己的意志了。後來我再看清楚，又好像覺得不是，或者你會慢慢恢復過來。我聽見你經常講夢話，有時聲音也很大。這一舨你肯定很傷了。我暗自想: 看天意怎樣了。"阿光說。

"對不起，有沒有吵到你？這一次我精神負擔很大，下雨天，體力損耗也很大。"帆說。

"沒有吵到我！我只是把你的情況告訴你罷了！你現在覺得怎樣？精神清醒點沒有？"阿光問。

"好多了！我們這種人沒有這么容易死的。"帆苦笑著說。

"那當然！你今次在哪裡跌的？"阿光問。

"今次很差，落蓮花時就跌倒了，被人埋伏。"帆說。

"聽說落蓮花這條路令很多人都跌在那裡。"阿光說。

"是呀！看來是自己經驗不足之過。如果能深入一點考慮，不因為下雨趕時間，心情急躁，就不致於這樣。沒有辦法啦，已鑄成失敗了。"帆說。

"失敗是成功之母，再接再勵啦！"光鼓勵說。

"那當然，不過就是耽誤了自己的時間和青春。你起過幾舨？"帆問。

"三舨,今次撈蝦餃,同行兩人都應該到了。這次我太疲勞了,游到一半抽筋,抱住水泡被老解巡邏艇撈住。"阿光說。

"等下一舨啦!"帆安慰他說。

"那一定!好啦!睡覺鈴聲響了,有機會在廣州見面時我們再談吧!"光笑著說。

"好!"帆說完後大家就匆匆留下了聯繫方式。可是誰會料到,這個地址在日後適當的時候,又會扯出他們之間的另一段經歷。

第二十章

躲避殺戮空門匿　人獸糾纏虎相逼

天氣一天天熱起來,偷渡的人也多了很多,結果是沙河格的倉位越來越擠迫了,所有男躉只能關在一個加固的大堂內。一倉人密密麻麻地躺在紅磚地面上。因為人實在太多,連睡的地方也不夠。熱氣、臭味充滿了整個大堂。當局管理人少,管不了那麼多了。白天大家沒事做、就圍成一堆一堆的閒聊,你可以去這堆聽,又可以去那堆聽。反正大家除了交流跂腳經驗之外,就談東談西。正所謂:各盡所能,各有所吹!這樣,時間也過得很快,你會聽到很多平時聽不到的,以及社會上不準傳播的東西。大倉儼然變成了偷渡及"社會大學"的大課堂。

在廣州市沙河格這段時間,帆就每天這堆聽罷去那堆。有一天他參加到其中的一堆,主講人自稱三哥,他三十六歲,比帆還要大六歲。帆自問自己在同輩的偷渡者中已屬老卒,沒想到居然還有人比自己年紀大。細心一聽,覺得他果然不同凡響。三哥原是廣西造反派"4.22"[1]的一個小頭目,後期造反派受到廣西王[2]鎮壓,他被"聯指"[3]追殺,幸受紅色家人的保護,預早收到風,落荒而逃。據說廣西造反派大量被清算屠殺,造成廣西地區的西江浮屍、順流而下,流到廣東甚至香港。當年三哥也四處流竄,幸在五臺山上一寺院隱居了幾年,受

---

1. 廣西4.22:文革期間,以大中學生和一部分工人為主成立的造反派團體,反對時任廣西主席韋國清。他們1967年4月22日在《廣西日報》社前靜坐示威,并成立廣西4.22火線指揮部。後被韋污為國民黨組織,以殘忍手段清剿殺害。
2. 廣西王:指當時廣西壯族自治區主席韋國清,廣西人,中國人民解放軍上將。其從1958年開始主政廣西,人稱廣西王。
3. 聯指:1967年5月11日,支持韋國清的造反派派成立南寧地區無產階級革命派聯合指揮部,簡稱聯指。

一高僧點撥，也學了點睇手相之技能。帆聽得入迷，從此成為三哥的常客，同樣三哥也對帆注意起來。慢慢兩人發現彼此共同語言頗多，成了無所不談的短暫朋友。

"三哥，你們廣西的造反派為何搞到如此慘烈？大家互相砍殺，絕不留情，居然令到西江浮屍串串、順流而下，這真是慘絕人寰！"帆不解地問。

"你以為我們想這樣的嗎？其實我們都給阿爺騙了，整個中國都給他騙了！最初阿爺是少數派，為了自己的權力，利用年輕人血氣方剛，沖動無知，利用各派正反力量，煽動他們去動搖老劉的權力。當阿爺奪回權力之後，又出賣造反派的利益換回一批舊當權派的支持。廣西422一派的人死得慘咯[4]！"三哥不無傷感地說。

"這不是明顯的運動群眾謀私利嗎？"帆問。

"這還用問嗎，歷次運動都是這樣！總之陰謀陽謀都用盡。"三哥說。

"凡是獨裁者都是這樣，在他眼里只有權力，六親不認，要權力就不要人性的。但是縱然不同派系，到底都是民眾，無論如何也難下殺戮之手呀！"帆說。

"這也是，廣西之民風較為強悍，并不具有廣東人所說的'人情留一線，日後好相見'的懷柔處世的性格。"三哥說。

"其實廣東人也不是沒有吃過虧的，剛解放，整個廣東隊伍，不是一樣被連根拔起？自此之後，廣東人更注重明哲保身，凡事只出三分力，從不願意露頭角。不久前阿青婆才說過：'廣東人最兩面三刀的！'其實很多廣東人討厭權力，喜歡的是自由和富足的生活。所以才有孫中山功成身退的美事！"帆說。

"你這樣說，我又不明白了，為什麼廣東官場上的派系也非常嚴重的？很多廣東人也很讓人討厭的。"三哥說。

"對，沒有錯。不過你想一想，廣東官場上的廣東人只占多少？廣東人喜歡說：生存有很多方法，此地不留人，自有留人處！不像有些人，喜歡爭權奪利，欺壓老百姓，這些人最討厭！"帆說。

---

4. 廣西422一派的人死得慘咯！；1968年7月3日，中共發佈7.3佈告，旨在制止當時廣西的武鬥事件。但廣西以此為藉口，對422進行鎮壓、屠殺，人數達十至二十萬之眾。造成浮尸串串、順珠江而下流到廣東、香港。廣西更有甚者，發生人吃人現像，不乏挖肝炒心、強奸民婦、坑殺不同派別者。此風在文革後期才得到控制及平反。

"起初我也不明白這一點，7.3[5]、7.24[6]後，廣西4.22受到清剿，我逃到五臺山一寺院，足足隱居了幾年。其間我受寺院主持的感化，決意洗心革面，重新做人。起初入山時，主持說我滿面殺戮之戾氣，滿腦權欲！上山之後追隨僧人的清心寡欲的生活，漸覺心清氣爽。可是兩年前的一天，主持對我說：'你命本不屬空門，卻入空門幾年了，應已避過了人生的大劫。我看你戾氣漸消，你應返回父母家中，今後要行善積德，好好做人。'我沒有辦法，只好離開。返到單位，那時殺人的高潮已過，開始落實政策。又得貴人幫助，派我去做供銷。我當時曾想從此不問世事，過隱逸生活。可是事態慢慢又發生改變，追殺迫害始終存在。最後還是選擇要離開這個社會，走上偷渡逃亡之路。我摸清路數後，橫下一條心來，反正一切都是由上天注定的！"三哥說。

　　"所以你現在就不用打打殺殺，弄到滿身戾氣了！"帆說。

　　"對呀！我也是這樣想，所以現在我和你都走同一條路了。"說著兩人竟哈哈大笑起來。

　　"三哥，我都走了三舨，一點都未感受到天恩的眷顧。你能否幫我

5. 針對廣西所發的7.3布告主要內容：
一. 立即停止武斗，拆除工事，撤離據點，首先撤離鐵路交通線上的各據點。
二. 無條件地迅速恢复柳州鐵路局全线的鐵路交通運輸，停止一切干擾和串連，保証運輸暢通。
三. 無條件地交回搶去的援越物資。
四. 無條件地交回搶去的人民解放軍裝備。
五. 一切外地人員和倒流城市的上山下鄉青年，應立即返本地區、本單位。
六. 对于确有证據的殺人放火、破坏交通運輸、攻擊監獄、盜窃國家机密、私設电台等現行反革命分子，必须依法懲辦。
【中共中央、国务院、中央军委、中央文革《布告》，1968年7月3日。】
6. 針對陝西所發的7.24布告：
一、任何群眾組織、團體和個人，都必須坚決、彻底、認真地執行偉大領袖毛主席親自批准的'七三布告'，不得違抗。
二、立刻停止武斗，解散一切專業武斗隊，教育那些受蒙蔽的人回去生产。拆除工事、據點、關卡。
三、搶去的現金、物资，必須迅速交回。
四、中斷的車船、交通、郵电，必須立即恢复。
五、搶去人民解放军的武器裝备備，必须立即交回。
六、对于确有證據的殺人放火、搶劫、破壞國家財物，中斷交通通訊，私設電台，冲擊監獄，
勞改農場，私放勞改犯的現行反革命分子以及幕後操縱者，必须坚決實行無产階級專政，依法懲辦。"
【中共中央、国务院、中央军委、中央文革《布告》，1968年7月24日。】

看看，有什么地方還未做得好？"帆問。

"讓我看看你的掌。"

"好。"

"你已經不錯了，起碼已有人與你拍拖。你手紋有鳳眼，睇來此女還相當聰明。她將來會與你結為夫妻的，是嗎？"

"這點我就不知道了。"

"現在有無人與你拍拖先？"

"有，大家一齊起，她已先戒走去海南島有二十多天了。"帆說。

"你看！我不會騙你的。"三哥說。

"不過，有件事情我必須預先告訴你的。你為人忠厚、心軟。以後做事必須自己抓定宗旨，其他什么人的話也不要聽。只要你自己拿定主意，你一定會成功的，如果你同人家商量，合作謀事，必失敗無疑！我的話你信不信由你，好自為之啦！我想對你有幫助就是這一點了，特別是在跤腳或在人生的重大問題的決定上，你記緊我的話就夠啦！以後你會續步向好的。"

"三哥，我還有一件很令我疑惑的事情，你見多識廣，看你是否知道，或者聽說過。"

"什么事？"

"一種野獸的叫聲！"

"你學著叫來聽聽！"

"六月七號的傍晚，天黑、沒有月亮，我們起行不久，忽然聽見一聲長長的叫聲，唬——的一聲，驚天震地！但又好像就發生在身邊，樹葉都震得沙沙聲響，整個世界的生命好像都死了一樣，一片死寂！靜得非常非常可怕！這樣過了十分鐘左右，晚間的蟲鳴又恢復了。我嚇得蹲在地上，可是以後就沒有再聽過這種叫聲了。"

"虎嘯！很響、很響，單聲的，叫得很長、很長，應該叫虎嘯，不稱虎叫或虎哮。"三哥馬上一口咬定地說。

"老虎？你不要嚇我呀！它就在我身邊一樣。"帆心有余悸地說。

"你不用怕，真的是老虎！對於廣西人來說，司空見慣，很平常的。我這一次就在中途碰見了它，連累到我要進來這裡。"三哥鎮定地說。

"是嗎？怎么我覺得你一點也不驚怕的樣子。"

"廣西山多,山高林密,又毗鄰貴州、雲南、四川、江西、湖南這些山區,老虎出沒常常都有經歷過。廣東地區的人口眾多,老虎出沒相對較少,廣東人見得也少,不知如何去應付,所以害怕。老虎單聲嘯叫,聲音傳得很遠,很容易讓人以為就在自己身邊。"

"聽老人家說,解放前廣東地區也有老虎出沒,不過解放後就很少聽說了。你說我聽見的是虎嘯,實在嚇我一跳。"帆說。

"我這次用了張單位證明,一個人來東莞采購,找準個機會上了大嶺山,直往南行。走山路是我們的強項,我預計一個星期左右,就可以越過邊界。但是這段時間天氣不好,經常下雨,甚至大雨。為了不耽誤行程,第二天我決定早點起行。當時天還沒有黑齊,走著走著,突然在山路上出現了一隻人的手掌。手指及一條手骨連著,手掌上的肉都沒有了,登時嚇我一跳。我再仔細看看,剩餘的皮肉已有點干,血跡全無,估計是幾天前被吃剩下來的。我慌忙走到一塊山石的傍邊,背靠大石繞了一圈,確認安全才放心下來。

"老虎的活動范圍很大,一下子跑一百幾十公里不奇怪,牠現在是跑了還是吃飽了不願動,或留在附近?我一想到這裡就感到極度不安而茫然,到底我該走還是不該走?我不知道。想了一下,最後我決定橫下心來、走!幸好我上山時買了一把菜刀,這可是我的救命刀。你不要以為我要拿菜刀和老虎拼命,老虎很怕聽到尖銳的金屬的響聲,怕尖刺、晚上怕見到火,這些知識廣西的山民都知道的。這三樣東西我都有,所以就不怕了。

"我立刻用刀砍了一支棍,一頭削得很尖,然後在山上撿了幾塊很堅硬的石頭,抓了一些干草,扎成草把,帶著就走。我想:'我平生不做虧心事,上天真要我死,我也不得不死了,怕什么!大不了十八年後又是一條好漢!'我給自己壯著膽,大步踏前。當晚走了兩個鐘頭後,問題來了。我發覺後面遠處,有一對發光的小電筒沿路追來!我立刻把菜刀拿在手上,用刀敲打撿來的硬石塊,一陣刺耳的金屬聲,居然把牠嚇得往回跑!我又繼續往前走。可是過不了多長時間,牠又不死心追上來,我又敲打一回,牠又跑了……當天晚上就是這樣敲敲打打,打打敲敲、折騰了一個晚上。好不容易到天亮,唏!牠又不見了。這種傢伙是晚間活動,白天躲起來,見不得人的。我想,不如我白天走,離開牠遠一點,牠就不會再追上來。這時候我剛剛經過一個又驚、又怕、又累的晚上,真是精疲力盡,恨不得立刻躺在地上睡覺。但是一想到這個傢伙就在附近,我又硬撐著趁早再走一段路。到十點鐘左右,我又不敢走了,因為怕見到人。唉!在人和虎之間,我真難作出抉擇。"三哥非常泄氣地說完這段話。

"是呀！我也是這樣認為，人有時更可怕！野獸你可以躲避，你可以與牠搏斗，人卻迫到你無能為力，慢慢看著自己一步步走向死亡。"帆說。

"本來民間稱虎为'神獸'，是懲惡揚善的代表。老虎成災，是人間秩序和道德敗壞所導致的自然界的感應，而虎患又常與天災相伴。可見，气候变化与虎患频發也存在著關聯。每逢王朝交替，虎患也有上升趨勢。因此虎患反映政府失效、凸顯社会无序化，是自然危机与社会危机交織的產物。我們那裡的當地人，對虎都相當尊崇。今日讓我遇見，也不知是福還是禍。我一面跌跌撞撞地走著，一面在心裡暗暗祈求上天，祈求上天賜我力量！走著走著，我太累了，坐下來稍作休息，卻不知不覺地靠在一塊大石頭睡著了。這樣不知過了多久，這個'傢伙'竟然在我夢中出現，我驚惶地一下子跳了起來。這時天陰地暗，好像要下雨的樣子，看看時間，下午四點多。我在旁邊的溪水補充滿水壺，吃了點東西，正準備動身起行，忽然聽見一聲熟悉的異響。我向後一望，嘩，好傢伙！只見在不足50米遠處的叢林中，竄出一頭身長兩三米，色澤深黃略帶棕紅、大頭寬額、黑色菱紋交匯，斑駁艷麗的老虎，看樣子足有二百公斤。我立刻高度緊張，扎出一個步馬，取出菜刀準備應付。牠也馬上停下來，瞪圓雙眼，一面虎視眈眈地望著我，一面彎起一只粗大而有力的前腿，耳朵在轉來轉去，舔了舔舌頭，打了個呵欠，好像在想著等一下子再慢慢處置你的樣子。我畢竟是在山區長大的人，我知道牠現在還不是太餓的時候，我必須抓緊時機，趕緊逃跑。不然等牠肚子餓了，改變了主意，我就麻煩了。我扭轉身來，面對著老虎一步步退著走，老虎也沒有追來。退到看不到牠時，我就轉過身去急步跑。但牠很快又追上來，這時我才想起，我的氣味會把牠引來。天色漸黑，牠追得越來越緊。我遠遠看見那對發光的、手電筒般的眼睛越來越近，心裡也越來越害怕。我拼命地敲打著菜刀，發出越來越大聲的金屬聲。可是牠好像漸漸習慣了這聲音，越來越不以為然。雖然牠對我仍保持一定的距離，但是這個警戒距離越來越小，有時甚至少到了30米左右，我感覺生命危在旦夕！好在這時天又亮了，我歡喜若狂。白天是我的救命時刻，我不顧一切地走，我一定要走到有人的地方，到了那裡我才保得住性命！"三哥好像驚魂未定地說。

"三哥，我也替你緊張，牠咬了你沒有？你後來又怎樣脫身的？有人來救你嗎？"帆越聽越替他擔心，迫不及待地連問了幾個問題。

"嘿，給老虎咬了，你還見到三哥嗎？"旁邊的倉友笑著說。

"沒有,那裡還是荒無人煙的一片大山大嶺。我已打定輸數,找人來抓我了,只要能保住性命就行。我白天照樣走,誰知那傢伙卻死賴地跟著來,只不過離遠一點,大約一百米左右。牠在後面時隱時現。我知道牠應該是餓了,牠不願意放棄我。如果今天白天我還不能找到村莊,到了晚上我就危險了,晚上是牠發威的時候了!我越來越著急,可是又沒有其他辦法。我們雙方就這樣消耗著,耗著雙方的體力和意志。我時刻地警惕著自己,一定不能倒下,但牠卻離我越來越近。我很想見到人,很想見到村莊,我對自己越來越沒有信心了。可是那裡還是荒無人煙的山嶺,哪裡去找村莊和人呢?這裡正是叫天天不應,叫地地不靈,我感到萬分的絕望!"三哥說到這裡,眼睛里的光芒都不見了,仰起了頭,長長地嘆了一口氣。

"三哥,大難不死,必有後福!你後來又怎祥脫離虎口的?"帆問。

"別打岔,讓他說下去,太精彩了!"旁邊的薑友異口同聲地說。

"當時我想天無絕人之路,我應該再堅持下去!這么慘烈的文革我都可以安然渡過,沒有理由在此馬失前蹄!"三哥昂起頭說。

"對!我也為你不值,如果這時被這隻傢伙得勢,真是太可惜了。"帆站起來揮動雙手說。

"我心雖有不甘,但一時又不知如何是好。體力又消耗得屬害,就干脆找塊石頭坐著,拿著菜刀一打石頭,發出一大響聲。然後大喝一聲,'不怕死就來啦!'這傢伙也嚇了一跳,退了相當一段距離,趴在地上守著,虎視眈眈對著我。不要忘記,這是大白天呀!我想白天牠都敢這樣,今晚牠絕不會放過我的。跟野獸斗體力,肯定斗不過牠,不如今晚以逸待勞,不走了,明天白天再走。主意既定、四處張望,我看到旁邊一處凹下去的黃土壁,確定凹下去的地方有個小洞可以夠一人藏身,就用刀砍了很多條5到10公分粗的堅硬的直樹枝,兩頭削得很尖,插在藏身位置的周圍,自己則躲在凹位藏身位置。然後我又找來了一大堆乾枯的枝葉和樹干,準備用來生火。

"當我拖著極度疲累的身體,準備好一切的時候,這傢伙還在遠處守著。暮色降臨了,一片蒼茫。那血紅色的太陽匆匆滑下去,四處鴉雀無聲,沒有一絲風。這個世界彷彿只剩下我一個人,寒氣濃重得令人發抖。我在藏身位置外點起了火堆,一團團的熱氣迎面擁來,令我感到溫暖。我吃了掛包裡最後的一點餅干,把水壺裡所剩的水一滴、一滴都喝光了。我坐了下來,閉上眼睛,趕緊休息了一會。沒有想到,我這一休息,卻矇然睡著了,不知睡了多久。當我一覺醒來時,我嚇得一下子就跳了起來，那東西竟然離我只有10米左右，在兩邊踱來踱去。火燒得正旺，樹枝在啪啪聲響，沒有一點風，四周暖烘烘。我趕緊敲打菜刀，一陣刺耳的金屬聲突然在靜謐的夜空中響起，把牠嚇了一跳，牠倒退了幾步，大約退後了五六米。借著火光，此時我才能仔細地看清楚牠。牠張開血盆大口，露出四只又尖又利的、微微內彎的虎牙，低沉的咆哮聲，一陣接一陣，凌厲的虎眼像兩支手電筒，一直盯著我，牠的尾巴豎起，尾尖翹起并不停地抖動，有時前身向下，做出隨時想撲過來的樣子。不過當牠看到那一支支插起的尖樁，又顯得有點猶疑，仍沒有撲過來。我見到尖樁和火堆有效，自己又有了點信心。不過回心一想：牠跟蹤了我兩個白天又三個晚上，現在肯定牠餓了，牠不會那麼容易放棄的，我必須提高警惕。

"忽然間，一個黑影從天而降，噗的一聲，那傢伙落在尖樁的前面，差點碰著樁尖。牠立即用四爪抓緊地面，防止因慣性而向前滑。當時牠離我只有三四米遠，因牠撲動而沖起的那陣旋風，舞動著火堆上的火苗，揚起一陣火星。趁牠還未站定，我立刻揮舞著菜刀，打出一聲金屬聲，同時就勢彎身，撿起一枝旺火的樹枝，扔向牠的背上。說時遲那時快，牠大哮一聲，一連兩個滾翻，落荒而去。那堆火幾乎熄滅，尖樁也斷了幾條。我聞到一陣陣火燒毛髮的味道，才知道我這一招令牠背部受了燙傷。但我也嚇到整個人跌坐在地上，足足呆了幾分鐘。

"驚魂一定，我立刻檢查自己的防禦工事，發現被牠一搞已殘缺不全。我一口氣都未敢松動，立刻重新削好並重置尖樁；加好柴禾，保持旺火。這兩項是我到今仍可以保命的根本措施，我不知道什麼時候牠還會回來，我必須做好萬全的準備。我擦了擦額頭上的冰冷的汗水，再檢查了賴以生存的防禦工事，確信一點差錯都沒有，然後才坐下來，看著那舞動的熊熊烈火……我不敢閉上眼睛。果然不出所料，過了一小時左右，我又看見遠遠的黑暗處，有一對黃色的圓點，越走越近。不過這一次牠不敢走得太近了，我為了嚇唬牠，拿起一枝明火在空中舞了一下，牠也嚇得往回奔逃。,

"時間就在你嚇我，我嚇你之間消磨掉。天很快就亮了，這傢伙非常沮喪地把頭縮低，耷拉著耳朵，低垂著尾巴，不願離去。不過牠兩眼露著兇光，死死地盯著我。我想我今天必須找到村莊，不然的話，我很難再撐下去了。我拼盡了全力，在火堆里拿些燒著的柴火向著那傢伙沖去，扔去！牠嚇得拼命奔跑，我又在後面敲打那菜刀，一陣響聲之後，牠一溜煙地逃得無影無蹤。趁那時候，我拿起自己的東西，不顧一切地飛奔逃命去了。我拼命地跑呀，跑，不知跑了多少時間,我連續翻過了幾個山頭,遠處隱約看見一片農田。農田遠處連著幾個小丘,再向前方就是大片大片的村莊。我高興極了,腳下生風,左彎右拐地沿著山路直奔而下。快到山腳的時侯,回頭一看,我不禁大罵起來,原來那傢伙正在半山腰一跳一跳地撲下來,看樣子很快就能追上來。我不顧一切地往前跑,當我跑過小丘、跑到禾田邊,牠已跑到小丘山腳。我急著回頭看牠,一下子就踩進一個坑,整個人摔出去一丈多遠,摔得我眼冒金星。我勉強抬起頭來,看見那傢伙迅速向我沖過來。當時我心裡想,完了,完了,我要完了!就在這千鈞一髮的時候,我聽見一連幾聲震耳欲聾的汽車喇叭聲響,跟著兩部重型大貨車,風馳電掣地飛駛過來,整個大地為之震動,掀起一陣狂風,揚起一大陣塵埃!塵埃過後,我再望那傢伙已經跑過半山,直向山頂狂奔而去。

"我勉強支撐起身體,發覺這一摔,令我的一只腳傷了,痛得很厲害,不能落地。這個時侯,我已彈盡糧絕,向前進是村莊平原,分分鐘被人抓;返上山,那傢伙在等著我,此時真正是前無去路,後有追兵,牠害得我真慘咯!我砍了一個杈椏作拐杖,用它撐著身體,單腳跳著走路。走過前面遮擋著的幾棵濃密的樹後一看,嘩!一大片平原,豁然開朗。原來土丘遮住了一條蜿蜒伸展去遠處的公路,兩部重型大貨車來到這裡剛好拐彎,互相按喇叭示意,無意中救了我。而我這時卻是又傷又餓、疲敝不堪,實在是沒有辦法再走下去了。我橫下一條心,找人家去!

"我強撐著行到一戶人家,拍了幾下門,聽見了一個阿婆的聲音後,我就虛脫倒下昏迷了。

"當我蘇醒過來時,我正躺在一張木板床上。我全身疼痛而不能動彈,右腳踝像火燒一樣。阿婆扶我坐起來,遞給我一碗水和一碗飯。我吃完以後,阿婆又遞給我兩個米粉煎餅,一枝跌打萬花油。然後她用客家話對我說:我是沒有能力收留你的,希望你明白。這枝跌打萬花油對你的腳會有很大好處的,記住搽在傷處,傷的部位不要濕水!她讓我想起我臨走時對我千叮嚀萬囑咐的媽媽。最後我靠著那個杈椏,扶著木床邊,深深地向她鞠了一鞠躬,用廣西人的客家話說了句:'多謝你。'幾個小時後,我就給幾個帶槍的民兵押著,一拐一拐地走了。"三哥萬分感慨地說完這段經歷,眼圈都紅了。

"三哥,你大難不死必有後福!你要振作起來,不要氣餒!"帆給三哥打氣說。

"那當然,不走這條路,我還有其他路走嗎?"三哥微笑著說。

"三哥，你覺得在廣西迫得你慘呢，還是那只傢伙迫得你慘？"帆問。

"當然是廣西那只大老虎迫得我慘啦！這次見到那只傢伙最多就吃了我一個人，而廣西那只大老虎，一次就殺了十幾二十萬人！兩者不能相比，不能相比！"三哥認真地說。

他們談興正濃，晚上睡覺的鈴聲響了。睡在地面上的帆整晚思潮起伏，反復思考。他想起自己被批斗的遭遇，三哥被追殺的苦況；各派群眾之間的互相絞殺，群眾與官員的沖突等等，都是群眾被運動的結果。有人以為高明，可以從中漁利。實質上對人民沒有好處，對自己和自己的集團也沒有好處，因為這是歷史的反動。

第二天一早，三哥就被戒走了。再過一天，帆也被戒了去海南。他心知肚明，這次報流去一個自己從未去過的地方，還要從這個地方安全逃脫出來，危險程度如入虎口。致於他能否像三哥那樣，虎口余生，大家就只能耐心地看看他的造化了。

第二十一章

賭命逃越千般難　天助人扶竟可攀

帆那幫人像牲口一樣，被趕到底層船艙，坐在船艙底部的木板地上。風浪的搖晃、空氣的混濁、暈浪、嘔吐，一片烏煙瘴氣。船走得特別慢，不知過了多久才終於停了下來。隨後這群臉色臘黃的人又被塞進了大卡車，像待宰的牲畜一樣被運到秀英格，趕進了大倉。

一到大倉，有些人又立刻生猛起來，大聲呼叫著熟悉的朋友，好像回到娘家一樣。帆想這些肯定是熟客仔咯，一接到地氣就生。另有些走向鋪在水泥地上的木板邊，靜靜地坐下來，看著人家講話，這也許是新鮮客仔。帆走向最邊角的一個不顯眼的小地方，扶著額頭想躺下來，他覺得他需要休息，但更重要的是需要想辦法。這是個有幾百人的大倉，所有人都躺在地上，像沙河格一樣。自從周總理講過偷渡是非法探親之後，凡是偷渡犯就按人民內部矛盾處理，不再是投敵叛國的敵我矛盾，這裡關押的級別也就降低了，關押的制度也就比較鬆散了，管理人員也愛理不理的樣子。放風時，幾個大倉的人走來走去，互相串連，已是司空見慣。這是最後一站，孤島一個，插翼難逃。帆心裡清楚，他是報流檔的，兩三天內必須要從這裡逃跑掉，否則單位來認人，馬上就會出煙[1]，到時後果不堪設想。他也打聽到，上批女倉逃了兩個女的，只抓回一個叫大粒瘟。大粒瘟是誰？他不知道，帆想問清另一個長相怎樣，卻無人知曉，只知其姓名，這正是阿燕報流的名字。大粒瘟被押返倉後很快就被戒走，另一個就始終沒有再出現過，到現在已有一個多月。帆認定燕應該獲得自由了，不然她早又被戒返秀英格了。他暗地裡替燕高興，亦覺得燕是一個有膽色之輩。

---

1. 出煙：暴露。

倉裡的薑友，吃飽了沒有事做，就把大粒瘟後來被押返秀英再抖出來的事情細節，作為故事趣聞傳誦著。這樣既可以打發時間，又可以作為逃跑的經驗之談。對於這些，帆自然是一點也不放過。

原來那天早上，　在一陣呼喝聲中，兩個年青力壯的民兵，每人提著一枝七九，押著四個蓬頭垢面、一瘸一拐的病女，帶著滿身刺鼻的藥油氣味來到了衛生院。每遇這種情況，醫生都讓這些人先看病，周圍病人也怕這些監薑不衛生而容易傳染，皆急忙退避。其中一個民兵押了一個人進去看病，另一個民兵就守著另外三人。不到一刻鐘，那個在外面看守的民兵低頭點煙，當他點完煙抬頭時、卻發現最瘸拐的、臉上有粒大瘟的不見了，他急忙去看病房查看。另一個女的見時機來了，反轉身從另外一邊逃去。那個英武的民兵返過頭來一看，一個跑了、另一個又不見了，那還了得！他急忙返過身來，拉住另一個女薑，推住她、要她進去醫生看病的房間。其實那個女薑也是準備逃跑的，現在自己慢了一步手腳而被人抓住，於是裝作害怕而不願進去。正在雙方糾纏之際，那手執七九的民兵卻一槍托打在那個女薑身上，女薑隨即倒下，趴在病房門口，不停大叫救命！另一個正在看病的女薑慌忙跳起來想去扶起她，誰知在醫生房的民兵竟以為在看病的女薑去幫手，他也用槍托一下打過去，不但打中看病女薑的頭，竟因用力過猛，把人家打昏在地上，鮮血滿臉，還把醫生看病時用的桌子也打翻了，醫生用具啪啪聲跌到一地都是。看病的醫生是一個中老年的女醫生，一向慣於斯文的工作，平時的政治運動已把她嚇得像驚弓之鳥。剛才那一幕，突然其來的粗暴舉動，竟把醫生嚇得連忙跑出醫生房，也大呼救命，直奔去院長辦公室。

經她們一叫，整個衛生院的人都驚動了。門診的病人立刻四散逃跑，其他醫生護士聽聞叫救命也不知怎麼回事，慌成一團，也有跑去院長室請示。那兩個笨拙的民兵一個在守著那兩個女薑病人，一個走去找跑掉的醫生返回去救人。誰知那女醫生見後面民兵持槍追來，卻越叫越走，她上氣不接下氣地跑到院長室時幾乎要昏到在地。院長畢竟見過一點世面，他一見這個慌到幾乎要癱倒的女醫生及後面緊追而來的民兵，急忙一手扶著那醫生，另一手擋住民兵說，請你不要進來，我會打電話通知你單位。院長說完就急忙打電話給看守所領導，要求派人過來增援處理。醫院一時之間就亂作一團，相信大家也很難理清個頭緒，講清楚個所以然來。

話說大粒瘟并沒有向醫院的大門走去，她知道那裡有警衛把守，她轉向了反方向。而另一人也沒有沖向大門，而是走向後面的方向。

她們分別沿醫院圍墙內的兩側走向後面，在後院的養豬欄不期而遇地碰了面。大家一笑，大粒癙立刻上前拉住她的手，帶著她從豬欄旁邊的後門，神不知鬼不覺地走了出去，此時後門外面空無一人。

看守所的領導被驚動了。很快，一支荷槍實彈的幾十人的隊伍開到衛生院，領隊盤問了那幾個人近半小時，才弄清楚其中的誤會。當他們佈置好檢查及追捕的天羅地網時，相信逃跑的兩人都不知走了多遠。

講故事的人說到這裡就停裡下來。

"後來呢？"有人問。

"後來大家都知道的：大粒癙與另一個女的分手後搭紅衛輪被海南隊長認出抓回來。"

"另一個呢？"

"我也不知道，你有本事去問她吧。"講故事的人說完竟引起眾人的一陣笑聲。

"大家不用笑，只要用腦袋想想就知道了，不外乎兩種方法：一是自己有地藏，二是在外面接到地氣。難道還有其他辦法嗎？"另有一人忽然說，真是一言驚醒夢中人。

怎樣逃跑？這是一個大問題，燕後來為什麼和大粒癙分開？大粒癙後來又怎樣在紅衛輪給抓回來？她們逃出去後又經歷了什麼？燕現在又怎樣？這些對於帆來說，這就是一個謎！

帆一直睡到下午才起來，吃了晚飯後沒事，又去各處轉轉，想聽聽人家怎樣逃跑的。原來這裡逃跑成風，問題是你敢不敢逃跑，你有沒有本事逃得出去？間中每有人逃走，就給倉中之人增加了點談話的內容，再經過有些人繪聲繪色地描述一番，卻也可以幫倉中之人打發那漫長的、令人極度苦悶的時間。很多人聽到逃跑時那曲折而又驚險的情節，不免產生一陣陣令人興奮的想像。可是真正到自己去抉擇時，又往往猶疑不決。所以真正逃跑的人卻還是比較少。

帆卻不敢有半點猶疑，當天晚上他就決定了方案，去參加勞動，在勞動的過程中尋找機會。原來每天早上，管教員會拿一疊草帽來，走到倉里看準要誰去勞動，就給他一頂草帽。管教員派完草帽之後有兩個協助的民兵抬來一大桶稀粥，有帽的給一砵，吃完開工。有些人不想去開工勞動，又不想去嘗試逃跑，就吃半砵粥，把剩餘半砵粥和草帽放在地上，有誰沒有被點到又願意去碰運氣的，就拿起剩下的半砵吃完，戴上草帽就去碰運氣去了。這種碰運氣的事情，你肯我愿，各安天命！有些去了沒有機會逃，有些逃了給抓回來，打斷手腳的，大有人在！

第二天帆的主意還是靜養。他坐下來，一邊按摩放鬆自己的肌肉，一邊與旁邊坐著的倉友閑談，盡量打聽當地的情況。

帆突然想到一個非常重要而實際上自己又嚴重疏忽了的問題。到底問還是不問，帆想了很久之後、還是鼓起勇氣去問。帆相信同倉的人，總好過一旦遇到當地土人而沒有辦法去應對。要逃跑，就什麼事情都會發生。

"這裡的當地土人講什麼語言的？"帆問。

"咦？你不是當地的，你是報流的？"被問的人立刻警覺地反問帆。

"哦……是，我是報流來到這裡的，我人生路不熟，你可以幫助我嗎？"帆只能照直說。

"你要我怎樣幫你？"他問。

"我只知兵團講普通話，但土人講什麼話就不知道。你可以介紹一下秀英和海口的情況嗎？"帆問。

"整個海南島都通普通話，你講普通話就絕對沒有問題。"他說。

那倉友就給帆詳細地介紹了很多情況，讓帆心里有了點底。這就像決戰的前夕，雖然帆只是單身一人，但他仍然反覆地檢查，生怕有一點點的失誤而鑄成大錯！

第三天的早上，帆正躺著休息，那倉友忽然推了他一下，帆知道管教員來了。他立刻坐起來，昂起頭來，等著管教員派他草帽。可是管教員在他前面停了一下，把草帽遞給了另外一人。今天出外勞動人數只有14人，人數較少。而不願去勞動的只有一人。帆立刻走去捧那半砵粥時，卻另有一人已走過來，也去捧粥。帆手急眼快一手捧起砵粥，對方卻伸手過來搶，帆立刻用另一手撥開，那人隨即抓緊草帽不放，帆一個轉身，捧起那半砵粥，仰起頭來，一口喝盡。"好！"其他圍觀的人一齊叫好。那人拿著草帽一個箭步沖前，一拳朝帆的頭上打來，被帆左手一招擋開。這時在周圍觀看的幾個人介入，阻止了這場打鬥。相勸的其中一人，就是帆請教的倉友。

"人家已把粥食了，我勸你還是等明天，今日就讓他去吧！大家為這件事打起來，上頭管教一知道，以後就斷了這條路。大家說這話對嗎？"他說完望了大家一眼。

"對，不要破壞規矩。"其中一個人說。

"鬧大了對我也不利,來日方長,不能破壞規矩。"讓出草帽那人也出來說。

"讓他去吧!你有的是機會。"人群中又走出一人來,一面說一面摟著搶粥者的肩膊,把他拉回去。搶粥者邊走邊把草帽隨手丟在地上。

帆拱著雙手,對著大家一揖,說聲"多謝",就拾起草帽戴上、飛快出門去了。外面的人已排成一隊,由五個持槍民兵押送去玻璃廠勞動。帆沒有去過玻璃廠,也不知在何方,只知道跟著走了十分鐘左右,經過一小段商鋪之後,就向右拐入一條狹窄的小巷,在巷里有幾間工廠,他們轉入了其中的一間。它是由紅磚瓦蓋成的烏黑而低矮的廠房,裡面幾個火爐燒著嫣紅色的玻璃,空氣灼熱而混濁。工人三五一爐,拿條鐵管輪著去沾點玻璃,然後用嘴吹成玻璃瓶。帆他們走到這個車間的盡頭,有一道小門,穿過小門就見到一個水泥地天井。天井裡面有兩張石凳,大概是給吹玻璃的師傅透透氣的地方吧。天井的旁邊還有一個開著的側門,通過側門過去就是塊爛泥地,堆放著一堆堆的煤、破爛玻璃、雜木箱、廢爛鐵等等。這塊泥地大約有20米寬、30米長,周圍有一道兩米半高的磚砌圍牆圍著。圍牆因年代久遠已顯得斑駁烏黑,圍牆頂還鑲嵌有很多尖利的玻璃片。帆他們的任務是搬走那些垃圾和雜物,清理這個地方。帆馬上就知道,這是一個機會,同來的兩三人也會意地互相點頭。不言而喻,這些都是想逃之人。

負責的民兵頭領對大家吩咐一番,叫兩個民兵到外面巷頭巷尾兩邊把守,另外兩個民兵在現場監督大家工作,他自己就跑去廠辦公室聊天去了。這樣過了大約半小時,相安無事。七月的太陽火辣辣的,曬得人真不好受。工作的人滿頭大汗,有些人拿起草帽扇起涼來。這時大家不約而同地把目光投向天井,發現那兩個看守的民兵不見了,估計是天氣太熱,躲到屋角的陰影下乘涼或者抽煙去了。一個比較高大的倉友立刻用手指向自己的胸前、然後豎起食指,表示他逃第一。說時遲那時快,立刻有兩個倉友伴著他走向一堆煤堆作為遮掩,只見他一踏上煤堆,一個鯉魚翻身,躍了出去,一點聲音也沒有。帆一見此情景,也立刻用手指向自己的胸前、然後豎起食指和中指,表示他逃第二。另外兩個倉友也用同樣的方式作掩護,帆把袖口一拉遮住手掌,以防圍牆頂上尖利的玻璃。他換了個方向,一個箭步踏上另一煤堆,雙手一拉一撐圍牆頂部,便躍了出去。當他翻身落地的時侯,感覺是一片蔗地。再仔細一看,自己跳進的竟是一個解放軍的兵營,遠處還有一個兵在一座大樓前站崗,樓邊曬滿了軍人草綠色的軍裝。幸好自己沒有被發現!帆伏在地上等了大約一分鐘,不見有人再跳出来，帆決定自己走了。他順著圍墙邊，靠著甘蔗的遮擋，走到圍墙另一面，發覺那裡的圍墙矮了一點。帆毫不遲疑，一躍翻了過去。

他剛一落地，就聽見"哎喲"一聲，定睛一看，原來有兩個梳著長孖辮的女青年和一個中年婦女，各人挑著擔東西在走路。帆連忙低說聲"對不起！嚇倒你們了！"然後把食指豎起放在口邊，示意她們不要出聲。可能事出太突然，她們急忙往帆的右邊走去，一直都沒敢發出過任何聲音。這時帆再往她們走的方向一望，原來一條泥路正對著的是秀英格的大門，距離不過三四百米。帆一看此路不通，轉身回過頭，發現道路在後面一百米左右就變成向左拐，後面是什麼呢？會不會是那兩個民兵在那邊守著呢？不知道！再急忙向路兩邊看，兩邊都是圍墙，沒有分岔路。帆想，要走出這個困局，切不能用一般的思路！他重新用眼掃過左右兩邊，整條路都有高高的圍墙圍著。表明這裡面基本上不是事業單位，就是工廠！向哪裡走？怎樣走？他必須在幾十秒內作出決定。

時間不等人，帆迅速前後張望，發現自己從兵營跳出來的地方斜對面約20米處，有一個大門打開，裡面似乎是工廠。現在大約十點多，工人正在上班，一般工廠的保安員在工人回廠上班時段過後，習慣上應該把工廠大門關起來。可現在卻沒有關，可見門口的保安員不在。如果自己能直入工廠，再從後面找地方出去，肯定是神不知，鬼不覺了。主意既定，他決定賭一回。帆用手梳理一下自己的頭髮，從褲袋裡拿出了近視眼鏡戴上，迅速拍打干淨身上的灰塵。再看那三個女的一直背對著他向秀英格的大門走去，離自己已有50米左右。他猛一個閃身，昂首闊步地走進了工廠的大門。

警衛室和工廠的車間在正門大路口的右邊，機器在轟隆隆地發著響聲。幾枝低矮的煙筒冒著黑煙，慢條斯理的風，懶懶閑閑地撕扯著那些黑煙，一塊一塊地、帶著它飄過那屋頂和樹叢。車間遠處的門口還有一兩對工人在抽煙，一切都顯得是那樣從容不迫。帆用右眼角迅速瞄了一下警衛室和工廠的一切，暗自歡喜自己的判斷；再直瞄前方，發覺有一片樹林，樹林後面隱約見到一座辦公室之類的建築；而左方是一排排紅磚建起的低矮的工人宿舍，烏黑而簡陋。帆的直覺判斷，不能一直往前走，但又要向前走，讓人覺得他是去辦公室。在辦公室的樹林前，他必須拐向宿舍。在宿舍的後面，他必須找到地方跳出廠區。

凡是這種冒險的事，很難按照某一個既定的計劃去進行，只能按那分分鐘都在變化著的、未知的外部態勢及環境，審時度勢去處理，不斷去調整變化自己的應對辦法，才可能爭取得到勝利。

帆完全沒有想到，步向辦公樓、突然轉向宿舍這一路簡直如入無人之境。很快他又看到低矮的圍墻上有一個破洞，他只消跨上一腳就過去了。

帆就一步跨了出去，在他面前展現出一片寬闊的田園，幾乎一百八十度的視野。這一切真令人心曠神怡。但帆不能忘乎所以，他仍然身在險境。帆急步離開圍墻，順著墻邊一個長長的魚塘中的一條泥路，走到了另一頭，見有一個木板搭的廁所，帆便走了進去。帆在裡面向外張望，窺探著周圍的環境、方向。這時帆只聽到自己的心在忐忑跳動，而周圍卻靜悄悄的，連一個行人也沒有，只有樹上的小鳥吱吱喳喳地叫。帆蹲在裡邊呆了近二十分鐘，沒見有一個人走過。他心想："這裡離玻璃廠還是非常近，如果他們擴大搜索范圍，也許一下子就會搜到這裡來。如果能夠走遠一點，安全性就高一點。"帆選了一條斜對角線的小路，一出來就直向那裡走。他一面走一面向四周張望，害怕有人追蹤過來。

這樣走了半小時左右，儘管四下無人，帆心中依然萬分緊張。這是什麼地方？他不知道。走的方向對嗎？他也不知道。天陰陰的連太陽也看不到，風在呼呼作響。帆已完全喪失了方向感，這樣走下去對嗎？會不會太偏離或者完全偏離了自己的目的地呢？不知道！他只知道這裡離秀英不外幾公里左右的直線距離。他突然心中產生了一種想法，能不能先扎個堆，待太陽露出方向再走？正這麼想著，就見前面右方有一個小山般的大大的亂草叢，四面看不見人影。帆一步竄了進去，直往深處走去。草叢深處的草高過人頭，雜亂不堪，他正想整理一個位置讓自己坐下，突然不知從哪裡掉了幾隻大螞蟻下來，這些大螞蟻居然身長有1.5公分！他抬頭一看，頭上面的樹枝懸吊著二個長二米半左右，直徑約80公分的黑色的大蟻窩，滿是這么大隻的螞蟻，在那裡忙來忙去。帆一看全身雞皮都出來了，心中正暗暗叫苦，卻就在這時候又聽見有人說："我明明看見他走了進來的，怎么現在又不見他了？"帆聽見整個人都發呆了，心中大叫麻煩，肯定是自己給人發現了。風輕輕地吹了一下樹葉，帆的頭上又掉多了幾隻大螞蟻。他急忙拍去，那知卻被大螞蟻狠狠地咬了幾口，立刻又癢又腫！樹葉一陣沙沙響後又靜了下來。帆死死盯著聲音發出的地方，隔著濃密的葉子縫隙，看見有兩個青年民兵，各拿了枝步槍，探索著想摸入草叢。帆立刻覺得這應該是當地的民兵，而且附近有人，所以才只派兩人過來。這兩人施施而行，縮縮不進！他斷定不是追蹤自己而來的民兵，就決定采取先發制人的策略。帆立刻解開褲腰帶，又再一面綁褲帶，一面向前走去，信心十足地大聲地用普通話說："拉屎有什麼好看？"經帆一說，兩個呆頭呆腦的青年小伙子面對面地傻笑起來。帆走到他們面前，順手推開他們，大步往前走去。

帆走前100米再向右邊看時，原來田裡有二三十人在工作，帆看不見他們，他們卻能看見帆。另外在草叢堆後面，有一片小樹林，跨過小樹林，就是農舍。帆完全明白過來，他們是怕帆摸到他們的家裡去偷東西！看到這一切，帆才恍然大悟，放心地往前走去。

帆沿著大路往前走，腦子里什麼也不想了。自從他起錨以後，他從一個早被教育成的只崇尚物理、數學、物質及邏輯的唯物論者，慢慢轉變成了天命論者。當一切不可知的、偶然的東西不斷地降臨在他的頭上，他不斷地掙扎，不斷地努力，卻全然白費！而當他放棄所有計算，他卻能在命運的奇異力量的驅動下，準確地靠了岸！

這時，帆一點都不敢想了——其實他也沒有辦法去想，他知道後邊做工的人都在看著他到底要幹什麼。他就順著那條路走，大約走了400米向左拐去，又再經過約500米，看見前面有些房子和圍牆。他前面到底有沒有路，是否可以走得通？他不知道。當他走近圍牆時，路卻忽然沒有了，但一陣難以形容的驚喜湧上他的心頭，原來鐵路就橫在他面前，恰從兩邊的圍墻中間通過。他立刻回過頭去看，後面一個人也沒有跟來，他也看不到那些人了。雖然那時天色有點昏暗下來，要下雨的樣子，但帆從自己行走的方位來判斷，右手邊應該是東邊。他沿著鐵路邊往右走，大約過了35分鐘左右，鐵路兩邊有了些房子，周圍的人越來越多，遠處煙靄晦暝，暮色蒼茫。

這個時分，帆放心了，他算是暫時逃離了桎梏，但上天會否再捉弄他、能否讓他回家，還是個未知數。他整理了一下自己的身上的衣服，然後走去找人打聽他老表的地址。當時海口市並不是一個大城市，重要的機關地址很容易就找到。老表看見帆，笑了笑，帆也報以一臉苦笑，大家心照不宣，沒有說話。

"燕回去很久了，超過一個月了。我先找個地方你休息一下，洗個澡，等會我來叫你到飯堂吃飯去，因為我們已經吃過了。"老表說完就找了一個房間給帆休息。

"放心休息吧，等下再來叫你。"老表說。

帆一頭倒在床上，睡著了。不知過了多少時間，老表叫醒帆，把他帶到一個干淨簡潔的小房間，里面有四張桌子，其中一張上面有兩個菜，一盆湯，一大盆飯。帆坐下來狼吞虎嚥地吃起來。

"你打算怎樣？"老表問。

"我打算明天一早坐紅衛輪走，能否弄到票？"

"可以。"

"船上會否查證明？"

"買票時已經查了，你不必理會。"

"夜晚有沒有理髮的，我想理個髮。"

"有，十點關門。"

"遠嗎？"

"不遠！十分鐘路程。現在8點20分。"

帆迅速地解決了他眼前的事情，8點35分就順利坐在理髮店的椅子上。

9點25分，帆就回到了睡覺的地方。

累壞了的帆，一躺下就入睡了。當天晚上下了一場大雨，帆一點都不知道。第二天早上天還沒有亮，帆就被叫起來，又走到了大英山站，上了火車。他坐在靠窗邊的位置上。昨夜的一場風雨，把這個世界又重新地洗滌了一回。一陣陣新鮮的冷風從窗外吹進來，休息好的帆呼吸著、感到心情分外舒暢。忽然他聽到車廂外有人敲了兩下，站起來一看，原來老表遞上來一大包熱烘烘的肉包子。

"路上小心，多注意周圍，回家後寄封信來！"老表叮囑說。

"我會的，多謝你啦！"帆感激地望著老表說。

"你平安就好！車開了，保重！"

"你也是！保重。"

嗚——！汽笛一聲長長的叫聲，火車咔嚓、咔嚓地移動了。眼看人群和樹木迅速往後移動，帆的雙眼充滿了淚水，他堅信人性和親情的存在，他也感謝這種存在，才使他渡過了一個又一個的厄運。他的父母、兄弟姐妹、老表、親戚朋友等等幫助過他的人，他都感激不盡！雖然他處在那個毫無人性的年代，但人性還是無處不在！人性，屬於全人類的天性，毫無利益要求的、赤裸裸的真情幫助和愛的天性，他一輩子都不會忘記的！

一切都像夢一樣浮現在帆的面前，帆坐上了紅衛輪，仍然不敢相信眼前的一切。他靜靜地躺著，閉上眼睛思前想後，他深深地感謝上天，讓他竟然跨越了那么多艱難險阻、不可思議的報流的一步！這不是一般的一步，在帆的眼裡是人生的一大步！這讓他知道，只要準備得好，齊心合力，那什麼困難的事情都可以辦得到。這次的成功，令他整個人的思想視野、膽色、決心和魄力，又上升了一個新的臺階。

第二十二章

巧女智逃脫束縛　水盡山窮苦與樂

當帆突然間出現在家人的面前時，所有人都非常詫異。大家圍上來都問這問那，當他們確認了站在面前的帆，真的逃過了被追捕的厄運，又順利地回到家裡時，眾人才松了一口氣。母親擦干了眼淚，轉身去準備食物。

第二天一早，燕就過來了。見到帆，她既高興又憂傷。高興的是兩人都大步跨過了這一次失敗、并抹去了因失敗而連帶而來的一個壞的記錄。憂慮的是今後的情況又不知怎樣。

他們像往常一樣，沿路慢慢步向廣州西湖。帆把自己在沙河格墊多了一段時間，在秀英格如何逃跑，以及所聽到的大粒癱和她的情況告訴燕。

燕聽完嘆了一口氣說："真是無巧不成書，本來我們兩人預備一同報流、則會一同被戒去海南。誰知這趟只戒女的，卻留下男的，這完全出乎我們的意料之外。

"去海南的一路上我四處張望，希望能看到你。但整個過程，我都沒有看見過一個男卒被戒走。後來在其他人的口中知道這次只戒女的，而且要等很久才會戒下一次。我完全沒有想到自己不會與你同行，而是要自己單獨應對一切。雖然我記掛著你，但現在沒有時間來考慮我們的事。來到秀英格，不同海口市，更偏僻很多。我人生地不熟，怎樣逃呢？又不敢向人打聽，怕出煙。看著秀英格的幾個大倉裡的人來人往，互相串聯，我就知道這裡的人、品流複雜，但管理較松懈。暗地裡聽人說，有些女虌借出外看病之機溜走，但這裡的一切自己一點也不熟悉,再細心查問一下,才知秀英格沒有醫生,蠆友看病必須要到鎮衛生院去。我於是心生一計,決定以看病逃跑。既然有了方案,我就立刻去準備一切,把衣服整理好,躺下來休息,積蓄精神。

"第二天早上,我跟同倉要了點驅風油,搽到自己額頭上,并倒了點在衣服上。當我提出要去看病的時候,一陣陣驅風油氣味增加了可信度。三四百人的混合大倉,最怕發生流行病,順理成章,我被批準了去看病。後來逃跑的情況就如你在秀英格所聽到的一樣。"

"後來你又怎樣和大粒瘟分開?為什麼你沒有被抓到?"

"其實我們一直都沒有分開過。是她掩護了我。"

"哦?"帆更吃驚裡。

燕沈默半晌,才慢慢重新開始述說。

之前不是說到大粒瘟在衛生院後面的豬欄前面見到燕嗎?她立刻拉住燕的手,帶著燕從豬欄旁邊的後門,神不知鬼不覺地走了出去,此時後門外空無一人。為了安全起見,她們沒有立刻走去秀英港及海口市的方向,反而順著小路、向反方向的南方走向偏僻的農村深處。這樣一方面避開循公路及在醫院附近的追蹤搜捕;另一方面像當地的青年婦女或知青,不會引起人注意。走了近兩個小時,她們離秀英越來越遠,人跡也越來越少。最後她倆干脆躲進大片甘蔗地的深處,在那裡等候時間過去。肚子餓了,吃兩根甘蔗就搞定了。她們坐在田裡低聲地相互細訴自己的身世、苦難和不幸,從過去到現在,一時哭泣,一時憤怒。

原來大粒瘟也起了三舨,這次被撈蝦餃,幾乎喪命。她父母原是老教師,因出身成份差,早就被剃了光頭,一直關在牛欄里。家里只有一個八十幾歲的祖父,而弟弟和她去了不同地方的農村。這一次她和男友,帶著弟弟一起去起錨,雖然跌了,但都能平安返來。

燕越講越興奮,彷彿回到當時的景況。

"大粒瘟,我睇定你嘴邊那粒瘟都幾靚的,實屬一粒美人痣,將來一定會帶給你好運的。"

"嘻!衰鬼,正經些啦!人家講正經事,你又在講笑。"

"我是講正經事的,到時你時來運轉,一切衰氣、晦氣統統都過去,旺氣就會來了。"

"承你貴言啦!你看,講下講下月亮又出來了。"大粒瘟興致勃勃,彷彿剛才的苦事已煙消云散,忘得一干二淨了。順著大粒瘟手指的方向看去，燕看見那深藍的天空上，掛著一彎黃澄澄的娥眉月。她站起來放眼望去，只見大地分外寧靜，宛若無人世界，燕感到非常放鬆，仿佛那個充滿煩擾的現實世界已經相去十萬八千里。

"我們今天晚上就在這裡過了，是嗎？"。

"你想住賓館嗎？這裡就是我們的賓館了，不好嗎？風涼水冷！"

"明天什麼時候走？怎樣走才安全？"

"明天我們從原路走回去，但經過秀英時最好在早上六點鐘左右，因為早些估計沒有民兵出來。七點左右我們就會到達海口市，到了海口就會好很多了。"

"也就是說明天早上三點左右就要起行。"

"對呀！現在最好早點休息。"

她們坐在地裡，靠著甘蔗休息。但睡意剛上來，蚊子也來了。兩個人在與蚊子的搏鬥中睡睡醒醒，醒醒睡睡。熬得太辛苦，就起來趕趕蚊子，看看月亮，或者又談上幾句。好不容易發現月亮從天空的這一邊走到了另一邊。

"与其在这里等,不如早點出發更好。"燕實在不耐煩地說。

"好吧，反正我們都不能入睡，就不必在這裡耗費精力。"大粒瘟也贊同。

兩人走到水邊洗洗臉，把衣服換過來穿，把頭髮束起，梳洗一下，頓時覺得精神煥發。兩人就此上路。走著走著，東方開始泛白，她們又回到了秀英附近，路上的行人慢慢多起來了。

"小心！這裡要特別留神，看有沒有檢查的崗哨。看來我們還是要繞過另一條路走比較好。"大粒瘟拉著燕走向了另外一條路。

大約七點多一點她們就走過了秀英，一直往海口市走去。她們隨身帶上的兩段甘蔗也吃完了，看見路邊的小賣攤檔，肚裡就餓了。可身上一分錢都沒有，怎麼辦？

"我們在這裡坐坐，商量一下，想想辦法吧！"大粒瘟說完，兩人就在一個像小公園的地方坐了下來。

"現在我們該怎樣做呢？"燕問。

"哎喲！你真的問倒了我呀，我還真的沒有想過啦！"

"你都知道我是報流的，你是地膽[1]，你得想想辦法呵！"

---

[1] 地膽：指本地人，相當於地頭蛇。

"我被釘時，身上的東西都給搜干淨了。我雖是海島兵團的知青，如果不返到兵團，沒有熟人就沒有辦法的，海口也沒有親戚朋友。"

"既然你什麼也沒有，那你為什麼要逃跑呢？"

"其實今天我並不打算逃跑，我只是出來探探路，誰知今天條件太好，機會一來，我忍不住了，就不顧一切、冒冒失失逃了再說。"

"哎，你呀、冒失鬼！我還有五元地藏，在鞋底。現在不拿出來都不行了。"燕假作生氣地說。

"'哎喲，快拿出來吧，這是救命錢呀！'大粒瘟卻非常高興。

燕把右腳的解放鞋脫下，挖開鞋底的軟墊，見到有張濕濕的煉鋼[2]的五元人民幣。誰知把錢取出來一看，只得半張。另外一半已被踩得茸茸爛爛了。

"唉，一場歡喜一場空。"燕萬分沮喪。

"不怕，我們可以拿去銀行換。"

好不容易等到銀行開門，沒想到這張半截的五元居然可以換到二元伍角人民幣，她們高興極了。

"其實這點錢都是上天給我們的，我們被抓時鞋襪都給脫掉了，就是怕我們逃跑。後來臨戒去東莞格時，我們懇求了一番，才把鞋襪還給我們。"大粒瘟哪有心情聽，她想著趕緊去醫治肚餓。順著一陣陣的香味，就把她們帶到了一間路邊的咖啡店。

"哦，太香了！這是什麼味道？"燕使勁吸著鼻子間。

"'這是咖啡店，你沒有看見這店名嗎？'大粒瘟不以為然地說。

"'你喝過？它是什麼味道的？'"

"我也沒有喝過，不知什麼味道。"

親愛的讀者，請你不要發笑！這是真人真事。她倆都是在廣州市長大的中學生，當時是1975年，她們居然沒有嚐過咖啡的味道。

"咖啡是資產階級享受的東西，廣州只有接待外賓的高級賓館才有，真沒想到海南島也有。嘻！我們很快就會成為外賓的。這麼香！我們不如去嚐嚐，積累一點經驗先，以後去到外面也不會被人笑作鄉下佬。"

"我們海南島也有咖啡種，所以有得賣。如果有得種，沒有得賣，怎向人民交待呀？"

---

2. 煉鋼：當時的人民幣五元紙幣上是煉鋼圖樣。

"既然這咖啡店是向人民交待的,那我們更要去試試。"

"好吧!進去看看。"大粒癗說完就直入裡面。

不看還可以,一看嚇一跳。原來這裡的咖啡三角人民幣一小杯,太貴了,在農村做半天工,還拿不到這份錢呢。兩人在店里你看我、我看你。後來發覺自己站的時間長了,不好意思,又走到門外。經過一番商量之後,她們終於還是抵擋不住這種資本主義的誘惑,又走進店里。最後決定每人買一個面包,兩人共買一杯咖啡。本想只嘗嘗就算了,誰知那位服務員給了她們一杯咖啡,另加一小杯牛奶、一小杯雪白的方糖。她們只好去請教服務員,該如何去享受這種資本主義的東西。在服務員的指導下,她們把奶和咖啡每人分一半,加上甜甜的方糖。呵!那個牛奶的氣味、加上咖啡的濃香!這輩子第一次,第一次品嘗到了資本主義的味道,她們就連杯底的一點點也不放過。

從咖啡店出來之後,燕和大粒癗帶著滿口的濃香,嘻嘻哈哈,走進了平價市場,每人買了一個草綠色的挎包,上面有"為人民服務"的紅字樣。然後又每人買了幾斤蕃薯,扮成個兵團知青回家探親的樣子。這樣兩元五角就完全用完了,她們又開始發愁了。為什麼?原來船票、晚飯、住宿還沒有著落。她們只是見一步走一步去解決眼前的問題,現在問題迫到眼前了,怎麼辦?

"我還有一個辦法,上次我在秀英格認識一個荷包仔[3]。他是海口市人,因長期靠打荷包為生,所以爛了相[4],在秀英格墊了很久。大家一齊勞動時談得來,當時我也想在海口找個人認識,日後逃跑也不致像現在那樣無人幫助,所以每餐食飯時都省下些給他。他也說日後如有需要時可以找他幫忙,臨走時他把地址給了我,這地址我一直都隨身帶著。既然我們都無路可走,可以去試下找他?"大粒癗信心十足第對燕說。

"他靠不靠得住先!是不是蔴骨拐杖[5]?還是你使用色相,色誘人家的?"

"你這個衰鬼,又講笑啦。我講真的!"

"好啦,試好過不試。"

她們很快就找到了荷包仔的住處。這是一棟兩層樓的普通的住宅樓,樓下的門都關閉著,周圍非常安靜。

"他是在二樓住的。"大粒癗說完,帶著燕順著樓梯一直走上去。樓

---

3. 荷包仔:指小偷。
4. 爛了相:犯事次數多了,人人都認得。
5. 蔴骨拐杖:靠不住。

梯很黑暗，一上到二樓，勉強看清門牌號，燕就舉手敲門。

"誰呀？"門裡立刻傳來了一個相當粗魯的聲音。

"找人呀！"

"找誰呀？"門突然被拉開，一個高大的警察站在她們的面前，房子裡面是幾個警察、工糾和一些街八。她倆立即呆了，幸好大粒癦機靈，立即上前說"搞錯、搞錯，對不起！"然後退下來。她倆仔細一看，原來在樓梯的暗處，掛著街道辦事處的招牌。她們上來時焦急，沒有看清楚就沖上去。兩人急忙離開，走到一個僻靜一點的地方坐下，仍驚魂未定。

隔了很久兩人都沒有出聲，這時太陽又偏西了。今天晚上到什麼地方住宿、吃飯？明天又去那裡找錢買船票？看著大粒癦垂頭喪氣的樣子，和初時截然判若兩人，燕在掂量著：大粒癦到底能否靠得住？

"唏！我又有辦法了！今天晚上我們肯定要吃蕃薯及露宿街頭了，像昨晚那樣，捱多一晚。明天一早，我們到醫院去賣血。我比你肥大、我可以賣多一點，賣了血不就有錢回去廣州嗎？"大粒癦瞬間又樂觀起來。聽到她要去賣血，燕一時也被她感動，她現在完全相信大粒癦是真心靠得住的。

"其實我還有一條路。"燕慢慢開口了。

"什么？你還有一條路？"大粒癦瞪圓裡眼睛。

"是呀，不過你一定要保守秘密，這是人命關天的！"

"你應當相信我，雖然你我只是萍水相逢，但是為了自由，我們都不怕犧牲，共同戰鬥到最後一分鐘，將來不論我們有沒有機會見面，不論我們在地球的何方，我都記得我和我的好姐妹曾經戰鬥過，一同患難過，一同享受過資本主義的味道，這是無法逆轉的歷史，請你相信我！"大粒癦說著，激動得流下了熱淚。

"當我們出發起錨那天吃飯時，有一個人偶然出現在我們的飯桌上。他就是海口某電臺支左小組的其中一個成員，山窮水盡的我們向他開口請求幫助，他竟然答應了。他說如果我們萬一遇到難處，可以去找他。你敢去找他嗎？"

"去！這樣的好人，我怕什麼？我們確實也沒有路可走了，還等什么？"大粒癦雙手拉住燕的雙手高興地說，眼眶裡充滿了淚水。

她們按地址找到那個人時，人家的飯堂剛吃完晚飯。聽說有人來探訪，人家馬上加炒了兩個小菜，讓她倆飽吃了一餐，然後安排宿舍住宿。稍晚一些，兩張明早返廣州的紅衛輪船票和一些零用錢都被送到房間的桌面上來。

燕一口氣把她們的故事講到這裡，然後瞪大眼看著帆。

"你們上了紅衛輪沒有？"帆問。

"有。"

第二天一早，燕和大粒癉兩人都順利登上了紅衛輪。一陣長長的汽笛聲劃破了海岸邊的寧靜，陽光伴隨著天空上的雲在捉迷藏，時隱時現。行船卷起的風和煙霧在船的兩邊翻滾隨行。她們站在船邊曬著太陽，海風吹拂著她們的頭髮，她們感到萬分愜意，心曠神怡。看著慢慢遠去的海口，船尾翻滾的波濤……呵，多麼愉快，多麼喜悅！一群群白色的海鷗經過了一番追逐之後、又漸漸與船分離，飛回了陸地。天又陰暗下來，雲層慢慢加厚，預示著狂風暴雨的來臨！

多日的驚恐、勞累，令她們十分睏倦。船離開海岸後，越駛越快。海浪沖撞著船頭、拍打著船身，左搖右晃。有些人已開始暈船了，她們也趕緊到艙裡睡覺去了。天開始下雨，慢慢的，雨越來越大，浪也越來越大。風與浪夾雜著，給船上的旅客演了一場好戲，大家都給這場風雨折磨夠了。燕和大粒癉起初還躺著談話，慢慢就要閉上眼睛了。暈船了，太難熬了！也不知過了多少時間，船突然平靜了，不搖晃了。燕睜開眼睛，看見船員在收拾遮擋窗戶的布簾，這是用來防止乘客偷看的布簾。乘客偷看什麼？原來外面就是澳門、是個五光十色的資本主義世界。凡是船駛經澳門附近，就要掛起這種布帳簾，防止旅客偷看澳門，偷看那些高聳入雲的摩天樓，偷看那色彩斑爛的景色。可憐的國家，竟然連這點自信都沒有！

船已開始駛入珠江口了，想到不久之後就會返回廣州，就會見到自己的父母親人，燕禁不住一陣興奮，想起這十幾天來所經歷的一切，簡直恍如隔世！燕將目光從回憶中收回，投向帆，輕輕地說：

"我也想起你，你在沙河還是已到了秀英？有辦法逃走嗎？有我那麼幸運嗎？一連串的問題，這時一起湧到我的腦裡，我掛念著你。但不敢再往下去想，我不知道上天的安排是怎樣。"她沈默了一會兒，接著往下說。

燕摸摸身邊的位置，發現大粒癉不在，便翻起身向外面走去。船邊走道上人很多，擠得滿滿的，在燦爛的陽光下看著平靜的海浪，一片風和日麗的景像。長時間的暈浪，加上船艙的混濁空氣，令她感到很不舒服。她剛步出船艙門口走了六七步，就遇到一大堆人將船邊過道塞住，前進不得、後退也不行。正在這時，只見大粒癦迎面走來，燕正想叫她，卻見她一邊把臉打側向外，裝作看不見燕，一邊用自己身體遮著的右手、不斷揮手示意燕轉身回去。緊接著她趨前并跟在燕的後面，極快地講了幾句話，聲音很小，卻如悶雷一樣，令燕的整個心都震顫起來。

"我與海南隊長撞面，他在我後面10米左右。他看不到你，快回你艙！我去其他艙，別來找我！我會過來找你的。快走！"大粒癦以極快的速度、下命令般說完這句話。

燕立即心跳加速，整個人緊張到極。幸好大粒癦比她高大，擋住了海南隊長的視線。她立刻轉身回到自己的艙位，找了個暗角的地方，躺下動也不敢動了。她感覺到大粒癦一直往前走，去了另外較遠的艙位，海南隊長就一直跟著過去了。後面跟著發生的事情怎樣呢？燕望也不敢望了，腦袋像爆開了的一樣，耳朵嗡嗡作響，兩行眼淚直流下來。

海南隊長，就是押戒倉友由廣州沙河格到海南秀英格的專職負責人。所有被戒人員都由他負責審查，所以他心中記錄著每批被押人員的資料。每批押戒到海南秀英格的人，最少都有一百幾十人。而他記性很好，誰讓他點相之後，大概都會留下印像在他腦裡。以前也曾有人在逃跑之後，在紅衛輪又遇上他，而被他在船上再次抓返秀英格。海南隊長這個名字，一直都令被押戒的倉友懼怕，況且此人面相令人不可捉摸，似笑非笑，轉眼又一臉兇狠暴戾之相，而且傳聞手段也不凡。凡是與他再次相遇的人，十之八九沒有好結果！

"大粒癦呵，大粒癦！就是因為這粒大癦，他怎麼會不認得你？你一定是在刼難逃了。我呢？大粒癦能否擋住海南隊長的視線而不令我被他看到呢？我應該怎樣做……"燕心中千頭萬緒，沒有想出個所以然。大約兩個小時以後，大粒癦果然過來找燕。她對燕說："今次我刼數難逃，海南隊長現在不理我，因我在船上無法逃走。他一定會在碼頭釘死我。希望你吉人自有天相，安全返到家。字條寫著我家的地址，請你務必告訴我阿爺，我們姐弟都很好，遲些會回去見他。叫他老人家不要牽掛我們，家裡只有他一人，叫他要好好保重自己。這些蕃薯請你交給他，算我的一份心意！"她眼淚直流，無法說下去了。燕也嗚咽得不能自抑，只顧得一味點頭。大粒癦說完一咬牙，扭頭就走出去了。

"這是我最後與她分手時的情況，以後陰差陽錯，我們再也沒有見過面。我甚至連她的真實姓名也不知道，就只能用'大粒癦'來稱呼她。

不過我一直記著她說過的話：雖然你我只是萍水相逢，但是為了自由，我們都不怕犧牲，共同戰斗到最後一分鐘。將來不論我們有沒有機會見面，不論我們在地球的何方，我都記得我和我的好姐妹曾經戰斗過，一同患難過，一同享受過資本主義的味道，這就是我們共同經歷過的歷史。這是無法逆轉的、實實在在的歷史！"燕說到這兒已經泣不成聲。

當紅衛輪到達太古倉碼頭時，一隊工糾已經雄糾糾、氣昂昂地把守在那裡，海南隊長帶著大粒瘟上了岸。一個星期前，大粒瘟與燕就是經由他親手押戒的。此刻工糾把大粒瘟五花大綁，押上了車。今後怎樣的日子在等待著她，我們則無法知曉了……

紅衛輪繼續慢慢前行到了廣州碼頭。燕上岸後，先帶著那些蕃薯，按地址找到了大粒瘟的家。她敲門很長時間才有回聲，又等了很久才有人開門。出來的是一個聲音沙啞、披著一件厚重舊棉衣的老人。他拄著拐杖，一頭白髮，滿臉病容。老人巍巍顫地、仔細地打量著燕，忽然間兩行眼淚直流而下。他一手拄著拐杖，一手掩面，全身發抖，搖晃了一下，幾乎跌倒。燕急忙伸手扶住他。

"爺爺，你孫女叫我來看你了！她平安，身體很好，沒有事！她最掛念的是你，她叫你要保重身體。"燕哽咽著說不下去了。

"你不用說了，我知道啦！"他的話還沒有說完，又忍不住再老淚縱橫。燕就把她們一起逃走，一起在紅衛輪的事情一五一十地告訴了他。

"聽到你講後，我都安心很多。看到你就像看到我的孫女一樣。你們為前途和自由拼博，一定要保護好自己。今天你能來看我，我很高興，謝謝你啦！你還沒有回家，快回去看看你的父母吧。他們都正在等待著你呢！"。

這時燕已經是滿臉淚水。

第二十三章

各人各志各相分　千阻萬難又成軍

燕憂傷的是祖已經決定不再去了。虎口余生後，他們在前進的道路上又少了一個戰友。

"什么？祖決定不再去了？"帆吃驚地問。

"他說太辛苦，太危險了，他不愿意把生命作賭注！"。

"天生的賭徒，居然放棄了賭博的機會。真難理解！"帆搖頭。

"帆，他賭的是錢，你賭的是命呵！這是根本的不同。他只是小賭，你才是大賭，你才是天生的賭徒。"燕嚴肅又認真地說。

"那你呢？你賭什么？"帆立刻瞪大眼睛看著燕問。

"我的賭注都放在你的賭盆里，你為什么不自己去看看？"燕說。

帆聽了這話，一步步走到燕的面前，一下子摟住燕，深深地吻了她一下。等燕推開帆時，帆說："為了負責起見，我覺得還是要親自去問一問祖比較好。"

大約九點半鐘左右，帆和燕一起來到祖的家。祖已經起床了，洗漱干净并吃了早餐，但仍躺在床上，等待他的工作拍檔來開工。他的家好像有了小小的改變，多了兩三件家具。

"大懶祖，還沒有起床，昨晚是不是又搞到很晚？"燕笑著問。

"哪里，我樣樣都準備好了，等那班人過來就馬上開工！"祖說。

"那不是你的一貫作風呵！"帆也笑著說。

"唏！今時不同往日，現在要努力工作，努力攢錢！不要講那么多，帆你什么時候返到廣州的？"祖也笑著說。

"祖，昨天聽阿燕說，你不打算再皎啦！是真的嗎？我們合作得不好嗎？你有什么不滿意的，可以大家講出來、今後我們改正就是啦，我們三個人一條命的呀！"帆誠懇地問祖。

"帆、燕，你們千萬不要誤會，我這個人什么也不會，長大到現在只會賭這一件事。我在這里靠賭為生，以後就算落到香港澳門也一樣，還是會尋返賭博這一行。在這里是賭，到那邊也是賭，沒有多少分別。師傅講過，搵食要知足，貪字變個貧，過猶不及。我思前想後，覺得還是聽師傅講比較好。我們三個人，我是返廣州最早的一個。在沙河格和你分手後，第二天我就被戒到落鄉的地方，當地治保主任就去領我。本來我們這種人要去習訓班勞動三個月，治保主任對我說，只要交三百元就可以立刻放我。以後若我想長期返廣州都可以，只要按時交一些錢就可以了。他還說如果以後表現好，不再發生偷渡問題，安心留在廣州，慢慢可以把交錢的數目減下來。我立刻回家跟父母要了錢，當天就返到廣州。這段時間我就勤力一點，錢就攢回來了。"祖心安理得地說。

"祖，你真的一點也不再考慮了嗎？你不會後悔嗎？"帆問。

"我真的一點也不再考慮了，我不會後悔的。"祖說。

"祖，既然這樣，我們也替你高興。不過我有個問題問你，我們是否可以繼續請平叔幫忙？"帆問。

"呵，當然可以！我會請他繼續去幫助你們的。"祖說。

"謝謝你，祖！那我們就不會再來打擾你了！"帆說。

自從那天以後，他們和祖就再沒有見過面。但願祖在以後的人生路上，順順利利地生活、平平安安地做人。

1975年的7月過去了，市面上並不平靜，謠言四起。形勢好像越來越緊張，政府內兩種勢力的斗爭也日益激烈。國家似是陷入分裂，官員陽奉陰違，斗得你死我活。令人擔心自己的前途在這個日益沉淪的地方，什么時候才有起色？港英方面又不斷傳來反戒[1]的消息，形勢迫人。這一舨失敗了，無論自己的前途、或是國家的命運都是一塌糊塗。帆和燕需要休息幾個月，重整自己，才能再次沖刺。所以他們決定三個月以後，在11月再起。但是因為阿祖不去了，他們還是想找多

1.反戒：1974年11月，中英達成一個對於偷渡者的處理協議：抵壘政策。政策規定，凡是偷渡者如果能抵達市區，便可獲得合法的香港居民身份；如果在邊境範圍被執法人員截獲，則會被遣返大陸，亦即"反戒"。

一個人，三個人去比較好一點。但是這個人去那里找呢？這么短的時間，既要靠得住，又要身體好，又能幫到手的人，太難了。他們想來想去就想到家鄉的親屬，不如就找個農村的青年也可以。

幾天之後，燕就回了家鄉一趟。

再說那邊的帆，自從燕回鄉之後，他除了天天跑步，鍛煉身體之外，就沒有事干了。這天正是星期天的早上，帆跑完步後，想起元哥，就一直跑到他家里。元哥剛剛才起床。

"看你現在的樣子又是跌了回來。聽說阿燕早就回來了，是嗎？"元哥一面笑著問帆，一面遞給帆一杯熱茶。

"她早戒，早跤甩。"

"你兩人都大命！搵個機會再來過啦！人人都是這樣的。"

"一定啦！不過祖說他不會再去了，現在我們正在找人去補這個空位。你認為如何？"

"他熬不住，怕辛苦。不是人人都頂得住的。近來風聲很緊，有些人又會說想看定一點先，我看你自己拿定主意找人就是了。世界很現實的，稍有一點生存的空間的人就不會去拼命了，除非真正是走到絕路了。現在反戒也越來越抓得緊，很多人也退縮了。"

"我知道，起錨這件事，人人都掛在嘴邊，可是真正做起來卻是難上加難。如非迫不得已，人人都決不會挺而走險。如我已走幾次，成功率又沒有把握，次次都是由天定！而且次次都是九死一生，難呀！"

"我們不講這件事，你以後自己看著辦就是了。你最近有沒有聽說廣州發生了一個大事件？"元哥轉了一個話題說。

"什么大事件？沒有聽說過。"

"就是前兩天的事情。八月四號的半夜，來往廣州至肇慶之間的紅星240和紅星245兩艘客輪相撞，不到十分鐘兩船雙雙沉沒，數百人落水，死亡人數竟高達四佰多人。這是解放以來空前的特大海難事件，驚人嗎？這事被捂得嚴嚴實實，不準人講，否則當反革命論處。"

"嘩！大劑[2]。那你又怎樣知道的？"

"我有個同學，他家人是廣州市橡膠七廠的。單是他們廠就死了一百多人，原因就是這個廠組織了一次去七星巖[3]的旅遊，這些人死得慘咯，嗚呼哀哉！"

2. 大劑：這么大件事情，與大鑊一樣。
3. 七星巖：廣東肇慶的一個風景區。

"半夜有月光的,為什麼這麼大只船都會相撞?"

"這天月光明亮,風平浪靜,與天無關。"

"這樣說來,就是人禍了!怪不得蓋到實。"

"現在是非常時期,有功勞肯定是歸最偉大的那個;有責任肯定是歸最倒霉的那個。到時看準哪個最倒霉,扣個帽子上去,對不起了,這個黑鍋就由你來背了。最近社會動蕩得很厲害,到處抓人,你們出入都要非常小心,切勿陷入人禍的漩渦裡。"

"這個社會一向如此。死的都是老百姓,上面的哪會心痛?好啦!我要走了。"帆越講越煩,越講就越難以控制情緒。還是像大多數人一樣躲在家裡,做個逍遥派4最好。誰關心什麼革命,這些"革命"又與我何干?

帆心煩氣燥,回家路上越走越急。他想了很多,但樣樣都想不通;他看見很多,但樣樣都看不順眼。他的心緒非常紊亂,他甚至恨自己,為什麼自己剛好出生在這樣的一個不幸的年代裡?他有志向、有抱負,但世界上的一切卻偏偏讓他感到自己像被壓在大石板底下的一顆種子,永無生長出來的能力,永生永世不得見光!

幸好,當他回到家時,燕已端坐在他家中。

"回來啦!早上去了那裡?"燕問。

"我早上去跑步,跑完去元哥處坐了一下,剛好他今天休息。關於阿祖退出的事情,我要告訴他一聲。"

"應該的,元哥怎樣回復你呢?"

"他叫我們自己想辦法找人頂替。"

燕聽完沒有出聲,低頭不語,像是在想著什麼事情似的。

"你這次回鄉的情況怎樣?"帆迫不及待地問。

燕嘆了一口氣,慢慢講裡她回鄉的經過:

  我下了車,很快就走完了縣裡的大道,向著老家的小村子走去。我走在最熟悉不過的、用大小石頭砌成的道路。從二三歲到現在,每次爸爸帶我回去看祖母,就是沿著這條路走回老屋的。那時祖母還比較年青,慢慢她頭髮白了,背駝了,牙齒也沒有了,祖母也慢慢變得沉默寡言了。特別是上次過年時你在我家見過她以後,廣州開始掃除外來人口,她呆不住了,被掃回家鄉,以後

---

4. 逍遙派:不參加任何造反派別和任何文化大革命活動的人。

後變得更厲害。

我以前告訴過你，我的家鄉是一個既貧窮又落後的廣東山區小鎮。解放前不要說了，從解放後直到現在，整個城鎮都只有一條用磚頭砌成的街道，總長不過四五十丈，有幾間煙葉店、小雜貨店、小雜食店……連年的運動，人們所有的希望都破滅了，他們心裡祈求的、都深深地埋在心底，一天望一天，一年望一年！

我記得小時候每次都蹦蹦跳跳地奔到祖母的懷里，這一次我也三步拼作兩步，渴望著早一點見到她老人家。那天，一片朦朧暮色覆蓋著整個大地，天際邊泛起一線暗紅色，慢慢轉黑。家家都掌起了燈火。我一直走向那熟悉的小屋。

"嬤，阿嬤！"我叫了兩聲，卻不見有人回應。我順手推開大門，見有幾個人正在吃飯，但不見我的嬤嬤，我正覺得奇怪。

"找誰呀？"其中一個男人粗聲粗氣地問。

"我找阿嬤。"我說。

"哦，找地主婆吧！她搬走了，你從這邊一直走到盡頭那一間就是啦。"那人顯得很不耐煩地說。

我也不敢多問，出了門就往那邊走去。路越來越黑，越來越窄，也越來越難走。最後我走到了路的盡頭，那裡沒有燈光，沒有人影，漆黑一片。在我面前是一個破爛不堪的茅草棚，再仔細一看、竟是農村堆肥、兼作廁所用的茅草棚，正散發出陣陣惡臭。我心中一涼，不禁熱淚直流。

"嬤，阿嬤！"我叫了兩聲，沒有人應。

"嬤，阿嬤呀！"我又大聲地再叫了兩聲，見門口有個矮小的黑影動了一下又停下來，一動也不動。

"嬤！是你嗎？"我走前去一看，果然是阿嬤，她瘦小而佝僂的身體不停地顫動著，嘴唇呀呀著而不能言語，臉上掛著兩行淚水。

我摟住快要倒下的、我至親的祖母，淚水直流。

"阿嬤，你為什麼會——會住在這裡？"我哽咽著問。

"女！你不要問了，不必為阿嬤難過了，阿嬤都這麼大年紀了，無所謂了。你為什麼會這麼晚回來呵？家裡發生了不幸嗎？出了什麼事嗎？你吃過飯沒有？"阿嬤一邊說、一邊用顫巍巍的手去點燈。

"阿嫲，家裡沒有事。你為什么來這里住呀？這里又臟又臭，是人住的嗎？"

"哦，沒事就好，沒事就好，沒事……"阿嫲點燈的手止不住顫抖著，嘴里不停地叨嘮著。

"阿嫲，我問你為什么來這里住呀？這里又臟又臭，是人住的嗎？"

"是隊長要了人家的好房子，再把我的房子給了人家，我就被趕了出來。我一個老婆子、又有什么辦法呢？這個年頭，不用挨打受罵、保住條老命就算幸運了。你別理了，別理了！"阿嫲壓低了聲音說。

"沒有人幫你出頭嗎？"

"這個時候，誰會做這種事情呢？"

"這個世界真沒有公理！"

"燕，現在世界不講公理了，只講活命，活命就好，活命就好！剛才我聽見你叫我的時候，我嚇了一跳。我沒有聽說你要回來，這么晚了，突然見到你，我以為你家裡發生了什么不幸的事情，急得我眼淚直流。"阿嫲仍心有余悸地說。

"沒有事，家裡各人都很好，放心啦！"

"這樣我的心就安樂些！"

有了燈光，這個世界總算有點光明。兩塊破磚盛著一個小小的瓦煲，幾條枯枝燒了一陣，瓦煲就冒出陣陣白色的香氣。我們祖孫兩人圍著這小小的炭火，渡過了溫馨的幾個小時。我倆有時忍不住哭泣，有時說笑。我的到來，確實給這孤獨的，可憐的老太婆帶來了一點點情緒的起伏，一點點安慰和希望。夜深了，荒涼的鄉村充滿了寒意，我倆就踏縮著度過了一個晚上。

第二天早上，我起來時天已大亮了。阿嫲不在，我馬上起來，未作梳洗就走到外面，剛巧碰見阿嫲已經去淋完菜回來了。我就告訴阿嫲，說要到伯父那邊去，有事要去問問伯父。我很快就離開了，其實阿嫲心中知道我這個孫女要去干什么。她盡力支持孫女，有苦自己忍著，盡量不告訴我。她勉勵我，要我解決好自己的前途問題先，自己的前途問題解決了，才有能力可以幫助阿嫲的。

大約中午時分，我走到了我的唐伯父家。

我這個伯父，因為成份富農，解放後一家窮困潦倒。他育有三子兩女，三子分別為32歲、30歲、28歲，皆未娶妻。父母干著急，亦無可奈何。當地山區人多地少，土地貧瘠，一向收入不高，工作機會很少。所以三兄弟閒時則閒，忙時也閒，生活上一直捉襟見肘。我跟他們說了自己的計劃，說起錨有一個位置，若果他們三兄弟中有人願去，可一人同去，他們自然是喜出望外。幾經商量，最後決定由大哥阿建去。商量好，我先回來，兩個星期後建哥會到廣州和我們會合。

"他人品怎么樣？"帆停了一陣再問。

"人是老實人一個，不過——"

"不過什麼？"

"不過'窮人的孩子早當家'這個說法是不對的！"燕牛頭不對馬嘴地說。

"你說什么？'窮人的孩子早當家'是《紅燈記》里邊唱的，我問你建哥呀？"

"我是說，建哥雖然家窮，但他們兄弟卻沒有自主、自立的能力，什麼事情都要請示父母才敢動，離開父母自己難以作主。他都三十一二歲了，遇事還沒有主張。唉！'窮人的孩子早當家'是騙人的，關鍵是看他是否受過適當的教育和訓練。樣樣都把階級論套上去，是不對的。家庭貧困的人，沒有能力培養自己的兒女，反而是老大不成器呀！"

"哦，我明白了！他是老實人一個，最多在體力上幫下手，若要他出主意，想辦法就難了。"

"問題就在這裡，我希望他能夠幫忙減輕你的負擔！"燕不無憂慮地說。

"這都沒有辦法，你目前也沒有確實的證據支持你的推測，我們只能騎驢看書、走著瞧啦！"

"回廣州的路上，我不停地思考，我覺得他完全沒有見過世面，我心裡一直不安！"

"這樣吧，如果你有這種想法，不如我們再找多一個人，四個人去又怎麼樣呢？"

"這樣比較好，我同意！"

"這次我在沙河格遇到一個叫阿光的人，他說也是在太平起，游到一半被發現，同行兩人奮力游過去了，他抽筋，只好抱住水泡，被老解巡邏艇撈蝦餃了。他是第三舨，走的路徑與我們相同，不如我們過兩日找他談下，看有沒有合作的可能。你認為怎樣呢？"

"好呀！四個人也可以的。"燕說。

第二天，帆和燕就找到了光，一陣寒喧之後，說明來意。光自然求之不得，他也正在為下一舨發愁。他上一舨兩個拍檔已經到了，他剛出格，一下子并不容易組織起自己的隊伍。光立刻就答應了帆和燕，當時約定，各人的物品自理。十一月頭就起，擲堆由帆方面的平叔準備，行程路線由光去準備。四人組合一拍而成，一切看起來相當順利。

完全出乎意料之外，他們在這么短的時間內，居然再次成軍。看起來一切好像水到渠成，並沒有任何難處。他們四個人之中，有三個是老卒，實戰經驗方面不成問題。所以完全忽略了人員之間的內部協調關係，以至為最終的敗北，埋下了伏線。

第二十四章

天災人禍命唯唯　乾坤倒轉說東西

　　光、帆、燕三人都是老卒了，只有建是新丁，但帆一直覺得好像有點什麼，令他感到不放心。到底是什麼？他又講不出個所以然。

　　看到帆悶悶不樂的樣子，燕就把他拖到他們經常去的西湖。八月中的天氣雖然很熱，但是湖邊輕風徐來，卻也沁人肺腑。坐在湖邊的樹蔭下，帆的心情也慢慢平靜下來。

　　"你還擔心什麼？現在一切都照著我們想的去達成了，我們應當高興才是。"燕一面摸著帆的手心一面問。

　　"我也不知自己有什麼顧慮，不過心裡總覺得好像有什麼東西沒有想清楚的樣子。這不知是太疑心或者是出於某種直覺？"

　　"你是指那一方面原因？"

　　"可是我又說不出是哪種原因，或是在哪一方面的感覺。"

　　燕不再說話了，低下頭沉思著。帆也握著燕的手，望著遠方那片平靜的湖水。一隻頑皮的蜜蜂在他們周圍飛來飛去，嗡嗡、嗡嗡地吵鬧著，擾亂著人家的思緒。

　　"帆，你記得花縣仔嗎？"燕忽然間問。

　　花縣仔是帆在沙河格認識的一個花縣的農民青年。當年花縣是廣州旁邊的一個縣，靠得非常近，出格後大家經常都有來往。

　　"花縣仔說過，他每次起，都去問一下他的姨丈。你相信可以預卜結果的嗎？"燕繼續說。

"我記得他,你是說我們去問他的姨丈?"

"問一下也無妨,你信不信先?"

"我一向的宗旨是盡人事而待天命,我們雖然在學校學的是唯物論、辯證法,但我卻認為這只是世界的一個片面;世界還應該有非邏輯的、神秘的另外的一面,就像我們一直看不到的月亮的另外的一面。"

"你一說又是長篇大論,我只是問你信不信?既然你相信有天命,那我們就去問問天命,去問問未來的事情吧。"

"好呀!我最大的困惑就是,我們這樣的四人組合有沒有問題?"

"好吧,那我們就去問一下,免得心里一直放不下。"

八月中的天時爭秋奪暑,厚厚的雲層,低低地在天頂上壓下來。灼熱的天氣,沒有一點風,到處都蒸騰起一陣陣的熱氣,撲面而來。濕氣濃重的南方天氣,令人感到又悶又熱。看樣子,一場大風雨必不可免。

八月十號,氣象臺已掛起了風球。從十二號開始,大雨不停地下了一整天,十三號也是一整天,十四號、十五號有部份地區還在下。帆整整一星期都呆在家里,原先約定去見花縣仔姨丈的事就一直往後推了。

八月十六號,太陽又出來了,火辣辣的,氣溫又重新竄升上去。帆急忙去找到燕,一起坐車去找花縣仔。花縣仔在汽車站等著他們。他戴著一頂爛草帽,穿一條短褲,披著一件短袖衫,打開了胸膛,赤著雙腳,全身都曬得黑黝黝的。他一見帆和燕下了車,立刻走過來招呼,隨即拉了部單車過來搭起兩人,沿著田間小路駛去。這時萬里無雲,路兩邊全是青綠色一行一行、齊齊整整的禾田。迅速行駛的單車掀起陣陣的涼風,使他們的心情格外舒暢。很快,他們就到了花縣仔的家。花縣仔的姨丈要下午才回家,所以他就邀帆和燕在他家裡等。

一個簡陋的村莊,一字排開的一批舊磚房子,過百年都沒有修葺過,又破又爛,又黑又舊。每家廳中間照例有一張四方木枱,有幾張方木櫈,正中堂必貼有一張大的主席像和一副對聯。

"學好毛著鬧革命,斗私批修促生產。橫批:緊跟黨走。"帆將這副對聯大聲讀了出來。

"來,飲碗茶先!"花縣仔給每人擺上個碗,斟上一碗清涼的龍眼葉茶。一兩碗茶後,暑熱慢慢消散。

"我們原來打算前兩天過來,誰知天天大雨,一連幾天天昏地暗,寸步難行,所以一直拖到今天,才有機會過來。"燕說。

"我原來都以為你們前幾天過來，後來一看那個天這樣，我就知道你們不會太快過來。"花縣仔說。

"雨也實在太大了，你們這裡有沒有因這場大雨而造成損失？"帆問。

"我們這裡原先也準備抗洪的，後來不知為什麼就取消了。不過我告訴你們一件大事，你們千萬不能對外講！"花縣仔說到這裡就停下來了，走到門口張望一下又走回來。

"什么大事這樣緊張！"燕問。

"這是件大事！"花縣仔停下來看了他們兩人一眼，繼續說：

"北方出大事了！河南省幾個水庫崩堤潰壩了，今次死的人多咯！"花縣仔神色緊張地說。

"你怎么會知道？"帆問。

"我們這裡有人在北方當兵，我聽他們回來講的。"花縣仔說。

"那都沒有理由連崩幾個呀？"帆說。

"原來我也不信，後來人家一分析，就不由你不信了。"花縣仔說。

"你不要來打岔了，讓他說完先。"燕說。花縣仔便繼續說下去。

原來我們國家修水庫，是以蓄為主，以泄為輔的。一味想儲蓄多點水，不到萬不得以都不放水。而且放水必須請示上級領導，領導同意才可以放，不然很容易有殺身之禍！再加上在水壩的泄洪設計上，專家的意見也是放在很後的位置上，基本上由黨委也就是書記決定一切。所以設計泄洪的速度比較慢。一旦臨到危急的情況，就容易發生問題。

河南全省今年7月份降雨量偏少，水庫河道都是底水較低，有的河道和水庫斷流。各地都全力抗旱保苗。然而，從8月5日開始，駐馬店地區連下了四天的特大暴雨，河水暴漲，很快就超過了警戒水位。

可是縣、省及高層、更高層都沒有人管，人人都在搞派性權斗。水利技術部門的人員又不能作主，亦不敢管。更可恨的是電話又不通，報話机也不通。老百姓真是叫天天不應，叫地地不靈。

結果是天崩地陷般一声巨響，壩基一个趔趄翻了个身，水庫出事了！千里平原，瞬間變成一片汪洋。可憐成千上萬的村民們，根本來不及逃生，便葬身澤國……

只見花縣仔兩眼淚光，哽咽著，不能再說下去了。

"現在怎樣呢？為什麼不見報紙報導的？"隔了很久，燕輕聲地問。

"現在應當是尸橫遍野,到處瘟疫了,我真不敢去想像。聽說當地同時崩了幾個水壩,不是崩一個。一時之間滔滔洪水、從天而降,茫茫澤國、百萬人受災,你可想而知!"花縣仔說。

"這不是就在這一兩個星期內的事情?中國老百姓真慘呵!"燕說。

"今年8月份是一個什麼樣的月份呵?時年為什麼會這樣差呵!8月4號晚上,行走在肇慶和廣州的紅星輪245和240相撞,也死了四百多人!這就在我們當地的,你們知道嗎?這些統統都是人禍!"帆憤怒地說。

"唉!怎么這件事也沒有見報的呢?"燕問。

"政府為什麼要讓你知道呢?這是見不得人的丑事,是對不起老百姓的壞事,越少人知道就越好啦。"花縣仔說。

這時花縣仔的媽媽過來說,中午飯已經煮好,姨丈也回來了,叫他們飯後可以過去。這一下子又把他們從悲傷和憤怒的情緒中拉了回來。

姨丈是個盲人,五旬有多。花縣仔跟他講明來意,姨丈就把三人帶進了自己的睡房。睡房暗且黑,剛走進去時幾乎什麼也看不見。隔了一陣,帆才看見房間也不算小,角落里有一張大木床,上掛一張陳舊烏黑的蚊帳。床邊有一張殘舊的長方形高木枱,兩張高木櫈。在靠近房門口的地方,還放著一張舊到發黑的小圓形木枱,和幾張年代久遠、粗糙的低矮方木櫈。姨丈招呼他們圍著小木枱坐好後,就到方形木枱的抽屜里,摸出一隻龜殼和幾個銅錢。隨後他又端坐到小木枱來,問了帆和燕等人的生辰八字,把幾個銅錢塞進龜殼,一面搖著龜殼內的銅錢一面念念有詞,搖罷再把銅錢倒在枱面上,然後仔細地一一摸過那些銅錢。

"你們現在有什麼問題要問?"姨丈說。

"我們現在組織了四個人一齊起錨,這個組合有沒有問題?"帆把四個人的具體情況先介紹了,最後再問。

"四個人一齊是沒有問題的。"姨丈一口肯定地說。

"那四個人之中,誰對我們的幫助最大?"燕問。

"其他人誰都幫助不大,也對你沒有什麼壞處,唯有這個人,對你的幫助最大,影響最重要。"姨丈把帆的生辰八字點出後回復燕說,燕看了帆一眼,微微一笑。

"那我們四個人能否一起共事?"帆問。

"可以共事。一起去沒有問題,不過挫折也不少呀!不容樂觀,不容樂觀!"姨丈說完後嘆了一口氣。

"這一點我們也估計到，做事沒有那麼容易的。"帆泛泛地說。

"估計到就好，估計到就好！"姨丈連聲說。

"那我們這一次出走，能否成功？"燕問。

姨丈好像一點也沒有聽到那樣，端坐在那裡一動也不動，閉上了眼簾。燕心急地看了花縣仔一眼，花縣仔用手指一指姨丈，示意燕再去問他。"姨丈，那我們這一次出走，能否成功？"燕提高了聲音問。

"唉！憑你叫我一聲姨丈，我告訴你吧！此行吉兇并濟，各憑天命！"

"姨丈，此話點解？"帆一聽他話中有話，急問。

"你們要問的事已問完了，你們可以走了。"姨丈說。

帆見姨丈下了逐客令，只好站起來，指著花縣仔，再指下自己的口，意思是要花縣仔幫口。

"姨丈，這兩位是我的好朋友，你不妨對他們直說吧！"花縣仔說。

"我知，你介紹過來的一定是你的好朋友，不然我也不會做。你想現在是什麼時勢呀。"姨丈說。

"姨丈，你講的我們聽不明白呀。"帆說。

"好吧！此人適逢人生大劫，今次不但不能成功，還會有生命之虞。"姨丈點出一個生辰八字，正好是燕。

"姨丈，此事有無得解救？"花縣仔也心急地問。

"劫數難逃！除非——"姨丈肯定地說。

"除非怎樣？"花縣仔緊接著問。

"你出來，我有話和你說。"姨丈對花縣仔說。

"我？"花縣仔不明白地反問。

"是！"姨丈肯定地說。

兩人走了出去，嘰咕了一陣又走回來。帆和燕焦急地望著面色凝重的花縣仔，直覺不妙。

"姨丈，我知道我們是遇到難關，你是否可以幫下我們？"帆問。

"幫你們可以，但不能100%保證你們一定成功，我唯一能做的，就是把你們倆捆綁在一起，以後一切都要看天意了。你願意嗎？"姨丈問帆。

"沒有問題，只要對她有幫助的，我都願意。"帆說。

"唏，你真是個好人，不過好人會有好報的！"姨丈提高聲調說。一時之間帆也不知姨丈所說的是什麼意思，只好一笑置之。

"不過你願意我也要另外收錢的。"姨丈接著又說。

　　"多少錢呢？"帆問。

　　"要20元。"姨丈說。

　　"姨丈，你都知道20元對我們來說，做一個月也攢不到，是否可以收順[1]一點呢？十元可以嗎？"帆問。

　　"我也要買很多東西，做很多工作才可以攢到你的錢的。神明不可欺呵！你不要以為這個錢容易攢的。"姨丈說。

　　"姨丈就這樣吧，他們都是知青，沒有什麼錢的。你當做好心幫幫他們，就這樣吧。"花縣仔也幫口求情說。最後燕和帆只湊了九元，花縣仔也幫了一元。大家分手的時侯，花縣仔對帆和燕說："希望你們千萬要保重！姨丈說你們此行有大風險阻滯。一定要小心呵！"

　　"你們出去時，你姨丈問了你什麼？"帆問。

　　"他只是問了你們是什麼關係，我直說了。起初他不願意幫，我一直求他，最後他才肯去做。請你們相信他，他很準的。不過最後、最後我要叮囑你們一句，一定要小心又小心呵！"花縣仔再三叮囑說。

　　燕在回程的路上一聲不響。帆也在思索，會不會姨丈誇大其辭，言過其實呢？轉念一想，還是寧願信其有，不可信其無！今後自己處事還是要萬事步步為營，小心謹慎為上。他跟燕談了自己的看法，燕也表示同意。最後還是要回到自己做人的宗旨：盡人事而待天命！即使天命難違，自己還是要盡自己做人的最大努力！

　　帆和燕有了思想準備，仍然如常一樣努力，完全沒有因此而影響自己的工作和心理。他們以後的遭遇又會如何呢？請讀者繼續關注下去。

---

1. 順：此處是收少一點的意思。

第二十五章

江河湖海勤操練　水滸紅都謠滿天

　　八月下旬，建如約來到廣州。因為他是新丁，對跤腳的事情什麼都不懂，帆和燕必須重新把跤腳的一切知識灌輸給他。首先是四個人見面，一起去游泳、跑步、登山等等。更重要是告訴他，做事情要保守秘密，甚至幫他編造好一套被審問時應對的對話，讓他知道，被抓回去并不可怕，可怕的是自己把自己的秘密交待出去，可怕的是讓相關管理單位抓住了自己的所有底細、自己一舉一動的行蹤……

　　另一個大問題是建的游泳方式，他是狗仔式，游起來打動著水，發出嘭、嘭嘭的打水聲。這是很容易讓人發現的，必須教他學蛙式、踩水等等。幸好帆和燕以前都是游泳隊的，在他們輪番的訓練下，建也有了一定的進展，但從建來廣州到預定起的時間也只有兩個月多一點，在時間上也是很緊張的。建以前學游泳是在山塘裡學，沒有見過寬闊的水面，更沒有在激蕩涌動的流水中游泳過，沒有在大風大浪中游泳過，到時會有點膽怯。所以他們帶建從水庫到小河、再到大江河寬闊的水面去游，一步步讓他去習慣。

　　很快八月就過去了，九月七日是農曆初二、水滿，天氣晴朗，陽光充沛。珠江河面滿是自發地響應偉大領袖毛主席號召，到江河湖海中去游泳鍛練的青年。沿江碼頭也擠滿了準備落水游泳的人，有男有女，穿紅著綠，熱鬧非凡。時間接近中午，水位漲得很高，陽光猛烈，曬得人皮膚發熱。輪船在珠江河慢慢地駛過，但是仍然帶起一陣陣的水浪，拍打著兩岸，激起一片浪花。有的人用一大膠袋裝著衣服，拖著這種膠袋順流而去。帆他們知道，這是訓練的最好時候。

"建哥，不要害怕，這是最好的訓練地方。"燕輕聲地對建說。由光帶頭，帆押尾，四個人一長串地游到珠江河中間，順流而下，直往二沙頭方向游去。呵，真寬闊的水面！珠江河兩岸的樓房慢慢往後移去，水面上的水浪慢慢變小，水流越來越湍急，游泳的人也越來越少了。他們游過了二沙頭、經過了獵德，這時看到兩岸還有很多是農地，岸兩邊仍是大片的農作物。他們慢慢地離開了市區，再順著北帝沙的左面直落九沙洲，在魚珠上岸。他們整整游了幾個小時，當坐車回到家時，天已經黑了。但他們都感到，這是一次真正的訓練。沒有必要及足夠的水上訓練，生命是沒有保障的。欺山莫欺水呵！高山懸崖固然可怕，但是柔柔之水卻是殺人於無形。凡是有過幾舨的老卒，大多聽過懸崖跌死人的慘狀，或目睹在水中欲救人而無能為力的苦況。這些苦命而又無助的人，如果不靠自己，又能靠誰呢？

自從見過花縣仔的姨丈，帆的心里就蒙上一層陰影。他整天思考著他們這次會遇到什麼樣的困難，他反覆地想，會有什麼地方做得不夠？

"我們今次用的水泡，是否可以改動一下，改得更加保險一點。"帆對燕說。

"怎樣改？"燕問。

"不用氣枕，做一件救生衣穿在身上，遇到情況，還可以發揮兩只手的作用。如果用氣枕，就不可以發揮兩只手的作用，你想一下。"帆說。

"這也對，不過怎樣做呢？"燕問。

"你看船用救生衣是穿在身上的，前有兩塊浮物、後有兩塊浮物。我們用布車個這樣的救生衣，那四塊浮物用手術用的橡膠手套來代替，到時吹足氣不就可以了嗎？"帆說。

"對，我明白了，我可以來車。不過浮物尺寸要用多大才合適呢？"燕問。

"我們先照渡輪的救生衣尺寸來做，然后晚上去水塘試試，把它改到合適自己用就可以了，又不會浪費，只花點人工是了。"帆說。

上文講過，八月份是一個什麼樣的月份？這是一個多事之秋的開始，是典型人禍的開始。經過近十年的動蕩，本來社會漸趨平靜，恢復生產，恢復正常生活。可是老頭子突發奇想，拋出一連串怪招，又掀起一陣陣的軒然大波。

1975年8月31日——即八月份的最後一天，人民日報發表了署名為竺方明的文章《评水浒》，文章在一開頭就推翻了過去政府的定調，对《水浒傳》的评价變為：《水浒傳》是一部"歌颂農民革命斗争"的小说吗？否。它是一部宣扬投降主義的小说。《水浒傳》是一部"革命教科书"吗？否。它是一部反面教材。文章將宋江定性为"古代投降派"，并借用鲁迅的评语，一部《水浒傳》，说得很分明："因為不反對天子，所以朝廷大军一到，便受招安，替国家去打別的强盜——打不再'替天行道'的强盜去了。終於是奴才。"對這等火藥味濃重、而又干澀難明的文字，帆一開始就感到莫名其妙，甚至有點討厭。

"看來中國人的災難遠遠未有過去，我想不久又會來一場你咬我、我咬你的大戲。我和你都別指望有一天太平的日子過，這場戲看著就要開場了。"帆對燕說。

"十年不可以，二十年；二十年不可以，三十年。上天總會讓我們過上幾天的好日子吧？"燕說。

"三十年你貴庚？"帆問。

"三十年我應該兒孩滿堂了！"燕說。

"如果三十年都不成，我們就是耄耋之年了！"帆說。

燕伸了一下舌頭，不說話了。

"幾十年對一個社會來說好像一眨眼的功夫，但對一個人來說就是一輩子了。到時白了少年頭，空悲切！"帆感慨地說。

"文章說宋江是古代投降派，刘少奇、林彪一类，是现代投降派，推行修正主義路线，复辟资本主義，就是对内搞階級投降主義，对外搞民族投降主義。在《水浒》這本书中，新上梁山的宋江架空了梁山農民起义的首領晁盖。用意一看便知，所講的宋江，就是指周公與老邓。講宋江架空晁盖，就是说他們架空阿爺。你想想，哪一樣是實際的？宋江與修正主義者、與刘少奇或林彪，有什么聯繫？完全沒有。況且宋江不是一個真實的歷史人物，完全是一個虛構出來的人物，我們犯得著去為這些風馬牛不相及的、與現實完全沒有聯繫的人物去搞到全國大亂嗎？這種怪事，只有我們中國才有的。"帆說。

"我們不要管這些事了，趕快搞好自己的事情，越快走越好，越快走越好！"燕說。

果然，短短几天，全国就掀起了大批判浪潮，报刊上评《水浒》、批《水浒》、反《水浒》、反"投降派"的文章，铺天盖地而來。很快全國各地又再次陷入了混亂。

政局越混亂，謠言也越多。當時在北京和其他一些地方又傳出：

香港出版了《红都女皇》一書，作者是個美國作家。這書是專門為阿爺夫人所寫，其中也有阿爺與其夫人的艷史，色香味俱全。傳到後來，簡直是街谈巷議，無人不知，無人不曉。謠傳言之凿凿，说阿爺看了这本书後對夫人大發脾气，并批示道："孤陋寡闻，愚昧无知，立即撵出政治局，分道扬镳。"夫人也就因此而失寵了。

"人们普遍对一些'文革'人物产生了厭惡和憎恨的情緒，正好可以利用此事来宣泄不满，加油添醋也是很正常的了。"光一面和大家跑著，一面笑著說。

"這事很難怪下層的老百姓了，老百姓知道什么呢？還不是人雲亦雲！"建說。

"我說都是那女人自己作賤，好端端叫什么人寫自傳呀！還不夠偉大嗎？現在搞到像四川麻辣燙一樣，又香又辣，全國人民、甚至全世界都知道了，真丑陋！她還對人說，你寫我，寫現代的中國，你就是第二个斯诺，你将举世闻名。"燕不屑地說。

"現在問題來了，她給阿爺一批，就急起來了，馬上叫外交部出馬，把材料給要回來銷毀，并要中央不論花多少錢，跟那個叫洛克珊·維特克的美國女作家談，把這本書的版權買回來。"帆說。

"這可是勞民傷財的事情，要用人民幣去遮丑，用老百姓的血汗錢去買遮丑布，慘咯！"燕說。

"你現在才知道嗎？無論他們做了什么蠢事、錯事、丑事，最後都是由人民去埋單的。"光說。

"其實這是你咬我一口，我噬你一啖！互相你來我往的撕咬，他們這些人習慣了你死我活的斗爭，為了權勢，一向如此。有時明的斗你不過，就用暗的來；直的斗你不過，就用橫的來。他們互相盡量揭老底、放謠言，才有那么多是是非非，那么多謠言。老百姓哪里知道，你放我就傳，管你哪些是事實，哪些是謠言！說不定我們現在所議論的全部都是謠言也有可能，我們不需要那么認真去看待，視為笑談則可，別太認真。"帆說。

他們四個人從早上五點就開始跑步，到現在已八點多了，個個大汗淋漓，路上的行人也越來越多了。

"好吧！我們今天就跑到這裡吧，回去還有很多事情要準備。時間越來越緊了。"帆說。

"到時再聯繫吧，你通知了平叔出來嗎？"光對帆說。

"通知了。不過我還未收到他的回信,收到我就會告訴你的。我看都快啦!我們要早點做好準備。我們時間并不多,要提前準備好,不然他一來,我們就會忙亂了。"帆對光說。

　　"好!大家再見!"光說完後,大家都各自散去了。

第二十六章

情堅烈女志不摧　　魅影萍蹤話唏噓

　　第二天，帆同班的下鄉同學有個聚會，大家每年都去同學劉蘭的家聚。不過這種聚會通常人都到不齊，帆已經有幾年沒去了。上個月帆在街上碰到劉蘭，熱心的劉蘭再三叮囑帆這次一定要到。因為今年很多人都回家躲避武斗，見面的機會難得，不可推搪。帆覺得大家已幾年不見，趁機會見見面也好。

　　率直、簡單而又熱心的劉蘭，會一早就煮好了茶，準備了瓜子花生之類的東西，在家裡等待同學的到來。從六三年到七五年，整整十二個年頭，聚會就一直沒有間斷過。這些年裡，她和一同下鄉的朱光贊同學結了婚，從一個學生姑娘變成了農村青年婦女。

　　其實帆的家離劉蘭的家不遠，只有十幾分鐘的路程。帆到了劉蘭家，輕輕敲了兩下門，"來啦！"一聲響亮的回應從門裡面傳來。門開了，只見劉蘭笑容可掬地站在門口，後面緊跟著朱光贊。

　　"什么風把你吹來了？好幾年都沒有見過你，還是咁青春！"朱光贊一面興奮地拍打著帆的肩膊一面說。

　　"就是你家劉蘭的風！上次見到她，她要我一定來，我不敢不來！"帆說，引得大家哈哈大笑。

　　帆還沒有坐下來，門又響了，一下子又涌進來小江、大鼻、黃國、姚雅、鄧奮和郭珍。接著就是一片問候聲、打鬧聲、笑聲混作一團。瞬間又回到十幾年前同學時光的開心日子，時光真的倒流了嗎？大家呷著濃烈熱茶時，嘈吵的聲音慢慢平靜下來。

"現在人齊了,大家有沒有注意到,今天帆來了,我們應該鼓掌歡迎他!"劉蘭說著鼓起掌來,大家也跟著鼓掌。

　　"唏!慢,還差胡萍沒有來呀!"帆說。

　　忽然間氣氛大變,大家都沉下臉來,默不作聲。劉蘭的兩眼紅起來,眼眶瞬間充滿了淚水。"到底發生了什麼事啦!"帆不解地問。

　　"帆,你不知道,胡萍已不在人世了!"坐在帆旁邊的朱光贊輕聲地說。

　　"為什麼?是什麼——"帆急得語無倫次。

　　"帆,現在我們不說這些。大家難得這麼高興來聚會,等聚會完了,我再告訴你好嗎?"劉蘭隔著光贊對帆輕聲地說。

　　"好!對不起了。"帆感覺不對頭也急忙轉向。

　　朱光贊十分配合地再給大家添了些茶水,大家慢慢又把話題引向了令大家開心的那一邊。可是帆再也開心不起來,他滿腦子疑問。昔日的胡萍,為什麼會突然不在人間?帆記得胡萍是一個樂觀爽朗而又健康的姑娘,烏黑秀髮下的紅臉龐、永遠掛著笑容。她待人熱情大方、辦事又很認真,工作學習也非常努力。唉,好人為什麼這麼容易就會被摧折?一連串的疑問不知不覺浮現在他的腦海。大家講什麼、笑什麼,他好象感受不到。這件事情來得太突然了,他需要點時間來適應它。

　　時間很快到了中午一點多,幾個小時的聚會把各人肚裡要說的話都掏了出來。大家分頭散去後,光贊卻叫帆留在他家吃午飯。飯後,幾口香茶又帶出了無數往事的回憶。

　　下鄉的十個同學中,只有劉蘭、光贊和胡萍是去農場,其餘七個都是落鄉插隊的。帆看看劉蘭和光贊的額上的皺紋和失去光澤的面頰,心想,這些年頭、他們都並不是那麼容易熬過來的!

　　他們三人去了江口地區的江口農場,那裡有大片、大片的水田、蔗地、蕉田,人口卻並不多,主要是由一些印尼排華時的歸國華僑、城市遣送去務農的閑散人口及支青等組成。

　　"我們三人天真爛漫,把農村想象得很好、很美,沒有想到的是,去到那裡一看,所有的情況都與我們原來所想象的相去甚遠。這時我們真感到前面的路并不真實,然而後退又不能。那個時候的我們真奇怪,居然覺得自己必須履行自己的承諾,就只好委屈自己,勉強安定了下來,期待着四年的"戶口保留證"到期,能夠返回廣州重新分配工作。誰知文化大革命一來,當局就藉机把'戶口保留證'作廢,原來政府的承諾就這麼被一舉推翻。直到來了農村六七年，都到了男婚女嫁的年齡了，農村的經濟又那麼拮據，我們怎麼辦？"劉蘭無奈地說。

"這樣、支青的問題一時間成堆出現，上面就壓著，一直不能得到解決。"光贊接口。

"政府做每件事情都沒有一個長遠計劃，等問題成堆時，就以犧牲一部份人的利益為代價，暫時、僅僅是暫時去掩蓋矛盾。"帆說。

"經濟發展是應當朝著城市化的方向發展的，而不是把城市人口推去落後的農村，這是逆發展的潮流而動的倒行逆施！雖然高壓之下能暫時解決城市就業的壓力，但最終都必然會失敗的。"劉蘭滿臉氣憤。

"最慘的是政府還老不要臉地隨意采用欺騙的手段。政府既然不老實，那今後誰還願意去聽它的？"光贊越來越激動。

"我真不明白當年他們在革命根據地，是怎樣去許諾當地農民的？我想也差不多，騙得一時就一時。"帆笑著說。

"其實戶口害得我們很慘。"光贊說。

"戶口就是把人分成農村人與城市人的社會，最終一定會拖累中國社會的進步，戶口就是在二千多年前秦朝專制統治留下的一條惡根，今天還用它就造成了中國社會發展的不平衡，造成了中國社會內部兩大群體壓迫的不平等！"帆說。

"我們不要扯得太遠了，還是回到我們討論的問題來。"劉蘭把話拉了回來。"我和光贊在家庭的經濟幫助下結婚了。胡萍不久也戀上了同生產隊的一個年紀比她大一點的支青，叫黃茂。他是一個多才多藝的人，既寫得一手好字，又彈得一手好琴，作曲演唱樣樣皆能。所以他一直是宣傳隊的骨幹人材，可惜他的家庭成份很差，就一直得不到任用。幸好茂哥言少多實幹，凡事少出頭，才不致招惹政治風波。由於家庭成份差，人們都不敢跟他走近，偏偏他就進入了胡萍的眼簾。他們一直保密，我和胡萍這樣親近也竟然不知道他們的事情，直到他們倆人宣布結婚時，我才恍然大悟。"劉蘭說。

"胡萍是個獨女，生性耿直，處事認真而有主見，不因利益而苟且。她父母是老教師，被長期的運動整怕了，看到茂的成份就堅決反對這檔婚事。他們不希望自己的兒女從此黑上加黑，希望獨女能嫁個紅色成份的人，從而幫助改變她一生的軌跡。但胡萍堅決不肯放棄黃茂。"光贊說。胡萍的人生就在他和劉蘭的敍述中一點點展開。

看見胡萍與黃茂的婚姻，劉蘭和光贊都替他們高興。但是有一點，茂哥偶然還隱約有點憂郁。劉蘭他們認為是黃茂的性格內向，所以也沒有在意。直到他們結婚後大约八個月的一天，胡萍隻身回廣州探父母，黃茂卻在胡萍離開的第二天就不見了。

胡萍回來當天，生產隊的治保主任馬上找上門來，審問胡萍，黃茂去了那裡？盡管胡萍百般推說不知道，但最終治保主任拿出了黃茂寫給胡萍的親筆信，从信中得知，在胡萍返廣州探親的前一晚，黃茂從農場相隔的公社落船逃港去了。胡萍只好交待因船位問題，她無法同行，只能讓茂單獨投奔自由去了。

從此厄運就在萍的身上開始了。治保主任帶著幾個民兵，拿枝專門嚇唬老百姓的爛七九，把萍押去了牛欄。這件事馬上就傳遍了整個隊、整個區、整個農場。劉蘭和光贊非常擔心，但她在牛欄，連見面都不可能，他們又能幫到她什麼呢？四個月後的一天，治保主任來找劉蘭，說胡萍要生孩子了，要我去幫幫她。劉蘭聽到以後幾乎暈到，馬上就和光贊一齊趕到牛欄。

他們在一間三米寬四米長、屋頂用蔗殼搭成的茅寮，四周用稻草桿糊泥作墻的房子面前停下，治保主任示意我們進去。推開一扇用竹夾著蔗殼做成的門，发現屋里黑暗得看不見人。劉蘭叫了聲"萍"，卻不見回音。光贊推開門，一縷光線讓他們看到房屋角落的地方有張用竹搭成的床，床上墊著稻草，上面蓋了塊布床單。萍蓋了張氈，昏昏沉沉地睡著，面頰消瘦得很，兩眼也深深地凹下去，嘴唇干得曝裂。劉蘭忍不住淚下如注！

這時萍醒了，看見劉蘭流淚，她也流淚了。劉蘭急忙扶她坐起來，靠著她身邊輕聲地問："萍，你什么時候有的？"

"他走之前！"

"孩子才幾個月，還不足月，為什麼治保主任說你要生啦？"

"斗我時，我身體受不了，大量流血引起的，醫生說要早產。"

萍好象有點害怕，緊抓住蘭的手。劉蘭和光贊盡量地安慰她，告訴她他們會盡一切力量來幫她。這時候治保主任卻來催劉蘭和光贊走，說萍明天就要去醫院，讓他們今天去準備好一切產婦和嬰兒用的東西。

一回到家，劉蘭馬上把僅有的積蓄拿出來，去買了些必要的東西，再把一些被單，舊床單拿出來剪成一塊塊要用的布，又準備了一些產婦的食物。第二天一早，他們就把那些東西帶到了牛欄，等候發落。

牛欄的生活安排是與政治上的斗爭目的相配合的，繁重的勞動與疲勞轟炸相配合，這是一貫摧殘人的意志的常用的手段。一個孕婦怎能經受得起健康常人都難以經受的折磨？萍被迫長時間地勞动，还要挨餓，加上連續不斷的迫供煎熬。直到一次晚間的批斗，她终于支撐不住了，倒地後大量出血，才被送到醫院。經醫生診斷後，當局怕出人命事故，才叫劉蘭光贊去幫她。

　　當時公社和農場合起來要把黃茂偷渡的事情查出來，眼皮底下發生這種投敵叛國的大事情，領導的面子放那裡去？偷渡的人跑了，家裡的人卻慘了，一切苦難都由無辜的家屬來承受，就像胡萍那樣。第二天早上，劉蘭陪著擔架上奄奄一息的萍去到醫院，光贊叫她全程跟著胡萍，他擔心她精神崩潰。

　　不知等了多久，手術室的門終於打開了，一個護士出來冷冰冰地說："嬰兒出來了，是個男的！不過保不住了，母亲倒是保住了。"劉蘭聽到這裡，眼淚直流，心如刀割！這個小生命不願來到這個沒有人性的世界，他就這樣與整個人類世界擦身而過，靜悄悄地走了，永遠走了！

　　"他不屬於這個世界，他不該來到這裡再受苦了！"帆說。

　　從手術室推出來的萍面無血色，昏迷不醒。劉蘭哭著撲過去，光贊花了九牛二虎之力，才把她拉住。

　　萍的生命是保住了，可是她陷入了長時間的昏迷，只能靠營養液吊針來維持生存。

　　每一次劉蘭他們去看胡萍，胡萍都依然在昏迷中，沒有一點反應。問醫生，醫生說他們也沒有把握，這種病例很難說。昏迷一個月、一年或更長都有可能，甚至變成植物人也有可能，讓他們有心理準備。胡萍父母年老在牛欄，他們不敢驚動他倆老。農場更不想讓他們知道，萬一倆老承受不住這種打擊，發生什么冬瓜豆腐的事情，真的不堪設想。

　　兩個星期後的一天下午，天陰沉沉、下著密密的小雨，劉蘭獨自去到醫院，居然見萍已經醒了，正在吃著粥，劉蘭真高興，一把拉住萍，問她什么時候醒過來的，怎么會醒的？萍卻指著同房的一個68屆的知青說，是那個知青叫醒她的。

　　劉蘭連忙過去向那知青道謝，那個女知青說，她因為急性腸胃炎，昨天才進醫院。中午朋友走了，她自己一個人太無聊，就輕輕唱起歌來，卻聽見一個極其微弱的聲音不知從那裡來："你唱得真好聽！"女知青嚇了一跳，仔細一看，原來是萍在說話。她醒了，她醒了！女知青馬上沖去醫生的房間，醫生護士也驚奇地跟著跑進來。經醫生診斷，萍真的清醒了！

"我太激動了，看着萍那孤獨瘦弱的身體，淚如泉涌。我禁不住問萍，是什么神秘的力量把你叫醒的？"劉蘭抹了一下淚水說。

"萍怎樣說？"帆忙問。

"你猜呢？"劉蘭驕傲地、微笑著反問帆。

"我那裡知道，醫生都不知道，你以為我是神仙嗎？"帆說。

"萍告訴我，她最入心入肺的歌曲就是那首"不了情"。自茂離去以後，每當她受到折磨，就是這首歌給了她力量，讓她堅持下來。而那女知青當時正是唱著這首歌曲：

忘不了忘不了！忘不了你的錯，忘不了你的好，忘不了雨中的散步，也忘不了那風里的擁抱。

忘不了忘不了！忘不了你的淚，忘不了你的笑，忘不了落叶的惆怅，也忘不了那花開的煩惱。

寂寞的长巷，而今斜月清照，冷落的秋千，而今迎風輕搖，它重复你的叮嚀。

一聲聲忘了忘了！它低诉我的衷曲，一聲聲难了难了！

忘不了忘不了！忘不了春已盡，忘不了花已老，忘不了离别的滋味，也忘不了那相思的苦惱。"

萍說，聽到這首歌時，她正在一個又黑、又靜、又冷的地方。她迷了路，不知該往那裡去？她很害怕，她覺得她會在那裡餓死、冷死。忽然間她聽到了歌聲，一聲又一聲的"忘不了、忘不了"！她想起了茂，她不知道什麼原因會來到這個陌生的地方？黃茂現在哪裡呢？想起他們這一段刻骨銘心的不了情，一股熱氣、一種沖動又涌上了心頭。心的力量讓她堅持著、向著聲音走去，越走越光明，她終於走出了黑暗！她睜開眼睛就看見了光明，看見了眼前的世界。

"我去到時萍剛醒來不久，她覺得肚子餓，在醫院里要了一碗粥吃，吃完睡了一覺，第二天就能扶著慢慢下床了。"劉蘭說。

可是第三天，治保主任就就帶了兩個民兵過來，把胡萍重新押回牛欄去審查。專案小組已經對這宗偷渡案情的情況基本掌握了，可是為了斬斷胡萍向往外面資本主義社會的思想，單位領導一定要萍與茂解除婚約。換句話說，就算將來茂有機會回來，以夫婦名份申請萍出去團聚，都不可能了。這樣就永遠斷絕了萍向往外面自由世界的後路！

萍死活都不愿簽那份單方面自願解除婚約的文件，最後上邊老羞成怒地下了指令，不簽就不放人！萍兒子沒有了，丈夫沒有了，她沒有哭，她只是默默地忍受著。其他人都放了，而她繼續被關一星期、二星期、三星期。在第四個星期的一天，光贊和劉蘭去看她，她一見就撲到劉蘭身上，大哭不止。最後劉蘭他們才知道發生了兩件事：（一）上星期萍的父母雙雙在牛欄過世。（二）為了能獲準見到父母最後一面，萍把那份東西簽了。

"卑鄙呵！胡萍太可憐了！"帆說著，流出了眼淚。

劉蘭和光贊害怕萍有什麼意外，第二天就陪著她坐車去到她父母被關押牛欄所在地。可憐的萍見到她父母的遺體，就只有流淚。晚上不睡覺，白天也不說話，不吃東西。至於與她父母單位交涉，辦理她父母後事等一切工作，都由光贊去代辦了，劉蘭就寸步不離陪著萍。

"那萍的父母為何又會同時去世？"帆問。

"萍父年紀大，一向不堪折磨，身體又差。那天勞動回來，他突然暈倒，就沒有再起來過，據說是心臟問題。萍母悲傷過度，生存的信心盡失，於是晚間自縊隨夫而去，這是校方的結論。"光贊淡淡地說。

後來，萍不哭了，可是整天眼光光的不知看著什麼，不說也不答。兩天後，她父母遺體就在當地火化。一切辦理妥當後，劉蘭光贊陪萍帶著她父母的骨灰和幾件遺物，回到廣州的老家。

萍家的大門打開了，房間、大廳四處靜悄悄的，整整齊齊。因為很長時間沒有人居住，冷冰冰的沒有一點人間的生氣。大廳中堂掛著萍父母的一份雙人合照，下有一舊式長桉。萍把骨灰放在桉面，就趴在桉面上痛哭起來。劉蘭光贊害怕萍太過悲傷，連拉帶勸地把她拉到外面一家麵店去。

我們大家都餓了，可是点了吃的東西後，萍就只是眼光光地坐著，什麼也沒有吃。劉蘭問她有什麼困難，需要什麼幫忙？她說沒有。光贊問她："萍，經過這樣大的變動，你自己有什麼打算呢？要不要到親戚家中小住，轉換一下環境，或是去茂的家裡和他的家人住一段時間？"她回答我說："我沒什麼親戚，而茂的家我更不會去，我已再沒有面目見他的家人了！"萍已簽了那份單方面自願解除婚約的文件，她的後路已经被堵死了。這時光贊才明白想出了這一招數的幕後策劃人的狠毒。

"我哪裡都不去,等吃完後,我就跟你們回生產隊去。我的事情總是要我自己去面對的,只有這樣才不會沒完沒了地牽累到別人。"萍說完就開始吃東西了,平靜得好象什么事情都沒有發生過的一樣。

劉蘭看著瞬間變得舉目無親的萍,心生無限的憐憫。她一下子失去了丈夫、兒子、父母等至親的人,心靈的孤帆何處依泊?她忍不住對胡萍說:"萍,不用怕!我們就是你至親的人,回去吧!我們有福同享,有難同當!"萍再也忍不住了,趴在桌子上大哭起來。

剛回到生产队那一段時間,他們一起下田勞動,一起起居飲食。萍開朗多了,有劉蘭的照顧,她的身體也逐步好轉。誰知好景不長,大約三個月後的一個晚上,生產隊通知開批斗大會。萍被幾個青年民兵推到村中曬谷的地堂中央,胸前掛著一個寫上"反動分子"的牌子,披散著頭髮,脸上被墨畫了個花臉。后面還有幾個黑七類陪斗。

問題出在萍的私人信件上,萍寫了一封信給茂的妹妹,說明整件事情的原委,希望她能向茂解釋,并望與茂重新建立聯繫。其實胡萍一直被暗中監視、管控著,萍的私人信件都被開拆檢查甚至扣留。就因為這封信,他們又對萍展開了無情批判!萍再經過了那次打擊之後,第二天就發高燒,躺了好幾天。後来雖然退燒了,但她就慢慢怕見光、怕見人,常躲在黑暗中,甚至出現幻覺,有時一個人對著面前的空氣喃喃說話。劉蘭帶她去看醫生,醫生診斷為產後抑鬱癥。胡萍本來在他們的幫助下慢慢復元,可是一次又一次對她精神上的致命打擊,令她每況愈下,以至病入膏肓。

萍的身体严重衰退。她总是感到极度的疲劳虚弱,失眠,頭昏眼花,食欲不振。有一天晚上,劉蘭看見她一個人坐在月光底下,低聲哭泣,全身冰冷,急忙把她扶到屋里。她告訴劉蘭,她活得很辛苦,她不想再活下去了。劉蘭雖然極力相勸,可也只能眼看著她一天天消瘦下去,無能为力。慢慢地萍不能下田勞動了,醫生看著她也只能搖頭和嘆氣。有一天劉蘭做完工回來,不見了萍,立刻到處尋找。一直以來,她心里都怕萍自尋短見。她從村頭找到村尾,從村裡找到田裡。老人小孩都問過,就是沒有人見過萍。劉蘭急了,直奔治保主任的家,把萍失蹤的事情告訴他,希望他能派人去找她。治保主任正在吃晚飯,他聽完後不屑地說:"是不是又去偷渡了?唏!不過這個傻婆,諒她也沒有這個能力!現在天也黑了,去那裡找?明天再說吧!"

當晚劉蘭和光贊一直睡不好,輾轉反側,心里一直記掛著萍。天剛亮,他們再次到處找她,但是毫無結果。一天、兩天、三天……還是找不到任何萍的蹤影。

慢慢地,一些詭異的事情發生了。有些村婦發現家里灶頭的食物不見了,有些人說夜深時候見到有個披頭散髮的黑影在隨風飄動,有些人又說誰家的黑狗無緣無故對著河邊的大榕樹頭狂吠。經過一些人繪影繪色之後,一時間似乎處處鬼影憧憧,實在恐怖。

當時光贊对劉蘭說,會不會是胡萍呢?

其實,有這種想法的,并不是只有光贊。治保主任一早就把這件事向上級匯報了,他們正在計劃著一個周詳的圍捕計劃,一支由男青年民兵組成的暗哨值班已在暗中執行了。

一個晚上的深夜時分,光贊被一陣又一陣的哨子聲和"站住,站住"的吆喝聲驚醒。他披上一件衣服,搖醒劉蘭,就往門外沖出去。只見很多本村的青年民兵,有的拿著長長的強力電筒,有些拿著水火棍;有些拿著步槍,如臨大敵。好不容易他才了解到是'捉鬼',一個女鬼。光贊一聽,心裡就有個不祥之兆。他跟著大隊人馬順著基圍路向村外跑去,很快就跑到隔鄉公社的地界,這裡是一片遠離村民居住地點的蔗地,非常荒僻,一般很少有人到來。突然前面的人不走了,似乎在看什麼。借著雜亂的電筒光,他看在地上有些蔗葉,整整齊齊地鋪了一個睡的地方,上面搭了個小棚,顯然是有人在這地方睡過!

"哼!這個傻婆在這裡真是過得風涼水冷!"治保主任一面說一面动手,三下兩下就把小窩棚拆掉了。

再走50米左右,前面是一個大水塘,人們都在這個寬闊的水塘面前停住了,大家一聲不響。聽跑在前面的人說,黑影在這裡就不見了。劉蘭手裡抱著個東西,一聲不響地注視著前面一片汪汪之水,在月光之下波光鄰鄰。光贊正想上前看看劉蘭抱著什麼,卻見她已經癱倒在地。他急忙上前抱住她,才发現她手裡抱著一個一個用草扎成的嬰兒。光贊一下子就認出外面那件衣服,是劉蘭為萍的兒子出生所縫制的。光贊立刻明白了,淚水奪眶而出……

三天之後,水塘深處浮起一具女屍。一個星期後治保主任捧來一個瓦罐,面帶愧色地請光贊和劉蘭轉交給萍的家人。光贊當時覺得奇怪,就問治保主任為什麼他們不親自去交給她的家人?他說:"我不好去面對,我們的做法有些過火了。我覺得對不起胡萍!"光贊考慮了片刻,覺得在這個草菅人命、毫無法紀的社會,一個能知道自己做錯了的卑劣的靈魂,總比那些占著高位,自己沒有人性、卻滿口"為人民服務"的卑鄙無恥的始作俑者又不知高尚了多少！憑著這一點，他答應了他的請求。

　　一個清晨，光贊捧著那個瓦罐，劉蘭抱著那天在追逐胡萍的路上撿到的草嬰，來到不久前送別胡萍父母時才來過的地方。那房間一點都沒有變，靜悄悄的，整整齊齊的，一看就明白這段時間不曾有人來過，房子發出一陣陣的霉味，冷冰冰的沒有一點生氣。大廳中堂掛著胡萍父母的那張雙人合照，隱隱約約好像有點微笑。大概那兩老知道他們祖孫三代要團聚見面了。下面的舊式長枱，萍親手安置的她父母的骨灰還是老樣子放在枱面上。光贊把那個瓦罐放在萍母那邊，低聲說："胡家伯父伯母，我把萍送到你們身邊了，你們一家總算團聚了！"劉蘭再把那個草嬰放在萍身邊，"萍，帶好你兒子吧！"劉蘭再也說不下去了，兩個人都哽咽不止。事後，劉蘭大病了一場。

　　故事講完半晌，帆和他們兩個人仍然靜靜地坐著，誰也沒有再說話。大家都閉上眼睛，大概這樣會好過一點，痛苦會慢慢消散。

　　回家路上，帆長久不能平靜。他們為什麼一定要把這個女人逼到家破人亡？為什麼？是因為她丈夫偷渡了嗎？是階級仇恨嗎？是什麼深仇大恨令到他們會下這樣的重手段呢？這個女人有什麼罪，與他們有什麼恨？值得他們去苦苦相逼嗎？人家不喜歡你這樣的社會，離開都不成嗎？哦，對啊！這是封建的連坐法啊。

　　這樣的手段並沒有讓帆感到害怕，反而更加激起帆更大、更狠的決心，一定要離開這個沒有一點人性的社會。他深信，自己更應和燕共同進退，一定要保護好自己的親人。自由和幸福是要自己努力去爭取得來的，絕不能寄望別人的恩賜。

第二十七章

鼓急鑼密聲聲緊　　運轉登高寄白雲

　　第二天早上，帆很遲才起床。他頭很痛，還沒有辦法擺脫昨天的陰影。他清楚要偷渡成功所要付出的代價，如果沒有"不成功則成仁"的決心，恐怕很難堅持到最後。

　　十點多，燕來了。

　　"再過一個月左右，我們就要起程了，你看看我們的工作準備好了沒有？還有什麼需要再準備的，我們必須預先想好。"燕說。

　　"沒有錯，我們必須預先想好！我擔心的是，我們的決心是否足夠堅定，這是其一。其二是我們四個人擲堆不容易，目標大，恐怕太惹人注意。"

　　"通過這次報流又安全歸來，我對你是有信心的，你對我有沒有信心呀？其他人我未知，不過只要我們倆人站在一起，堅定信心、就容易辦了。另外是我們可以分開兩組人、分別入局[1]，到達堆住時才集合起來。"

　　"分開肯定要分開，不過是如何分？這個問題看來要花點腦汁，要做得好還要問問平叔，讓他以當地人的眼光來看，怎樣才合情合理，不讓人產生懷疑。"

　　"不知平叔什麼時候出來，我心里也很著急。"

　　"應該在這段時間了，耐心等多幾天吧。現在我們就先把要做的事情做好，要準備的東西準備好，等他出來。現在有時間就多跑步、鍛鍊身體！"帆說。

---

1. 入局：一般指進入預計好的狀態。這里指進入堆位。

正在這時，郵遞員送來了一封信，正是平叔寄來的。平叔將在9月28號到廣州，一家四口一起出來，國慶節後的十月三號回去。

　　時間定了，所有的工作都必須向這個時間靠攏。帆和燕迅速通知出去，把平日準備的事情做好就位，大家已如弦上之箭，一觸即發！

　　9月28號，帆和燕把平叔一家人接回家，帆父母及光和建早已在等候。帆把光和建一一介紹後大家就一起商量，事情很快就決定下來。接下來，大家在國慶這幾天帶平叔一家人去好好玩一下。光去弄了一些戲票，讓大家去看戲；燕給小軍和小紅做了兩件新衣；帆家里準備了好的菜式和難得的几瓶酒。總之，大家都想趁這個機會休息一下，輕松一下。因為每个人都知道，一場艱苦的惡斗在等待著他們。

　　五六天的時間過得很快，特別是節日的時間。10月3號，平叔一家四口又高高興興地帶著大包小包的禮物回家去了，當然帆他們要帶的物品也全數帶去了。送走了平叔一家人後，帆和燕自然地去到他們經常去的熟悉的西湖。兩人走了一陣，燕首先打破了沉默。

　　"帆，你覺得今次做得怎樣？"

　　"哦……我覺得怎樣？"帆還沉浸在對眼前的寧靜的景物的享受中、心不在焉地說著。

　　"是呀！人家問你啦！你的心到了那里去？心不在焉的。"燕輕輕打了帆一下，笑著說。

　　"你要我說真話還是假話？"帆想了想後反問道。

　　"當然是真話啦！"燕認真地說。

　　"我覺得我們已经盡力去做了，可是結果會怎樣那就不知道了。天知道，地知道，就是我們不知道。"

　　"廢話，講了等於沒有講。"

　　"燕，這不是廢話，它是事實。你想，我們哪一次不是認為自己準備得很好，應該萬無一失？可是每次的結果怎樣？每次都慘敗。準備工作當然很重要，但更重要的是隨機應變。如果遇到突然變化的事情而不能迅速應變處理好，再好的準備工作都必然付之一炬。

　　"此外，另一個更重要的因素是對時機的選擇。我不知道我們選擇這個時間去起對不對，如果時機上沒有選好，一切努力也都会白廢的。"

　　"你這樣越說就越玄了，不好理解，你能否說得具體一點嗎？"

　　"我的意思是對大環境的選擇。如目前阿爺對老鄧又愛又恨，既想打倒他、又想利用他。七巨頭[2]只剩下阿爺和周公、老鄧三人。周公又重病纏身，只有老鄧最具活力。他既年富力強，又有一大班黨政軍的舊部為擁躉。而阿爺那邊卻青黃不接，所以老鄧才會起起落落。當老鄧起的時候，他就會收拾國內的秩序，抓緊邊防，這個時候則不利我們跤腳。相反當老鄧落難的時候，他自顧不暇，這才是跤腳的好時機。這時我們則會減少阻力，事半功倍。我們會落在哪一個時間的區間裡呢？這既有人為的考慮，也有天意！"帆詳細地解釋說。

"你這樣說我就明白了，大勢對我們來說是非常非常重要的！我們必須謹慎去考慮起的時間。那么這一次你是如何考慮的？"

"這一次我是基於第二舨與阿倫起的經驗來判斷的。第二舨我沒有力量來作出選擇，一切都由人家來決定。不過經驗告訴我，那一次我們還是順利到達水邊，這個時間走路會少些阻滯。至於在政治環境方面是否適合？我一點都沒有想過，這樣的問題，我還是剛想到的。不過現在我們的一切都定下來了，今年在時間上也無法作出任何大的變動了。"

"那上一舨你為什麼選擇在舊曆5月？"燕問。

"這純粹是一種僥幸心理，希望好運會令自己不會遇上惡劣的天氣。沒想到天氣真的惡劣時，雖然對搜捕者不便，但同樣對自己更不利。所以我們下蓮花時因屢受天氣的挫折而失去精神及體力上的耐性，以賭博心態對待面前的一切，由於失去耐性、大意輕敵、而最終失去了冷靜分析。而人家卻以逸待勞，佈下天羅地網，我們才一敗塗地。"

"我們這樣討論一下都很有收益，今後的行動中真要步步為營。"燕若有所思地說。

南方的秋天，都是由一陣陣的雨水，夾雜著大大小小的北風，掀起一兩天一次的"寒潮"累積而成的。同樣，人們的不滿，也是由一次又一次的政府失信而累積所產生的。有些強權者卻希望第二天太陽一來，人們就會忘記了一切，一切又好像往常一樣習慣了，就像到了深秋也不會感到寒意一樣，這可能嗎？

1975年10月13日，天氣異常晴朗，天高雲淡，令人感覺非常清爽。剛過去的13號臺風，為大家期待已久的農曆九月初九重陽節，把天空和大地洗滌得一塵不染。帆一早就起來了，他們幾個在一個多月前就約定好的，今年重陽一定要去"登高轉運"。白雲山是廣州市最高的山，要登高非此莫屬。文革進行了九個年頭，人人都覺得需要轉換一下霉運

---

2. 七巨頭：指毛、劉、周、朱、陳、林、鄧，中央七人排座次。

了。既然重陽登高可以消災解難,那自然也可以避禍轉運。特別是霉運連年的知青、篤卒跤腳的朋友,年年都沒有加人工的合同工、臨時工,轉運就顯得更為迫切了。

重九那天一早,光和建在前,帆和燕在後,四個人一起來到了白雲山正門的登山道上,發現僅有的幾條登山道已經人滿為患。據說有些人天還沒有亮就直奔摩星嶺山頂看日出,務求看到最早那一抹晨曦,尋出人生希望的真諦!四人一個跟一個,一步一步順著台階向上走去。只見偌大的白雲山,到處都是"奇裝異服"的年輕人。女的大都穿紅著綠,燙着卷曲的頭髮,塗上胭脂口紅,花枝招展。男的很多人都梳個港式流行的飛機頭髮型,穿著線條筆直的喇叭褲、艷花的襯衫、尖頭皮鞋。更特別的是長長的頭髮下,那條粗大且顯眼的"的水"。這種不約而同的打扮,完全與當時社會上流行的文革風氣不同。白雲山上簡直成了一個化妝大會合,成了一個對時代叛逆的總匯。

人頭涌涌,漫山遍野,佈滿了整個白雲山大大小小的山頭。沒有人知道這些年輕人過去的遭遇是什麼?將來的命運又如何?不過我們應該知道他們現在心裡想著的就是要求"轉運"!無論他們過去受過多少欺騙,受過多少不為人知的委屈,這個時候,他們都希望來年有個改變、有個機會"轉運"。

農曆九月初九的重九登高,自古有之。自漢、魏晉、南北朝至今,登高遠眺、賞菊花、戴茱萸、吃重陽糕、飲菊花酒、祭掃先人墓,都是民間習俗。文革一來,這些習俗被紅衛兵一掃而空。誰知道這一年,忽然莫名其妙地,十幾二十萬青年自發地來到白雲山。帆抬起頭來,仰望著山上花花綠綠的人群,感受著那蔚為壯觀的景像,心裡詫異着,感慨着,一路拾級而上。忽然間,只見前面人群中散開一條路,一隊拾幾人的軍警從台階上走下來。本來熙熙攘攘的人群突然靜了下來,所有人的眼睛,都盯著那批軍警。軍警不敢停留,用碎步急速地走著,四處鴉雀無聲、人們屏住呼吸,與軍警互相對望,人人都心照不宣,誰也不敢越出第一步!這時整個大地似要震動又未震動,大雷雨似要出現又未出現。

人實在太多太多,他們漫無目的地走過天南第一峰、鄭仙巖、九龍泉、能仁寺的廢墟……他們走遍了整個白雲山的每一個角落。人們在找尋什麼?他們想找尋過去?現在?或者將來?有誰會知道!

這股人潮、帶著多少人對未來希望的焦慮,帶著多少抑屈和狂躁,帶著多少生命所自然爆發出來的力量,一直留連徘徊到深夜,讓他們的不滿、憤懣隨著那多余的精力、汗水消耗殆盡，人群才慢慢散去。

事後政府指此為"1975白雲山事件"[3]，事情飞快傳遍廣東省。重陽登高轉運之說，亦由此而再次傳遍海內外，成為人們表達願望的一種方式，歷久不衰！

很明顯，這僅僅是一次小小的、自發的群眾運動。人們圖什麼呢？我不知道！你說呢。

親愛的讀者，經過這次登高"轉運"之後，他們四個人的命運是否會轉変呢？是轉好還是轉壞呢？那只好請大家繼續關注下去。

---

[3], "1975白雲山事件"：依當時公安部門所查，此次上十萬人齊聚白雲山登高，源於一個"政治謠言"：重陽節這一天登上白雲山就能轉運，偷渡香港者將會馬到功成。那天的登高人潮中，的確有人兜售所謂"棋盤"，即偷渡香港的路線圖。當局大為震驚，開始全城大搜查，想找出始作俑者，最後不了了之。

第二十八章

千危萬險槍無眼　失魄驚魂終脫難

　　二十多天之後，農曆十月初四的早上，氣溫還是很高，天陰。兩部單車從平叔家裡出來，建和光挽起褲腳，光著腳板、夾起件簑衣，一副農民去趁墟的模樣。平叔搭著穿雨衣的燕和帆走在前面。兩部單車一前一後隔開一段距離，遠遠地呼應著。十月天時農耕工作已很少，加上陰天，極少有人外出。因為上次走過同樣的路，帆和燕已經是駕輕就熟，心中有數。當他們來到墟場時，已接近中午，感覺有點熱，不過墟市淡靜很多。這時天暗得很，看來免不了大雨將至。果然，忽然來了一陣狂風，白豆般大的雨點說到就到，幾乎連跑進茶樓躲避的時間也沒有。

　　茶樓一下子就擠滿了人，醒水[1]的平叔揀了個不顯眼、較安靜的桌子，叫了茶水招呼大家坐下，隨即一盅兩件[2]邊吃邊談。風一陣緊過一陣，雨像倒水般落下來。茶樓不斷有人擁入，大家的注意力都關注在這場雨里。

　　"雨這樣下，會不會影響我們？"光問。

　　"不會的，這場雨很快就會停的。"帆說。

　　"你怎麼會知道？"光問。

　　"今天是初四，應該在一點鐘左右潮水漲到頂，現在是東南風，正所謂風高浪急，風水相生。有雨就現在下，遲一點就會停雨了。下了

1. 醒水：精明及反應迅速。
2. 一盅兩件：以前廣東茶樓飲茶用茶盅，不用茶壺和茶杯。茶盅中放茶葉，有蓋及托碟，茶盅兼具壺和杯的作用，每人一份。廣東人愛好吃點心、燒賣、蝦餃等。所以稱作一盅兩件，以示為生活的基本要求。

這場雨，今晚我們會好過一點了。"帆說。

"如果是這樣就好啦！"燕說。

"會的，你放心啦！"平叔肯定地說。

雨還是不停地下著，一時大一點，有時小一點，斷斷續續。到了兩點多鐘，雨果然停了，天空出現了藍色，一片陽光展現，令人心情舒暢。茶樓的人一窩蜂地結了賬擁到街市上去，小檔口立刻又擺滿了街道，兩邊商鋪因下雨而收起的貨現在又重新展現在人們的面前。叫賣的叫賣，揀貨的揀貨，大家都想趁這一點點時間把生意做好，或買點合自己心水[3]的東西。帆看著林林总总的货物和忽然之間不知從那里冒出來的熙熙攘攘的人群，有男有女、有老有少、有農民、有居民，更有知青模樣的，他感到放心很多。要知道，擲飛堆最揪心的就是擲堆之前孤獨顯眼，引人注目。

"你們幾個在這里走走先，我去上次你們埋堆的地方看看情況有沒有變化，處理好那些物品。晚上不要在中午的地方吃飯，換一換，去斜對面那一間。"平叔走上前來對帆說。

他們四人分開兩批，隨便在街道上走走就一兩個小時了。四點剛過，四個人就來到平叔指定的茶樓，平叔已在那里等著他們了。茶客很多，大家都想早點吃完飯，趕快回家。快到五點，飯菜才上來。飯熱菜香，眾人飽食一餐，十分滿意。

"時間到了，該走了！帆，老地方無問題，你和燕先走。"聽平叔說完帆和燕就站起來，拿著在市場上買的東西準備走了。他看了一眼掛在墙上的時鐘，正好五點半。幾分鐘之後，光也跟著出來，仍然是挽起褲腳，光著腳板走路。最後出來的是建，他也是光腳板夾件簑衣，徹頭徹尾就是個農民。幾個月前帆和燕才來過這里，他們一點也不感到陌生。帆正在慶幸天氣好，陽光卻很快就消失了。畢竟是農曆十月的天時，雨後有點北風，道路已經吹干了。天色已暗下來，遠處炊煙縷縷。帆和燕加緊了腳步，迅速轉進了分岔路，只見前面漸顯冷清。帆回頭一看，遠處露出光的身影。他和燕再急行大約二分鐘就躲到南邊的叢林中去，天色已麻黑麻黑的樣子。不消一會，光也走到面前，正在四處張望。帆發出暗號，三個人立即會合。

"阿建呢？他來了沒有？"燕著急地問。

"在後面跟著，很快到！"光說。

說著就見到建急急忙忙走來，帆連忙再發出暗號，終於四人匍匐

3. 心水：心中所好的。

在路邊的叢林裡會合了。天已完全黑齊了。四周靜悄悄的，天空一片暗藍色，上面掛著星星，一閃一閃地發著光。不知什麼時候，新月已偷偷地爬上了樹梢頭，大概它也想和他們大家會合，把它那慷慨的光輝帶給他們，照耀著這批逃亡者前行。

這時候不遠的路上響起了一声單車鈴聲，黯淡的月光下，平叔來了。光發出暗號，隨即單車就直接駛入了叢林。四人馬上打開兩個蔴包袋，換上衣服、鞋和各樣配備的東西，背上自己的背包後，每人又砍了一條樹枝作扶手棍。待檢查清楚後，平叔把換下來的不用的東西又塞進蔴包袋，騎著單車走了。整件事情有序而又緊湊、好像時鐘上的零件一樣，的嗒、的嗒，一下子就走完了整個過程。

帆環顧了一下周圍的環境之後，就對光說："光，現在我們應該出發了，你仔細看一下，這與你上一次的行動有相似的地方嗎？你對你主導這次行動有信心嗎？"

"應該問題不大！"光環顧了一下就說。

於是由建開路，光在建後面指路，燕行第三，帆押尾，四人一行，直向南面稍偏東的方向進發。一路都是平原，每每遇到前面有村莊，四人便只好慢慢繞過。狗吠得很厲害。上半夜休息的時侯，帆和燕都覺得有點不對。

"光，到現在我們還見不到山的影子，如果按照這個方向走下去，我們在天亮時還上不了山的話，在平原是極難找到堆位的。如果沒有堆位，我們就只好束手就擒了。"燕焦急地說。

"光，燕的意見值得考慮，你是否改變一下方向，變成先向東行，上到山再算，免得冒險。"帆喝了口水後，四面看了看說。

夜色矇朧，雖有點微弱的月色，但也無法看得很遠。隨著上半夜過去，天越來越暗。光和建轉了一圈，確實一點山的影子也沒有，四周一片平原。

"我們再走一段時間看看再說，我們還有時間，或許會有改變，現在又看不遠，很難下結論的。"光堅持說。

"帆，你覺得怎樣？"燕問。

"好吧，走走再說。"帆說。

大家都知道，今天晚上一定要上到山才安全，這是最基本的要求了。光和建兩人提高了速度，不停地互換前後的位置。大家默不作聲，全速前進，走到一身熱汗，也不敢停下來休息。忽然間，建和光都停了下來,帆向前一看,前面盡是疏疏落落的燈光。他們站的地方實際上是個高坡頂,可以俯瞰這片燈光。粗略估計一下,縱橫大約有三四公里,應該是一個大的鄉鎮。再一看時間,已快三點。雖然大家都默不作聲,但都急得直冒汗。燕拉著帆的手說:"快想想辦法吧!"這時帆想起他與三哥分手時三哥的吩咐:"記住,凡事要你自己做主才能成功!"他走向前再看,燈光縱橫真有三四公里,向前穿過不可能,向右繞過最少有七八公里,即使繞了出去也是平原,到時天亮也會被擒。看來只有向左走這一條路,從地圖的位置上分析,這里應是長安之前的地方,再向下走應是公明平原,太困難了。現在還有兩個鐘頭左右,向東直走,到山上才可以有堆位躲藏。他把這個想法向大家講清楚,最終大家一致同意之後,全速向東前進。

　　這時仍然由建走前面,帆走第二,燕第三、光押尾。雖然仍是全速前進,但經過整晚的奔走,臨近天亮各人也倍覺睏倦。漸漸他們行走的速度也慢了下來,要求休息的次數也多起來了。第一聲雞啼之後,接二連三的雞啼聲此起彼伏。天空東面慢慢開始泛白,雖然看得見前面有座山影,但是要走到山邊,恐怕還要幾個小時。遠處農舍炊煙已冒,生產隊已打響了開工大鐘!噹,噹噹!響聲蕩人心肺,天已大亮了。大家都癱坐在地上,你看我、我看你!怎麼辦?怎麼辦?雖然這里是近山邊的農地,有很多地方失耕,但不能藏人,只要有人經過就一定會發現他們。繼續往山裡走?路上遇到人怎麼辦?正在臨近絕望之際,帆突然間發現旁邊是一條小河澗,有條平直的水泥板橋跨過了河。再看橋寬約五六米,橋底有一米多高,黑洞洞的長滿水草野棘,一直長出到橋洞外。橋底還有些石塊泥土,水只在中間石縫流出。為什麼我們不可以躲到裡面去呢?經他一說,大家立刻明白,十分鐘後,所有人都躓了進去。掩飾的工作都做得天衣無縫,完好到像從來沒有人來過一樣。

　　躓入橋洞內邊的四人,很快就習慣了眼前的黑暗。他們背靠著洞內的石塊,坐在干燥的泥面上也頗為舒服。四個人吃了點東西,就靜悄悄地入睡了。一夜的辛勞、驚恐,現在才得到點休息。

　　忽然間,帆被燕推醒了,他睜開眼睛一看,光和建都醒了,正緊張地豎起耳朵在聽。橋面上有人跑過,四個人都趴在那里,動也不敢動。跟著起風了,雨也來了,沙沙聲響一陣又一陣。雷声隆隆,人一陣緊過一陣地跑過。忽然間橋洞邊跑來條狗,對著橋洞狂叫,他們四人一時不知所措,趴著一動也不敢動。靠最外面的帆,透過外面遮擋的野草葉,看見一條狗站在半腿高的水裡,不停地向著洞裡汪汪叫著，雨水把牠全身毛都潑濕透了。

"還不走？大雨來了！"跑在橋面上的主人忽然停住了腳步，大聲呼喝著牠。牠還是不走，拼命地叫，但又不敢走進來。裡面的四個人暗暗叫苦，心裡不停地唸著："大爺呀，你快走吧，快走啊！"

世界上的事情就是你想要它、它不來，你不想要它、它不去。那條狗不但不走，而且叫得更大聲、更響亮。

"你那條狗在幹什麼？在那裡不停地叫，裡面怕是有什麼。"走過的一個人問那狗主人。

"我也不知道，可能是發現了老鼠或蛇之類的動物。"狗主人說。

"我看不是老鼠，如果是老鼠，你的狗不會不敢進去的。"那個人肯定地說。

"有可能是毒蛇之類的惡東西。"狗主人說。

"那你進去把它掏出來！"那個人大聲說。

橋底下那四個人聽聞，急得一身冒汗，但又苦無良策。

那只死狗還不停在吠，正在不知如何是好之際，天空卻來了一番閃電，緊接著雷聲隆隆，夾集著一陣陣狂風，瓢潑大雨直打下來。

"別搞我，現在大風大雨、打雷閃電，水又這麼滿，萬一是一條毒蛇，狗都不敢去，我去嗎？太危險了。"狗主人說著又叫那狗。

"既然是這樣，就趁早回家好啦！你看你看，又閃電打雷啦！"那人還沒有說完，一道電光跟著一聲響雷從頭上直劈下來。接著又一連串的噼里啪啦雷響，雨更急了。兩個人飛身便走，可是那條狗還是不走，還在大聲地叫。"還在叫什麼？快走！"狗主人轉過身來在地上撿了條小樹枝，隨手打在狗背上。狗終于停止了吠叫，把身體用力一搖，把身上的水都搖了出來，然後一個箭步跳了上小河岸邊，飛快地跟著主人跑了。

外面终于平靜下來，只聽見密密的雨聲。橋底下的人終於可以松一口氣，但很快小河澗的水又滿起來，大家只好不斷往上擠，往上擠。眼看著水慢慢浸上來，快滿到他們沒有辦法再在那里呆下去時，卻聽到雨又小了。帆看了一下時間，是下午兩點多。天色陰暗下來，大家轉了個身，慢慢竟然又睡著了。

當帆再次醒來時，從橋洞里往外望，只見到一點點極微弱的光。他拿出時鐘，借著指針上的磷光一看，已是傍晚六點半了，他急忙叫醒大家。各人醒來時，都說睡得好！趁大家起來的時侯，帆慢慢爬出橋底，伸出半邊頭一看，原來天已全黑了，剛才看見的是半邊娥眉月的亮光。其他三個人這時才伸著懶腰一個個爬了出來。大約二十分鐘以後，他們又起程了，這時剛好七點。

借著娥眉月色，帆看清了周圍的環境。在他們的正東面，有一座并不太高的黑色山影。走了一晚平原的他們，應該走上山頂看看，看清了方位，才可能計劃下一步的航向。吸取了第一晚的教訓，大家也沒有意見就決定下來。他們一直順著南面的燈光外圍向東走了大約一個多小時後，大片的燈光才漸漸移向後面。前面的山逐漸清晰了。越靠近山，荒廢的耕地越多，到處有丟棄的破爛房屋，斷墻廢瓦。芒草長得到處都是，低洼的地方全是些水草野棘，行走相當困難。這里的一切，顯得毫無生氣，猶如死亡的世界，令人心寒！偶爾遇到一兩個墳頭，這就是留守在這片廢墟上的幽靈。一片稀薄的水霧，在冷冷的月光下卻又生出陣陣紫藍色的煙氣，依伏在那廢墟的斷墻頹瓦及地面之上，久久不能散去。那些偶爾出現在慘白的月色下的孤獨的山墳，觸景生驚，更令人顫悚！光和建不時趨前墳頭叩拜，說："我們都是被迫逃亡的人，有怪，莫怪！"其實假如他們的命運稍微好一點，又有誰愿意來夜闖這個幽冥的世界，驚動那與世無爭的廢墟邊上的幽靈。

山上樹林又密又黑。大約是人跡罕至的緣故，也沒有山路，真是寸步難行。他們不時需要坐下來吃點東西，喝口水。好不容易才爬上到第一個山頭，回頭向下一望，連綿的燈光是剛才走過的地方，連著大片的平原，伸延至無盡的天邊；再仰頭向上看，重重崗巒、起伏向上、黑壓壓的，看似是能直上天廷的階梯，也像快要倒下來的龐然大物！

他們站在那里，上下不知其所！他们驚嘆天地造物之偉大及自己的渺小，更感慨要跨越它的艱辛。休息了大約半個小時，他們又邁開沉重的腳步，一步一步地向上走去。他們不是要走向天廷、他們不稀罕天廷，他們需要的是自由，他們是要跨越這天障，走向那自由的世界！

山一重又一重，越來越大，樹木越來越密，路也越來越難走。到了下半夜，建不斷地需要休息，需要吃東西，他覺得太累了。換光上去開路也不甚見效。帆研究其原因，覺得他們倆人較高大，下半夜向下走，山勢向東，而他們取東南的方向行走，所以經常需要跨越山谷。而谷底多有荊棘野藤，滿是針刺鉤簕。一下不慎，全身都被鉤住，動彈不得，需要其他人來幫忙，十分麻煩。帆想了一下，決定自己來開路。他戴上手套，叫光跟在後面，先用扶手棍在後面幫他把一些簕藤挑起，他自己就從挑起的地方貼著地面爬過去，再用手提起棍子的另一頭，令空洞擴大，然後各人就很容易爬過去。第一次有些困難，兩三次之後大家都變得熟能生巧了。他們就是用這個辦法，解決了荊棘野藤在行進中造成的困難。

下半夜快到天亮的時候，冷霧濃濃地罩住了整個山頭，月亮沒有了，幾步之內都無法看到對方，周圍一片黑暗。他們正在一條很深的山谷里徘徊，找不到出路。最後大家一致決定就此扎堆，不再走了，等天亮看清楚再說。濃霧非常潮濕，樹葉都是濕漉漉的，人走動起來碰到樹葉，令全身都濕透了，異常寒冷。他們穿起塑膠雨衣，大家擠在一起，背靠背地坐著休息。可是实在太冷了，凍到人人都直打哆嗦。最後他們實在沒有辦法，只好站起來跳一下，令身體暖和些，再吃點東西，才勉強挺過去。天漸漸亮了，他們看到自己正處在谷底深處，就顧不了那麼多，找個相對隱蔽處，倒下來便睡了。

太陽出来了，氣溫慢慢升高。當他們再次醒來時，已過中午。他們趕緊脫下雨衣，把身上的濕衣服也吹一吹。這個山谷一直向東南，也有六七丈深，深谷上面樹木縱橫覆蓋，根莖直落底部形成盤根交錯，谷底中間有條很小的溪水流動，盡是光滑的卵石。走過幾步，在谷內向前望出去，前面有個大的落差，流水沖激著石頭，發出響聲。如果昨晚摸黑前進，會非常危險。另一個矮一點的山頭，連著一條小山脊蜿蜒伸向南面的山嶺。只見遠處疊疊重山，與藍天相連，頓時令人感到天地如此蒼莽，大家都不勝唏噓。

下午五點多，大陽下了山。趁著麻黑的天，四個人又探頭縮腦地出來了。他們來到山脊路邊停下來，看了一会儿，辨清了方向，看清前後左右，確認安全之後才敢啟程。前面兩人著力觀察，全速前進，在後的要不時回頭審視後面有無人跟來，或自己有無留下什麼痕跡。經過休息之後各人的精神狀態還好，走起路來比較輕鬆。路上大家都沒有出聲，只聽見腳步發出的沙沙聲。不消一個鐘頭，他們已翻過白天看到的下一個山頭，順著那條蜿蜒的小山脊向南面的群山走去。經過小山頭時，他們還認真地看過，周圍沒有看見平原、山村和燈光。月色初上，迎面吹來陣陣清涼的南風，他們的腳步更快，不知不覺就到了南面的山嶺。可能今天起行時是從高處向下走，所以行走較輕鬆；現在又輪到從低處向上爬，份外吃力。翻過兩三個山頭之後，就看見一個大的山頭，黑沉沉地壓在前面。走著走著，路也沒有了，前面盡是大塊大塊的頑石，很不好攀爬。不知為什麼，一點光亮都沒有，連星星的光也看不見。那一點點娥眉月也不知躲到那裡去了，簡直漆黑不見五指。他們就好像陷入了一個黑色的世界，你看不見我，我也看不見你，互相之間只能聽到走路的聲音。看來他們是落入了一條充滿棘樹叢的深溝里。

走在前面的建累極了,連廣東四邑人的那句"要騎馬過海"[4]都使出來了。帆拉著建,低聲叫大家坐下來休息。建要吸煙,帆叫他不要,他卻不理,從口袋里拿出白天卷好的那幾口棺材釘[5],趁帆看不見,劃起火柴。火光一現,說時遲、那時快,一聲槍響,一條光影從上而下在他頭上劃過,跟著嘭嘭兩槍,打在旁邊的石頭上,火星四濺!嚇得建連滾帶爬、一下子順著左手邊的低位滾了下去。帆等三人立即撲下去,原來又是一條小溝,滿是荊籟,但建已拼死竄了過去,三人也順著建的洞孔躦過去了。他們不敢停留,順著溝邊直走出去,向右邊又重新翻上向南的山頭。就是這樣左沖右突,一連翻過幾個山頭,終於走不動了,在一個山頭的黑暗處停了下來。大家也不約而同地拿起水壺喝水休息。

"建,你的褲子有沒有濕?我看你是嚇到連褲也被尿濕了啦!"光笑著說。

"以後不要這樣啦!建哥,這是很危險的。"燕說。

"我當時真嚇呆了,一下驚醒過來,逃啦!"建也笑著說。

"剛才好在天黑,打槍的人可能在山上看不清楚我們,只能對著火光的大約方向開槍。不然我們恐怕兇多吉少了,我們現在是逃亡,條命凍過水!大家樣樣都要認真些,吸取教訓,不可輕敵,不然死了還沒天亮呀!"帆說了這些重話,大家就沒有再出聲了。

這次整整休息了一個小時有多。這事不但令大家心驚,就算光和帆這樣起過幾舨的老卒也心有余悸。然而當你一旦踏上這條不歸路,你一定要走下去,不管有多危險,多辛苦!

帆拉了燕一下,兩人背起了背包,站起來開步走了。光和建也就跟上來了,大家又默默地向前走去,好像什麼事情都沒有發生過的一樣。走到快天亮時,大家就在一個長滿芒草的山頭上扎了堆。

從這裡向前看去,只見一連幾個長滿芒草的山頭,大塊大塊的碣色頑石疏落其中。深秋的芒草顯得分外枯黃,只有幾棵仍然綠色的小樹迎風搖曳。藍色的天空上只有幾條白色的雲絲,太陽光線直射下來,曬得人非常暖和。光和建醒來後爬上前面山坡頂,趴在那里看著前方。燕緊張地注視著四周圍,生怕有人出現。帆躺在石縫中間,四周有些大石遮擋,和暖的陽光曬在他身上,一晚的疲勞和鬱悶一掃而空。不一會,光和建又走回那溫暖的堆位,一邊和燕談論今晚的行程

---

4. 要騎馬過海:廣東四邑人的粗俗說話。
5. 棺材釘:用草紙手卷的熟煙,一頭大一頭尖,就像以前用手工打的舊式鐵釘。

一邊吃著干糧。吃飽了的建若無其事地半臥在曬熱的大石上，一邊輕輕唱起自己家鄉的四邑山歌。

"建，吃飽又唱歌了，現在不害怕了嗎？"光問。

"吃飽就不害怕了！"建說。眾人都一齊笑起來。

"小心，不要笑出聲來！"燕連忙制止說。

"昨天晚上我真害怕，我從沒有見過這種事，也從來想不到那些人會這么沒有人性，居然不顧人家死活，一槍就打過來。"建說。

"打了不止一槍，跟著'嘭嘭'兩槍又打過來。打你不死算你走大運了，我們這次大家都算大步過了一关！"光說。

"其實我們這次和閻羅王幾乎相遇，真是危險之極，即使打不死你，打傷了也是不得了的天大事情。"帆說。

"想一下我都知道，怪不得我出廣州那天，父母和弟妹一家人三點鐘就睡不著起床了。父親坐在床頭一直抽著那枝大竹筒水煙，沒有說過一句話。我媽一見到我就哭。我從來都沒有離開過父母和兄弟姐妹，看到他們這樣我也流下了眼淚。當時一想到幾天前殺了家裡養的那隻豬，只換來幾十元，大半都給我拿來這次用了，我真心痛。這隻豬是我們一家人從年頭養到年尾的，年尾過年時一家人的用錢都全靠它了，現在都沒有了。"建說完後深深地嘆了一口氣。

"建哥，男人大丈夫出來是要做大事的，你不能斤斤計較一時一事的得失，眼光要看得遠些才可以的！"燕說。

"燕，我都知道，不過我們這些農民頭，雖然说是解放了，但是我們一直沒有書讀，天天要去耕田、執牛屎。父母一直都要我們忍，我從幾歲就忍到三十幾，就像一隻挨打慣的牛，少打我幾下就算開恩了。更慘的是文革一來，稍有不滿意，就被拉去斗。自從那次我因打了那頭不聽話的牛，說我階級報復，在生產隊被斗過幾次，以後每每斗人，我都心驚肉跳！"建說著，不覺眼睛也泛出了極度委屈的淚光。

這時燕也覺得不好再說下去，光也把臉孔轉向了另外一邊。

"建，我知道，農民實際上從來都沒有得到過解放。農民比城市的工人受苦更深，受委屈更多。說工人階級為領導，農民是革命的同盟軍，實際上是一頂高帽，讓你戴著動彈不得，就像孫悟空戴上那個金鋼箍一樣。事實上工農都是被剝削和壓迫的，他們打著為人民的旗號去壓迫人民，只是為他們的小集團利益服務罷了。"帆說完大家也沒有再出聲了。

不消一會，大家都慢慢進入了休息狀態。忽然間帆聽到外面有人講話。他坐起來，右手抓住扶手棍，側起耳朵細聽外面，左手去推剛睡著的燕。躺在對面的建可能還未完全入睡，警覺到帆的動靜，也馬上坐起來并推醒光。四人你望著我、我望著你。只聽到外面有一個女人的聲音說："快，快上來！"隨即聽到一陣跑步的響聲，從他們堆位的右邊一直跑向前去。燕從大石的旁邊向外看，見到一個梳著一對孖辮的女青年，一直跑到光和建早上趴在那裡看的地方。"唏！不要再往前跑了，快回來！"又是另外一個女人聲說。堆里的幾個人，不知如何是好。

"千萬不要動！他們暫時還沒有發現我們，看樣子是附近的農民青年，看看再說。"帆說完就跟燕換了個位置，自己站在靠外的一邊。

只見那女青年站在那裡四處觀看，大約過了十幾二十分鐘，她才隨手拔起根芒草，轉過身來正想走下來，卻又再轉身過去，看了一兩分鐘才最終走下來。帆連忙縮進石堆里細聲說："看來是附近的年青村民趁好天來看路的，這些就是未來的卒友了。"

"快下來，不然回去太晚啦！"下面那個又叫了一次。"來啦！"帆聽見那聲音很近了，就打下手勢叫大家趴下。大家都屏住了呼吸，真是鴉雀無聲，只聽見她走路時发出的沙沙声。聽聲音知道她已經走過了他們的堆位，可是誰知道她忽然停止了腳步，回過頭來，一步跨入石堆之中，突然發現內藏四個偷渡客時，嚇得"哇！"的一聲，立刻一步跳出，沖下山去。帆隨即跟著出去，大聲叫："大姐，不要走！"但是她卻大叫："有人呀！快走呀！"看來她是想通知下面一齊上來的人。只見下面那個女的正在向上走著，一聽見她的喊聲、就立即停住腳步，轉身往回走。帆見勢不對，轉身叫燕趕快跑前去、叫停那個女的。經燕一叫，那個女青年居然停了下來，回過頭來。燕慢慢走近她身邊，告訴她，我們這幾個人都是偷渡客，不會傷害她的。由于事出突然，嚇她一跳，道歉一聲。為了不让她害怕，其他人都站得遠遠的，只由燕跟她談。與她同來的人此時也站在遠處。很快大家都明白了情況，緊張的情緒緩和下來，十分鐘後兩个女青年就離開了。燕告訴大家，那個女青年說，在這個山嶺的另一面有個村莊。過了那里，人就會比較少，快接近邊界了。

帆看了一下時間，正是下午二點多。

"防人之心不可無！我建議立刻移堆。"帆對大家說。

"好！"三人異口同聲。大家馬上整理好行裝，蹲著看看應向哪裡走。

"我覺得現在不宜向上走，也不宜向前走。這裡都是石頭山，現在是大白天，在高處很容易給人發現。這邊是村莊，我們朝它的反方向走。如果有人追來，他們一定會在下一個路口等我們。我們該換一個方向走,過了今晚再說。"光說。

一時大家也想不出任何辦法,就這樣定了。由阿光帶頭,斜斜在山坡上橫著走向另一面,整個行進的過程中都是半蹲身地跑著進行,並且走走停停、停停走走。一直過了約兩小時,也走過了兩三座石頭山,這時人也疲乏了,天又沒有黑,大家就找了一個石頭坑扎堆了。

當他們再次醒來,天已暗黑了。遙遠的天邊掛著半輪模糊的弦月。不久月色乍現、玉潔冰清,如少女淺露的嬌容。一小片月暈半遮半掩,在矇朧的暮色下,折射出微微的彩色,如彩似虹,若隱若現。矜持時光輝、嬌羞時緋紅,令人迷醉。世界十分寂靜,沒有半絲風聲,仿佛生怕驚動了嬌矜的明月。芒草枝枝直立,像侍者一樣等待著冷月的召喚。

夜終於來臨了,這群飽受驚嚇又疲憊不堪的年輕人迅速爬上了山頂,借著微弱的月色,沿著一條山脊前進。這時已八點了。放眼望去,山下一點燈火都看不見,黑蒙蒙的一片。唯獨這條淡白色砂石風化了的山脊,像是一條白色的沙龍,一直竄向遠方。走了不久,兩邊逐漸聚集了一些雲霧,在光禿禿的山脊兩邊飄逸,看起來似幻而虛。浮雲白路,如同夢境,高低起伏,如騰雲駕霧,令人不敢舉步。幸好他們每人都手持扶手棍開路,借著微微月色泛起的白光,還可碎步走著,不過山脊有些尖細傾斜,很容易滑倒。他們都不敢掉以輕心。因不知兩邊深淺,若不小心滑下去,後果無人可知。

走過那段光滑的山脊後,逐漸爬上一個山頂,前面又見到一片小樹叢。四個人坐下來休息,環顧四周,只覺得所有的山都比這山矮小。遠望過去,黑壓壓的一片,只見天際邊上僅有一線明亮。這時剛過午夜,看來下半夜走下坡路會好走很多了。

吃東西的時候,建偷偷地告訴燕,他已經沒有老干啦。她一看,建的背包裡只剩下拳頭大小的一塊,她就把自己那份分了一點給他,叫他要有計劃地吃。

下半夜,天涼了不少,他們走起路來比較輕快了。慢慢植物卻多起來,樹高林密,山路不清,走起來比較困難。看不到月亮,黑魆魆的摸來摸去,經常有人跌倒。大家都覺得這樣走很危險,沒有辦法了,只好在一片低矮的樹叢內,找一塊稍平的地就地扎一下先。這時大家又累又睏,一坐下來縮成一堆,一下子就睡著了。時間飛快地過去,當他們醒來時,太陽已在當空。密密的林葉像一把大傘一樣覆蓋著,一小點、一小點有幸透過林葉的陽光,斑斑點點地散落在大片的林蔭內。這里是一個低洼地帶,附近不遠處有條小溪,流著清沏的淙淙溪水。林內非常幽靜,地上鋪墊著厚厚的黃葉,除了偶然間聽到樹頂有一兩聲鳥聲之外，到處都是靜靜的，更沒有人經過。

　　本來無意中遇到一個安全而又舒適的堆位，他們應該好好地吃點東西，睡上一覺補充體力才對。但是燕對帆說，建哥已經沒有干糧了，她分了一半給他，可能明天就有困難了。這是一個大問題，必須要想辦法解決，否則形勢就會急轉直下，失敗就在眼前。商量過後，大家決定趁白天去周圍看看有沒有農地、村落，看準了，晚上去弄點食物也好。可是世事往往事與願違，你不想它、它偏來；你想它、它偏不來。二三個小時後，大家返回來都說，周圍都是山，不但見不到村莊，連農地也沒有。看來這里已經非常接近邊界，人跡稀少。沒有辦法了，只好以逸待勞，大家又回到原地休息。光和帆把自己的干糧再分了點給建，也同樣叫他計劃著吃。看來食糧的危機已悄悄地靠近他們了。

第二十九章

險遇獸群心未定　　饑寒交逼更無情

這天傍晚，太陽還沒有完全下山，他們就起程了。一路上相當順利，無論遠近都看不到燈光及人跡，他們乘著月色，一路向前。可是世界上的事物往往是福禍相依的，上半夜的順利，或意味著下半夜的困難。到處不見人跡，蘊含著尋找食物充饑的困難。天氣和暖宜人，誰料到寒潮的到來。當他們克服了一個又一個的困難而步向最終點時，迎面而來的是自己的身體問題和不可預估的一系列偶然事件而導致最終的失敗。帆他們一向受到的教育，都是從充滿物質性的概念開始，到具有物質性的邏輯必然性，去考慮問題。從來就沒有考慮過偶然性所造成的困難，越是接近成功就越不去考慮，甚致連顧慮也沒有。哪里會想到人世間所遇到偶然的事件比必然的事件多得多，偶然率比必然率大得多。偷渡就要把90％、或者比這更大的偶然遇到的不可知的困難克服掉，才會有1％或者更小的成功必然。整個過程中，任何一件意想不到的事情，都會令自己功敗垂成，令到前面的一切努力，瞬間化為烏有。

這個晚上，帆一直所向披靡地走在前面，但是當下半夜來臨，月亮逐漸消失，他們仍然沒有走出那一大片漫無邊際的群山，和那密不透風的大樹叢林。叢林內漆黑不見五指，坡高坡低、行動十分艱難。

"為什麼現在完全看不見月亮的？沒有月亮真難走路！"帆一面走一面問自己。

"今天是初九呀，是下半夜沒有月亮的。"建說。

下半夜的整個行走過程，只有全賴扶手棍的開路。他們爬上一個高坡頂後，順著沒有樹木而且相當平緩的山坡走下去，一路上僅僅見到有點星光，涼風吹來，卻又令人氣清神爽。帆一直走近坡底後，見前面一片黑林處，拐彎就進入下一支山脈，他毫不猶疑地跨入那片密林，順著山勢走去。這時他被後面的燕一手拉住，"帆，不能走！你看！"燕低聲地說。建和光也馬上趨前，大家順著燕的手指方向一看，個個嚇得目瞪口呆。迎面全是一對對綠色的圓型光點，全停在那裡，一動也不動，一聲也不響！帆心中想，肯定是遇到一大群野獸，在這裡狹路相逢。再看看左右兩邊，也佈滿了一對對的綠色光點，也是向著他們一動也不動，一聲也不響！走在最後的光急忙回頭一看，只見兩邊的綠光迅速地移向他們的後面，圍成了一個圈。

"帆，我後面也有，看來我們全給包圍了，得馬上想個辦法才行！"光低聲又焦急地說。

帆環顧了一下周圍的情況，看來是兩軍對壘，一觸即發。大家抓緊扶手棍，背靠背地站著，一動也不敢動。帆自己也從來都沒有見過這樣龐大、數量眾多的獸群，漆黑的夜里根本看不清是什麼東西，稍有不慎、驚動了它們，一齊撲過來，大家必死無疑！再從野獸眼睛的高度來看，估計像狗一樣的高度。這麼一大群，我們根本無力以對！帆想到這裡，心里禁不住直發毛！

"建！你在農村看慣野獸，你看這是什麼東西？"帆放低聲音問建。

"我看呀？有點像野山豬，牠們是一群一群夜里出來活動的。這次我們與牠們剛好撞頭，在這條山路上遇上了。"建猶疑不決地說。

"人最忌與野山豬撞頭，若你在與牠撞頭時惹怒了牠，牠就不顧一切與你死拼！你看前面那些綠光，仍站在那裡一動也不動、一聲也不響！即是隨時準備與你拼命的樣子！"建補充說。

"現在我們最好是四個人背靠背地圍成一團，慢慢地移開路中間，向旁邊那棵大樹移過去，然後背靠大樹站著，讓開一條大路等牠們通過。"建說完，四個人就一齊慢慢地向旁邊移開。

當他們一移動時，那群東西就動了一下，不過只在他們移動的方向上稍稍後退了一點，很快又停了下來。幸好帆他們的動作幅度不大，沒有驚嚇到牠們。當他們向旁邊後退站定了不動，給迎面的那一大群東西讓出一條路來，一時驚愕了的那些東西慢慢緩過神來，"嗷，嗷！"地嗷了兩聲，就輕輕地向前移動了一下，見帆他們并沒有反應，才大膽地大批向前通過。

"是野山豬！"建聽到聲音後，才最終肯定地說。

"不要動呀,等牠們全走了再說!"帆馬上說。

當這些傢伙一只一只地全部離開了,隔了一陣,帆又試探着咳嗽了一聲,確定沒有留下的山豬,他就迅速地領著大家離開了那裡,大家这才慢慢松了一口氣。

走著走著,天又翻起一陣陣寒風,直覺讓他們知道,寒潮已經追上了他們,并夾雜著少少冰冷的雨水。

"我不想走啦,我走不動了!"建忽然間一下子癱到在地上說。

"建哥,為什麼呀?是不是剛才受傷了?"燕急忙地問。

"剛才我是太緊張了,我現在更是雙腿發軟、簡直不能走了。不過我也實在是太餓了,一點力氣也沒有了。"建說。

"今天起行時,我們不是給了你一些吃的東西嗎?"帆問。

"全吃光了,我都不知道為什麼我的肚消化得那麼快,吃下去一下子就沒有了。現在又冷又餓,我實在沒有辦法再走了。"建說。

"我這裡就剩下這些了,你吃吧,再喝口水!"燕把自己包裡最後的一小塊都給了他。

"我們今天就在這裡扎堆,明天再走吧!"帆看了一下時間,又和光商量了一下,就這樣決定了。

他們很快地選擇了合适的地形作為堆位,這是一塊大石和周圍的叢林。剛安頓好,風雨便一陣一陣地打過來。雖然在又冷、又餓、又疲倦的狀態下,他們還是睡了一回。他們穿著雨衣,仍冷得發抖。天矇矇亮,帆就拉著光起來,趁有點雨霧,出去到四周圍活動一下,看能否弄到點吃的東西回來。

這時大約是早上五六點鐘,雨已經停了,四處彌漫著白色的濃霧。他們脫下雨衣和背包,偷偷地鼠[1]了出去。嘩!外面真冷。幸好跑了一下,全身又熱了起來。他們跑了大約一個多小時,走遍了附近的地方。周圍沒有村莊、沒有農家,他們見到了很多耕地,却都是荒廢了的,一點吃的東西也沒有。無可奈何,他們又回到原來的地方,在那裡一直等到天黑。幸好他們的堆位比較擋風,所以不至於太冷。但是一整天,他們只能喝點水,饑寒交迫,實在難熬。到了傍晚起程時,帆和光把自已最後的食糧拿出來分成四份,每人只有拳頭大小的一塊。帆和燕只吃了四分之一,其餘的在黑暗中留下來了。

到了晚上,寒風特別大,一時雨霧一時停。加上腹空饑饉、他

---

1. 鼠:像老鼠那樣的行動。

們就只好斷斷續續地走，慢慢就手腳無力，越走越慢。帆怎麼也沒有想到建的食量竟然會超出常人一倍有多。分給他的食糧，當下就吃光了。燕吃了余下的四分之一，把一半又給了他。帆知道後，把自己的一半又給了燕。

這一晚也是下半夜沒有月亮，他們打算以逸待勞，就早早扎堆了。

第二天天亮時，帆又外出，想找點東西吃，但到處仍是荒山一片，毫無結果。他們把能夠吃的東西都吃光了，包括隨身帶來的開胃榨菜、防肚瀉的咸羗、急須補充體力的糖果都吃了。最後剩下的只是一包大粒的生海鹽，也拿來吃，然後再喝點水充饑。

"我看應該是到邊了，怎麼我們一直看不到香港的燈光、看不到反射上天空的光芒呢？方向我們一直都沒有走錯的，按照計算我們應一早就能看到天上的光輝才對！可是來到這裡都看不到，真是奇怪！"光說。

"對呀，我也是這樣想！"帆說。

這是農曆初十的傍晚，帆給燕叫醒。他已經餓了兩三天，又一直在開路，這時又累又餓，精神都有點恍惚。他就跟光說，希望由光來開路，光就一直引著大家前進。帆就拖著疲倦而軟弱的身體，跟著大家向前走去。如果他能早一點決心聽三哥的忠告，由自己主持這次起錨，或許會好一點，或許不會，唉！只有天知道……

這時帆已覺得有心無力了，路上有什麼他都不會注意了。他只顧拖著自己的身體跟著、跟著，希望自己不要掉下來。大家說已經能看見天空上泛出香港燈火所折射上天的彩光，他都沒有特別的感覺了。其實這時候大家都已非常疲乏，不過還是這樣拖著、走著。他們很早就來到水邊的山頭上，但是要下山的話，時間又不夠，就只能在山上扎堆了。

這是行程的第八天，可已經缺糧三天了。

天明醒來，帆和大家一樣，又冷又餓，為了保持體力，就維持睡覺的狀態。他睜開眼睛看看時間，已經是上午十點多，他沒有像前兩天一樣，出去找找有沒有可吃的東西。在一般情況下，卒友在沖綫或落水前都會把多餘的東西丟掉，如果出去找找，或者會找到一點可以吃的東西。他們完全沒有去做這一點，也就是在思想上放棄了最後掙扎的努力。也許他們實在太累了，或許他們也太餓？餓到一點精神也沒有，總之他們沒有人提出這方面的想法。帆昏昏沉沉地睡。天上沒有太陽，氣溫不斷下降。到下午刮起寒冷的北風，洌洌寒風使睡在泥土地上的他們倍感難受。雖然他們都穿上了雨衣，但無奈樹林陰冷，寒氣直迫體內，以至他們不停地冷到發抖，體力更進一步消耗。

第三十章

隨勢而為至功虧　緣定生死聚一齊

　　下午一點多，天色像傍晚一樣陰暗下來，北風呼呼越刮越大。忽樹林遠處一陣聲音傳來，他們立刻緊張起來，只見是兩男一女的三個卒友直向他們走來。光趨前招呼，大家一見，份外親熱。談話之中才知這三人也是糧食不夠，又見天起寒潮，怕耽擱了不利，才不顧一切，白天走路。當光向他們要糧時，他們只拿出了一點點。帆他們四人吃了這一小口乾糧，稍微精神了一點點。誰知道跟著又有兩伙各三人接踵而至，大家都是以同樣的理由趕路。小林子變得得熱鬧非凡，帆他們總算能吃上幾口乾糧、喝點水將就過去。人多膽子大，人人都異常興奮，低聲地商量著今晚如何跨過這最後的一線，也是最艱難、最危險的一線！有些人正在換衣服，檢查晚上落水要用的東西……

　　忽然，一只大黃狗走到他們的面前，挺親熱地搖晃著它那條毛蓬蓬的大尾巴，嗅來嗅去。眾人大驚，卻見閃出一個農民模樣的人，低聲喝住那條狗。他背著一個大蔴包袋。

　　"大家不要怕，我只是來看看你們有什麼東西不要的。凡是你們不要的都給我吧，我們農民生活很困難的，你們不要的東西我都要。"他說著就低頭撿起人家換出來的衣服及準備丟棄的東西，統統塞進那個蔴包袋裡。

　　"你可以告訴我們怎樣走下山去落水比較好！"有個卒友大膽問。

　　"你們應從這邊走比較好，容易走、又安全，現在是時候走啦！天都黑了！小心點，祝你們成功！我也要走了，遲了我都有麻煩。"他說著給大家指了路，就急急忙忙帶著那條黃狗走了。當他經過帆的面前時,帆還問他有沒有可以吃的東西,他說沒有。帆只好望著他的背影,一時想說什么、又不知要說什么!世事就是在一剎那間的想不到,就會有很大的差別。

事後,帆一直在想著幾個問題:

(一)當晚是不是一定要跟著大伙過去呢?按照各人的身體情況,如果休整一兩天,等寒潮過後再沖線是否可行?不去的話,缺糧又怎樣解決?可以拖下去嗎?

(二)當晚自己的隊伍是否被大形勢推著走,而自己沒有把大家組織起來,最終因人員意志渙散,缺乏互相幫助,以至功虧一簣。

(三)當晚自己是否沒有盡到責任,組織大家討論這個問題?

(四)那個農民可能幫助我們嗎?

歷史是沒有如果的!那個農民走後,眾人都迫不及待地魚貫下山。

出乎意料之外,沿途竟然沒有任何阻滯,相當順利地到達了水邊。到了水邊大家更心情激動,一群烏合之眾都爭先恐後、不顧一切地紛紛下水。當昏昏沉沉的帆與燕兩個最後來到海邊時,早已不見了光與建的蹤影,只見海邊的灘涂有一片紅樹叢林。要到可以游泳的夠深水位,就必然要越過這片紅樹叢。這時潮水還沒有漲透。要越過這片海涂就要一步一步地跨過這片泥灘,談何容易!這片寬闊的灘涂簡直就會消耗了他們大部份的體力。當帆和燕來到泥灘邊,見到的就只有第一批在山上碰到的那三個人中的那個女青年。她正陷在泥中、前後不能。再望前去,約三四百公尺遠的紅樹叢中卻人頭攢動,看來她的拍擋也已捨她而去。燕望了帆一眼就一下子跳下去幫她,沒想到反令自己身陷其中。跟著帆也下去了。三個人就這樣你扶我,我拉你,也不知花了多少時間才走出了那片生長在軟泥涂上的樹林。這時水才漲過泥涂面上,就聽見那個女的'哎喲'地叫了一聲,幾乎同時燕也叫了一聲,看來她們都踩到了蠔田。她們都停在那裡,十分痛苦的樣子。帆正想前去看看他們,一轉身他自己也踩個正著,雖然腳上還穿著解放鞋,但腳板如刀割般痛苦。這時水深到腰,他們立即手腳并用,讓自己盡量浮起一點,減輕體重,減輕受傷的痛苦。不過盡管是這樣,因蠔生長有高矮,當水不夠深時,在蠔田受傷還是很嚴重的。

經過了千辛萬苦,他們三人還是最終越出了蠔田,水已經夠深度可以游了。這時其他人一個也不見了!他們游呀游、游呀游,周圍茫茫一片黑暗。本來已經看見香港方面的燈光、這時反而一點也看不見,完全不能辨別方向。慢慢海浪越來越大,狂風大作,最後竟然下起大暴雨,四周圍一排排翻山倒海的巨浪。幸好海水并不冷,他們拼命地游,可是見不到邊、靠不到岸。他們如汪洋澤國中的一片小樹葉,在狂風大浪中隨風漂荡,完全失去了控制!這時海天一色,黑墨墨的伸手不見五指。風越來越猛,浪越來越大。他們一時被拋到浪尖頂上,一時又被狠狠地摔在浪底下,他們像是在那翻滾著的黑色地獄中的骰子,被搖晃得幾乎失去了知覺。

"帆,我覺得很冷,我游不動了,我拉住你好嗎?"燕對帆說。在閃電光照下的燕面色蒼白,不停地發抖。

"好。"帆說完就把一條繩子套住燕,自己奮力地往前游去。

這時、那個女的也游去了前面,剩下的就只有他們倆人。這時橫風橫雨,越來越大!一個大浪打過來,打在帆的頭上,把他整個人打落水下。他嗆了一口海水,眼冒金星。他仰在水面,希望喘過氣來,忽然想起拉在身上的燕,他急忙扯了一下套在身上的繩子,感覺她還在。他急忙拉她過來,還好,她還有知覺!忽然間,空中一道白光,把黑暗的天空撕裂開了幾塊,隨即一聲巨響!簡直震得地動山搖!接著一聲又一聲,一遍又一遍接連十幾個響雷,把天地震得搖搖幌幌……遠處隱約傳來了一連串的淒厲叫救命的聲音,這聲音也像電光一樣,劃破了漆黑的夜空……

這時候,帆感到一陣陣的寒冷直迫體內,連番劈頭劈腦般的巨浪鋪天蓋地而來,彷彿非要把這些逃亡者淹沒在水裡不可。環境的惡劣不可想像,海水連續不斷地打在他臉上,令到他也有點不能呼吸、頭昏眼花,腦裡金星四冒,手腳發麻。借著雷光他看見燕面色蒼白,好像有點不支的樣子。這時他想起花縣仔姨丈的說話,覺得自己不應該再一意孤行,應該先保住性命、以後還有機會。他馬上也叫起"救命"來。很快就駛來一條機動木船,用一枝射燈照著在海面上飄浮著的他們兩人。但是船在他們周圍轉了一圈,迅速又開走了,不救,不救他們!是什麼原因?是不是以為他們已經死了,不知道!

瞬間蘇醒的帆絕望地看著這船開走,帶著遠去的馬達聲消失在這黑暗的夜空裡。眼前茫茫的怒海,漆黑一片,四周仍不斷掀起一望無際的狂濤巨浪,排山倒海,像顛倒了的乾坤,灌滿水的地獄。遠近一片雷聲、海浪聲與呼救聲交替著,此起彼伏。閃電與黑暗交替著……整個深圳灣像一個陷入了絕境的、死亡的海灣。雨嘩嘩地打在水面上,有機會透了口氣的帆一下子悟到,人生真是苦海無邊,但在這無邊無際的苦海、還是要靠自己來渡!他瘋狂地喝了幾口海水,居然覺得海水是甜的。"我一定要生,一定要生!"帆突然不知從那裡來了這股最後的、生存本能所發出的力量,他一面叫一面往回游,一面游一面叫⋯⋯

不知過了多少時間,忽然間一片白光閃過,帆瞬間驚醒。睜開眼一看、周圍一點水都沒有,原來自己已趴在一片泥涂之上。他下意識地扯了一下套在自己身上的繩子,憑感覺燕還在!他轉過頭去望她,見她也趴在泥涂上,一動也不動,不知生死。熱淚在他眼角滲了出來,冷風吹在他滿是泥漿的臉上。泥涂上有幾條樹枝,有隻早起的海鷗縮在那裡,呆呆地望著他們。四周顯得非常清冷孤單。冷風飄在溫暖的泥涂上,冒出一陣陣熱氣,形成了一片白色的霧靄,浮沉在灘涂之上。潮水已經退盡,偌大的深圳灣,只剩下一望無際的灘涂,中間有一條由深圳河流出的、窄窄的河道,卻承載著中國人無限的悲哀、依戀而凝滯地流向遠方!當水滿潮漲時,深圳灣顯得一望無際、洶涌澎湃;如今卻像一個幽冥蕭瑟的黑色世界。帆試圖站起、但馬上又跌倒在泥塗之上,他已經極度虛弱。他忽然看到不遠處有個早起的婦女在灘涂上工作,他用盡力量大聲喊:"大嬸,幫幫我們吧!"說完就再次失去了知覺。

又不知過了多久,帆感到有人在搖他的頭,他睜開眼睛,見到一個穿著黑色大襟衫的女人,雙手捧著一捧水泡餅,扳開他那咬緊的牙關,塞進他的嘴裡。他奮力地咀嚼著,忽然,一大滴眼淚滴在他臉上,帆才有了知覺,認出了那穿黑衣的女人就是燕!他立刻一把捧著燕的雙手,把剩下的水泡餅全吃光了,這時燕憂傷的臉上才露出了笑容。经燕的講述,帆才知道自己已經被人拖上這條機動木船,因全身都是泥、剛被人用冰冷的海水沖過,赤著上身,濕淋淋的只穿著一條黑色短褲和一對破爛的女裝尼龍長絲襪。記得下水時,燕把她的尼龍長絲襪給了他。他還塗上凡士林保溫,如今丝袜已給蠔殼連皮一起割破,雙腿血跡斑斑。

這時帆看見燕一拐一拐地走進了船艙,拿了一件濕的毛背心,用力擰干水,就給帆穿上。帆認出這是燕落水時穿的背心,就問:"那你穿什麼?"

"我身上穿的,是那個女船主的衣服,她給我了,你穿吧!現在天氣很冷了。今天的氣溫下降了不少。"燕說完就在帆的旁邊坐了下来。

船開了,潮水也上漲了不少,隨著馬達聲響,迎面吹來了陣陣寒冷的風。為了相互取暖,他們背靠背坐在一起。大家都默默無言,盡量近距離認識一下整個深圳灣的海面。很快,船就停靠在大陸方的一個有斜坡的小碼頭。帆和燕因腳板被割破，一下子都站不起來。加上身體極度虛弱，他們一直在哆嗦著，只好手腳并用，從船面上爬到碼頭上。所謂碼頭，就是為方便漁民而設的一個有斜坡的空地。當帆爬上去時已經有七八個被救起的卒友坐在地上，七八個持槍的民兵看守著他們。其中有一個就是他們一起在紅樹林下水時，互相扶持過的女卒友，後來她告訴燕，她名叫阿晶。阿晶馬上認出了他們，使眼色大家坐在一起。大家見面，恍如隔世，而又無話好說，只有深深的嘆息。很快又有一隻漁船靠岸，又有五六個卒友被推了上岸。

太陽終於推開了厚厚的雲層，把它的光和熱少少地施捨給那些急需而又得不到的受難的人。帆和那些幾近虛脫的人慢慢停止了哆嗦，神志才有點清醒。他們不再躺在地下，坐了起來，開始了談話。

"就只有你們倆個？另外那倆個可能過去了吧！"阿晶問。

"現在就剩下我們倆個，另外那倆個就不知道了。你們呢？"燕說。

"另外倆人不知道了，希望他們幸運吧！"晶說。

"你的腳傷得怎樣呢？看起來好像是腫得很厲害，是嗎？"燕問。

"是呀，你看！"晶說著并隨手挽起褲管，只見她從腳板到大腿，全被割得傷痕累累。

"我也是，你看！"燕也挽起褲管說。

"我們都是這樣，慘不忍睹！"帆說。

"我們這次落水的地點是蠔田，蠔殼連解放鞋的鞋底都能割破，何況是皮膚！"晶一面說一面伸出她那腫得發脹的腳。

"你這樣是不能走路的，要包扎一下才可以走的。"燕說。

"剛才我們也是从船上爬过來的，根本不能走路。"晶說。

"等一下你爬去格仔嗎？有多少路程，你知道嗎？"帆說。

"我可沒有想到，我以為等一下有車會送我們去。"晶說。

"你想得妙！哪裡會這樣好？看！那邊有一兩件爛衣服，撿來包一下就比較穩妥些。"旁邊一個卒友說完，只見晶雙眼充滿了淚水，是感懷自己遭遇的悲凄寒薄，還是覺得上天和社會對她不公而倍覺委屈就不得而知。

"我來幫你包扎！"燕自告奮勇去撿那些破爛衣服，準備幫晶包扎。

"不許動！干什么！"旁邊一個守衛的民兵立刻喝住燕。

"我去撿那些破爛衣服，準備幫她包扎一下她那隻腫得很的腳，不然等一下她是無法走路的。"燕遲疑了一下說。

"讓她去吧！"旁邊一個負責的看了一眼說。

燕走過去撿來了爛衣服，撕成一條條，細心幫她包扎好。

"晶，站起來試試看。"燕一面說，一面扶著晶站起來。晶皺起眉頭，顯得非常痛苦，只見那包扎處，一下子滲出了鮮紅的血跡。燕再扶晶坐下，然後對那負責的懇求說："請給她一條扶手棍可以嗎？不然她還是沒有辦法走路的。"燕說完之後，負責的就叫一個民兵在旁邊的樹上折了一根粗樹枝給她。

"等一下要自己走路的，腳有問題的要自己處理好！"負責的說完後，燕用剩餘的爛布把自己和帆也包了一下，其他卒友也趕緊處理了。

太陽雖然出來了，但是風還很大。這一群人還沒有恢復過來，他們還是非常虛弱。負責的已經下了出發的命令，帆的屁股已經捱了一腳和兩下槍托，但是他仍然站不起來，每次試著站起來就又摔倒，整條大腿都是軟綿綿的，傷口處鮮血直流，身體一點都不受控制。晶也是這樣。在這一群人中，除有三四個以外都是這種狀況。負責的沒有辦法，最後只好讓他們再坐在那裡曬太陽，等過一陣看情況再說。

靠著溫暖的陽光，并排坐著的燕和帆的神智也漸漸清醒回來。深圳灣的海水也明顯地滿了上來，微風輕輕地堆起一堆堆小小的波浪。仰望風雨過後的藍天白雲，一群群的海鷗在海灣上空自由地飛翔。

"自由真是來之不易呵！"燕忽然輕輕地對帆有感而說。

"唉！對呀，自由真是來之不易。我們現在都是用生命去搏斗，但到目前為止，還不能斷定今後就一定可以獲得自由和人生的權利。"帆嘆了一口氣說。

"可是在世界上，一些人一生下來就獲得了自由和人權。生長在有民主、有法制的社會的人真是幸福啊！"燕極細聲地說。

"你不要忘記，他們的先輩也是用生命去搏斗，才能有民主與法制的社會，他們的後代才可以生來就具有自由和人權。如果你以後有機會爭取到自己的自由和人權，你的下一代在自由的社會裡就應該生來就具有自由和人權！"帆說。

"最怕就是他們生在福中不知福呢。"燕說。

"這完全有可能的！你看現在運動一來，有些人在欺騙、利誘、或在生與死的威迫下，就會貪圖厚利、忘記了自己做人的宗旨。"帆說。

"不會這麼容易吧！"燕說。

"不會？你看看我們社會裡，妻子告密丈夫、兒子告密父親、朋友互踩的比比皆是。"

"這樣真有點讓人費解。"燕說。

"一點都不會讓人費解、這就是人性的弱點！沒有充足的精神準備，肉體是經不起酷刑的推敲的。"帆說。

"對！"燕說。

這時大家講話的聲音不知不覺大了，管理的民兵一看，覺得大家都恢復過來，就喝令馬上起程。由大約相同人數、荷槍實彈的民兵驅押著，這群一瘸一拐、滿身傷痕、血跡斑斑的偷渡者緩慢地走著。他們都被五花大綁，特別是頸上套著粗粗的繩索，只有幾個腳傷得特別厲害的如阿晶，因為要拿著樹枝棍才能行走，就沒有被捆手。幸好溫暖的陽光給了他們力量，讓他們能夠一步步地行走。

太陽的熱力、使昂首闊步的驅押者倍感神氣，使被驅押者可以感受到溫暖，減少一點痛苦。上天就是這樣一視同仁地對待他們，可是在人世間卻沒有這種公平。

晶的雙腳傷得厲害，根本站不起來。浮腫的雙腳雖然有布包著，一站起來就鮮血直流。她左手搭在燕的肩上，右手拄着棍子，兩人就一瘸一拐地盡力行走在滿是沙粒的黃泥公路上。她们後面跟著兩個女的，再後面就是清一色穿短褲子的男卒。大多都是雙腿血跡模糊，很多男的上身還沒有衣服穿。雖然頭上有太陽，但寒冷的北風讓這一群失敗者直打哆嗦，顫抖不已！體力已過度消耗，腳板下的沙粒扎著傷口，令到他們痛苦萬分。押戒者的槍托及樹枝的抽打令這群人更傷痕累累，慘不忍睹。很多路人甚至掉頭轉臉，不忍目睹。

第三十一章

生逢絕處人性在 死至冥崖未有哀

當這群人走過一座座小山一樣的垃圾堆時，突然間在垃圾堆旁邊閃出一個滿臉烏黑的撿垃圾的中年婦女，同樣烏黑的手裡拿著幾只在垃圾堆裡撿來的大小不一的人字拖，沖到晶的前面，塞了一對給她，塞了一對給燕，剩下的一隻帆要了。她突然其來的一下，令到整個隊伍都停了下來。

"階級敵人你都敢幫？想死啦！"押戒的負責人看見急得咆哮著，正想沖前去，說時遲那時快，垃圾堆後卻飛出五六隻爛舊拖鞋，那負責人只顧得躲避那飛來之物，就讓那婦人跑進了連綿不斷的垃圾堆群裡。其他驅押的人沒有命令也不敢輕舉莽動，生怕那些被驅押者趁機逃跑。這時撿到拖鞋的人紛紛穿上，那群民兵看見負責的那副狼狼相，也暗自偷笑。

為了防止讀者以為這是筆者虛構的情節，筆者在此特別聲明這是事實。在當時運動的高壓之下，仍有人敢於向血跡斑斑遍體鱗傷的人伸出同情之手。正所謂得人因果千年記，得人花戴萬年香。我每每憶起，都由衷感激她，在人們最困難，最需要幫助的時候，竟然能得到她的幫助。這是人性，這就是人性的偉大！

有了這些舊爛的人字拖鞋墊在腳下，這些人就走得快多了。那個時候深圳還是一個破舊的漁村，當那群人走到深圳墟時，那裡正在開"狠抓階級鬥爭、清理階級隊伍、反資防修、徹底打擊偷渡潮"的群眾大會。大群年青人、男男女女站在一塊空地上，聽著臺上的人在講話。這群眼光茫然的年輕人看著同樣是年輕人的被驅押者，滿身血跡，有些人眼圈都紅了，有些只是瞪大眼睛地看著、有些卻不停地揮舞著拳頭，聲嘶力竭地喊著口號。最後當局怕難以控制場面，帆這群人就在一浪又一浪的口號聲中被迅速押走，輾轉被押戒到一個當地邊防駐軍的兵營去，原來深圳格已經爆滿了。

去到時已是下午五六點，天全黑了。坐定之後、大家就提出要飯吃。剛好看守的是個廣東兵，他看見這些人又餓又渴，遍體鱗傷，血跡斑斑，他就去請示上級首長。不一會他就捧來了滿滿兩搪瓷面盆的冷飯、一碗生鹽、半木桶飲剩的開水、筷子和碗。

"我們部隊吃飯吃得早，飯堂裡什麼東西都沒有啦，這些飯原來是準備明天餵豬的，是乾淨的，都給你們吃了。"還沒有等他說完，眾人一聲"謝啦"，就狼吞虎嚥地吃起來。'啊！'帆吞下第一口飯，他覺得那是多麼的充實，多麼的靠得住，多麼的有力！他不再晃來晃去了。一頓飽餐之後，他們又恢復了信心、恢復了鬥志！他們吃完了一碗又一碗，帆足足吃了七碗！那飯竟是這樣的香，咬上一大粒粗海鹽竟能增長那麼大的力量！眾人興高彩烈地把那兩大盆飯吃光，把那大半碗粗鹽吃盡，心滿意足地再喝上一大碗水。本來大家以為可以在飯後暢談一番，誰知馬上就問題來了。太飽了，撐得太辛苦了！一問，燕和晶居然也各吃了五碗！原來過於飢餓時，是不能一下子吃得太飽，否則會撐死人的！怪誰？怪自己沒有分寸、怪自己不懂、怪自己命苦，要受這種無妄之災！大家無話可說，事實上大家也說不出話來，只能靜靜躺下，等待這種痛苦慢慢過去。

幸福和快樂往往來之不易，失去只在一眨眼之間；不幸和痛苦說來就來，其消失卻要經歷漫長而又艱難的過程。整個晚上，帆都在翻來復去，肚子發脹，非常非常難受。他們睡在冰冷的水泥地板上，僅穿一件線織背心和一條短褲的帆，半夜冷得直發抖，整個人捲曲起來也無濟於事。好不容易熬到天明，又冷又脹的痛苦還是一直在煎熬著他。第二天白天，氣溫比較高點，帆就昏昏沉沉地在地板上睡了一整天，兩餐都沒有吃。到第三天一早，他們就全部被直接戒到樟木頭格仔去了。

樟木頭是一個重要的大中轉站，到了樟木頭格不久，就到了"咬散"[1]的時間。帆因腹中還脹著，自然是不能再食。他就把這砵"散"給了同倉的一個姓梁的卒友，晚上那餐也是。這個姓梁的卒友比較矮瘦，相當精於世故。他見帆傷痕滿身，血跡斑駁，而且瑟縮發抖不停，心生憐憫。他拿出了一件自己不穿的上衣，和一條他自己撲網時被大貓抓成一條條布條的黑色長褲。

---

1. 咬散：散、指飯，咬散、指吃飯。

"你如果不厭棄，又有辦法修補的話，總好過你現在冷成這樣。"梁說。

　　"不會、不會厭棄，謝謝你呀！"帆非常高興地說。說完他就把那件衣服穿在身上，立刻就感覺暖和很多。他又跟倉內的老蔕借了口針，把布條上一些線拆下來，穿在針上、一口一口地縫起來。經過半天的努力，一條帶有垂直條紋的黑色長褲，穿在帆的身上，讓他感到溫暖很多。到了第四天的早上，帆的胃腸舒服多了，中午那餐分開兩次來吃了，晚上那餐就完全恢復過來。雖然腸胃正常了，又有衣服穿了，房間保溫的條件也好了一點，各種條件轉好，帆卻疲態畢露。所以他來到這裡，除了吃飯時間之外，每天都是昏沉大睡。

　　三天後，梁忍不住問："你們這次起，是否很辛苦？"

　　"對呀，這一次真是死過翻生，危險之極！"

　　"我看你滿身傷痕，衣不蔽体；深睡時，呼吸急促，一時喃喃囈語不停，一時又大呼小叫，所以才這樣問你。"

　　"謝謝你的關心！我們這次四人起西線，落水後撈蝦餃。"

　　"什麼原因令到你們這樣？"梁問。

　　"我細心想來、有兩大失誤：一是事前準備不足，計劃又不周詳，導致後期老干短缺，人員挨餓幾天後照樣落水，所以才說是死過翻生。二是陣前思想不統一，人員失控，爭先恐後，各顧各而缺乏互相幫助。這與我有很大的關係！是我預先沒有想到，在陣前又不能醒悟，導致一連串的失誤，最終一敗塗地。三是命運不好，剛遇上前幾天大寒潮到，低溫落水。當晚狂風大浪，落水者十有九失，當晚一同落水有很多人，絕大部份都敵不過當時的低溫環境，不死應是幸運。第二天早上見大部份人都無法成功，事後點算還有少數人未見面，不知生死，希望他們成功啦！如果不成功的話，恐怕已在大海喂魚了。"帆一味在責備自己而自說自話。

　　"失敗是成功之母！你也不需要如此自責，再接再勵啦！"

　　"你們又是怎樣？我看見條褲給大貓抓成這樣，就知道當時你的情況也很慘烈。你們是撲網的？"

　　"我不會游水，也沒有機會再練游水了，所以就選撲網這條路。"

　　"你今次戒返哪裡？在那裡落鄉？"

　　"我返新興，我不是知青下鄉的。我是在文革期間，全家被趕下鄉的，至今已有很多年了。"

"我明白,像你這樣因成份問題被趕回原籍家鄉的也很多。"

"新興不是我的原籍,我是世代居住在廣州的。解放初,我祖父被評為工商業資本家,我父親就直接繼承了這個成份。文革一來,我們一家就成了狗崽子,全家被趕下鄉。那時候我們四兄弟和一個妹,年齡由八歲到十六歲,就由我父親單位的領導作主,直接遣送去新興最偏遠、最窮的地方。我父母從來沒有耕過田,當時他們已經五十歲了,去了這個地方人生地不熟,沒有親屬、沒有朋友。我們在當地勞動實在無法養活一家人,怎麼辦?我們原來也不是當地人,生產隊就不理啦!我父母沒有辦法,就把我們一家人帶到廣州邊沿靠近工廠的農村,租了一個地方勉強住下來。我們一家,離開了新興當地,就成了黑人黑戶[2],只能去執地[3]為生。我們兄弟和妹妹五個人就再也沒有去上學了,天天就在工廠倒出來的垃圾堆裡刨呀刨,一家人的生活就是靠刨垃圾堆維持了。"梁有點哽咽,說不下去了。

"你們沒有其他工作了嗎?沒有人幫助你們嗎?這樣去刨垃圾,可以維持生活嗎?"帆一連問了幾個問題。

"你知道啦,社會上對於我們這樣的人,就是要把你斗垮、斗臭、斗倒,再踏上一隻腳!我父母的社會關係全毀了,我們的親戚朋友,沒有一個人敢站出來幫助一下我們。最風頭緊的時候,大家見個面都有問題。我們幾兄妹更被同學嘲笑為狗崽子,被一腳踢出了學校,我們也根本不想去見同學。我父母沒有辦法,就把我們帶到垃圾堆裡,從此隱姓埋名,在垃圾堆中有一餐沒一餐地熬了幾年。工廠的垃圾有燒剩的焦煤;有廢紙、紙箱;有鐵屑、廢舊金屬;爛木、爛玻璃、膠片爛布等等,每一樣都是我們的寶貝。我們幾個就這樣在垃圾堆裡打滾了多年,現在我父母年紀大了,我們還是靠'執地'來負責供養著他們。一到垃圾場我們就沒有名字,人人都叫我們兄弟'執地仔'、叫我妹'執地妹'。社會上人人都說舊社會把人變成鬼,新社會把鬼變成人。你說我們是人還是鬼?我們長大了,我們知道要做堂堂正正的人;知道要靠自己才能把自己變成人;知道只有到可以讓我們做人的社會才有機會做人;跤腳就成了我們向往的一條出路!為了自由,為了爭取得到做人的權利,我們就要走這條路!"'執地仔'越說越激昂,臉頰發紅。

帆聽著不語,低下頭來思考著。他這時候更清楚天無絕人之路的<u>道理</u>,他想不到世上竟然還有一層灰黑色的生存空間。在這空間裡,

2. 黑人黑戶:成份差又沒有當地戶籍,就叫黑人黑戶。沒有戶籍就沒有口糧,沒有個人的一切證件。工作不能、居住不能、讀書不能、醫療不能、一句話什麼也不能!這些人就成了社會上多餘的邊緣人。
3. 執地:撿破爛。

生存著一批自食其力的人。別看他們灰頭土臉，卻比那生活在五光十色空間裡的、不知廉恥的人要好上多少倍；比那生活在權力空間的自稱高貴的人、不知要高貴多少倍！

帆也把自己的情況告訴'執地仔'，兩人於是成為好朋友，一直在格仔內互相幫助，互相關照。

樟木頭格很快又來了一大批人，很快人滿為患，原來空蕩蕩的地方，立刻擁擠到連坐人的地方都不夠。有些人傷了、當然要睡在地面上；有些人依牆站著；有些在地面坐著，人們推來撞去，實在難以再塞了。

"太擠了，塞不下啦！踩死人啦！"裡邊有人不滿地大聲叫喊。

"什麼？塞不下啦？踩死人啦？"站在門口準備關門的管教員大聲反問。

"塞不下啦？踩死人啦？看看能不能塞得下去，我就不信！"那個管教員一面說一面揮起手中的棍棒，照頭照腦地從門口打進來，近門口那班監躉被當場打得頭青臉腫，一齊往裡面退、往裡面擠。就這樣，那管教員三兩下就把門口清空。

"塞得下還是塞不下？有沒有踩死人！"管教員一手叉著腰，一手緊握著他那條殺威棍，屹立在門口，威武無比。被打得蹲伏在地上的眾人頓時鴉雀無聲。那管教員悠悠然地把門鎖上，吹著口哨離去了。

"這樣擠都要繼續塞下來，估計很快要有一批老躉要戒走。"'執地仔'說。

"我也是這樣想，我們已經在這裡幾天了，下一批或者會有我們一份，我們要準備一下。"帆說。

"有什麼好準備的？還不是光身一條！"'執地仔'笑著說。

"呵，對！"帆說著也苦笑了一下。

人的伸縮及應付環境的能力確實很強，特別是在一個非常時期。被關在那個倉的人，經過一陣又一陣的你擠我推之後，居然每個人都找到一點點空間，把他那個對於別人來說是多餘的軀體安頓了下來。試問、社會還不是一樣？在暴力和高壓之後，很多人不是也可以找到自我陶醉和自我安慰的生存空間嗎？可憐的中國人的奴性，不正就是這種空間的產物？

倉內慢慢又恢復了平靜，因為天陰，倉內顯得相當昏暗；因為人多，倉內感到溫暖。有些人太疲勞，或者因為氧氣不足，居然打起鼻鼾來。有些人瞪著兩只骨碌的大眼睛,到處張望。百無聊賴的帆伸手去撫摸自己腿上和腳板上的傷口。令他感到驚訝和興奮的是,上天賦於命賤之人的特異功能,不需要醫治和施藥,經過這幾天的睡眠休息,傷口竟然都結痂了。他知道自己可以跑了,他的心志忐地跳動,就像一匹戰馬聽到沖鋒號角的呼喚,竟不停地踏著腳步一樣。他雙手抱著膝蓋,閉著眼睛,仰起頭來,深深地呼吸著。他想起了燕,自從來了樟木頭格就再也沒有燕的消息了。光和建又如何呢?是生還是死?今天戒來的那批人很多,在這些人之中也看不到他倆。希望他們能過到對面,成功啦!這時帆卻想起在那個碼頭坐著時,燕哭著說:"如果這次建哥有什麼不測的話,我都不知怎樣去面對他的父母?上天呵!請保祐他吧,別讓我做我家的罪人呵!"帆雖然努力地勸她,但她還是不斷地自責。在死亡邊緣走過來的人,除了心有余悸之外,還充滿了同病相憐的惻隱之心。那個時候,坐在燕旁邊的晶,也想起了她那班卒友,不由得悲從中來,禁不住眼淚直流。燕於是停止了哭泣,反過來勸晶。

　　蹲坐在一個細小角落的帆又想起自己與燕分手時,燕曾經告訴過他一件秘密,帆一直惦記著,卻無法決定能否相信。此刻想起它來,令帆的心像脫韁的野馬一樣,踢打、跳動起來。他大力地控制著自已,再次雙手用力抱著膝蓋,閉著眼睛,低下頭來,用力地咬著牙關,喘著粗氣。他記得剛聽到時,他簡直不敢相信自己的耳朵,太不可思議了!

　　這到底是一個什麼樣的驚人秘密,會令到帆又有一段意想不到的奇遇?請讀者稍稍忍耐一下,在下一節時再詳細告訴你。

第三十二章

屠刀放下善終露　　立地成佛心性高

　　上文提到，帆自己明白，如果他沖綫失敗，必須報流，這是一個既定的計劃。這個極其嚴峻的考驗，馬上又會擺在他的面前。然而當他們被戒來樟木頭格前，燕告訴他一個特大秘密——只要他在沙河格一向打人出了名的"曲尺"管教面前說出一個暗號，他就會被迅速戒走，不用墊。這本來是和晶一齊起的那個男卒準備使用的一招，晶在深圳灣那個碼頭見不到那個男的，估計他已經成功到港了，就把這一秘密贈給燕，讓帆使用這一著，以報答帆和燕對她的幫助和照顧。

　　帆一直在考慮，這會是真的嗎？"曲尺"是沙河格最厲害的管教，打人出了名，他反而會去幫卒友嗎？如果事情被發現了，他不但會丟工作，還會被懲處、被批斗，立刻慘如下地獄！他會為一個卒友冒這樣大的風險嗎？"曲尺"會良心發現嗎？他真會放下屠刀，立地成佛？帆一直都半信半疑，把這個秘密深深地埋藏在心裡，不敢出聲。

　　第二天中午飯後，帆和"執地仔"都被戒到廣州沙河格。到了沙河格，"執地仔"非常高興，他知道離家越來越近了。帆卻十分煩惱，一個重大的行動，迫著他要馬上要作出決定。

　　"王浩深　（帆的流檔名稱），來到沙格你還是心事重重的樣子，有什么困難，講出來看我能不能幫到你。"執地仔說。

　　"我沒有什么，既然走這一條路，就一定要捱下去的。你今天為什么又這么興奮呢？"帆問。

　　"當然啦！我又近了一步了。只要我被戒到新興，我家人會帶錢去贖人，當官的見錢眼就開，我立刻就恢復自由身回家了。"執地仔說。

"不用墊一段時間嗎？或者批斗、或者勞動一下嗎？"帆問。

"不用的，他們只要錢！就是要錢！"執地仔說著就把中指和大拇指輕輕地搓了一下。

"我可是跟你不同，我還要去寶島（帆報流檔的地方——海南島）走一趟，要熬多長時間也說不定。"帆說。

其實帆自己心裡知道，他這次是第二次用另外一個名字報流檔到海南島。這一次是兇是吉，恐怕只有天知道。所以越是往海南島靠近，帆就越煩惱。第一次幸運逃脫，第二次還有機會嗎？他想來想去都沒有辦法想得通，其實這種問題是不能用思想、只能用行動來解決的。他就干脆躺下來，閉上眼睛睡覺去了。也不知過了多少時間，突然一陣惶恐淒厲的救命叫聲把帆驚醒。他坐起來一看，原來是倉內一個卒友發惡夢吵醒了大家。各人很快又重新回到各自的春秋大夢中去。帆因為睡得早，這個時候就真的醒了。他望著倉內昏暗的燈泡，繼續去想睡前所想的問題。最終他明白了，命運的賭博，由不得自己去想，一切都是上天的安排。自己唯一可以做的，就是聽天由命而已！但是對於阿晶的秘密贈與，他決定一試，不要錯過人家的好意，或許人家真有這樣的安排。即使不是，只不過會挨幾下鞭打，不會有什麼大害。如果是真的話，自己就不用墊那麼長的時間，對身體的摧殘就不會那麼厲害。睡醒了想事情就是不同！帆很快就把這兩個問題想清楚了，一經決定，心也安了，一切由上天安排吧！

第二天一早剛好放風，全部人都集中到操場中去。陽光燦爛、天空晴朗，一群群三三五五的卒友在這個大操場中散步，亨受著難得的放風時間，呼吸著清新的空氣。幾個管教員每人拿著一枝細小的、柔軟的青竹枝，一邊閑談，一邊監視著每一個人。而"曲尺"因為不能伸直腰，就坐在靠倉的一個臺階的石級上。一切顯得相當的自然、平靜。帆覺得這是一個機會，他迅速走向"曲尺"面前，大聲地說："王浩深報告管教，大倉的阿sir話要食飯。"

"你講乜嘢呀？""曲尺"問。

"王浩深報告管教，大倉的阿sir話要食飯。"帆重復了一次說。

"食憎你啦！快走開！""曲尺"說著，隨手揮了一下手中的青竹枝打了帆一下，然後又若無其事地到處張望。帆又傻頭傻腦地走到另一堆人中，東張西望一陣，又走回"執地仔"身邊。

"剛才你去問"曲尺"什麼？"執地仔問。

"沒有什么，我只是問幾時有飯食。"

"你都傻的！肯定挨打啦！肚很餓嗎？"

"是呀！"

"忍下啦，還有一段時間夠你捱呀！"執地仔笑著說。

帆忍不住伸手摸摸剛才被打的屁股，希望從被打的力度上，揣摸出"曲尺"的用意。可是，他怎樣都猜不透，也就是說"曲尺"絕無手下留情之意。"曲尺"可能像"執地仔"一樣，以為我是一個戇居居的傻瓜？會不會呢？因為不能得出結論，帆很快就把這件事忘記了。在格仔內的時間是會過得很快的。聽人家講故事啦，交流經驗啦，講各地的風土人情和習慣啦，學唱流行的時代曲啦，跟人家學習你想要學的東西啦，應有盡有。一轉眼就到了晚上睡覺的時間，鈴聲一響，人人往地上一躺，就入睡了。盡管各人的遭遇和命運不同，但是待遇都一樣，人人都必須睡在地上，沒有任何的選擇。帆自從學校出來以後，就一直過著低人一等的生活，現在有個低到不能再低的"平等"床位，他也不以為然，一倒下就再也不管了。

不知過了多久，他聽見"執地仔"大聲地叫他、搖他，"王浩深，叫你呀！海南島要戒啦！已經叫了你的名字幾次啦！"

"什麼，叫什麼？海南島要戒嗎？"帆睜開雙眼，大聲問。

"是呀，你是海南王浩深嗎？""執地仔"也大聲說。

"等等，等等！海南王浩深到！"帆完全醒啦，大聲地向著門口的海南隊長報到，一面從地上爬起來，就跑出門口。所有要被戒到海南的人都在門口排好隊，等待上車。帆是最後一個，旁邊的卒友說："你真是好彩數，今早叫了你四次了，如果換了平時就不管你啦，等你墊到發霉才戒你，你就慘啦！"帆哪敢出聲，低低頭、乖乖地跟著走上押戒的囚車。他單獨一個靠窗邊坐下，他的心因為事出突然而緊張地跳動。他完全沒有想到，這么快他就被戒走。他壓低聲音問前面坐著的卒友，才知道他們在這裡墊了大約一個月有多。帆再想想上一舨報流海南時也墊了一個多月後才被戒。他暗暗地慶幸自己的好運，真沒想到陰差陽錯地得了"曲尺"的幫助。他不經意地往車窗外一望，卻驚訝地看見"曲尺"還是坐在昨天坐過的石級上，手上還拿著那條青竹枝，目光呆滯、漫無目的地四處張望。忽然間，一陣感觸擁上心頭，他頓時覺得"曲尺"可憐！他想、人人都憎惡的"曲尺"，當他生下來時、他也應該有一顆鮮活的心！也應該有同情心，憐憫心，去愛護世間生靈的心，這就是良心！但他卻甘愿這樣去賣命，去出賣了自己最寶貴的良心。

他是為了什么？僅為兩餐嗎？人失去了良心，形同畜牲！這是他的錯呢，還是社會環境的錯？帆不得而知，但是他隱約感覺到"曲尺"還是有着惻隱之心。如果捨棄了人性去服從制度性或者組織性的人就真是鐵石心腸，真真正正地沒有了人性。這些就不是人，他们禽獸不如。雖然佛偈經常教誨人們要放下屠刀，立地成佛。但是握慣屠刀的人，真正做起來卻非要有很大的勇氣和決心，不斷地、長期地洗心革面，才可以不斷地自省，面向人性、面向善性、面向佛性。帆感謝他這一次的善舉，并暗暗地為他祈禱，為他祝福，希望他不斷向善，最終可以得到善果！

　　押戒車不斷地向前駛去，帆卻一次又一次地回過頭來，想再看看"曲尺"，直到什么都看不到為止。

第三十三章

秀英格內有奇遇　喚起風雷震天樞

躲在紅衛輪船艙角落睡覺的帆,什么也不想,一直在盡一切努力,把自己休息得最好。他知道相隔僅四個月,再闖海南並非是一件容易的事情,如果說第一次闖海南如入虎口,那么這一次就如闖鬼門關了。一切都是不可知,一切都是不可預測的。他必須做一種準備。這種準備不是思想籌劃上的準備,而是體力上能否應對隨機的偶發事件的準備。

經過一連串的顛簸,在11月的21號早上,帆終於被押戒到并不陌生的秀英格。帆一直在迴避著各種眼光,他害怕給人認了出來。幸好上一次在秀英格的時間短,他行事低調、逃得快,沒有給人留下什么印象。經過一步步的點名認人的移交手續後,帆和一班卒友就被趕到上一次的大倉裡。大倉一切還是和以前一樣,而門口的三枝香[1]被抽起一枝,讓人自由進出,帆知道今天是放風。帆低下頭,走進了倉裡,正想看看哪裡有空位置,忽然有個人從倉裡面走出來,一把拉住帆的手臂。

"你叫什么名呀?"他問。

"我叫王浩深,什么事呀?"帆一怔,但很快就恢復過來,反問對方。

"你講大話,你不是王浩深!上次玻璃廠勞動,給你跑掉了,你還想欺騙我?"他大聲一嘈,馬上就有幾個人圍了上來。他們就一面圍著帆,走來走去打量著他,一面在交頭接耳地議論著。

"喂,大佬!我都不知道你在講什么?我又不認識你,請你不要說

---

1. 三枝香:門口插三根木杉做門擋,不讓人出去,被稱為三枝香。

好不好？不然給外面扠炮[2]的聽到，我死開九塊都還沒有到天黑呀！"帆馬上用純正的廣州話想博取周圍的廣州人的同情說。

"是呀！偷仔王，你有沒有看清楚呀！"旁邊一個身裁魁梧的傢伙也用廣州話說。

"化灰都認得他，那天我就是與他爭那頂草帽，他快手奪得，令我爭不到出去勞動的機會，那天有幾個人偷走後，勞動管理就不斷收緊，使我一直墊到現在！"偷仔王也用廣州話說。

"哼！又賴人家，你問下你自己個膽有多大才好說人家啦！"旁邊幾個傢伙一齊指著偷仔王笑。

"大佬！你想點樣呀？"帆對著偷仔王問。

"我知道你是報流的，你不是海南島知青。上一次你逃跑之前，向人打聽過海島的情況，那個人把你的情況也告訴了我。現在我們也想逃跑，想你帶著我們大家一齊逃跑。"偷仔王越說越聲音小，最後竟用手掩住半邊嘴，笑著對帆說。

"哦，這個沒有問題！但是你們看一下我這身穿著，即使我真有機會逃出去，我還是會給人家抓返回來的，最好能幫我搞套堅挷[3]才似樣的。"帆心中大喜，沒想到一來到這裡就遇上一批要逃的人。這正合自己心意，就打蛇隨棍上，提出要人幫助。

"找他啦！他有辦法。"大家又指著偷仔王說。

"我姓王，你又姓王，同姓三分親，希望大佬多點關照啦！"帆順勢又說。

"這個無問題，不過你先要答應我們的條件，你答應了，我明天就搞齊給你。"偷仔王認真地說。

"好，你講啦，什麼條件？"帆說。

偷仔王看了那幾個人一眼，像是征求他們的意見的樣子。大家你望我、我望你地停了一陣。

"到那邊講比較好！"其中一個看上去年紀大一點的說完，大家就一齊走到倉角落的一片沒有人坐的地方坐下。

"這裡是我們幾個睡的地方，你就和我們睡在一起吧！"偷仔王鄭重地說。

---

2. 扠炮：拿槍的。
3. 堅挷；好的衣服。

"我們在這裡已經聯繫了一幫人準備逃跑的，但就缺一個夠膽的，首先起步跑的人。我們每天都有人到秀英港一個做工程的工地擔沙，這是一個大地盆。所有人都被十幾二十個民兵監視著，一點機會都沒有！"偷仔王說到這裡停了一下。

"既然沒有機會，那還跑什麼？"帆故意用激將法。

"唏，你就有所不知，我們現在設計了一種方法，可以使他們防不勝防，我們一定可以趁機成功逃走的。"偷仔王還不想露底說。

"挖地道嗎？還是拆屋頂！"帆進一步刺激他，希望他露出底牌。

"不是，你以為我們是那么蠢嗎？我們不搞打游擊呀、挖地道戰呀這類低莊[4]的方法！"偷仔王說。

"不要斗嘴了，抓緊時間搞定他！"旁邊的人不耐煩地對王說。

"你想想，每天最少都有五六十人、甚至一百幾十人排著隊走去工地勞動，這樣一支隊伍，從頭到尾你看多長？派去看管的民兵最多有二十多個左右，最少也就十幾人。一人最起碼要看七八個人的情況下，一跑起來，他們顧得了誰？"偷仔王得意地笑著說。

"好計！不過他們有槍呵，你不怕他們開槍嗎？"帆認真地說。

"不怕！我們去擔沙的地方，必經秀英墟，白天人來人往，他敢開槍嗎？況且我們每人都有兩個篸、一條擔挑，丟掉個篸，擔挑就是一件武器，誰敢攔阻？"偷仔王說著，搖身一擺、做出一個京劇《智取威虎山》的楊子榮般的身段。

"好嘢！"帆拍起手掌，用廣卅話說。

"嘩！威到佢！"身裁魁梧的那個笑著說。

"別笑他，這計劃可行，我一定照辦！你們支持嗎？"帆立刻變客為主，指著其他幾個人質問起他們來。帆沒有想到，一來到就有人準備好這樣一個計劃，自己得來全不費功夫，不走還等什麼呢？

"嗶！這個計劃是我們大家想出來的，我們正在商量由誰來作起跑，你就來了，現在就由你來第一個領跑先。"年紀大一點的那個指著帆說，大家又瞪大眼睛看帆。

"沒有問題，我來跑先！"本來就想跑的帆，一口就答應下來。

"不過有一個條件的。"偷仔王說。

"喂，大佬！為什麼你有這么多條件的？"帆問。

---

4. 低莊：低水平的意思。

"是呀！你必須排在隊伍中間，走到墟場趁人多時，我會示意你跑先，然後全個隊伍會散開，我們就成功了。"偷仔王說。

"嘩！我不是承擔了這次最危險的角色？排在隊伍中間最難跑，卻又要跑先！"帆這時才知道他們的最後底牌。

"當然啦！不然的話，我們為什麼要幫你呀？若你不聽話，我們到外面捅你上一鍋逃跑的事出來。怎樣？"偷仔王威脅著說。

"今次有誰會參加跑？我最怕到時只有我一個人跑，大家都不動，那我就死定了。"帆問完，見偷仔王望著其他人不出聲。

"那個人會跑，有多少人會跑，你不用知道！反正你按我們的示意起跑，你跑好你自己的就行了。"年紀大一點的那個說。

"好吧，我答應下來！不過我想三天後再實行，可以嗎？"帆說。

"又怎樣呀！想變卦嗎？"偷仔王發怒地說。

"哦，不是，我想給我休息兩三天時間先，大家看！"帆邊說邊挽起褲子，讓大家看他那傷痕斑駁的雙腿。

"好吧！休息好先，三天後再行動！"年紀大一點的那個似是作最後決定的，他說過事情就定下來了。

這時候，中午開飯的時間到了，各人就陸續散去。午飯後，大家都跑到外面的操場。操場上有坐著曬太陽的、有慢慢走來走去的、有到女倉門口站著，互相打情罵俏的。又有三五成群、圍在一起討論著什麼議題的……兩米多高的圍牆頂上新加了鐵絲網，下面隔不遠就站著持槍的民兵，比以前明顯加強了警戒。午飯後的帆有點睏倦，大概是因為幾天來奔波勞累的緣故。帆現在什麼也不想了，來到僅半天的時間，一切都現成的準備好了。他直接再回到相當安靜的倉裡、睡大覺去了。帆知道，他正在參加進一場極其危險的挑戰，他必須要有一個很能應付挑戰的體魄。這不須要有任何的謀略，只要有一個勝人一籌的身體就可以了。他不顧一切，呼呼大睡，直到晚飯時候才起來。

晚飯後、偷仔王丟給帆一條藍色的長褲，和一件外衣，吩咐帆試一試。

"唏，唏！剛好。你怎么知道我穿這樣尺寸的衣服？"

"你我身裁差不多，這是我的衣服，我想你一定合穿的。"

"哦，謝謝你，謝謝你！"帆非常感激地望著他說。

"不用謝，希望我們能重獲自由吧！"

"我想我們一定可以，不過我還是要多謝你的！"

"其實這些衣服也不是我的，都是因為我在監倉時間長，有些人走的時候不要，我覺得合穿的，我就撿起來，留著自己穿。"

"你因什麼事情進來坐的？"

只見"偷仔王"把中指和食指夾在一起做了個打荷包的手勢，并尷尬一笑，帆便明白了。

"我自小不認真讀書，而且文革期間眼見各種讀書人都落得個悽慘的下場，所以我不再讀書了。我整日浪蕩、結識一幫浪蕩少年，文革期間趁大串聯穿州過省。這樣財來財散，有得玩有得食，當時倒也高興。等到長大了就始終沒有固定職業和固定居所。更慘的是做慣乞兒懶做官，沒有錢時手指痕，忍不住就去耍兩手。我住得時間最長的地方，除了老家之外就是格仔了！"偷仔王說完，無奈地嘆了口氣。

"你有沒有嘗試去改變自己？去自食其力？"

"有呀，但是我已沒有辦法回到原來的身份了，人家一查我的過去，就沒有人再願意請我做工了，我一輩子都有個檔案牽著。'偷仔王'、'荷包仔'，這兩個名字就永遠跟著我啦！一邊說讓人改過自新，一邊卻不斷強調階級烙印。我覺得我們的社會充滿了欺騙，我寧願去相信我那班有義氣的兄弟，有福同享、有禍同當！這才是最實在的相互支持。""偷仔王"邊說邊露出滿臉不屑的神態。

"你這樣的生活就不能穩定，經常有一餐沒一餐的。這樣做既不利自己，也損害別人。而且當你老了又怎麼辦？"

"我們這種人是沒有明天的，我們是沒有辦法去想像明天會怎麼樣？我們有個祖師爺，已經很大年紀了，沒兒沒女，就靠我們這些徒子徒孫們供養一下，你不是我們中的一分子，你是不會明白我們的苦處的。浩深，我看你斯斯文文的，你是不該來到這種地方，與我們這些人為伍的，你又是什麼原因，落到今天的田地？"看來"偷仔王"不願再說下去，把話鋒一轉，反過來問帆。

"我本勤力讀書，與世無爭，希望憑自己讀好書、學習本領技能而建立自己將來的前途。可是被人家說一句走白專道路、我立刻走投無路，被遣送到農村。加上文革一來，臭老九也是罪不可赦，這樣反反覆覆，青春耗盡、何處是岸？今年三十，身無分文！我只有挺而走險去跂腳啦。希望有朝一日到了香港，才能改變我的命運。"

"我看見你身上所受的傷，我就知道你作了多大的犧牲！我和你雖然生活在社會的不同層面，但我們都是被迫墮入到現在這個地獄。"偷仔王說到這裡，他們倆人都會意地苦笑一下！

"大佬王，我今天想過，我不能光腳去跑的。你幫人幫到底，能不能幫我去搞雙鞋來，什麼鞋都可以，只要是能墊著腳板就可以了。"帆趁著與他談得投契，再開口問他。

"呵，我真是疏忽了，好！我明天去幫你弄一雙鞋來。""偷仔王"爽快地答應了。

晚飯後，他們兩人就這樣惺惺相惜地一直細細聲地談到了深夜。

第二天帆還是起得很遲，他一直沉睡在夢鄉中。中午吃完飯，不見"偷仔王"，他翻轉個身又找周公⁵去了。

"起來，看看這雙鞋合不合穿？""偷仔王"一邊說一邊推醒帆，帆睜開眼睛一看，見"偷仔王"手裡拿著一對塑料涼鞋，他馬上拿來試試。

"剛好！這雙鞋剛剛好，你真有眼光！謝謝你。"帆感激地說完，就穿著這雙鞋在倉裡走來走去。這時"偷仔王"的臉上也露出了一陣滿意的笑容，他彷彿完成了一件驚人的創舉一樣，對自己感到相當驕傲和自豪！事實上，在格仔這樣缺乏物質的情況下，能夠弄來合穿的衣服和鞋，是非常不容易的。

這時一陣陣飯香撲鼻而來，只見兩三個民兵抬來了一砵砵的飯，整倉的人就馬上排成一排排的隊伍。帆剛在倉裡走著，試著那雙鞋是否合適，他還沉浸在喜悅之中。他見到人家在排隊，還用眼睛在搜尋"偷仔王"。誰知他已經排在前面的位置上，正等待著晚餐的到來。幾粒糙米和幾片菜葉的晚餐很快就被完成了，"偷仔王"又像往常一樣，坐在帆的旁邊，東拉西扯起來。

"合穿嗎？走起來舒服嗎？有沒有刮腳？"

"非常合適，也沒有刮腳，就好像度量過我的腳一樣。"

"沒有錯！當你睡著的時候，我就偷偷量過你的腳。"

"怪不得這麼合適，我真要謝謝你。"

"整天謝來謝去有什麼用？我就希望你到時能夠跑得快一點，我們大家又跟著，跑到一個人都不剩。你想、多開心呀！我想像到時全部人都跑光了，那班廢柴⁶像條狗一樣，夾著尾巴給上面大罵時那個樣就好看極了。""偷仔王"說完，兩人都笑個不停。

5. 搵周公：去睡覺。
6. 廢柴：廢物，這裡指看守人員。

"他們平時作威作福那個衰樣就令人討厭極了,那些人只會欺壓我們這些地底泥[7],踩完又踩、踏完再踏,根本不把我們當人看待。反過來、如果有人踩踩他,他就知道味道啦!"

"這次我們一定要做一場好戲給他們看看!"

"後天行動嗎?通知了大家嗎?"

"後天,一定要爭取出去!"帆像接到命令一樣點了一下頭。

"今天你好像很餓的樣子,是不是有什麼問題?"稍停片刻,帆問。

"沒有什麼問題,只不過今天中午沒有吃飯。"

"為什麼?是不是病了?"帆緊張地問他。

"沒有什麼!我用一砵飯跟人家換了東西而已。"

"什么?換了東西,換了什麼?"帆焦急地問王,王看了帆一眼卻什么都沒有說。

"換了什麼東西,不可以告訴我嗎?"帆再追問。

"換了你這雙鞋。"

"什么?為什麼你不先告訴我,讓我自己來換。"帆一下子跳了起來說。

"別緊張,我看你身體實在太殘了,不忍心看著你去送死!我們還等著你去跑頭馬的,如果你跑不好,會影響整個大局的。我已經在這裡有幾個月了,習慣了,少吃一餐半餐沒問題。況且中午時有個躉友也給了些我吃,可以了,你別過意不去。""偷仔王"邊說邊站起來,拉著帆的手讓帆坐下。帆看著"偷仔王",頓時眼睛模糊起來,說不出半句話來。

"別婆婆媽媽,我們都是同一條船上的人,生死與共、休戚相關。我們任何一個人有問題,都會影響其他人的。希望你能夠有好的表現就成了,我們就有機會去笑那班廢柴。""偷仔王"接著說,帆不停地點頭。

在大事情發生的前夕,不一定有跡可循,相反是一片沉寂,令人不可捉摸。第二天,倉裡一片安靜,不同往日的嘈杂。很多人在睡覺,至少躺著休息。

第三天早上,帆一早起來,與準備行動的人互相使了個眼色,早早準備好一切。很快指揮勞動擔沙的管教員來了,他靠眼緣來隨機挑選去勞動的人,準備行動的人都往前擠,希望被揀中。被揀中去擔沙

---

7. 地底泥:指社會上受欺壓的最底層。

的人，每人同樣發一頂草帽，憑草帽點數認人。不幸帆未被點中，同樣有些拿了草帽不願去擔沙的人公開拍賣草帽。按照以往的交易方式，去勞動的人有一砵粥，他只吃一半，另一半和草帽就給了帆。這一切交易很快就完成了，帆馬上跑出倉門，拿起一擔沙簍，排隊去了。

依照大家的約定，帆走到隊伍的中間排隊。這時候他發覺"偷仔王"那班人都排在隊伍的最前面，"偷仔王"還轉過身來看看帆的位置對不對。隊伍看起來一切有條不紊，規規矩矩的，其實此時各人的心正在忐忑。隊伍看上去不足八十人，卻有十六個荷槍實彈民兵押解著。每隔五六個人，就有一對民兵夾在兩邊。在帆的旁邊，就正好有一對民兵夾著他們一齊走。他們很快就離開了秀英格，大約七點半左右，隊伍就進入墟鎮的道路。路上的行人很多。兩邊的店舖全開了，有賣肉的、有賣山貨的、有賣農木工具的、有賣粥粉小食的，應有盡有；當然更少不了農民在路邊擺賣的瓜果蔬菜、山草藥材、飛鳥走獸；幸好那條路非常寬闊，又沒有汽車來往，隊伍就走在大路中。兩旁擠滿了行人，指手畫腳地觀看著、評議著這群年輕的反革命分子。最前面的那對民兵、威武地吆喝著叫人讓路。

再行走了幾分鐘時間，前面道路忽然間窄了下來，只見"偷仔王"回過頭來看著帆，把頭用力擺了一下——即示意帆開步跑。帆見後，又把頭轉向自己的左右兩邊看一看，再搖了搖頭——即示意左右兩邊都有人夾緊看著他，不能動呀！帆不斷兩邊張望，身邊那一對民兵還是維持著不變的速度，與帆並肩走著。只要帆稍有動作，他們一伸手就可以把帆抓住。這時"偷仔王"頻頻回過頭來看著帆，帆也實在沒有辦法動。時間一分一秒過去，大家都急得很！會不會錯過了機會呢？

這時"偷仔王"與旁邊上了年紀的那個人講了一下，就見排在他們前面相隔一兩個人的那個身裁魁梧的年青人一下子就脫離了隊伍，把沙簍一丟，拿著擔挑越過在前面開路的那對民兵，往前跑去。在他前後的兩對民兵一齊沖前去想捉拿那個年青人。說時遲那時快，前面兩組人的隊形開始亂起來，共十三四人一齊散開向前奔去，個個拿著擔挑，無人敢攔阻。頓時街市大亂，雞飛狗走、人群四散，呼聲大作，行人紛紛閃到路兩邊躲避。

再說前面第二對民兵聽聞後面人聲大作，知道大事不妙，丟下那身裁魁梧的年青人，回過頭來與後面第三對民兵一齊去抓人。但四個民兵又怎能對付拿著擔挑的十三四人呢？雖然他們有槍，但街道上全是人，他們敢開槍嗎？這時第四對、第五對民兵見自己的人寡不敵眾，也奔前去幫忙。帆就是給第五對民兵夾著，當第五對民兵一離開，帆就跟著他背後向前衝。當帆一衝、第六對的民兵向帆撲來，眼看著一個高大的的民兵快要抓到相對矮小的帆。正在這千鈞一發的時刻，帆向右邊一個側閃身，讓他向前撲個空。帆再隨手把擔挑往他的下盤掃去，他急用右手拿著的槍一擋，'啪'的一聲、打在槍托上，眼看著那枝破爛七九一下飛出丈把遠，嚇得他急忙追搶前去，等他搶回那枝給自己壯膽的爛七九，再抬頭搜索時，帆已跑到前面去了。帆後面跟著十四五人，像帆一樣，人人高舉擔挑，一時氣勢如虹！迫得那十幾個民兵節節敗退。這時後面那三對民兵見勢不妙，也趁機逃之夭夭。大隊人馬共七十多人，頓時四散！

這時街道上的民眾一個也不見了，兩邊的店鋪也紛紛關門，小販擺賣的東西都用草蓆麻袋之類的車西蓋著，人卻不知去向。一片熙攘的街市立刻變得水靜鵝飛，靜悄悄的！

帆發覺不見了"偷仔王"那班人，急向前面街道窄口處方向望去，見他們跑在最前面。帆不顧一切地拖著那條擔挑向前沖去，剛奔過街道的窄口處，見前面豁然寬闊開朗，"偷仔王"那班人正在前面。帆正想奔去與他們匯合，卻見馬路邊停著的一部貨車旁邊，突然竄出一個穿軍裝的人，拿著一個修車用的長扳手，喝令帆站住，企圖沖過來擒拿帆。來者不善，善者不來！帆立刻揚起擔挑，攔腰一掃，只見他一縮躲過。帆再提起擔挑，正準備當頭一棒，那傢伙急忙把長扳手向上一揚，誰知帆的棒打是個虛招，眼看著擔挑方向一轉，再向他下盤掃來。他急忙用那扳手一擋，只見得那扳手即時飛出幾丈遠。他再定神一看，第二棒又迎頭打來，嚇得他立即掉頭而逃。帆也無心與他糾纏，再虛晃一招，一轉身跑去與自己人匯合。

他們一伙是跑在最前面的，帆趕過去一問、才知道路兩邊全是圍墻。他們正在考慮如何辦。假如有人在前面攔截住，後面又來追兵，大家豈不是成了瓮中之鱉？

"翻墻！"帆不加思索地沖口而出。

"對，翻墻！"立即有人響應。

這時只見那個身裁魁梧的年青人一躍就翻過大約一米八左右的圍墻，帆和其他人也陸陸續續地翻過去。這可能是工廠的工人宿舍，這時候工人都上班去了，只剩下一些老年人和小孩子。這些人見一班人跳過圍墻、個個拿著擔挑徑逕直走去，不知原委、也不敢聲張。帆他們走到另一邊的圍墻又翻了過去，發現這已是另外一條道路了，幾乎看不到路人。這時他們明白了，只要再翻一兩個圍墻，就是另外一個完全不同的區域了。他們一路上向東面走著，方向不對就翻墙。大概三十分鐘之後，他們估計很難被人找到，心裡就感到安全多了。太陽出來了，照在身上暖烘烘的挺舒服。這時有人看看太陽說方向錯了，這是向北，不是向東。那個身裁魁梧的年青人不知是否翻墙翻出興趣來，指在前面一道圍墙說："翻過去就是東了，去不去？"

"去！""偷仔王"應聲而說，幾個人一下子就翻過去了。他們順著圍墙邊走，當他們走到底再翻出外墙時，剛好是鐵路。

"我知道了，我知道了！順著這裡走，半小時之內就可以到海口市啦！到了那裡，人海茫茫，他們就沒有辦法再找到我們了。"帆拉住"偷仔王"高興地說。

"你怎麼知道？""偷仔王"奇怪地問。

"我上一次也是順著鐵路走到海口的，相信我啦！"帆肯定地說。

眾人見帆信心滿滿地說，也就跟著他走。這時有人提出那條擔挑還要不要？一班人拿著擔挑走，會比較礙眼、引人注意，不如把它丟掉算了。擔挑丟掉，大家還整理了一下身上的裝束打扮，帆把"偷仔王"給他那件外衣穿到外面來，有些人則互換外衣穿。果然大家看上去截然不同，像一班郊遊的年青人。

由於在身份上自我認同的不一樣，大家的心情放輕鬆很多。對著溫暖的陽光，迎面吹來的陣陣涼風，令人份外精神。不消半小時，海口市的外圍建築物就呈現在眼前。這時大家難掩重獲自由的喜悅，你望我我望你地微笑著。這時，走在前面的那個身裁魁梧的年青人停住腳步回頭說："大家保重，我要先走了。"另外有兩三人也說："我們要去的地方就在附近，我們也要走了，大家保重了！"最後只剩下"偷仔王"和帆。帆看著"偷仔王"沒有出聲，"偷仔王"也看著帆。隔了很久，"偷仔王"伸出手來說："我們終歸都是要分開的！保重！""保重！"帆說著，緊緊握著他的手。

"偷仔王"的背影快要消失了，帆還站在鐵路邊望著他。帆懷念這幾天的奇遇，懷念一次又一次幫助過他脫離生死險境的每個人。這些事情只有上天知道，只在帆的內心記住。他再遠遠望去，竟完全看不見"偷仔王"了。站在茫茫人海裡的帆暗暗地想：我們還有機會見面嗎？哪怕是短暫的一分鐘，讓我好好對他說聲謝謝！

第三十四章

智勇雌雄脫魔掌　再策重謀志可張

親愛的讀者，不用我詳細介紹，你們都會知道帆去了哪裡。經過一夜的休息，第二天，天剛矇矇亮，帆就搭上去徐聞的汽車渡輪駁船。你們一定會感到奇怪，為什麼不搭乘紅衛輪反而向徐聞而去呢？帆知道昨天的事情鬧大了，當局一定不會放過對紅衛輪的搜查。為了保險，帆寧願趁早乘駁輪北渡瓊州海峽，再轉乘班車跨雷州半島到湛江，然後再輾轉返廣州。這樣除了可以走得快以外，還可以做到出其不意，減低風險。

帆坐上跨海峽的駁輪之時，太陽還沒有出來。帆坐在駁輪上，吃著還直冒熱氣的饅頭，看著東邊一輪冉冉升起的、通紅、通紅，熱力四射的太陽。駁輪上裝滿了一輛輛汽車，司機站在各自的車旁邊，有人猛力吸著香煙，噴出一口口帶著旅途疲勞的淡煙。涼風吹來，令帆感到輕鬆愉快，他暫時放下心頭的大石，欣賞著大海的晨曦。

東邊的太陽升起處，牽出了一片彩色斑斕的朝霞，掛滿了半邊天。在這天水一色的無盡天空下，有幾只海鳥自由地飛翔，卻顯得格外的細小。帆驚嘆這世界之大，實在無法形容，不覺感慨自己身處在這樣美麗而寬廣的世界，何以要到處躲藏、流離，以致無處棲身？一個浪頭打在船邊上，掀起了一片片水花，但很快又恢復了平靜。遠處的漣漪，在初升的陽光照射下，閃耀著彩色的光芒，忽隱忽現，猶如在深藍的地氈上，灑滿了各色的寶石，有紅色的、金色的、綠色的、透明的……應有盡有！隨著太陽每一剎那間的移動，海面的色彩變幻，層出不窮！帆正在驚嘆世界的奇妙，太陽升起來了，一切又回復到往常。帆不覺感慨世事的一切、真是變化多端。這種變化也只在瞬息之間！對比昨天和現在，已是天淵之別。

帆抬起頭來，仰望著那淺藍色的天空，他深深地吸了口清新而又自由的空氣，然後緊緊地閉上眼睛。雖然美景當前，但他卻感到很鬱悶，很壓抑。這一次又起錨失敗了，自己雖然是又逃出來了，但其他人不知如何？燕又怎樣呢？在深圳灣的那個碼頭上，燕告訴自己，她不打算再報流去海南島了，她還是報回自己的大旺農場比較安全。現在她回去了沒有？他們下一步又如何做呢？一連串的問題不斷纏繞著帆，令他沒有一刻的安寧。他盡力不讓自己去想，但是他做不到。

在一望無際、天水相連的海上，旅客們終於見到一條深黑色的陸地線。慢慢地，那條深黑色線變成高低起伏的陸地。大家的眼睛都聚焦在前面的建築物，聽說那裡是碼頭。帆從來沒有去過，在那裡可以買到長途汽車票嗎？他問站在旁邊的一個擔著東西的婦女，一問才知道在碼頭旁邊就有汽車站，很方便。

很快船就靠岸了，帆跟著大隊的人群，走上碼頭的斜坡就是馬路。他一看才知道是雷州半島最南端的海安鎮碼頭，只是一個小漁村。迎面而來的是一大群賣熟花生、包子、饅頭等什食的人。他穿過人群，去到車站售票處的小屋前排隊，買了一張到湛江市的長途車票，然後又去買了兩個饅頭，留待中午作為午餐。這時去湛江的長途車準時來了，搭車人數不多，只有二三個人。帆就選了一個靠近車前面的窗口位置坐了下來。很快車就開了，相信班車時間是與駁輪配合的。

帆坐在車上，但雙眼盯著前面，生怕路上有檢查站。車飛快地在黃泥的公路上奔馳，一陣陣的清風從車窗口灌進車內，車尾拖著一條長長的灰塵尾巴。公路兩旁的景物迅速向後移動，連綿起伏的坡地上有大片大片的樹林，有人說是橡膠園。帆很少見到在田園耕作的農民和村莊，想必是人煙稀少。很快汽車就在徐聞縣城經過，上了些中途客又迅速開走。這時帆的心情安定很多，估計中途應不致有什麼阻礙。果然不出所料，除了要下車吃飯及大小便以外，司機一直在趕路。這一百多公里的路程，在時速40~45公里的車速下，整整花了近五個小時。車上的乘客越來越多，汽車在凹凸不平的國防公路上越走越困難。一條用爛磚石塊和黃泥夯實的國防公路，實在經不起風雨的侵蝕和車輪日夜奔馳的磨擦，無可奈何地留下了一個又一個的坑坑氹氹。車在公路上左搖右擺、彎來彎去地行走著，車上的旅客個個緊閉著眼睛，晃來晃去⋯⋯經過了雷州之後，越接近湛江市，人就越來越多，房屋也越來越多。顯見這是一個大城市，比起整個雷州半島，人口密度要大得多。

下午四點左右，汽車停站了。這是湛江市長途汽車總站，帆趕緊到售票處一問，所有第二、第三天開出到廣州市的票，都全部售出了。怎麼辦？在湛江住兩天嗎？帆正著急，見一個農民來退由湛江到陽江的票。陽江是到廣州的中途站。帆立刻將他的票買下，然後到售票處補成全程票，車票就很幸運地解決了。帆接著去找住宿的旅店，誰知湛江地區召開學習毛著積極分子大會，所有旅店都被訂滿，最後憑借著一張流霖，帆找到一個在旅店行人走道邊加設的帆布床位，總算把這一夜打發過去。第二天淩晨四點車就開了，經過十幾個小時的痛苦的煎熬，終於在晚上七點多到達廣州市汽車總站。晚上九點，帆突然出現在家人面前，正式宣告全家人的希望再一次落空了！

　　三天後的早上，燕也突然出現在帆的面前。帆一直記掛著她，自然份外高興。她說昨天晚上很晚才回到家，她的手受了傷，還沒有去看醫生就先趕來了。既然大家見面了，最重要的是讓燕先去看醫生。醫生診斷是右手踭脫鉸，醫生幫燕作了復位，再包扎定位、塗上了膏藥。

　　"你為什麼會搞傷手的？遇到什麼問題嗎？"帆問。

　　"自從去了沙河格後，我們一直被關著，也不知道你的情況。我和阿晶也在講，不知道曲尺那條路靈不靈？也不見有什麼消息傳來，猶如石沉大海，真令人掛心。"燕說。

　　"我也記掛著你，一有空閑就自自然然地想起你，想起光和建，想起今次的遭遇。"帆說。

　　"直到一個星期多以前，我才被戒返四會格。四會是一個相當落後的古舊縣城。咣啷一聲，大鐵門一關，我就被關進看守所。倉裏黑得伸手不見五指，我站著等了一段時間，讓眼睛適應了，才看清楚倉裡面原來一個人都沒有，頓時感到非常孤獨。不過第二天，一下子又湧來一大批人，把倉全塞滿了。這樣擠迫了幾天、大前天一早，我就被點名戒返農場。"燕說。

　　"那後來又怎樣？"帆問。

　　"點名之後，男男女女有近二十人，都是戒去大旺和周邊順路公社的。我們坐上一部大貨車，既沒有上綁，也沒有人在後面押戒。押戒的人都與司機坐在前面，談笑風生。我知道機會來了，慢慢地移向車尾，手扶著車尾板，等待著機會。遠處藍天白雲、叢林遍佈，近處是一望無際的蔗地、高低起伏。呼嘯的風、在車尾不斷卷起的煙塵，迅速吹向遠方。車一直開了大約半個小時，我一直沒有找到機會。看著不覺又進入一片較荒涼的地段，本能告訴我，這裡應該是公社與農場之間的三不管地界。我看著蔗地的起伏,知道車又爬坡了,我就對旁邊兩個較高大的男知青說我要跳車了,請他們遮擋一下。他們也相當配合,挺直腰身,遮擋著我。我雙眼緊張地注視著車尾的行車速度,這時車漸漸駛近坡頂,速度突然一慢,我就不顧一切地一躍而起,越過貨車尾板迅速落地,隨即一滾,跌入右手邊的蔗地坑,我單手一撐,一陣劇痛、令我眼冒金星,幾乎暈厥。幾秒鐘後,我蘇醒過來,立刻站起來正想往蔗林深處跑去,聽到旁邊也有人跑動的聲音,定眼一看,是在車上的另一個女的。原來她是在車的另一側、跟著我同時跳車的。我一叫她,她馬上跑過來,與我一起跑進蔗地的深處。我們一面跑,一面聽到遙遠處一片捉拿的吆喝聲,應該是另外一批人在跳車時被發現了。我倆人便朝著相反的方向不顧一切地在蔗林裡往前跑,直到聽不見聲音為止。"燕說到這裡,本能地用左手托一下掛著白色吊帶的受傷的右手,繼續再說。

"這時我倆跑到大汗淋漓,我的右手已經不能活動了,我就叫她停一下。這時她才看見我的手傷了。原來她是公社落戶的知青,叫雲英,今次也是偷渡失敗,戒返公社。她告訴我這裡剛好是過了鐵崗地界,我們向南走去的地方是佛崗、再下面是黃崗,如果順著公路前去不遠就是五馬崗、大旺農場。我一聽到黃崗就對她說,在黃崗村我認識人,現在可以去投靠她。這時我倆都已精疲力盡,雲英見我傷得嚴重,況且時間接近黃昏,就決定和我一同去黃崗。

"我認識的是黃崗的一對青年農民夫婦,男的叫文貴,女的我叫貴嫂。我們在傍晚時分見到他們。他們安排我們吃了晚飯,睡了一覺。第二天大清早,他們用兩部單車搭著我們,渡河轉路,周周折折,才把我們送到車站,搭上第一班車,回到了廣州。"燕說完自己的故事又問:"那你又怎樣回來的?"

帆就把大家所知道的故事又原原本本地告訴了燕一次。

燕的回來,令憂郁愁悶的帆心情開朗了許多。然而當他看著燕挾著受傷的手離開,消瘦的背影漸漸遠去,他的心情重又落入低谷。帆忽然覺得自己真的很無能。這已經是第四次了,他們又一次失敗回來。儘管他和燕最終都能逃脫而安全歸來,但是光和建仍下落不明。而且接二連三的失敗,令他們不論在身體和精神意志方面,都受到了嚴重的打擊。

這次失敗後戒回來的行程中,帆一直不停地思索,從各個細節中尋找失敗的原因。他覺得這次起,一開始就沒有準備好。帆和光沒有在具體行程細節方面溝通好，如擲堆的位置及行程路線、方向等所造成的影響。光認為只要五天時間，也許在行進的時候所遇的環境不同、或出堆時間遲早不同，方向不一樣等等都會有偏差，方向變一變就會多出一兩天時間。加上事先也沒有在各人食量方面作過瞭解。如果提前考慮到這些偶然的因素，加多兩三天的糧草，就不致這樣狼狽了。雖然最終他們都靠自己的意志和毅力熬到了水邊，但他們卻沒有在最後一刻作出進一步的應變調整，特別在臨下水之時，完全失去了操控，以至自己的隊伍組織渙散，失控而聽之任之，最終大敗而回！

　　痛定思痛！經過一番的深思和反省，帆決定要一改以前急躁的做法，謀定而後動。平時要大家多商量，多討論，才可以陣前有統一的認識和做法。這種反思，有效嗎？那就請你關注下去。

第三十五章

至親失落終歸去　弱女叫天天不憐

幾天後，帆記掛著燕的手傷，跑到燕家去找她，發現她的情緒很低落，身體也很差。

"你的手怎麼樣？為什麼臉色這麼差？"帆問。

"手快好了，只是心情不好罷了。我剛夢見這次在格仔中遇到的農友，她情況很悽慘，讓我難過至極，竟然哭醒了。"燕一面輕輕地擺動一下她那受傷的手一面說。

"能夠讓我知道嗎？"帆問。

"這次我和阿晶被戒去廣州沙河格女倉。一去到女倉，我第一眼就看見對著門口坐著的李佩，她是在農場和我一起務農的知青。我很高興，兩步就走到她前面，叫她。誰知道她竟然呆呆地看著我，沒有反應。我急忙拉著她的雙手一面搖她，一面說我是阿燕，你怎麼不認得我啦！她這時才認真地看我。她往日充滿神彩的雙眼已經變得呆滯和混濁，佈滿了紅色的血絲。她的面部顯得消瘦，美麗的面龐竟然有了皺紋。當她恢復記憶、認出我時，一下摟緊我大聲地痛哭起來，像有很多痛苦、天大的委屈。我見到她這個樣子，也禁不住一面哭一面勸她。她不斷抽泣著、哭到不能停下來，後來阿晶也一起相勸，她才勉強停止了哭泣。"燕十分悲傷地說。

"她到底發生了什麼事情？這樣悲傷！"帆問。

"兩條人命呀！"燕輕輕地說。

"什么？兩條人命！"帆簡直不敢相信自己的耳朵，緊張地問。

"是！兩條人命！一個是她的弟弟，另一個是她的親密男友，也是我農場的知青，叫張軍的。"燕靜靜地說。

"他們三個人一起去嗎？"帆問。

"對，他們三個人走大東線，走了十幾天，在大梅沙附近落水，想沿著大鵬灣海邊、鹽田外圍的海面游向鴨洲、長石嘴方向，想在吉澳島後面的船灣、鎖羅盤或荔枝窩附近上水。"燕說。

"後來怎樣？"帆焦急地問。

"唉，當時他們已是力盡糧絕。大東線的陸路比較容易一點，沒有中西線盯得那麼緊，水路才是真正要人命的地方，欺山莫欺水呵。聽說那裡還有兇狠無比的鯊魚，一瞬間就會奪去人的生命。他們到達水邊時是十月三十號，農曆九月二十六，上半夜看不到月亮。他們摸過了近海邊的，在黑夜裡仍依稀能看見的、那條鋪了沙而顯得白色的國防公路。他們迅速走過公路到達前面的水邊，準備好一切後，抬頭仰望天空，仍見到是繁星一片。誰知下了水之後，卻是茫茫一片不能見邊的大海，很難辨清方向。況且那邊又看不到香港九龍方面的燈光，四周圍漆黑一片。他們比我們早起程一段時間，遇到了上一個寒潮。十月三十號時，溫度從攝氏二十七八度，一下跌到十六七度。初時他們落水時，還覺得水很暖和。游呀游呀就起風了，溫度急降下來 。"燕說到這裡，雙眼充滿了淚水，看著帆、說不下去了。

"喝點水，休息一下再說。"帆說著隨手遞給燕一杯茶。他知道燕的心裡很難過，他自己也一樣，將心比己、同病相憐。燕沈默了一陣子，繼續把聽來但故事講給帆。

茫茫的一片大海，風起浪生。一浪接一浪，劈頭劈腦地打來，一個不小心，就會嗆到滿口海水。人在這種情況下，忽高忽低，忽左忽右地給旋轉和晃蕩著，不但方向感迷失，而且體力也會感到不支。李佩告訴燕，她這時已覺得天旋地轉，眼冒金星。他們三個人有時分開，有時又游到一起。大家都互相鼓勵，互相支持，游呀！游，游呀！游……月光底下，她看見一個人面色蒼白而僵硬，口吐白沫，在海水中沉浮涌動，像快要下沉的樣子，另一人立刻把他拉住。又見有人撲過去大叫："軍呀，拉住他呀！"

佩想游過去幫助，忽然又一排排黑色的浪濤連續打來，把她和拖著她弟弟的軍瞬間分開。軍被沒入水中，雙手在空中擺動。佩眼看著自己的兩個親人慢慢地向後飄去。她瘋狂地想去幫他們，可是又一個大浪打來，把她深深地埋進水中，她掙扎了幾次，仍不能浮上水面。

完了,她感覺自己完了!她只記得有一隻金色的小鹿,領著她跑向前面,她什么都想不起,只記得一直追著那隻小鹿而去……

不知什么時候,她又浮出了水面,水面顯得平靜多了。"軍呀!軍呀——"佩一面叫一面游,一面游一面叫,慢慢她氣力越來越少,終於失去了知覺。等李佩醒來,她發現自己被海浪送到了一個無人小島上。然而這裡并不是她最困難經歷的終結,而是剛剛開始!更困難,更無情的遭遇正等待著她!

燕說到這裡又慢下來,好像在想什么似的瞪大眼睛看著面前的帆。忽然她淚如泉涌,渾身發抖,一把摟住了帆的脖子,瘋狂地吻著帆,不停地喃喃地說著,"我想起了我們當時的情況,我害怕,我害怕!我害怕見不到你了!"

"我們現在不是很好嗎?你別往壞處想。"帆輕輕地拍著發抖的燕,安慰著她。隔了很久,帆推開燕問,"他們後來又怎樣?"

後來他們就沒有燕和帆那么幸運了。佩說,以後就再也沒有軍和弟弟的任何消息了。當太陽曬在佩的身上,她感到一陣陣的溫暖。冷風吹向她的面部,讓她醒了過來。她伏在一片沙灘之上,海水仍在她的腳邊蕩漾。她艱難地翻過身來,仰望著天空。警覺讓她想坐起來,可是虛弱的身體使她不能。她看見離她兩三公尺處有幾塊大石,她用力地爬了過去,背靠著大石而坐。寒冷的北風呼呼地吹著,像刀割一樣入骨入肉。她發現自己拖著的膠袋還在,就盡力解開膠袋,把上水用的衣服拿出來穿起,逐漸才暖和起來。膠袋里還有一點點食物,她吃了,就一直坐在那裡曬著太陽。一直到下午,她的神智才從迷糊中清醒過來。

經過整天的太陽曬著,李佩的體溫也漸漸恢復正常。四周圍一片寂靜,她不聽見任何人聲、廣播聲、輪船聲、汽車聲,只有風聲和海浪聲。她的肚子卻餓得咕咕聲響,喉嚨渴得發燒。好不容易等到傍晚天空麻黑起來,饑寒交迫的李佩不顧一切地慢慢走出石頭堆。她四處一看,原來她所在的是一個小荒島,根本沒有人居住。她順著海灘的邊沿、向西走去……

小島實在是太荒涼了,到處都是荒野,叢林!沒有一絲人跡,連野獸的嗷叫聲音也沒有!北風的呼嘯聲音也慢了很多,不過氣溫仍然很低,不像白天太陽底下那樣溫暖。上半夜一片黑暗,她一面走一面想起弟弟和自己心愛的軍,臉上一直掛著兩行眼淚。她覺得自己像個罪人一樣,實在無法面對父母、親人,無法面對自己的將來。這個地獄般的世界,讓她受盡了煎熬,受盡了生離死別的痛苦。她感到生不如死,她恨不得死的是她,而不是弟弟和軍。可命運卻偏偏留下了她?她感到無限的悲哀、痛苦,孤獨地去面對這個地獄般的世界。又怕又餓的她跌跌撞撞地走著,猶如耶穌背負著那沉重的十字架,心裡滴著血,走在通向地獄的路上!

她終於走到小島的最西邊。站在那裡,她看到不遠的對面又是一片黑色的陸地,沒有一點亮光。她呆呆地站在那裡,直到下半夜的月亮出來⋯⋯李佩有點害怕了,她不想活了,她真的不想面對生存!當晚她猶疑不決,她已經沒有勇氣了。

"這種心態讓人不難理解,真是難為了她!"帆說。

李佩坐在海邊的石頭上,看著月亮在西邊伴著冷風落下,東邊的太陽又徐徐升上。白天又風平浪靜,氣溫又迅速升高。陽光下面的一切又顯得生机勃勃,光和熱又讓她恢復了生存的勇氣。她坐在沙灘邊,隨手撿起一塊小石頭,扔向面前的水中。忽然間她看見不遠處有一條死魚擱在碎石上,海水沖來,慢慢漾動。饑腸轆轆的她下意識地走去撿起它一看,魚竟然沒有完全腐爛。她顧不了那麼多,立刻拿到水邊,把不能吃的挖了出來,就捧著狼吞虎嚥地吃起來。呵!多么甜美!她很滿意地看著自己飽吃一餐之後還有一點,足夠兩餐之用。她把這些留起來,有了精神就去準備晚上渡過對面。

當晚,李佩趁著天黑游過海面,抵達了香港另一個荒蕪的海灘,但卻不是市區。不幸的佩,在那裡留連了兩三天,什麼都吃光了。港方邊界巡警的大貓嗅到她尿液的氣味,追蹤而致。最後她仍要束手被擒,被戒到邊界的警署。她的一切努力最終都化為烏有!正巧不時有記者來採訪,把當時正值文革後偷渡大潮的狀況報告給香港市民。她這次的經歷被登上報紙,她的故事及照片,瞬間成為頭條,各大新聞都爭相報道。

"你應知道啦!港英當局順應大陸的要求,實行'即逮即戒'的政策。凡能順利進入市區的偷渡客才會給予身份。凡未能進入市區的,一律返戒。"燕說。

"這件事我知道。"帆說。

李佩家姐訊立刻趕到警署要求見面保釋,不斷求情,懇求政府法外開恩,網開一面。然而最終政府仍要依法辦事。那時候的香港市民對革命的恐懼和對"即逮即戒"政策已慢慢習慣,市民的心態漸漸麻木了,六十年代那些對偷渡客的悲天憫人的轟動情景已不再。一頓飽餐之後,佩就被靜悄悄地戒回了大陸，所有的苦難，只好長埋在佩的心底裡！

"最後我們就在廣州沙河格碰面了，真是弱女叫天天不憐呀！不但如此，她還要在沙河格仔墊多很長時間，到我戒回四會時還不放她。"燕長長地再嘆了一口氣，作為這個故事的終結。

"這件事影響不好，丟了我們國家的面子，所以對她的懲罰也加重了。"帆說。

"也許是吧，反正她真是不幸。"燕說

"你會感到害怕嗎？"帆望著滿臉眼淚的燕，就問。

"不會！我只是為李佩他們感到悲哀，為中國的老百姓不值！"燕擦乾眼淚說。

"做什麼事情都有代價，而自由的代價是最高的。"帆說。

接下來的日子裏，他們幾乎天天見面。燕的手傷很快就復元了，心情也漸漸好起來。經過這一次生與死的經歷，對比李佩，帆和燕深感自己幸運得多，彼此也更加珍惜這段患難與共的感情。

帆從光的家人處得知，光已幸運地到達香港了。建呢？還未有消息。爲此燕媽專程返鄉一趟，得知建也踏上了香港的土地，卻被反戒回來。經生產隊教育，交待清楚，從寬處理。他反而因禍得福，被派上一份稍好一點的工作，也算得有個著落，因此他不想再拿生命去冒險。帆和燕不由長嘆，他們感慨光的幸運，也理解建的選擇。他們也很清楚，自己是絕不會後退的，爭取自由是他們唯一的方向。現在他們所要考慮的，只是下一次何時出發，以及如何做得更好。

第三十六章

重重制約無生路　極盡所能覓覓尋

一九七五年下半年，政治鬥爭的氣氛慢慢又緊張起來。什麼評《水滸》、《反擊右傾翻案風[1]》，什麼組織民兵武裝，什麼《教育革命的方向不容篡改》……一波接著一波。到十二月的時候，小道消息又傳出要揪老鄧、批老周，總之都不知那個是真、那個是假。市委決定讓工廠的工糾長期與街道辦事處合作，也就是所謂'廠區掛鉤'，派出荷槍實彈的民兵進駐街道巡邏。大字報也貼到街道，肅殺的氣氛令到整個城市緊張起來。跟著而來的是，《關於整頓和清理盲目流入城市的農民工的通知》。伴隨而致的是緊鑼密鼓的查戶口，清理流竄人員，五類分子，這樣一浪接一浪地震攝著小市民那怯弱的心靈。

元旦後的一天，燕和帆見面時就問：

"明天我們還去跑步嗎？"

"去，為什麼不去？鍛鍊身體有什麼過錯。"

"你看現在的情況，外面不知又要搞什麼花樣了。"

"放心啦！他搞他的花樣，我搞我的花樣，風馬牛不相及。"

"你真的不怕嗎？"

"死都不怕，還怕什麼？"

"我們下一次怎樣去好，你有沒有想過？"

"沒有想過，現在還不是時候，等天氣暖和些再去就比較好。"帆看似胸有成竹地說。

---

1. 反擊右傾翻案風：即反鄧小平。

"這一次把你冷怕了嗎？"

"不是怕不怕的問題，你想想我們起了幾次，都是因為準備不好、或天氣問題、或自己內部協調不好，而令到我們功虧一簣，敗北而回。這一次我們必須吸取以往失敗的經驗教訓，要選擇一個既溫暖而又好天氣、好月亮、好精神、好身體、又好時機再起。"

"什么好的都給你包齊了，上哪裡去找呢？世間上哪裡會有如此好的機會？"

"有呀！我考慮過，選擇在中秋前。這不是一個既溫暖而又好天氣、好月亮、好精神、好身體的時機嗎？"

"既溫暖而又好天氣、好月亮的時間我承認。可是好精神、好身體、又好時機，又怎樣作解析呢？"燕有點不服氣說。

"現在只是一月，到9月8號才是中秋節。從現在到中秋，有八九個月時間讓你休息鍛煉，怎能說到時不是好精神、好身體呢！再說現在到處揪老鄧、批老周，'反擊右傾翻案風'，批這批那，這可是個大工程呢！搞來搞去時間很快就過去的，搞得來時機就會到了。"

"這也對，不過就只能起一回了？"

"你還想要多少回？這一次失敗，我們的元氣、精神、身體都大傷，確實需要休整。痛定思痛，吸取教訓，凝聚銳氣，下次一炮成功！"帆非常認真地說。

"我也覺得你說得對，那我們從現在就要開始做好準備。那我們做什么先好呢？"

"我想除了鍛煉身體外，什么都不要做。今年元旦和春節正好在一月份頭一天和最後一天，我想回到鄉間的爆竹廠買批爆竹回廣州賣，攢些錢過春節。你覺得怎樣？"

"好呀，我同意！"兩人一拍即合。

臨行那天、他們一早就起程了，借來的兩部單車，尾架上放了兩個蘿筐。天剛亮不久，路上行人稀少，他們很快就離開了市區，駛進了通往郊野四鄉的公路。那時市區公路是柏油路，非市區的公路是沙石黃泥路。那時郊區公路汽車並不多，只有長途客車或長途貨運車。半長途的大多是踩單車。而農民則是大擔小挑的短程徒步者。偶然還有公社的手扶拖拉機，拖著一兩噸沙石、農作物之類，在那凹凸不平的沙泥路上，搖搖晃晃地、艱難地移動著。它噴出一縷縷的黑煙，被風吹散在路兩旁的田野上，像辛苦的老牛一樣發出它那獨特的，突、突、突突的低沉的叫聲。雖然公路上各人忙各人的，人們都麻木了，絕無人會理會它那低沉的呻吟聲音。

"農民真辛苦！你聽那拖拉機的聲音，它在呻吟、它在抗議，何況農民！"帆對燕說。

燕凝視着遠去的拖拉機，點了點頭，兩人不再說話，奮力騎向方。從廣州市到買爆竹的地方大約有四十多公里，一般人都會坐長途車去。沒有錢的他們自然不願花費那些車費，寧願踩七八個小時的單車。他們大約在中午時間到達，買了兩蘿筐爆竹。再騎到家時，已經是下午五六點了。

第二天一早，他們就出發去街上了。帆和一個十五六歲的弟弟在前面沿街兜售，燕推著裝了一蘿筐爆竹的單車跟在後面。爆竹在文革後被作為"四舊"禁止，絕跡很久，直到老鄧復出後才逐漸恢復。這畢竟是年輕人喜愛的東西，一筐很快就賣掉了，帆他們興高采烈地開始賣第二筐。但這時有人來趕，說不準燒爆竹。沒有辦法，三個人只好跑遠一點，到偏僻一點的地方去賣，但還是有人來趕。最後才知道，1月8號老周去世，要停止一切文娛活動，要下半旗致哀！這個月跟著來的春節活動也要取消，不準慶祝！

"馬上把剩下的一點點，便宜些賣出算了！"燕說。

"如果可以這樣一直賣到春節，應該可以添得幾次貨，我們就可以攢夠錢去起錨的。現在就因為有個什麼偉人去世，居然把我們這些老百姓的財路都斷了！"

"中國老百姓真慘，任何一個大粒佬[2]頭暈身熱，冬瓜豆腐，隨時都可以把老百姓的飯碗打破！"

"我們這段時間可能只顧著賣爆竹的事，而完全沒有注意到老周走了這件事。唉！下雨啦，回去吧！"

本來好好的天色，這時忽然間陰霾密佈。他們趕在下雨前回到帆家，一踏入家門，就聽見帆的父親在說話。

"今天我們單位就傳達了要'反擊右傾翻案風'的指示，立刻大字報就貼出來了。上頭講明要民兵進駐街道，又重新批判劉鄧陶[3]，狠抓階級斗爭，橫掃一切牛鬼蛇神翻案復辟的陰謀。這次又結合要清理盲流、農民工及長期留城人員，我最擔心的是你們，又沒有學校上課，整天流逛。街道管理人員一個不滿意，掃你們去郊區勞動一下就麻煩

---

2. 大粒佬：高官。
3. 劉鄧陶：劉少奇、鄧小平、陶鑄。

了，單是要貼的伙食費都不得了！我希望你們無事盡量留在家里，晚上外出要早點回家，免得節外生枝。"帆和弟妹們都只得應諾。

"還有今年的春節都不準搞了，一切如常，今年不炸煎堆油角，不準搞任何慶祝活動。不過我看到時能否買到隻雞回來劏，不然都不像過年了。"父親又補充說。

"有雞劏，天天都可以過年啦！"帆的弟弟插口說，引得大家都哄笑起來。

這時候，帆和燕走到外邊去商量起另外的事情來了。

"現在攢錢的路被堵死了，我們是不是要商量一下，下一回我們到底怎樣去？是我和你兩個人一起去，還是再找一個人來組合一起去比較好呢？"帆問燕。

"兩個人的力量比較孤單，三個人的組合比較好，有什麼事情都多個人幫忙。"

"阿建他怎樣？他有沒有向你們表示要繼續去的意思？"

"沒有，提都沒有提！自從他回去後，安安定定，一點聲息也沒有。"

"你父母有什麼意見？"

"他們也提都沒有提，我母親很害怕，怕萬一影響到我父親就不得了。父親是一家人的支柱，若被牽連進去就慘了。"

"既然這樣，我們就由自己去決定，自己去找人算了。"

"好！我心目中也有一個人選，就是這一次幫助我的貴嫂的弟弟。他今年十八歲，年紀是輕了一點，不過身體還可以，也很聽話，人品很好！貴嫂送我出來搭車時，說她有一個弟弟也想去，問我能否幫他。有機會你去看看他再說。"

"最重要的是人品好、聽話，聽指揮、顧大局，這比什麼都重要。不要像這次落水時那樣，大家爭先恐後，各顧各的。我們就趁過春節的時候去看看他吧。如果合眼緣就把人員早點定下來，日後大家多接觸，多了解，把該做的工作做好、做細。不要像這次那樣，大家想法不一樣，預先缺乏溝通，中途問題多多，到時難以補救。"帆開始把這次失敗的原因一點點和燕討論。

"你說得很對，我在格仔時也想過。我們這次再起，一定要吸取教訓，絕不能重蹈覆轍！"

"那我們趁春節期間去走一趟，二月二三號兩天是初三、初四，還是在春節期間,就當作探訪朋友去一趟。"

"我想寫封信給貴嫂先,讓她有個準備,然後我們再去。"

"好!就這樣決定吧!"商量定,大家都各自回去準備了。

自從老周病逝之後,十幾天來,形勢急劇變化,謠言滿天飛。一月十五號老鄧為老周的追悼會致悼詞之後,就再也沒有出現過了。有人說他躲起來了,有人說他被抓起來了。反正老百姓憑著自己那對鈍耳和俗眼,怎樣都想不明白、看不清楚內裡的乾坤。老鄧在位時強調抓革命,但實質促生產。現在老鄧不露面,生產又好像沒有人管理而鬆懈下來。元旦、春節各單位是否放假也沒人說,有人干脆就不去上班。大家都聚在一起,議論這個葫蘆裡邊到底是什麼東西。形勢一天緊過一天,市面上的兩派收斂了相當長的時間,現在也蠢蠢欲動。一有機會、大小字報瞬間貼到街頭巷尾。老鄧花一兩年時間整頓的市民秩序,頃刻之間蕩然無存,社會上再現人心惶惶!

因為挨年近晚出現這種局勢的微妙變化,市面上除了爭搶購買日用品、雜貨、可貯存食物等之外,白天出外就可免則免,夜間則極少人出外。人人都躲在家里,反復地談論著各種傳聞,文革的恐佈氣氛重現。

燕一早就來到帆家,她已經得到貴嫂的回復,到時大家可以在四會貴嫂的家中見面。

"外面的天氣很好,藍天白雲,春光明媚。我們在這里談了幾個小時了,不如到外面去,看看有什麼大字報,了解一下新的動態好嗎?"帆提議說。

"好!今天早上我坐車來時,看到路上很多地方貼出了大字報,很多人聚在那兒看,估計又會有什麼人要被揪出來。我也想去看看。"

果然外面吹起一陣陣暖和的風,陽光直曬在他們身上,讓他們感到渾身的溫暖。路上人和車都不多,走著的大部份是青年人。很快他倆就走到集中張貼大字報的中山七路西門口,那里已經是人頭擁擁。倆人擠向前面一看,大字報有百分之七十是新貼出來的,盡是批林批孔、批孔批周、批判克己復禮[4]、圍繞四個現代化[5]的意見和爭論、反擊

---

4. 批林批孔、批孔批周、批判克己復禮:批林時發現林彪家里有一孔子語的、"悠悠万事,唯此为大,克己复礼"的條幅,就順勢批孔。批孔子就聯繫到周朝,因為周字就順勢批周恩來。這是極其牽強附會的無聊邏輯,欺騙老百姓,趁勢打擊老周而已。

5.四個現代化:中共在1950-1060年代提出的國家戰略目標,指"工業現代化、農業現代化、國防現代化、科學技術現代,簡稱"四化"。

右傾翻案風、揪出翻案風的總後臺--鄧XX。意思已昭然若揭，火藥味之濃，前所未有！所有人都靜靜地看，有人在做筆記、有人在嘆氣、也有人在冷笑！帆和燕在那里流連了兩個小時左右就離開了。

"你覺得誰是對的？誰對人民和國家有利？"燕一邊走一邊問。

"我不知道誰對誰錯。歷史上的博奕不是靠一時一事的對錯，是要經過一段時間，對與錯才可以相對沉澱下來的。"

"我問誰對誰錯，你卻講一大堆讓人聽得一頭霧水的東西。"

"是呀，我確實沒有辦法知道誰對誰錯。因為任何人都可以為自己找到充足的理由，說自己對，人家錯。特別是在歷史的事件上，誰的力量強，誰就占上風，就會宣稱說自己對，人家錯。而事實往往是真理掌握在少數人的手裡。"

"不講那麼遠，現在你說阿爺對還是老鄧對？"

"阿爺講階級斗爭、講無產階級專政，有理論、有充足的理由，加上他拿著這個講（帆做了一個拿槍的手勢），所以現在阿爺肯定是對的。"

"你說'現在阿爺肯定是對的'，那以後呢？"燕警惕地反問。

"那以後就不知道了。老鄧一向反對文革，他說文革會令到學校停課、工廠停工、曠坑積水……實際情況就是這樣，阿爺也知道，這樣下去對人民和國家不利，所以老鄧才有機會復出。阿爺才會叫他抓革命促生產！老鄧真的去整頓、去促生產了，但是他有沒有真的去'抓革命'就不知道了。阿爺一天天老了，他總有一天要去見馬克思。那時老鄧的力量會不會反過來變大呢？到那時老鄧又會有一套他的理論、又會有充足的理由，這時就會變成老鄧對了。"帆笑著對燕說。

"我都不知你講什麼，一時阿爺對，一時又老鄧對！"

"這就叫辯證法。他們兩人的對錯，都會因時間和各種因素變來變去的。說不定將來他倆握手言和，來個大聯合也說不定。"帆繼續笑著對燕說。

"你越講越離譜，現在雙方都打到你死我活，怎麼會聯合？"

"你有所不知，政治是講利益的。你看看現在不是提倡左中右聯合組成革委會嗎？到時阿爺需要老鄧或者老鄧需要阿爺，來一個大家合作互補都未可知，到時大家都'對'的局面就出來了。"帆繼續笑著對燕說。

"我真的不明白！"

"我是說，歷史沒有對錯，事件出來了就是歷史。事件一旦出現就被時間固定了，沒有辦法改變的。時間就像山澗的流水一樣，川流不息！如果事件沒有分量，就像流水沖走落葉一樣，永遠消逝；如果事件有分量，就像流水沖不走的石頭一樣，隨著時間的沖刷、逐漸呈現出石頭的本來面目。是寶石的、才會露出寶石的斑爛與光輝。你能夠說沖走落葉對呢？還是沖不走石頭錯呢？同樣，我也會說政治沒有對錯，政治只講利益。政治利益有益於甲方，甲方說對；政治利益有益於乙方，乙方說對。不過我認為政治利益應該有益於人民，凡對當時當地的人民有利的，都是對的。"帆認真地說。

"哦，原來你是在幫我上課。那出來看了這麼長時間的大字報，又聽你講了一大堆廢話，對我有什麼益處呢？"

"當然有啦，我們不是要選一個好時機再起嗎？你想想如果時局不斷地反反復復，對我們有沒有好處先。"帆認真地說。

"哦，我知道了，時機在往後的日子里、應該會有很多！"燕高興地說。

"如果政治形勢不會發生逆轉的話，我想在農曆八月中起比較好，這時應該能找到一個既溫暖而又好天氣、好月亮、好精神、好身體的好時機。我們要隨時做好準備，等待這個機會的到來。"

"你覺得還會有反復嗎？"

"當然會！中國不會這樣快就會穩定下來的。阿爺都講過文化大革命還會進行很多次，他老人家一定心知中國國內，還會有各種勢力的存在，相互制衡著、斗爭著。他也說過黨內都有各式各樣的山頭存在。"

"老周好像很得民心的樣子，現在傳出北京大專院校的學生又準備搞紀念老周的活動。"燕說。

"剛才我都說過每個人都有充足的理由。你有沒有看過伍豪事件的小字報？那里又寫他是個心狠手辣的人。你想想，老劉、老林的垮臺，都是他做專案組的組長。我們是一介平民，聽不清，看不透。最好不要完全相信這一邊，也不要完全相信另外一邊。既不做應聲蟲也不做替死鬼，趕快走自己的路，去爭取自己的自由幸福的日子吧！"帆說。

"去爭取自己的自由幸福的日子吧！這樣的應聲蟲我做定了。"燕笑著說完，帆也跟著笑起來。

一九七六年的春節，是一個非常低調和人心惶惶的春節。帆的父母不知去那里弄了隻雞、弄了條魚、弄了兩兩雙蒸酒，一家人關起門來過了個節。帆看著父親瞇起雙眼，嗒著那一點點的雙蒸，平時飽受壓力後的痛苦，都在那陣陣酒精的熱力下得到了放鬆。那種滿足，在他那緋紅而又佈滿皺紋的臉上油然而生。全家人都沒有聲張，外面已不像往年那樣不斷有爆竹聲響，也沒有親友拜訪。

二月二號一早，帆就和燕搭車去四會黃崗。層層疊疊的陰霾，低低地壓到天際。一大片黑色的泥土，一直延伸到天邊與雲霾匯合。少有的幾個雲霧空洞，射下來一支支的陽光柱，照射在犁過不久的濕潤的泥土上。陽光的熱力令泥土產生一絲絲的水氣慢慢散去。寒冷的水霧迎面而來，令到單車上的人感到份外精神。房屋隱約出現，一陣陣斷續的爆竹聲從遠處傳來，這聲音終究能把農民一年的祈愿上達。

村裡的房屋都是以前所建。古老格式的房屋大多是用參差不齊的碎磚砌成，有些還是泥牆。房子都沒有粉刷，紅黑斑雜，破舊不堪。村內的空地上躺著幾條瘦水牛，泥地上滿是牛屎。唯一能夠點綴節日氣氛的，是散落各處、尤其是每家門口的爆竹紅紙，這讓帆大感詫異。

"你們這裡允許點爆竹嗎？"帆問。

"為什麼不允許？節日期間點爆竹又不犯法。"文貴說。

"我們在廣州就不準許，因為有個人死啦，春節就不準慶祝了。"燕說。

"這裡是農村，不是城市！如果因為有個人死了而不準許吃飯，那你就不吃飯嗎？"貴嫂說完，引來大家一陣陣的笑聲。

村裡的街道甚少行人，趁著春寒，家家關門閉戶。左兜右轉，大家很快就到文貴家門前。文貴推開厚重的舊式木門，聽得出屋內的一片歡樂聲音立刻戛然而止。屋內正廳的眾人緊張地一齊向外面望，一陣陣暖烘烘的空氣直往外冒，裡面卻鴉雀無聲，顯然是這突然間的推門，驚動了屋內談得興高彩烈的人們。

"爸回來了！"一把小孩子的聲音忽然高興地說。

"哦呵！回來了，我們也該回去吃中午飯了。"其中一個人說。

隨著文貴夫婦入屋，帆見到一屋都是文貴的親戚，廳堂中生著一個小火爐，正堂貼著大幅的毛主席像，像前有張四方桌，擺了些雞、豬肉、魚等。

"看來農民家裡春節氣氛也很濃。"帆對文貴說。

"村裡的農民根本不去管城市的事情，他們關心的是家裡能否吃得飽這點小事情了。"文貴笑著說。

"眼前好坏屬國家大事，不是我們這些小民去想，我們還是集中精神去搞好自己的事情先啦！"燕看見帆心不在焉，就猛地拉了帆一下，一時之間又把帆扯回到現實中來。

　　"我們還是到後面廚房去，一面煮飯一面談，後面比較安全些。前面就讓小孩和老人在吧。"貴嫂一面說一面招呼一早在等著的弟弟阿祥。

　　阿祥應聲走進來，他看起來年輕、敏捷，皮膚黧黑，壯實、但有點靦覥。他才18歲，仍然稚氣未脫。帆一看，實在不忍心在他這樣的年紀下，把他拖到偷渡的冒險行列中來。帆和燕試著問他幾個問題，他都回答得實在，談吐之間表現直率可信。他姐和姐夫也一直在說他比較早熟，行為穩定，現在學校沒有得上，一早就參加了勞動。父母年紀大，四會農村經濟條件差，當地也有血吸蟲。所以家裡覺得他出去是更好的選擇，也比較放心。帆和燕權衡一下，就把這件事定下來了。

第三十七章

唯有犧牲多壯志　敢教日月換新天

在回程的汽車上，燕指著遠處的一片田野對帆說："前面就是大旺農場。"

"大旺，這個名字好像不錯。種什么的？"帆說。

"這裡有血吸蟲，是很可怕的地方呢！這裡只能種甘蔗，你看前面就是北江，我們左手邊有一條河叫綏江，它是從阿祥他們村邊流過，最後交匯流入北江的。偏偏在綏江和北江的交匯口北邊，又有一條很窄小、但很長的河叫毒河。它彎彎曲曲地從阿祥村北邊流出，平行著在綏江北面，經過整個大旺，流入北江。多少年來，毒河的水就毒害著這片土地上的老百姓。"燕神色黯然地說。

"爲什麽叫毒河？怎麽個毒法？"

"血吸蟲。毒河裡有無數的血吸蟲卵，虫卵在水中数小时孵化成毛蚴。毛蚴在水中钻入钉螺体内，发育成母胞蚴、子胞蚴，直至尾蚴。尾蚴从螺体逸入水中，遇到人和哺乳动物，即钻入皮肤变为童虫，以后进入静脉或淋巴管，直至发育为成虫，再产卵。當你的皮膚一旦接觸到毒河的水，尾蚴就鑽進你的皮膚而直接進入體內，順著定居在血管或肝臟。即使是很特殊的藥物，也不能把它清理，患有血吸蟲病的病人，急性的會很快死亡，慢性的會產生腹水，拖至一二十年或者更長。患者一般會喪失勞動力，用一句簡單的話說，就是生不如死！"

"那你們去到那個地方怎么生活？"

"我們去到那裡，當地的農民就叫我們千萬不能沾到毒河的水。所以大旺一直是只種甘蔗，我到了那裡始終都穿著鞋，不敢踩到田地的水裡去。"

"那不是很不方便嗎？"

"方不方便那是小事，響應阿爺號召卻是大事。當'以糧為綱'號令一下，上頭壓下來，要廢甘蔗而改種水稻。你想會怎樣？"

"當然是下面親身去做的人大有抵觸啦！上面不用親自落田去做的人就無所謂。其實這樣號召實在是得不償失的。"帆說到這裡看看周圍，然後再附在燕的耳邊細聲說："這是勞民傷財、得不償失，大躍進就是這樣子的。"

"結果農民、知青都有抵觸，生產隊的團員、黨員、干部也有抵觸。領導把群眾意見反映上去後又壓下來，反反復復。最後上面派人下來，迫著黨、團員及干部帶頭，農民和知青跟著。地裡開動大喇叭宣傳，反復播放著《下定決心》的語錄歌，四周圍掛著"唯有犧牲多壯志，敢教日月換新天"的大橫額，日夜開會、作思想動員，最後實在壓到沒有辦法，有個人咬緊牙關沖了前去，迫著其他人也就一擁而上了。"

"就這樣不顧老百姓的生死？"

"是又怎樣？誰敢說半個不字？我看不對頭，偷偷跑回了廣州。講起來就讓人傷心透了，不要講了。"燕一臉惆悵與無奈。

一九七六年二月一號，紅旗雜誌登載了《回擊科技界的右傾翻案風》一文。二月二號，中央發出文件由華國鋒任國務院代總理，主持中央日常工作，并由陳錫聯主持中央軍委工作。

這時候，帆知道老鄧徹底失勢，因為在黨政軍三方面他都沒有份。至於他在三起三落[1]後、還有沒有翻身之日，則要看老周方面的力量如何。不過帆堅信混亂的局勢轉眼就會發生，再次出發的好時機也就在其中了。

當時的老百姓對千遍一律的報刊不感興趣，但千奇百怪的小道消息卻時時刻刻地揪動著老百姓的神經。老百姓以報刊的情況比對小道消息，很多時反而可以看到一點點的事實。這些小道消息就是引導人們對時局作出判斷的盲公竹[2]了。

二月下旬，尼克松訪華不久，又有小道消息傳出來說阿爺最近中風，講話都成問題。這樣又增強了老鄧方面的信心，北京的大專院校又有人到天安門廣場聚集。但是三月八號廣州市委又再次開會傳達

---

1. 三起三落：指鄧小平在文革時、三次被打倒，又三次復出。
2. 盲公竹：盲人用來指引探路和走路的扶手棍。

阿爺的指示，正式點名批判老鄧。接著各種大小字報鋪天蓋地出來一陣，全是批判老鄧的右傾翻案風，可是幾天後又慢了下來。這時候的老百姓再不是文革初期的老百姓了，他們已經沒有最初那種激情了。他們都躲在家裡，盤算著怎樣能讓家裡人吃得好一點，生活得舒服一點。眼光看得遠一點的人，也許會計劃著日後兒女的出路。再遠的就沒有了，他們對這個國家已經失去了信心，失去了興趣！

"南京的學生動了，你知道嗎？他們借著悼念老周，好像對時局有點不滿，對阿爺有點那個……"燕和帆在跑步，她一邊跑一邊對帆說。

"知道，其實何止南京，全國的人都生活在這個高壓鍋裡。若有一點小事，很快就會蔓延到全國去的。"

"不會這樣厲害吧？"

"走著看啦！"

"不過我看廣東有點特別，自從老周走了以後，基本上沒有什麼動靜。而其他省份就完全不同了，只有廣東仍若無其事。"

"廣東人對'革命'並不熱心，上面壓下來就動一下，壓力一不存在又回復原樣。廣東人沒有革命的狂熱、沒有當官的沖動和需求。他們只憑自己的智慧和實力，踏踏實實地混自己的兩餐。人民是極度卑視那些出賣朋友、親人，出賣自己良心和靈魂的人。所以阿嬸[3]說廣東人'兩面三刀'、是最難打交道的。派個最革命的人來廣東，一來到廣東就變質了。陶大哥[4]就是一個最好的證明！廣東人也不稀罕什麼升官發財，你以為用高官厚祿可以吸引到他嗎？他才不理睬你這一套呢！"

"是不是廣東人真的'兩面三刀'呢？是不是廣東人真的對'革命'並不熱心？你說的是一整套地方主義的理論。"燕笑著說。

"當然不是啦！現在這種'革命'，實質是由阿爺和老劉誰來掌權的問題，你掌和他掌對老百姓有多大的分別？只不過是五十步和一百步的分別，沒有任何實質上的好處，所以老百姓才不理你。"帆接著說：

"相反，推翻清朝帝制關係到廣東的老百姓的切身利益，所以廣東及南方的省份在當年會先動起來。廣東首先就成為資本主義革命的發源地、根據地。北伐戰爭就是由廣東向北方出發，打向北方。這時的廣東老百姓是最最革命的。絕大部份廣東的老百姓並不喜愛當官，並不喜愛權力，卻喜愛自由和有人權的獨立。你想想在廣東官場上當官的有那個是廣東人？那些當官的、干革命的，他們爭奪的是什麼？是

---

3. 阿嬸：這裡指阿爺的夫人江青。
4. 陶大哥：指陶鑄。

權力、是個人的利益，或小集團的利益。廣東的老百姓怎會去支持他們呢？"

"我就只會擔心我們自己的事情，革不革命無所謂。"燕接口。

"對啦，典型的廣東人，我們最重要的是搞好自己的事情。他們爭權奪利的事，對我們有什麼好處？對國家有什麼好處？管他什麼啦，統統都是五十步笑一百步，好不到那裡去！由辛亥到現在，只是由軍閥到軍閥，一點新意都沒有，對人民一點好處也沒有。"帆不屑地說。

"現在大家窩裡鬥，把家裡的東西打個稀巴爛，勞民傷財，浪費人民的血汗和資源。"

"好啦，很熱了，停一下先。"帆慢慢停了下來，用手擦了一下額頭上的汗說。

"怎么啦？這么快就跑不動啦！"

"我覺得我的身體恢復得不好，跑一陣就知道了，你感覺如何呢？"

"馬馬虎虎還覺得可以，不過我也覺得比不上以前。我們這一次真是傷得太厲害了。"

"下一次一定要謀定而後動、弓滿才後發。特別在身體方面，一定要養精蓄銳，要淡定，不可有半點急躁。"

"話是這麼說，做起來卻很難。特別在危急關頭，很難控制得住。"

"我們平時就要警惕自己，到時一定要鎮定，不能自亂陣腳。特別是我和你兩人，一定要幫手看住頭尾，一定要配合得好。"

"你看阿祥這個人怎樣？會不會配合好？"

"阿祥是張白紙，人比較老實，聽話。今次我們三人一定要步調一致，穩步前進。我擔心的就是他太年輕，完全沒有經驗。不過世事沒有十全十美，只要他聽話，肯大家配合，也不失為一個合適的人選。"

"帆，我有個問題，想跟你談很久了，但一直找不到機會。"

"你說來聽聽。"

"有人問我說，你在中國找不到自由，到了外面就會找到嗎？"

"這一點很容易解釋，外面是自由社會，就一定有賦於公民的自由的權利，這是當地的憲法或相關的法律所規定的。"

"你說得一點都沒有錯，但我們中國的憲法也有這種規定，為什麼我們卻沒有享受到公民自由呢？"燕再進一步問。

"這一點你應當清楚,我們中國雖然有憲法、有法律,但從來都在紙上,從來都不執行。這樣有等於沒有,所以你一直都享受不到自由的權利。"

"對呀,假如外面也是這樣,我們去到後才發現這點,我們得到的只是文字上寫的騙人的權利,而不是實際上可享有的權利,怎麼辦?再偷渡回來嗎?或再偷渡去其他地方嗎?"燕笑著再繼續追問。

"哦,你問得好,我一直把外面的自由想得很絕對,很理所當然的。我沒有往深處想,更沒有聯繫到實際去想。換一句話說,我們在外面能得到的自由,是不是我們心中所期待的?"帆沉思著說,他感到這個問題很重要,必須要徹底弄清楚,不可以有半點含糊。

接下來的一段時間裡,小道消息瘋狂地傳來,從南京開始的悼念老周的活動,已經發展到北京天安門廣場。三月三十日,廣場上的花圈已超過百個。聚集在廣場上的人越來越多,花圈、悼詞、詩歌、祭文、演說、抄錄等……

四月一日就傳說花圈已經有人在收,紀念活動被公安局勸說制止。但人群不斷增多,花圈不斷增加,相互為收花圈之事僵持,群眾的詩詞已開始有火藥味,并露骨地影射著當局。

四月二日公安已少量抓人,南京已先於北京,把這事件定性為反革命事件。公安繼續收花圈、但遭到反對。人不斷地湧來,日以繼夜,聚集在廣場上不散去。

四月三日花圈已達成千數百,整個廣場人頭湧湧,日夜不停。

四月四日清明,又是星期天,據小道消息說整個廣場人數超過百萬,正所謂壓迫越大、反抗越大。晚上十一點,由吳德出面主導的民兵加大棒,配合警察加便衣、軍人在外圍防控,趁大部份人離場後進行暴力清場。

四月五日、六日,群眾又反復湧入廣場,卻反復被暴力清走。廣場上的花圈一次又一次被搬走,血跡一次又一次地被清洗干净,可是老百姓心中的屈辱卻一次又一次地疊加!

四月七日華國鋒被任命為中國共產黨第一副主席及國務院總理,同時撤銷老鄧的黨內外的一切職務。

四月八日各地開始有軍民集會,擁護中央對華國鋒的任命及撤銷老鄧的決定。所有這一切,用阿爺的話來說,"天下已定"。

對全國人民來說,這十天的變化是活生生的一堂課。四月八日之後,理解的要執行,不理解的也要執行。所有人都變成異口同聲地譴責老鄧,說老鄧是死不悔改的走資本主義道路當權派。於是全國各地、各單位紛紛批判'右傾翻案風',紛紛向阿爺及中央交心表忠。到處都在徹底追查反革命分子,到處都有揭發批判,自我審查及交代。大多數人都盡快與老鄧撇清關係,劃清界線、重新做人。

當然,帆和燕他們也經歷了人生的一次大教育,可謂"決心已定,百折不回"!他們除了天天跑步、鍛煉身體之外,就不斷地準備必要的物品,交流最新的訊息。這一年的氣候也特別熱,最高溫度達到36.4 C。所以未到五月就有很多人跑到河流、湖泊中去游泳。人人都說"響應阿爺的號召,到江河湖海中去鍛鍊",明眼人一看便知這幫年輕人要幹什麼,但是因為打著阿爺的旗號,當局也無可奈何。

由於四月五日天安門事件的意外沖擊,阿爺的身體健康狀況進一步惡化。這時小道消息天天不同,五花八門,盡是對他不利的消息。有的說他有中風後遺癥,講話都成問題;有的說他已不能自己行動了;有的說他有帕金遜癥;有的說他連自己的口水都管不住了。不過在五月十二日由他會見新加坡李光耀總理和五月二十七日會見巴基斯坦總理布托的電視新聞中,全國人民都看到他面容憔悴,缺乏表情,雙目微睜,行動不便。任何人都可斷定,他已不能去處理日益分崩離析的國家大事,甚至無法去駕馭自己的身體了!

踏入六月的廣州,天氣十分炎熱。高大而寬闊的金鳳花樹冠,像一把大傘一樣遮蓋了半條馬路,猩紅色的金鳳花在一片嫩綠色的樹葉襯托下顯得份外驕艷。知了躲在樹葉中叫個不停,樹蔭下面車來人往,熙熙攘攘。帆正和燕走向珠江河岸、準備游泳。一陣陣和暖而又帶點濕潤的水面涼風迎面吹來,令人心曠神怡。他倆并肩走在寬闊的堤岸上,欣賞著堤岸的風光。

"王浩深,王浩深!"帆忽然聽見有人叫這個名字,并且在後面拉他。

"呵,阿王!你怎么會在這裡?"帆回頭一看,竟是偷仔王。

"剛才碰面時我不敢認你,我怕我看錯了,後來我再回過頭望你,確認了才叫你。真高興,能在這裡見到你。"他說。

"我也是,完全沒有想到。你為什麼會跑到廣州來?"帆問。

"海南那邊難生存,就走來廣州碰碰運氣啦!你知道不知道我們上次在秀英逃跑後怎樣?"他問。

"不知道呀!你們怎樣?講來聽聽吧。"帆興奮地說。

"我們那次逃跑,後來被定性為秀英格暴動。當局大為震怒,當晚秀英、海口及附近的居民地點一律戒嚴查戶口;左中右三條海南島大公路都派車去追;封鎖港口碼頭,所有來往人等逐一查驗;通知相關單位、旅店,注意生面人物往來。"他說。

"結果怎樣?"帆追問。

"一個星期後,七十多人中,除了你和一個女的之外,全部都被抓回秀英格。當局把我們進行嚴厲的分組審問,背靠背地由各人交待,誓要抓出組織者、帶頭人。結果扮蟹[5]、裝香[6]、反吊等等手段都出齊。女躉都照打,照扮蟹,扮到暈倒為止。對男躉更肆無忌憚,拳打腳踢,還反綁在門口三枝香上,用碗口粗的大木撞胸口,有兩三個人被撞到當場吐血。他們本來想讓全部倉躉看著,起阻嚇作用,結果全部人大叫停手,停手!有人大叫公安打人啦,公安殺人啦!有人竟然唱起國際歌,幾百人一陣陣的歌聲,一陣陣的怒哮、居然令他們感到膽寒,最終停下手來。但是這不是最終的完結,過了兩天以後,他們又想出了另一個很毒的辦法,墊[7]!不交待清楚,或交待不能通過者,長期墊!開會時格頭[8]透露,追查時海口和秀英只有兩個單位沒有查過,一是軍區,二是電臺,估計這兩個人只有躲在那裡才沒有被抓到。今次抓不到策動人,上頭也不會讓他們過關。後來大家商量好,就順水推舟把所有責任都推在你們兩人身上。就按照軍區和電臺等機要單位,砌一些口供出來,大家一齊過關,皆大歡喜。"他笑著說。

"嚇!把所有的責任都推在我們身上?你們想我死呀?"帆說。

"唏,無所謂啦!一個在軍區、一個在電臺,他們敢去查嗎?我知道你是報流的,你的名字是不是王浩深我都不知道。你現在又自由自在了,還怕什麼?大家都敬佩你呢,有勇有謀,我相信你是一個義氣之人,就挨一下義氣吧。在道義上你就食了這一隻死貓[9]吧,這樣既幫助了我們這幫兄弟過關,不要讓我們這班兄弟墊到屁股都生青苔;又可以幫返格仔那班獄卒,讓他們在領導面前又有得交差。不過望你下一次篤成,不用再報去秀英,不然就大大鑊[10]了。"他仍然笑著說。

"你真是好人,還考慮那班獄卒如何脫身。不過今次我能夠走甩,也多得你的幫忙,我真很感激你,真的!"帆說。

5. 扮蟹:如大閘蟹那樣被長時間捆扎緊,不能動彈。
6. 裝香:只讓腳趾著地,腳板不到地,雙手捆綁向上長時間這樣去站著。
7. 墊:無理延長關押時間。
8. 格頭:看守所的負責人。
9. 食這隻死貓:無端承擔額外的責任。
10. 大鑊:同大劑一樣,指大件事情。

"希望你下次一定要跤得成功，不用在這裡捱苦了！人各有命，我不同你，我就不會跤了。恐怕你我都後會無期了，望你多多保重，一路向前走吧！我永遠都會記得你，希望你有機會也想起我，想起我們曾經合作做過一單大事——一單令我一生都感到榮耀的'秀英暴動'。"他雙眼充滿了淚水，驕傲地昂起頭說。

　　"一路走好，多多保重！"帆握著他的雙手哽咽地說，激動得淚水盈眶。說完把心一橫、扭過頭一手拉著燕，頭也不回地走了。往後的時光歲月，偷仔王不斷地出現在帆的記憶裡，雖然他的形像一天天地越來越模糊了，可是他卻被永遠記憶在帆的心底裡。

　　各種各樣的有利或不利訊息，都不斷地涌現出來。帆和燕一門心思抓住時機再次出發，好像是上了弦的弓箭一樣，不得不發。這枝箭能否再次好好地射出？什麼時候射出？能否射中？就只有天知道了。

第三十八章

損官折將國凋零　天災人禍患漸成

　　文革後期，管理政府和生產的是老周國務院體系，老鄧被打倒後，政府的運作沒有較為熟悉的、拿得起又信得過的核心人員來管理。阿爺更沒有信得過的人員來擔大旗，自己又因年紀大而力不從心。人們消極對抗，所以革命生產兩失誤，顧得頭來就顧不得尾，生產事故頻頻發生，全國上下一片混亂。為了擴大正面影響、宣揚革命的偉大成就，六月份廣州市內各單位、專門組織參觀白云賓館。白云賓館共有三十三層，主樓高117.05米，是當時中國國內最高的樓宇。為了長長見識，帆和燕利用當地一個學校參觀的機會，讓人家帶他們去白云賓館參觀了一天。

　　那天，他們一早就排著隊，順著一道指定的樓梯一級一級走上去，然後挨個房間看看，又上一層、再挨個房間看看。人太多，上去了就不能下來，一定要走到頂、才能順著隊伍下來。去了之後才知道是大鄉里[1]看大鄉里。太無聊了！人們進退不得，百無聊賴。但勝在居高臨下，居然讓他們看到附近一條大標語，"全世界人民的偉大領袖XXX萬歲！"。當時訊息封閉，民智不能開！但明眼人一看也知道，這條標語是專門給自己人看的。帆恍然大悟，他明白了，自己其實是夜郎國的子民，頓時對眼前的一切更感到索然無味。

　　一九七六年七月六日晚，中央人民廣播電臺又播放了中共中央、全國人大及國務院的訃告：全國人大委員長朱德逝世，終年九十歲。各地都下半旗致哀，停止所有的娛樂活動一天。這時候廣州市的老百姓好像什麼也沒發生過一樣，該上班的還是去上班，該遊遊蕩蕩的還

---

1. 大鄉里：即無知的鄉巴佬。

是去遊遊蕩蕩，該去鬧革命的還是去鬧革命，一點都沒有老周走時那麼緊張。他的離去，并沒有引起人呼天搶地、号啕大哭的場景，也沒有人為他鳴不平的義舉，更沒有出現喧然大波的社會動蕩。一切都好像時鐘的嗒的嗒地走動一樣，簡單而又平凡。

政府的高官，因為內斗而損官折將，不時在小道消息中也有披露。兩派苦斗所折損的人物不算少，就算那公開的七巨頭中，到那時也只剩下三人，而最得力的老鄧也翻身乏術。帆和大多數民眾一樣，數一數就對這政府的信心大打折扣。

這時候，祥來了廣州，住在帆的家中，帆、燕和祥已經天天在一起練習游泳、跑步。他們準備了近十個月，計劃選擇一個既有溫暖的好天氣、好月亮，又有好精神、好身體的好時機再起。現在好時機已逐漸顯現出來，政策反復而不得民心，政令反復而令人無所適從。但是最可怕的是，那個時候的阿爺對自己都無法照顧，偌大的國家和十幾億人民，就在他那死死捏緊的手中、不安而又驚惶地顫抖著……

正所謂"福不雙致，禍不單行"。在1976年7月28日晚上3時42分54秒，正當夜幕笼罩下的河北唐山市万籟俱寂的時侯，突然，一道蓝光劃破夜空，緊接着斗转天旋、大地顫抖，街道、铁路、楼房，在強烈的搖撼之中錯位、变形、倒塌……這就是震惊中外的"7·28"唐山大地震。

第二天一早，唐山大地震的消息就傳遍了中國大地的每一個角落，傳遍了世界上每一個國家。新華社對這一災難進行了報道，標題为《災区人民在毛主席革命路线指引下發揚人定勝天的革命精神抗震救災》，对災情只说了一句"震中地區遭到不同程度的損失"，致於災害的破坏程度、傷亡人数、影响范围等則属于"國家机密"，一概諱莫如深，不作報導。第二天下午時分，帆就聽到有小道消息傳來，說唐山地動山搖、整個城市已經夷為平地，地震級別為八級，死傷人數估計有幾十萬。慘烈程度不言而喻！

當天傍晚，小道消息又傳來，美國駐華聯絡處主任盖茨表示愿意提供中方所希望的任何援助；联合国秘书长瓦尔德海姆致電中国总理華國鋒，表示準備援助災区；英國外交大臣在下院宣布，愿意向中國提供紧急援助；日本内阁会議通過了外相建議，迅速調集大批救災物资，外相指示駐華大使向中國政府轉達：一俟中國方面做好接受救助的准備則立即發送……

因為傷亡實在是太慘重了，國內各地醫院正緊張地徵召醫生北上搶救。在這危急的情況下，外交部卻正式拒絕了所有的外國援助，中國駐联合國代表團散发了《人民日報》社論《英雄的人民不可战勝》，以此方式委婉谢绝了瓦尔德海姆提出的由联合國提供援助的建議。外國人想给援助，我们"堂堂"中華人民共和國，用不着别人插手，用不着别人來支援我们！我们要以抗震救灾来證明執政者"自力更生、人定勝天"思想的偉大。在这种观念下，生命被完全漠视。那些死在斷壁頹垣下的幾十萬冤魂野鬼，怎樣才能閉眼呵！賤命的中國人，可憐的中國人！當你們知道真相後，你們會覺得国家偉大嗎？

　　大地震後，可能死的人太多，政府再三組織人民進行地震演習。從農村到城市，每隔一兩天就敲打面盆鑼鼓，要大家逃出屋門，到空地上暫避，這種演習，每每深夜進行，一時之間搞到神憎鬼厭，怨聲載道。其實文革開始以來，中國已發生過兩次像唐山大地震這樣震級的超級大地震。第一次是1966年3月8日的河北邢臺大地震，第二次是1970年1月5日的雲南通海大地震。兩次地震後都是低調處理，對地震的死傷人員、受災情況隻字不提。更可笑的是1970年雲南通海大地震，在災民最缺乏食品、衣物和臨時住房的時候，災區向國家提出三不要：不要救济粮、不要救济款、不要救济物，自力更生重建家園。雲南省革命委員会辦事處秘书组1月9日電話通知：不搞捐獻活動，已捐獻的物品全部退回，集体的退給集体，个人的退給个人。源源而來的只是各种"精神食粮"：數十萬册"紅寶書"、數十萬枚像章和十幾萬封慰问信。試問這種盲目"人定勝天"與當年義和團的刀槍不入的"神打"把戲又有什麼不同呢？各級的領導人，置老百姓的生死不顧，置人民的痛苦不顧，他們在圖個什麼？圖什麼！國家大事之中、還有那一件事比老百姓的安危，比老百姓的生活福祉更大的事情嗎？人民在痛苦中呼號，他們聽不見嗎？置人民生死於不顧，這樣的國家，真讓人民心寒呀！

　　隨著時間的推移，各種各樣的小道消息不斷傳來。其中有一條說："震撼世界的1976年7月28日唐山大地震，震前曾被准确地預測出來了。"但是為了"穩定"，預測消息被壓下來了！結果幾十萬人的生命，整個唐山和唐山地震的區域，為了所謂的"穩定"而犧牲了。

　　很快又有消息传來了：因為地震以後，天氣炎熱，大量的屍體壓在完全夷為平地的建筑物碎片之下，已經開始腐爛發臭，并且由此而引起了瘟疫，可怕的傳染病發生了。連裝備齊全的軍隊也要後撤了，廣州方面得到通知，已經不再需要醫生北上了。'人定勝天'已經不可能了，搶救的最佳黃金時間也過去了。最後只好把這個地方完全隔離，用泥土全部覆蓋！可憐泱泱大國之幾十萬國民，一夜之間竟落得個死無葬身之地的悲慘結局！誰來為這些老百姓哭過一聲？誰來為這些老百姓嘆過一聲？

這些是謠言還是事實，是事實還是謠言？相信十幾億中國人個個都心中有數了。這時候的中國亂作一團，阿爺也已經時日無多了。試想、留在這樣的制度環境下，誰還會感到有意思呢？

"燕，前幾天你問我，我們去到外面之後才發覺，我們得到的只是文字上寫的騙人的自由權利，而不是實際上可享有的自由權利，那時候該怎麼辦？再偷渡回來嗎？或再偷渡去其他地方呢？"正在與燕并肩走著的帆忽然問燕。

"對，我問過你這個問題。"燕說。

"現在我再問你，假如你是唐山的居民，你會顧慮這個問題嗎？"

"我肯定不會問，我會先逃出去再說。如果在唐山死掉的人有机会選擇，恐怕大多數都會選擇先逃出去，起碼不至像現在這樣冤死而無處投訴。"

"對啦！肯定是先逃出去再說。另外，已经逃出去的人，回來的多還是留下來的多？"

"這就不用問啦！"

"中國國民出去要受限制，還是回來要受限制？"

"因為我們在當官的眼裡、豬狗不如；他們要面子第一、人民的生命第二。在這樣的制度下，人民一點生命的保障權利都沒有。"

"對啦！到時你真的不滿意外面的自由社會，你可以堂堂正正坐飛機返回來，完全不用偷渡回來，你見過有偷渡回來的嗎？"帆笑著說。

"傻瓜或另有目的的少數人可能會！"

"對啦！自由是人權的一個方面。除了自由之外，人權還包含有很多東西，在人權法中寫得很清楚。我們不單是要追求自由，我們是要追求完整的、天賦於我們的神聖的權利。"帆異常認真地說。

"這樣我就明白多了，我們不能絕對地、單方面去討論自由，因為絕對的自由與法律有時又會有抵觸的，傷害了別人的自由是會、也應該被限制的。"燕說。

"對啦！有些人就引導你去討論這種片面的自由，而忽略了整個人權的核心及其核心的價值。"帆補充說。

"明白了！"燕与帆相視而笑。

第三十九章

寮步飛堆渡中秋　屢受挫折險中求

　　一個月後，1976年9月6號、農歷八月十三，帆、燕、祥三人，吸取了以前的教訓，經過了近一年的休整，蓄勢而發。他們像以前一樣，買了大包小包的禮物，借著中秋探親，乘船到達道滘。在平叔家過了一夜，7號早上兩部單車四個人，就直往東莞的寮步鎮進發。經過前兩次的失敗，他們轉而選擇靠近中路的路线，原因是那裡丘陵較多，沿途遠離村鎮，人煙較少，擲堆雖然困難一點，但是被发现的几率小。經過大半年的探索、籌劃，平叔也終於解決了他們隨身行裝的擺放地點。

　　接近中秋時分，天氣格外晴朗，南方的氣溫仍然很炎熱，足有30攝氏度以上，如同盛夏。經過近十個月的休整，帆和燕也對自己的命運恢復了信心。單車奔波在高低起伏的泥路上，恰似他們的命運。他們盡走那些小路，路人也不加理會。盡管有些人也投來疑狐的目光，不過也就一閃而過。帆暗自慶幸選擇這個臨近中秋都日子，希望正如老皇歷所指，'是日白露、宜出行'。帆坐在平叔的車尾，走在前面，後面跟著阿祥的車，搭著阿燕。一路上帆和祥有時對換一下，就這樣行進了三四個小時。這種做法，他們已駕輕就熟，并不像初時那樣緊張了。

　　快到中午的時候，他們到了寮步，一間預早就觀察好的茶樓是他們落腳的地方。所有一切都看似十分自然，熟絡。他們當然不會放過那香氣撲面而來的農家菜色，他們慢嚼細嚼，直到兩點鐘。結數後平叔和阿祥去看擲堆的位置，帆和燕就到鎮上的店舖转來转去消磨時間。大約四十分鐘以後，平叔他們回來了。平叔指著遠處另一個茶樓對帆說："四點半到那一間茶樓開飯。"說完他又叫阿祥跟著他出去了。

臨近中秋，雖然廣州這種大城市充滿了政治斗爭氛圍，但在廣東的鄉村小鎮仍然保留著濃濃的節日氣氛。小鎮上人很多，有買有卖，很热闹。有些百貨店掛上些彩紙，五顏六色點綴一下，也很好看。賣出的食物也相當豐富，有魚有肉、咸什等各式各樣。帆照例買一條五花腩，一枝新鮮的蓮藕，一看便知道蓮藕炆豬肉，中秋應節食品。帆和燕走走看看、看看走走，不覺已經過四點半了。他倆急忙走到那間茶樓，只見平叔和阿祥已經在那裡了。

　　"你買這些豬肉怎樣吃呀？"祥問。

　　"他吃呀！"帆指著平叔笑著說。

　　"拿著它，會安全些。等下阿祥把上衣搭在肩上，赤著上身。人家看見你曬得烏黑的皮膚，就沒有人會懷疑你。帆和燕倆人拿著豬肉和蓮藕，在隔遠跟著走，當作知青返家的樣子。祥走到我今天帶你去的地方，看清楚沒有人就躲起來，等帆來時三人一齊在那裡等我，我很快會把東西運到。大家明白沒有？"平叔認真地說。

　　天開始麻黑，祥咬著一枝牙簽，肩上搭著衣服，帶著滿身熱氣走出了茶樓，然後帆和燕也隔遠尾隨著。鄉村小墟鎮一到天黑就見不到人了，大家都匆匆忙忙趕回家去。帆注意到有一個人死死盯著他們，另外又有一個人騎著單車，從後面騎到他們前面，不斷地回頭看他們。但是帆仍然向前走。帆想，只要不在擲堆之前發生問題就不怕了。走了三十五分鐘左右，天已完全黑下來，路兩旁全是甘蔗地。

　　"小心看看，注意兩旁。"帆小聲地對燕說。走了不遠就聽到右手邊的甘蔗地發出了一個聲音。

　　"阿祥在那裡！"燕高興地拉了帆一下，指著甘蔗地說。

　　"快去！"帆看看前後，迅速和燕躦進了甘蔗地。

　　他們在甘蔗地等了大約十五分鐘，帆則在甘蔗地的後面觀察地形。靠著微弱的星光和有點泛白的天際線，帆感覺到遠處也是一大片起伏不平的甘蔗地，完全看不到山嶺的影子。他正在打量著，忽然聽見兩下單車的鈴聲，知道平叔到了。他馬上走上前，只見阿祥已經幫平叔把單車拉到甘蔗地里面。不消十五分鐘，一切都準備妥當，平叔離開了。這時候，月亮還沒有出來，他們就開始往南走。

　　甘蔗地一大片連著一大片，高高低低，連綿不斷。大約走了半小時後，翻上一塊地勢比較高的蔗地，只見前面低處有電筒光亮。黑夜里他們也分不清楚遠近，就不管了，一直往前走。地里沒有一絲風，一層薄薄的霧靄，靜靜地披在大地上，遠處的農家燈火慢慢也一一熄滅了。四處沒有一點聲音，只有他們走路的沙沙腳步聲。他們正想順著田基路往下走，突然一條強力的電筒光從下而上射向他們，跟著一陣'站住'的叫喊聲響起。帆扭頭便往回跑，情急不辨向，他一頭就撞進了甘蔗林，啪啦，啪啦撞斷了很多甘蔗。他突然覺得腳下一絆，整個人就趴在地上，只見手電筒的光也亮了。

"帆，你打開手電干什么？"跟著跑上前來的燕問。

可能是帆摔倒時把手電筒的開關撞開了，帆馬手把自己的手電筒關了。這時阿祥也追上來了，後面喊聲四起，估計有一大班人在後面追來。說時遲那時快，帆啪啦、啪啦再次在甘蔗林撞出了一條路來！這可能是帆有生以來最不可思議的舉動，他也不知道力量從何而來。他們拼命地奔跑著，奔跑著！

"帆，你不等我啦！"後面的燕大聲叫著。

帆立刻停止了腳步，回頭一看，只見跟著他的是阿祥，燕還在很遠的地方跟不上來。等燕跑到上來，帆讓燕停了一下，幾個人仍不斷地喘著大氣。帆迅速環顧一下，只聽到後面喊聲大作。

"怎么辦？"祥問。帆沒有回應他，他看了燕一眼，把水壺遞給她，她接過來咕咾、咕咾地喝了幾大口，喘過氣來。

"走！"帆說著就跑，他們倆緊跟在後面。剛轉了兩個彎，就到了甘蔗林的盡頭，帆馬上就停住了腳步，在後面跟上來的燕和祥也在帆的身邊停住了腳步。甘蔗林到此為止，前面和左右都是一望連片的豆地，豆長得并不旺盛，在黃沙地里一棵一棵看得清清楚楚，大約六七十公分高。豆地比甘蔗林低一公尺左右，向前望去五六百米的地方是一條公路，公路旁種植的樹，在夜里形成了一條黑線。為了減小目標，帆跳進了豆地坐著，背靠著約一米高的田基，坐在那裡豆葉與頭頂平，十分好觀察，又不露出目標。他們还在不停地喘氣，霧靄還在，不過地里變亮了。可能他們坐在的位置較暗，所以看外界很清楚。坐定之後，他們的呼吸就慢慢平靜了，人也舒服了。經過一陣的嘈雜聲後，田野恢復了平靜，一點聲音也沒有。

"怎么樣，走還是不走？"坐在帆左邊的祥問。

"不能走！"帆說。

"為什么？"祥繼續問。

"你不知道我們已被包圍了嗎？"帆說。

"你怎樣知道的？"燕問。

"你看看左右兩邊豆地，都有一條田基路直通前面，前面打橫應當是一條公路。誰對這裡的地形最熟悉？是他們，不是我們。你看見後面有人追上來嗎？沒有！他們才不會像我們那樣，在甘蔗林裡一直向前冲，他們一定在路基上奔跑而向我們包抄。我們走直線、冲蔗林，他們走曲線路基，曲線速度快、直線速度慢。我看他們一定比我們先到達對面的公路，因為我們來到時、一直都看不見他們在走動。如果我們現在往前去，肯定碰到前面公路上的人，往回走，後面也肯定有人在等著我們。我們的左右也有人，如果我們一動就暴露了目標。現在他們看不到我們，不知我們在那裡。其實我們就在他們的包圍圈之內，在他們的眼皮底下，只不過他們沒有發現我們罷了。"帆肯定地說。

"既然我們被包圍，我們又在這裡坐定，到時他們一旦收縮包圍圈，我們就死定了。"祥焦急地說。

"冷靜點，看來他們并不知道我們在什麼地方，這么大片的田野，并不是說搜就可以搜的。他們也并不知道我們就坐在他們的眼皮底下，估計他們的人數大約有十五六人左右，一走散并不是立刻就可以收攏回來的。我看我們還是要與他們斗耐力，等誰先動誰就暴露了自己。"帆輕聲地說。

"你不怕他們的狗嗎？狗會嗅到我們的！"燕問。

"不會的！剛才你們有沒有聽到狗吠，沒有嘛？農村不會養軍犬吧，家狗一早就狂吠了，沒有聽到狗吠，證明他們這次沒有帶狗出來。"帆說。

"那好吧，現在九點鐘，我們就等一下再行動吧！"燕說。

帆終於說服了他們，兩人知道不會馬上動，就靠著背包，閉目養神了。帆卻不敢這樣，他仍全神貫注著，聽著周圍的一切動靜。四處一片寂靜，霧靄微微消散，豆地的一切都看得一清二楚，可是帆怎么也看不見公路上有任何一丁點動靜。他反問自己，難道是自己看錯了？帆真的不想這次一開局就因自己錯誤的判斷而失敗了。已經失敗過幾次了，老卒呀，老卒呀！再失敗了又怎么辦？他不敢想下去。忽然間，他給燕輕輕地推了一下，他馬上擦了擦眼睛。

"現在已經是十點四十五分了，我們走、還是不走？"燕問。

"唔——不走，還不是時候。"帆想了一下，還是堅信自己的判斷。

"幾點才是走的時侯？"燕問。

"過了十二點以後，他們才會撤走，現在就看誰能堅持得住，誰先動誰就會暴露了自己的，我們已經等了這么長時間，不要功虧一簣了。"帆仍堅持著說。

"現在一點動靜都沒有，為什么非要等到十二點後？"祥問。

"我感覺他們仍在那裡，在等著我們動。如果我們現在一動，他們就會撲過來抓我們。十二點後就是下半夜了，一般人都會疲累想睡了。如果想吸口煙的就忍不住了。到時他們也一動不動地等了幾個小時啦！我們還是坐著，以逸待勞，如果我們先動就滿盤皆輸了。"帆解釋他說。

"十二點後，我們不知夠不夠時間上到山？如果到時不夠時間上山，我們就束手就擒了。"燕焦急地說。

"我贊成馬上起行！"祥說。

"我堅持等到十二點後再說，如果你們不同意，你們可以自己先走，留下我，我不走！"帆看見反對自己意見的人數占了上峰，不得不堅決表態了。燕看見帆這樣嚴肅認真地說，也就不堅持己見，阿祥也就沒有再出聲了。

時鐘的嗒、的嗒地響著，時間也一分一秒地過去。他們三個人爭論了一下，好像清醒了很多，瞪大眼睛地看著周圍的一切。這時一點霧也沒有了，月色更明亮，田野更看得清楚了。11點45分時，忽然在後面遠處發出一點響聲。

"注意！他們可能動了。"帆輕聲說。

果然，隔了十分鐘左右，右手邊那條路基上有聲音從後面向前傳來。接著右手邊聽見有人說話的聲音，跟著就看見有人點香煙的火光。原來在右手邊前方有三個人點煙，一個接一個地、在公路前也有五六個人點煙，再到左手邊的前方也有三個人點煙。

"你們看，單是在我們前方，我們所看得見的地方就有十一二個人。在後方我們看不見的地方呢？如果我們被發現在他們的眼皮底下，肯定被抓起來。"帆輕聲說。

"嘩，大運！"祥慶幸地說。

"我不明白，為什么他們今天晚上組織了這么大幫人，是專門等我們還是偶然大家撞到一起的呢？"燕說。

"很難說，這樣一大幫人，又能一動也不動地守候到現在這個時候，肯定不是一班臨時拼湊在一起的農民。他們熟行熟路，又守紀律，應該是一班專業抓人的老手來的。我有一個猜想，會不會我們碰到大朗圍[1]那班公安行業裡專門抓人的傢伙。"帆說。

"不會吧,不會這么湊巧吧!"祥有點顧慮地說。

"很難說,今晚我們擲堆時,我看見有一個人踩單車經過時,幾次回過頭來看我們,如果他是這方面的人,他就會馬上回去安排了人手在主要的路口地方來等候我們了。"帆說。

"十二點十分了,他們都走光了,我們怎樣辦?"燕說。

"他們的行動也非常迅速,不過我想到十二點半我們才動。一方面我怕他們走了不遠,二方面我怕他們殺個回馬槍,留有埋伏。我們還是慎重點好!"帆說完,大家還是在那裡一直坐到十二點半。

"我們等一下從左手邊打橫走過去,我們彎下腰走,和田基差不多高,即使有人在公路上也不容易發現我們。我們只有下半夜幾個小時,必須全速前進,如果天亮前還不能上到山,就很麻煩了!"帆非常嚴肅地把這個利害關係說完,大家就跟著他往左邊迅速走去。他走到左邊的田基岔路時略停了一下,確定周圍安全後,馬上翻過這條田基路,再向前走過約一千米左右,馬上轉向南面方向走去。這時月光明亮,微微南風迎面而來,整個人分外精神。他們行動十分迅速,很快就遠離了人居的地方。整個視野十分開闊,一马平川,看不到山崗。走著走著,他們发現田野有點荒涼,周遭都是一片一片雜草及凌亂的小路,前面有一片朦朧白色的光。走到近時,才看清楚這是一個大水庫,橫擋在他們的面前,左右兩邊都看不到邊。

"怎么辦?水庫這么大!"祥問。

"這裡有個地方窄一點,大約有三四百公尺。"燕說。

"立刻整理好行裝,把所有東西放在大膠袋,扎好拖過去。動作要輕,小心弄出聲音來。行動要快,現在已一點半,希望半小時內搞掂。邊做邊注意周圍動靜,安全第一。"帆顯得異常果斷地一說完,大家就立即行動。一刻鐘後,三人就一字排開,靜靜地游向對岸了。

當他們重新穿好衣服,消失在水庫對岸時,已經是深夜二點半了,比預算時間又多出了半個小時。水庫對岸仍是非常荒涼,在白茫茫的月色下,顯得蒼莽詭異。為了趕時間,他們快速行走了一段時間,慢慢又見到一小片、一小片的水田。中間一條小河把水田分開兩邊,一直從南流向北面水庫。他們一直在河右邊溯源而上,慢慢小河變成了五六米深的深澗,兩邊全是水田,一級一級向上,田中都是剛插過秧的晚稻。忽然間,燕拉住帆,指著前面。帆定眼一看,只見大

---

1. 大朗圍:寮步向南附近有個大朗圍看守所。

約30米遠的地方，有一個人停在同一田基路上，不知所措。一邊是深澗，一邊是水田，只有中間是田基路。

"這是晨早開工的農民！怎麼辦？"走在後面的祥走上前來問。

"拿菜刀給我，我冲向前，祥拿扶手棍跟著我，燕跟尾，三個人一直冲前去。他不走開就推開他，把他推到水田那邊去，但不要把他推向深澗，不然就會跌死他的。我們沒有時間了，只有這樣我們才可以冲過去。"帆說著、祥已把隨身帶來的菜刀遞了過來。

"準備，一、二、三，衝！"帆剛說完，三個人如射出的箭一樣，一直冲向前面。那個人還沒明白什麼回事，三人先發制人、撲了過來，一人手拿菜刀，在月光下寒光閃閃；另外一人手拿棍棒。那人自知寡不敵眾，情急之下，一下子跳落水田，叮叮㘄㘄地向水田那邊逃去。這正是帆想要的結果，他們也沒有再理會他，一直向前奔跑，直到水田的盡頭。他們再翻上一級，前面又是一條小公路，過了小公路，已見到黑色的低矮的山崗和叢林。帆越過公路再向上跑，燕和祥也緊緊地跟著。一會儿，深澗變成了小水溝向西拐去，小水溝的另一面卻是有兩米多高的石壁，要保持方向必須要爬上石壁！

"祥！你和燕先上，我押尾！"帆說。

"帆，你看！"燕拉了一下帆說。帆回頭一看、在遠處小公路上有三個黑影，推著三部單車停下來，看著他們。

"快，你們快！"帆催促著燕和祥說。

燕馬上一腳踏在祥的肩上，祥往上一頂高，眼看燕快抓住壁上的小樹枝，她卻忽然失去平衡。"哎喲！"燕摔了下來，跌在水里，衣服都濕透了，真是越心急越出事，帆急忙伸手拉起她。

"祥！你踩在我肩，我托你上去！"帆說著就把祥一下托了上去。

"燕，你照樣踩在我肩上，祥在上面拉著她的手，拉她上去。"帆說著把燕也托了上去，立刻回過頭來，看公路上那三人，仍站在那裡。

"祥！把扶手棍伸給我，拉我上去！"帆邊說邊拉住祥的棍子，嗖的一下，自已也躍上去了。帆也不知道從那裡來的力量，居然在幾十秒之內，三個人都上去了。他再回頭一看，那三個人還呆呆地站在那裡看著他們，一時不知所措。

正是黎明前的黑暗，整個天空都黑墨墨的。從山坡頂上落下一陣陣濃霧，月亮也不知什麼時候不見了，寒氣逼人。帆回頭再看那三個人，發現他們早已被沉沉黑霧淹沒，相信那三個人也看不見帆他們往那裡去了。趁著這個時刻，帆帶著燕和祥瘋狂地向高處跑，跑呀，跑……

地勢越來越高，周圍的一切慢慢又可以看得見了。而帆再也跑不動了，他扶著一棵大樹在喘氣。祥已經跑在前面，跑在中間的燕叫祥等一下，她回過頭來拉著帆往上走。太陽全出來了，金色的陽光已經曬到帆的臉上。燕看見帆面色蒼白，大汗淋漓，全身都給汗水濕透。他們回過頭往山下看去，山下面的田地已有農民在工作了。她馬上招手叫祥下來，兩人一边一个，合力拖著帆繼續往山上走。帆看見已經上了最高的山峰四分之三的高度，就說："不要再往上走了，我們沒有時間了，而且在山頂扎堆危險。我們從這裡打橫走，繞著到山背後的幽谷位置扎堆吧。"

他們按照帆的指向又走了大約半小時，就繞到山背後。這是一個大山谷，叢林密佈，遮天蔽日。當帆走到時，祥已經找了一個不容易到達的、滿是叢林密草的安全地方，在整理著堆位。帆看了一下覺得還可以，就一頭跌倒在堆位的干草上面。燕押後做著清理後面的工作，以防留下痕跡。她來到堆位時也忙著脫下濕了的衣服，然後整理鋪墊。這時她發覺帆低垂著頭、不斷地在發抖，濕衣服也沒有脫下，背包也原樣背著沒有放下。她拉一拉帆，見帆已不能動彈了。她急忙從衣袋裡拿了幾粒椰子糖，糖紙都沒有撕去，就一把塞到帆的口裡，叫了帆幾聲，帆的嘴才會動。燕看著帆吃完這些糖，再把糖紙吐出來後，又拿了點人參精給帆吃了，帆才能坐起來。帆想解開衣扣，可是發抖的手指總不聽使喚。燕急忙蹲下，幫他解開衣扣。脫掉濕透的衣服，帆才能慢慢緩過氣來，和大家一起吃了些炒米粉和糖做的干糧後，整個人才逐漸恢復上來。這時候已經是早上九點了，大家都累極了，趕緊休息。

第四十章

明月喜訊深山中　千阻萬難視作空

　　天氣相當暖和，他們睡得非常好。一覺醒來的時候已經是傍晚五點多，太陽也下到近地平線了。一場好睡眠令他們感到精神十足，昨夜的奔波勞累一掃而空。他們急忙整理行裝，往口裡灌點清水，吃完炒米粉，他們就急忙趕路了。起程的時候天已麻黑，幸好他們的堆位離山頂不遠，很快他們就走到山頂。在山頂上一看，一條被卒友踩出來的、光滑的、連綿起伏的山脊路，像波浪一樣高低起伏伸向遠方。四周圍一點燈光也沒有，看來附近沒有村庄。山脊路相當平緩，走起來也不覺得很吃力。帆回頭望去，後面相當遠的地方有稀疏的燈光，背後稍近是一片黑色的平原，但這些地方已非民居地。昨晚如果不是一直保持着小跑、甚至大跑的狀態，恐怕過不了這一片黑色的平原。不過為了安全起見，他還是叮囑大家要一眼關七，不可掉以輕心。大家順著人家踩踏出來的卒路一路向前，直向山的深處走去。

　　很快，一輪皎潔的明月冉冉升起，又大又圓，掛在當空。站在高山之巔的他們，似伸手可摘。繁星知趣地隱沒，只剩下那浩瀚而深藍色的天空，緊貼著那光芒燦爛、靜潔溫柔的明月。地面上的群山卻因為有了她而沾光不少，顯得茫茫大氣，白色一片，天地相互輝映！

　　"床前明月光，疑是地上霜……"祥不覺輕輕地吟起李白那膾炙人口的詩句。

　　"對呀！今天是中秋節。唉！我們本應和家人在一起，享受著天倫之樂，享受著這個一家人團聚的歡慶日子。而我們卻要離鄉背井，經受這逃亡的生涯！不單是我們痛苦，家中想著我們的親人也痛苦！"帆說。

"我現在不會'思故鄉'了,我對我的故鄉完全失去希望、失去信心!我只是想念我的親人,懷念仍在那裡受苦受難的親人而已。"祥又改口說。

"月儿像柠檬,淡淡地挂天空。我們搖搖蕩蕩,散步在月色中。……"燕也輕輕地哼了兩句。

"這本來是一個——多么美好的日子……"帆望著明月,喃喃說出這句話。

"我就是想告訴你們,要振作起來!我們正面對一個千百年來未有過的社會、在做著一件改變自己人生命運的大事。切勿感懷身世,兒女情長而氣餒啊!"燕說。

"阿祥,你會嗎?"帆故意用激將法問。

"當然不會,我們好好走下去吧!"祥說。

"好!"帆說。他們大踏步地前進,四周一片寂靜、只聽到沙沙的腳步聲响;遠近不見一點燈火,卻有明月當空照。只見山嶺一個一個地落在後面,三個人仍未見有半點疲倦的跡像。今晚的帆、好像越走越精神,和昨晚相比,完全判若兩人。他們一直順著山脊行走,前面沒有任何遮攔,視野好、速度快。加上大家對於行走道路的判斷,使人感覺份外輕鬆。這樣走了一段時間後,明月還是那樣的明亮,但已經慢慢地從他們的左邊轉到裡右邊。大家并不覺得累,但卻有點餓。帆一看時間,已是半夜一點多了。他們在離開山脊路有幾十米遠的黑暗處坐下,監視著山脊路、又在那裡一邊吃干糧一邊休息。

下半夜就不像上半夜裡,大家默默而行,卻聚精會神、認真地對待路上的一切。走著、走著,山形地勢改變了。要順著山脊路走,方向就完全變了,他們就不得不跨越山谷。幸好明月還是那樣光亮,借著月光,他們盡量爭取時間走路。當一遍又一遍的雞啼聲引起他們的注意,他們計算著時間和離山下村莊的距離。不久,第三遍雞啼聲在右手邊傳來,他們就停止了前進,再看時鐘已過五點。他們就在崗嶺橫疊、松林交錯的山中找到一個長滿鐵芒萁的,并不很大的山谷。山谷內全是紅土,這裡曾經是有一條極細小的溪流,由於斷流而形成了幾個小水坑。他們走進被鐵芒萁遮天閉日的谷底時,天已大亮了。他們急急忙忙地選了一個草叢茂密的低谷作為堆位,這裡既不容易讓人看到,也不易被人走入。

三人略微收拾一下,就安心入睡了。也不知過了多少時間,祥忽然感到有人拿著一個極光亮的電筒射到他的眼上,他心中一驚,急忙跳起身來，見帆和燕還在熟睡，周圍什麼也沒有。仔細一看，原來一小塊陽光，透過濃密的鐵芒萁，一直射在他的眼睛上。鐵芒萁下，滿是斑斑點點的陽光。他這才知道原來自己在發惡夢。他感到口渴，拿起水壺見沒有水了，就在旁邊的小水坑裝水。誰知他一動，帆和燕也被驚醒。燕一看時間，下午一點多了，肚也餓了，干脆起來吃東西。因為這時太陽直射，沒有風，雖然在谷底也感到溫暖和舒服。吃過乾糧後，大家略略整理一下行裝，又倒下再睡了。

傍晚六點，他們已準備妥當，但天還沒有黑，他們不敢妄動，坐著等天黑。原來昨晚近天亮時，他們從雞啼聲判斷，村莊離山下不遠。他們怕有人上山在路上攔截，所以直到天完全黑了，才敢行動。他們明白，行動一定要快，才可以迅速遠離村莊。他們趁月出之前已走了相當一段路了，當明月再掛上天空時，他們正在翻過最後一座橫亙著的山坡。這時村莊的廣播喇叭正在播送哀樂。

"停、停、停！不要走，靜下來聽聽，看誰死了。"帆急忙地說。

大家停了下來。廣播反復播了幾次，什麼都聽到了！

"是阿爺歸西，是阿爺歸西！"大家不約而同地、無比興奮地說。

"來！以水代酒，萬歲！"帆拿出水壺對大家說。

"來！萬歲、萬歲、萬萬歲！"祥也高舉水壺興奮地低聲叫起來。

"這一次起錨，是我們的絕好機會，我們大家一定要努力，獲取成功！但是、沿途一定要打醒十二分精神，絕不能有半點大意。阿爺歸西，各樣都會抓緊，但我們一定要趁邊防在沒有抓緊前的這幾天、全速地鉸過去。機不可失、時不再來！"帆再叮囑大家說。

"來！預祝我們這一次能夠得到解放，萬歲！"燕高興得在原地轉了個圈。這時候，三個一直被壓抑著的靈魂，對自由的渴望，情不自禁地表露無遺。他們沉浸在興奮、激動之中！

"我們能否得到真正的解放，還要看我們這次怎樣努力。上天已幫我們踢開了那塊擋在我們前路的、最大塊的頑石;它也是擋住整個中國社會發展、擋住中國人民前進的、最大的一塊頑石。除了這塊頑石，還有其他大大小小的頑石。中國人一定要學愚公移山，通過一代、兩代、三代以致數代人的努力，把那些頑石，甚至把擋在門前的整個山頭搬走，才可以令中國人民的子孫千秋萬代不再受專制勞役，不再受不自由、被專制的痛苦！"帆實在太高興了、太激動了，禁不住又說。

"現在我們抓緊機會，爭取時間，向前進。我看下了這個坡，可能離開右手邊那條村會更遠些，然後再偏回右手邊離開左手面那條村。"燕計劃著說。

"對，這樣之字形走會好些。"帆說。

"不如讓我走前面吧。"祥自告奮勇地說。

"祥，你看從這邊下去幾百米都是草，我們可以坐在草面上慢慢滑下去，這樣會快很多，既安全，又減小目標。"帆說。

"對，讓我來！"祥說完就從厚厚的草面上向下滑去，燕和帆也跟著。

當天晚上，這三人因為這個喜訊而士氣大振，一鼓作氣地往前走。另一方面，條條村都在趕緊組織學習，穩定人心，以防生變。他們的行進正是在最佳時機，沒有遇到任何阻攔，如入無人之境，很快就向南深入不少。不過越走，遇到的山嶺就越大，越荒涼，越不見人煙。

起行第四天的傍晚，天氣很清爽，大家休息得也很好，同樣也是天色近黑的時候才出動。那天天陰而且多雲，所以晚上行走時覺得天色較黑而行動稍慢。他們從堆位走到山頂，順著山脊路行走，正準備下坡往第二個坡攀上的時候，忽然在對面坡發出兩聲極低沉而又短暫的嗷嗚、嗷嗚的聲音，停了一下，就聽見一陣陣斷斷續續的、淒咽的叫聲，呀、呀——！走在前面的祥突然倒退了兩步，帆急忙上前想扶住他。

"老虎、老虎，不能走！"祥面露驚恐而又緊張的神色說。

"不是吧！你有沒有聽錯？我以前知道虎叫是低沉又有很長的'嗷唬——'的叫聲，穿心蝕肺的。並不是剛才那樣子細細兩聲的。"帆說。

"你要聽我講，我在四會那裡靠近大山嶺，經常有這些事情發生。老虎會發出很多種聲音，剛才肯定是咬住一只山豬之類的野獸。晚上是它惡的時候，我們三個人都斗不過它的。"祥說。

"祥，我也在四會，怎麼我從未有聽人講過？"燕問。

"你們知青當然不會知道，我經常跟人上山就有經驗了，反正今晚我就不會再走了。"祥堅決地說著，干脆就坐在地上不走了。

聽見祥這樣說，帆望望燕，燕也一時拿不定主意，他就叫燕也坐下來休息先。想慢慢再勸一下祥。

"祥，我們今晚剛開始走，走不了多少路，如果現在就停下來，就浪費了一天的時間。"帆說。

"這個我不管，今天就算你打我，我都不再走了，我寧願明天走多一點路。"祥坚持地說。

"那好吧，大家檢查一下自己的食物、看還有多少，"帆無可奈何地想，或許祥說得對，如果食糧夠的話，今天就當休息，明天走多一點路來補數啦。

檢查的結果是食糧只用去三份之一都不到，估計沒有問題。因為他們吸取了以前的教訓，這一次多準備了一點食糧。既然糧食沒有問題，遲一天就遲一天吧。事情很快就決定下來，他們就在山脊路旁稍遠一點的山谷找了一處安頓下來了。這個地方相對昨天的位置又偏避了些，山也大得多了。第二天天氣也很好，他們就休息得更好了。

新的一天傍晚又來到了，由於晚上明月高照，他們也并不急於提早出動。他們休息得很好，吃飽睡足、精神奕奕。所以一經出動、如龍似虎，踏下數十座山嶺。然世間事物總是禍福相依、順逆更替。他們步入一座山林，密不透光，加上山林某處，風推雲聚、明月隱晦、一時之間到處都是茫茫墨墨的一片。

"大家小心跟好！"一直走在前面的帆正說著，自己卻一步踩空，整個人就往下墮。他不敢怠慢，左手順勢抓住旁邊的一棵小松樹，誰知這種小樹根本無法支承他，啪的一聲折斷了，他的身體再打橫往下墮，右腳一下子勾住再下面的一棵並不很大的、但卻能掛住他的樹幹。他頭朝下，右腳勾住崖邊往外打橫生長的樹干在幌動，整個人倒掛著，身上的背包卻扎得緊緊，在下面墜著他。他死死地扣住右腳，魂飛魄散，出不了半點聲音。

再說跟著他走的燕，只聽見啪的一聲，急忙剎住腳步，用扶手棍向前一撥，並未碰到任何東西，不覺心裡一驚，順手用棍向前一探，心里頓時明白了。走在後面的祥見燕站在前面不動，心也覺得奇怪。

"你為什麼站著不動？"祥問。

"快拿電筒來看看？"燕急忙地說。

"哎喲，慘了！帆掉下去了。"燕說。

"什麼？"祥連忙上前看，在手電筒光下，出現了一個黑暗的大洞。

再仔細一看，是一個由長期山溪水沖刷出來的懸崖，下面黑墨墨的，看不見底。再往前照，只見一叢一叢的樹木，黑黝黝的一片，完全看不到對面是什麼，對面有多寬。他仰頭向天上看，才見到墨藍色的天。

"你怎么不拉住他，他掉下去了！"祥責怪燕說。

"我怎會知道,如果我不是剎住腳,我也會一齊掉下去了!"燕說著、一面跪在地上,用手電筒往下面四處照。

"帆,你在那裡?答我們一聲,你在那裡?答我們一聲吧!"燕輕聲叫喚著。

"快,快!拿繩來,讓我下去!"祥急忙地說。

"不能!我們都不了解情況,下面有多深都看不見,怎么可以盲目往下走?帆已在下面,如果你又有什麼問題、我該怎麼辦?"燕大聲地說。

"那我們不管帆嗎?他在下面生死都未知道呀!"祥也急躁地大聲地對燕說。

"誰說不管他,不過不是盲目亂來,要想清楚再動手!"燕也大大聲地說。

"你們倆個在吵什麼?"黑暗中忽然傳來帆的聲音。祥和燕兩人你望我、我望你。突然兩人一齊拿著手電筒,趴在崖邊一面輕聲叫、一面照,可是就看不見人,下面就是黑矇矇的一片。

"帆,你看見電筒光嗎?"燕壓低聲音問。

"看見了,你們不要太大聲呀!"帆在下面輕聲地回應。

"怎么我們看不見你的,你在那裡?"燕焦急地問。

"你們的電筒只射向外面,怎能看到我?向你們自己身下邊直照下去就可以看見我了。"帆說。

"哦,我看見他了。"祥高興地說。燕順著祥的電筒光往下看,只見這崖直向下,在一直靠裡邊凹下去的地方,有一小叢樹葉遮擋著的地方,帆的右腳勾住一條碗口粗的樹身,整個人倒掛著,離他們大約有四米深的地方。

"我也看見了!"燕高興地說。

"怎樣才能夠拉他上來呢?你又不夠力氣,他在半空上面、落下面都不能夠到他。"祥對著燕發愁地說。

"我們問問帆吧,或者他有辦法呢?"燕忽然說。

最後三人商量的結果是:

1、用繩索吊住電筒的尾部,電筒往下照,帶引繩索給帆。

2、帆取得繩索後綁住他的背包帶,再在自己的胸前解開背包,然後把背包吊上來先。

3、再放繩索給帆，帆用繩索綁緊自己的腰部。在繩索的幫助下，一步步借崖邊的草木，帆終於爬回到上面來了。

一上到上面，帆一下子就攤倒在地上，不停地喘著氣。燕馬上拿來水壺，扶帆坐起來喝水，祥也遞過來一塊乾糧。經過了這一番生與死的周折後，大家驚魂稍定，才覺得精疲力倦，全身發軟。他們都默不作聲地坐在那裡，吃著乾糧喝著水。

"帆，你害怕嗎？我很害怕！"燕首先打破沉默說。

"我也是，我想你如果有什么冬瓜豆腐，我們也不知道如何是好。"祥心有余悸地說。

"當時完全輪不到我去想，也來不及害怕。心里閃過一個念頭，我這次完了！當我的腳勾住那棵樹時，我感覺到我的腳痛時、才知道我還在。那個背包的重量又扯到我透不過氣來，魂魄都散了。直到聽見你們在上面爭吵時，才定過神來呼叫你們。這一次是上天放過我，給我機會，我要感謝上天了！"帆靜靜地、慢条斯理地說。

"帆！你吉人自有天相，大難不死必有後福的！"燕合起双手，閉起双眼，如渡过大刧難一樣，非常虔诚地說。

"我也是這樣想，今次我們一定成功的！好吧，三點啦！我們抓緊時間起行啰！"祥說著就站起來了。

"慢，現在我們往哪裡走呢？"帆問。

"繼續往南走，是嗎？"祥說。

"現在又黑又沒有路，我們要向南就必然要跨過對面，下面又不知深淺，這是非常危險的。我不是跌怕了，而是想安全一些。反正今天我們也走了不少的路程，不如我們就地扎一下，等天亮能够看清楚再作打算。"帆說。

大家商量了一下，就地在一堆小樹叢中歇腳。疲倦透了的他們呼呼入睡，不覺幾個小時過去了。燕醒來時，陽光已升起來，她急忙叫醒兩人。大家四處一看，四周圍一片參天大木，面前是一條深溝寬壑，再往下望有二十米深以上。溝壑左右伸延看不見盡頭，下面也樹木茂盛，郁郁蒼蒼。

"看來我們今天要到下面去，一方面跨過它，向南走；另一方面在下面比較安全，水也容易解決。"帆說。

"那邊有個地方容易下去，我們應趁早從那邊下去好嗎？"祥指著左手邊地勢較低的地方說。

"好，去吧！"帆說。

祥一個箭步走在前面，燕跟著並幫眼觀察前面動靜，帆注意押尾。很快就來到準備落溝的地方，少少斜坡連著一塊平地像一級樓梯一樣，再在一個小樹叢林遮蓋的地方，有幾塊石頭，就可以一路而下到達谷底。谷底下是一片野芋林，野芋高約三四公尺，身粗達30至40公分，葉柄長有2米多，巨大的葉片有兩米半長、一米多寬。人走在葉片下面，完全被遮蓋得無影無蹤。大家走在巨大的葉片下面，像小人國一樣。祥一步跨上一枝低矮的、碗口粗的葉柄，那葉片居然能支承起他。

"祥，小心！有毒的，碰到皮膚會奇癢無比。"帆說。

"我知道，我們那裡也有這種植物，不過就沒有見過這麼大棵的。"祥說著又跳了下來。

寬闊的谷底布滿卵石、泥沙，約有五六十米寬，簡直像是一個球場。中間有條小小的流水，極緩慢地流動，遠遠流去有些淺淺的小池塘。誰都沒有想到，樹葉覆蓋下竟然又有如此寧靜的另一個世界。燦爛的陽光怎麼也沒有辦法去到谷底，微風卻能順著幽深的山谷向上吹來。頭上面的小鳥吱喳唱個不停，完全不知道有人在下面走過。走近深溝的另一邊，有一片大石，他們選擇了一處較隱蔽又平坦的沙石地作堆，匆匆準備好，就馬上休息了。

一群又一群的鳥看守着他們，在小鳥吱喳声中，他們安靜地入睡。而當四處一片寂靜時，他們卻突然驚醒！靜聽了一下，沒有任何動靜，四周圍相當幽暗。仔細一看已是傍晚，大家三扒兩撥地把東西整理好，隨手往嘴裡塞兩三把干糧，狼吞虎咽地喝着水就出發了。帆走在前面，爬上深谷就是一條小山脊，順著山脊不遠就可以到達山頂。他們爬上來時，太陽全下了山，但現在天還沒有全黑。為了保險起見，帆讓大家坐在山脊路邊一片小叢林里，稍作休整，直到天完全黑下來，再行出發。

天雖然黑了，但天空還是有相當的光亮，他們小心翼翼，不敢有絲毫懈怠。當天完全黑下來後，他們很快順著山脊爬到峰頂，張目四望，只見黑駿駿的群山與發著藍光的天空之間，勾畫了一條光亮的天際線。

"月亮很快會出來了！今晚還是很好走路，但是要小心！"帆說。

"不過四處不見一點燈光，可見周圍沒有村莊。"燕說。

"會不會接近邊界？我們走了兩天都沒有見到有人居住的村莊，而且越走越荒涼，越走山路越少，不似前兩天，一條大路踩出來！"祥說。

　　"這裡不應該是到達邊界，如果到邊界時整個天空都發出五彩的亮光，反射落山頭上、把整個山頭都會照亮的。"燕說。

　　"這裡應當是距離邊界前的一段無人的隔離區，看來我們還要走一兩天才可以到達邊界。"帆說。

　　聽著帆和燕說，身為新丁的祥就不再說話了。他們默默地行進著，一路上只听见沙沙的腳步聲了。在月光下，他們山過山、嶺過嶺，再看時間已過了半夜，月光下的山頭出現一塊塊大石，遠近都是石山、草叢。他們喘著氣，努力登上一個並不很傾斜的石頭山峰。越走越勇的祥從後面冲了上來，走在前面，燕走在中間。

　　"呵！到頂了。"祥站在峰頂上小聲說。

　　"哎喲！"緊跟著祥的燕正想抬頭向前望時，忽然踩錯腳、失足倒在地上。她大叫一聲，站不起來。帆馬上走上前去，只見燕的右腳卡在一個小洞中。他正想把燕的右腳拉出來，只見她痛得直叫。這時祥又回過頭來幫忙，兩人一陣手腳、好不容易才把燕的右腳拉了出來。一看才知道燕的右腳踝已經扭傷，完全站不起來。

　　"快！把跌打萬花油和雲南白藥拿出來！"帆一面脫掉燕的鞋，一面對著祥說，這時燕也平靜下來。帆一看腳扭伤的部位，已經腫了，一按燕就叫痛了。他幫燕敷了跌打萬花油，再把雲南白藥的白色藥粉灑在上面，拿出一捆備用的繃帶緊緊地把她整個腳跟扎起來，再把雲南白藥裡面那粒紅色藥丸給燕吃了，當時就只有這么一點手段，都用齊了。可是燕還是站不起來，怎么辦？

　　"我來背她吧！"祥說。

　　"不行！我們還有很長的路要走，一定要讓她站起來走才可以，她還有一只腳。"帆說著就拿出菜刀，叫祥看著燕。他就跑到旁邊的山坑裡砍了兩個結實的樹椏叉來，讓燕當作拐杖。在兩人的攙扶下，大家一步一步地往旁邊的山坑深處走去。這樣一搞就花了兩個多小時，當他們找到了堆位安置好的時候，已經四點多了。這時沒有一絲風，瞬間濃霧蓋過整個山谷，霧水打濕了衣服。他們趕緊拿出雨衣，緊緊包裹著身體。黎明前的五更寒冷，溫度非常低，大家偎縮在一起。累極了的祥转眼就睡着了，燕吃了点东西後，觉得脚没有那么痛，也昏昏欲睡、悄悄地走入梦乡。可是帆怎么也睡不著覺，他對燕那突如其來的腳傷一籌莫展，顧慮萬分，不斷想著怎樣才能令她自己行走……

"帆，起來，太陽曬到身上了！"帆聽見燕輕聲地說，睜開眼一看，原來燕在搖醒他。

"你的腳怎樣？痛嗎？"帆關切地問。

"今天覺得好多了，只有一點點痛。"燕說。

"是嗎？這樣神奇？"祥說著也走過來。

"你把繃帶解開看看，順便上些藥吧。"帆說。

"過那邊樹林密些的地方再處理它吧！"燕說。

燕解開了綁在腳上的繃帶，令人驚奇的是，昨晚紅腫的地方已經消腫很多，再上了藥、扎緊繃帶，燕感覺好很多了。

"我們的中醫跌打藥，功效也不差。昨晚看著你、我也擔心，今晚我們幫你背些重的東西，你試著自己慢慢走。我估計很快就會到水邊，堅持就是勝利，最重要就是不能放棄！"帆說。

"我不會放棄的，我爬都要爬過去！"燕說。

"饪米大蟲爬得很快的！"祥笑著說。

"你才是饪米大蟲。"燕說。

"往後幾晚都是困難的時候，我們必須加倍努力。一方面是越近水邊越困難;另一方面我們的體力越往後消耗越大。"帆說。

到了晚上，燕居然可以不用那對樹椏叉做拐杖，只用一枝扶手棍開始行走。最初走得慢點，慢慢習慣了就比較順了。幸好這次吸取了以前的教訓，糧食的準備充足，不需要為糧食而急行軍。因為他們一直在夜間的山上行走，所以調節好不緊不慢的速度，讓燕的腳不致於過度勞傷。燕到後來腳眼部位又腫起來，這一夜他們到二點多就扎堆休息了。

經過晚上幾個小時和第二天一整天的休息，燕的腳又比昨天扎堆時消腫了一點。這個時候他們不再是趕時間了，而是要保體力、保安全。從7號開始入東莞，這已經是頭尾第八天了。他們吸取了下蓮花的教訓，越近邊界越謹慎，等到天完全入黑，才敢摸出來，一點也不敢輕舉莽動。這時月亮還沒有升起，但越走路越明！當他們翻過兩三重山以後，南面的天際泛起了一片五彩的祥雲。

"快到邊了！"燕忍不住高興地說。

"你怎么知道？"祥莫名其妙地問。

"這是香港的燈光映上天空再反射下來的光彩！"燕高興說。

"我以前聽卒友講過,現在才第一次見到!"祥十分高興地說。

"集中精神走路,更精彩的還在後面呢,不要分心!前面黑色的那個較高的地方,我們必須要到那個地方去!"帆認真地說。

大家順著帆手指向的地方,看見遠處黑色的群山天際線上有一個較高的黑色的山嶺,背後泛起特別明亮的光輝。大家知道,只要爬上這個山嶺,後面的一切就可以一目了然了。成功的預感,激發了這幾個年青人的最後的一點點動力。下半夜二點多,他們終於翻上了這個山嶺!

他們趴在峰頂上,五彩的光芒照得他們的面上通紅。海風迎面吹來,吹散了他們的疲倦,他們興奮異常。

"我很高興,很興奮!很想大叫一聲!"祥萬分激動。

"千萬不要!大家好好看一看,看清楚對面、前面和周圍的大環境。看定了,記住它,白天就沒有機會再來看了。另外到了下面又會完全不同了。"帆說。

經帆一提醒,大家就聚精會神地仔細地观察起來。原來對面遠處凡是有燈火光明的地方,大概都是港九地區;大陸方面卻是漆黑的一片,中間隔著一個深圳彎,在月色下泛起一片粼粼的波光,無動於衷!

帆看著面前的景物,更想起自己坎坷不幸的遭遇,眼眶里不禁充滿了悲憤而又激動的淚水。在這即將離去之際,他既無奈、又無限傷感地說:"唉,可憐的國家,可憐的中國人!"

"帆,這裡沒有任何值得我們留戀的地方,我們要拋棄過去的一切,往前看,往前走吧!"燕拉著帆的手、輕輕地說。

"對,大家看夠沒有?我們已經在這裡看了半小時了,該去找堆位了,今晚就到此為止。"帆提起精神說。

"今晚不往前走嗎?我們還有時間。"祥問。

"我們現在再往前走,既不夠時間到達對面,也不合潮水漲退的時刻。況且我們一落到平原地區,怕很難找到合適的堆位,天亮就麻煩了。現在我們往回退回一排山,在後面尋找堆位會安全很多。"帆說完大家就跟著走了。

第四十一章

好事多磨運至先　時空一變換了天

　　大家沿著原路撤退到後一排比較大的山嶺。山嶺上的樹木相對茂密，草叢也多，顯得荒涼多了，可見邊防線的管控也到此為止。他們到來時，天很黑，憑著小小的流水聲音，他們摸到了谷底，在一大片雜草叢生的地方暫時歇息一下。誰知一歇就到天明，帆睜眼一看，已是早上9點多。這時他才發現，他們歇息的地方是個舊堆位，草叢都給人踩平了，卒友棄置的垃圾雜物丟到一地都是。

　　"快，快起來！這個堆太流，馬上起來換過它！"帆焦急地輕聲說。

　　燕和祥急忙起來，幸好昨晚沒有卸下行裝，他們馬上跟著帆溯流而上。這時候散發著海水的味道的霧氣卷進山谷裡來。山谷周圍籠罩著一片濃霧，遮擋了太陽，天氣陰冷。他們急忙向上走，拐了幾個彎，到了溪澗一段比較寬闊的地方。那裡草叢更密，周圍樹木更多，遮天蔽日。這邊完全不見有人來過的跡象。他們左看右看，最後選定溪澗中間幾個泥堆中的一個，面積大約有十一二平方公尺大，上面長滿小樹叢和茅草。土堆頂離水面約三公尺半高，由於流水的沖刷，土堆壁顯得垂直，不容易讓人爬上去。帆踩在約15公分深的水中，用雙肩頂起祥，讓祥爬了上去，然後放下繩子，把燕拉了上去。等帆清理好周圍之後，祥再把帆拉上去。一陣流水，就把一切痕跡都清洗得一乾二淨了。他們迅速在凸起的泥堆頂上建好堆位，吃完乾糧開始休息時還不到十點半鐘。

　　建了這樣的一個空中堆位，他們在心理和直覺上也感到安全很多，就放心地睡覺了。不知什么時候濃霧消散，樹蔭下掩映的陽光帶來了陣陣溫暖，恍如在家中的床上，他們睡得很舒服。除了淙淙的流水聲外，四周一片安靜，小鳥也忙於覓食而不忍去打擾這些亡命之徒。

忽然間，在谷下傳來了一下極低沉而短促的聲音，"去！"緊接著一陣咚咚咚咚的水聲，顯然是一只狗在溪水中跑。祥立刻拉醒大家，人人都緊張地趴著，一動也不敢動。他們在高處，又看不見下面的情況，只能憑聲音來判斷。狗跑過之後就聽到人的腳步聲，越走越近、越走越近，最後竟然站在旁邊一動也不動。為什麼停在這裡？他們趴著連大力呼吸也不敢，時間一秒、一秒、又一秒地過去，一點聲音也沒有，他們只聽見自己的心志忐地亂跳！越跳越響，越跳越不聽話。狗好像很快又跑回來，人好像又跟著狗往前跑出去了。

"你看怎樣，他們會不會找到我們？"祥靠著帆的耳邊輕聲地問。

"不用怕！我估計我們不會被發現。"帆輕輕地說。

"我怕那條狗，怕他嗅到我們。"祥十分憂慮地說，緊張得汗珠一粒粒從額角上滲了出來。

"我們在上面，牠在下面，不容易嗅到的。而且牠周圍都是流動的水，更不容易。"帆卻胸有成竹地說。

"我的心像要跳出來一樣。我們馬上就會被他發現了，怎麼辦？跑還是不跑？哦、現在跑都跑不了，太近了、太近了！"祥極度緊張地說。

"我們要鎮定，看來到現在牠還沒有發現我們。"燕一手按住祥說。三人仍緊緊地趴著。

"對，我們一定要鎮定！那條是受過訓練的狗，牠一直沒有叫過。這可能是當地的油水兵，靠條狗幫他找卒友丟棄的東西，出來撈點油水。這不太像民兵或老解搜山，民兵或老解搜山就不會只有一個人出來。我們一定要堅持住，不能有任何大意或驚慌失措，更不能讓牠發現。我們继续躺下來休息，以逸待勞。"帆安慰大家說。

果然，那條狗在周围搜索了近一個多小時，就離去了。帆他們听着狗和人远去的声音，這才松了一口大氣，一直安心睡覺到五點多才起來作起程的準備了。

一覺醒來，大家都對今晚的路程心中有數了。各自都檢查了所有裝備，將落水所要帶備的東西、救生用品，上水要穿的衣服，要丟棄的物品等一一分開。當帆拿著他那一套上水時穿的衣服，心情就無法平靜，香港親人心中的希望、整個自由社會對他們但祈望、幫助，完全是無法用言語來表達。他們心裡都明白，成功了就是生命的再生！

這是最困難的冲越邊界線的一步，十天來的搏斗，一年來的努力，絕不能功虧一簣，有所閃失。大家都沒有說過一句話，默默地整理、準備、吃著東西，相信大家都有共同的心態。經過整天的休息，他們都顯得精神飽滿；大家都知道，這是決戰的前夕，得失成敗就在這一役。所以個個都凝神聚精，不敢有絲毫的懈怠。

　　太陽終於慢慢下山了，他們順著昨天的溪澗旁邊行走，直到天完全黑下來，才返回山脊路上。因為對面燈火映紅了半邊天，映照得道路很清楚，走起來并不困難。帆走在前面，关注著前方；祥押後，关注著後方；燕居中，关注左右。八點左右，他們已站在昨天那排山嶺了。這是最後的一排山了，下面就是最後的一點點平原了。據目測估計，平原延伸四五公裡遠就可以到水邊，這是冲線最關鍵的地方，有些東西可以不要了，特別是多余的糧食。大家商量之後一致決定，把一些乾糧放棄在一個石堆邊。當他們信心滿滿地連續翻過兩個土坡下去時，发現一個筆直的斷崖攔住自己的前路。斷崖看上去起碼有六十公尺深，左右延伸向更遠的地方。崖壁上沒有草，也沒有樹，不可攀爬，摔下去必粉身碎骨。帆站在那裡打量著，不敢莽進。

　　"怎么辦？我們不能這樣下去的，太危險了！"燕說。

　　"繞過它又不知要花多少時間？不知今晚能不能走得到。"祥說。

　　"我們的糧食只夠冲線用，維持到明天沒有可能！"帆說。

　　"先把糧食拿回來再說！"祥說著就轉身往回走，燕和帆一時也沒有辦法，就只好跟著他回去找尋。誰知道他們轉了幾個圈，左找右找看了幾個相似的地方，都找不到原來丟棄乾糧的地方。

　　"我看不要在這裡花費時間了，我們再回去看看傍邊有什麼路，或者有什麼辦法可以解決的。現在這裡是不是剛才的地方也說不定，方位一改變，看見的東西又不一樣了。"帆說完又回頭走去，祥和燕也只好跟著。在回程的山坡路上，他們企圖找出任何岔路口，但是不行，最終還是回到原來的地方。這時月亮還沒有出來，靠著港九方面的燈光反射到天空、再反照到地面的微弱的光，才能勉強看清眼前的路。"難道所有走這條山坡路的人，來到這裡，就走不下去嗎？那我們最初走來的這條山坡路又是怎樣踩出來的呢？它應當有去路，才有前面的山坡路。那這條通路應該又在那裡呢？"百思不解的帆坐在地上，隨手便撿起一塊石頭往前面的土崖一丟，噠噠、噠噠、噠！咦！奇怪。帆再撿一塊碗口大的石頭再往土崖丟去，噠噠、噠噠、噠！同樣的聲音！坐著的祥和燕同時跳起來，每人都拿起一塊石頭丟向土崖，噠嚓、嚓嚓、嚓！同樣的聲音！

"呵，憑聲音估計最多五六米高，下面是平地來的。"祥高興地說。

"哎呀！這才是真正的'投石問路'！"燕說。

"你們拉著我的手，讓我用腳去試試這裡的坡度有多大。"帆說完就脫下背包去試了。

"唏，原來是一個坡度約45度的斜坡。"帆側著身體往下仔細看著說，然後往下滑行了幾步，就到底了。一站起來，有了距離和高度的對比，所有都看清楚了，原來最先看到的是假象！祥把帆的背包一下子順著斜坡滾下去，自己兩下子就走下來了。燕也很快到了下面。他們一面整理了行裝一面看，原來僅僅是一個八九米的黃泥土斜坡，順著土坡邊是一條剛修整過的平路，寬闊到足可以行車，彎彎曲曲地向南面伸出去。

"為什么我們就是看不清，真是鬼遮眼，浪費了不少時間。"帆說。

"別說那些不吉利的東西，現在我們怎樣走？"燕問。

帆發現落到崖底的地面反而顯得黑暗，不如山坡上看得清楚。這也許是月亮出來之前那一陣陰暗的一剎，這又令帆感覺到時間的緊迫。這裡地形復雜，小土坡、泥坑、雜樹叢、野草……可卻沒有農田、草地、房屋。

"順著這條路走！"帆說。

"我們能不能這樣順著路走？不怕碰到人嗎？"燕問。

"碰到人怎麼辦？"祥也問。

"你們想想，今天是阿爺釘蓋的第六天，現在各處都忙於學習、整頓，那裡還有人理會我們。你再看看眼前的一切，全是野地，無人居住及耕作。如果我們見到人，一定是軍人。以前格仔的老卒告訴我，軍人最重要防守的地方是國防公路及水邊兩條線。晚上十點之前，一般不會佈防，因為他們計算從山上到水邊，不走大路的話、一般行走都要用兩小時。有誰這么大膽，敢操正大路直出？我們現在就來個操正大路直出！我們一定要在十點前突破這兩條防線。況且今天是舊曆二十二，月亮出來大約在十點後，這時潮水已漲，我們落水不用走泥灘蠔田。燕，你應該還記得上次走泥灘蠔田的痛苦了。而我們落水一個鐘頭左右、就會開始水退，我們藉著水退之勢就可以順流游過對面。這是我的計劃，能否做得到就要靠大家努力了。"帆說。

"不論是農民、軍人也好，如果路上真遇到人怎麼辦？"燕再問。

"你們應當想清楚,老毛剛去、他們現在正忙著開會、學習、整頓及統一思想,那裡會有人現在出來呢?十點後才會有人出來的。"帆堅定地說。

"那現在怎樣走?"祥問。

"順著大道直出!"帆說完看看大家,未見異議、就頭也不回地領頭直向前走,兩人也只好跟著上來。

一路上沒有人出聲,帆一直關注著前方,全速在這條路上行進,直向海邊。他心裡知道,時間非常緊,只有一個小時多一點,必須出奇制勝,快速突破。四周靜悄悄的,只有他們全速行進的一陣陣唰唰聲響的腳步聲。天空麻麻黑、似暗非暗的。很快他們看見一條小河在左手邊流過,向前望去,一片片并不很高的黑色的叢林;右手邊是一片光禿禿的平地,那條路直向南面的平地伸去,遠遠望去天邊、是一條粗黑的線。

"我們往那裡去,左手邊還是直去?"祥問。帆卻站在那裡沒有動,也沒有回答,顯然他在想。

"我想、往左邊走比較保險,不容易會遇到人。"燕說。

帆往左邊走了幾步就立刻回過頭來,順著原來的大路再走。燕和祥馬上追了上來。

"為什麼?為什麼還要向這邊走?"燕問。

"第一,再往左走有可能往深圳墟那邊人多居住的地方走,更危險。第二,這塊平原很小,今晚如果走不出去,明天沒有辦法找到堆位。我估計黑色那條線是國防公路,過了國防公路就是水邊。我們應向那邊走,不是向這邊走。現在天還黑,趁這機會,直插水邊,否則月亮一出來就失去機會了。第三,現在八點多快九點,老解還沒有出來,這是個時機。從現在到十點,只有一小時多一點,如果錯失,勝算的機會就很渺茫。我們只有這一點點時間,必須突破國防公路及水邊兩條防線。哦、不要忘記,海中還有一條海上的中線,估計我們在海上也要游上四小時有多。十二點後老解的巡邏船就会出來巡邏,到時探照燈亂射,如果到時不能渡過中線,很多人就是這樣被撈蝦餃的。如果老解一守住國防公路及水邊,我們就非常困難了。現在我們就來個操正大路直出!我們一定要在十點前突破這兩條防線。現在是不會遇到人的,遇到的話必然是老解。我們開局擲堆那天,迎面遇到那一大班人,月光底下,都讓我們逃脫。現在天那麼黑,也是我們最後一戰的時候,不用懼怕的。膽大心細,認真對待,步調一致就可以了。"帆說完後不顧一切、調頭就走。

燕和祥倆人想想也對,就一路跟上來。三人走得極快,極安靜。果然,這條路一直通向前面,那條黑線越來越粗,上面凹凸不平,明顯看到這是國防公路旁的樹木帶。

"注意,有燈光!"祥說。

順著祥指的方向,他們看見在公路上隱約閃出兩點光亮,隔了一段距離又有兩點光亮閃出。他們馬上伏在地上,看見兩部汽車,一前一後從右向左駛去。這時候,他們大約離開國防公路500公尺左右。周圍一片蟲鳴,一陣又一陣的霧靄從海面上輕輕吹來,視野一陣陣模糊。帆覺得這是一個好時機,就輕聲對大家說。

"趁天黑,我們必須越過國防公路。大家要安靜一點,不可弄出聲音來。我們下一個位置就是前邊那幾棵小樹,大家不要一下子衝過去,我先去,然後一個一個來。"帆說完就先開步彎腰衝前去,很快第二個又到、跟著第三個就到齊了。這裡離公路大約一百公尺遠左右,三人趴在地上看了有二十分鐘。看不見公路有任何動靜。天還是黑墨墨的,風也沒有,海浪聲也聽不到。

"我們還是要像剛才那樣行動,彎下腰,輕手輕腳走過去,每人用一棵樹腳做掩護,看定以後才閃過去公路對面的另一棵樹頭,不可一下子就跨越那條國防公路,記住!"帆說。

說時遲那時快,帆一下子就竄到公路邊的一棵樹頭蹲下。燕和祥也跟著竄了過來,各自蹲在樹頭邊。他再探頭看了幾分鐘,確定沒有人在公路上,他快速越過公路,坐在對面的樹頭邊,看著前方。呵!前面大約五六百公尺的地方就是水,左手邊往前五六百公尺的地方卻有一座房子,黑黑的沒有一點燈光,直覺讓帆感到這裡應該是一座兵房哨站。右手邊過去三四百公尺的地方看見一些黑色的樹影,順著地勢也向右彎出去,看來有可能是海邊的紅樹林。

"怎樣走?"這時竄到他身邊的燕和祥問帆。

"你們看,那一座肯定是兵營,不能過去、也不能在這裡下水,太靠近了。右手邊是有些樹林,可能是水邊的紅樹林,我們領教過了,千萬不要鑽進去。等一下我們從紅樹林前面下水,月亮從左手邊出來,在左手邊的兵營也不容易看見我們的,因為我們黑色的影子在黑色的樹林背影下是很安全的。等下祥先走,我押後,慢慢移過右手邊,你看那裡有些樹木,往那裡走。"帆說完,祥非常熟練地貓著身、領著大家慢慢向右手邊移過去。快靠近紅樹林時,祥發現了有一條地溝，約有一米深左右。帆叫他順著那條溝、彎著身走出去，但邊走要邊用扶手棍向前撥動，怕有人在溝裡裝了山豬夾。不消十分鐘，他們就一直走到水邊。

帆來到水邊時，見祥和燕蹲在一棵小樹下看著前面。前面僅一兩公尺遠的海水微微蕩漾，這時沒有一點點風，沒有一點浪，周圍還是靜悄悄的。整個黑夜的世界顯不出一點興奮與激蕩，只在東邊略有一點微微的光。在水邊生活慣的帆一看就直到月亮快出來裡，潮水應到頂了。他吩咐大家馬上抓緊時間整裝，吃東西，月出之前一定要落到水，多余的東西就放在原地。很快，帆就出發了，他手裡拉著一個塑膠袋，裡面裝著上岸要用的物品。為了減小目標，他彎著腰，在水極淺的泥灘上靜悄悄地爬出去，慢慢水就浸到嘴巴，他們就可以爬爬游游，游游爬爬了。燕和祥也一樣跟著爬到外面，三人就這樣無聲無息地離開了。

當他們游出離開岸邊五六百公尺左右，兵營裡響起狗吠的聲音。只見一個人從屋內出來，用一支長射程的電筒亂照。他們三人奮力地游，自由的前景為他們增添了勇氣和力量。他們越游越快，對岸的景色越來越近，越來越清晰，大陸卻逐漸與他們越來越遠，最後變得越來越模糊，越來越模糊了⋯⋯

游得起勁的燕，忽然看不見帆，急忙叫停了一直在前面游的祥。她回頭一看，發現遠遠落後在後面的帆。她就回過頭來，游向帆。三個人在海面上踩水休息了一會，吃了點東西，想再奮力向前游去。忽然間聽到機動馬達的聲音，三人大吃一驚，立刻停下來浮在水中，一動也不動，眼睛卻四處搜索。只見大陸方面的海岸線已成一條黑色細線，一只巡邏船從蛇口的方向向深圳飛快地駛過來。它一面開一面在海面上搜索，探照燈不斷地在海面上掃來掃去，又不停地射向大陸的岸邊上。

"看！我們已遠遠越過了中線，而且它和我們相距很遠，他們是不會看見我們的。"帆說。

"幸好我們的時間掌握得非常好。"祥高興地松口氣說。

"我們要快點游，時間不多了。天亮前我們還要登岸的。"燕說。

下半夜，他們靜悄悄地靠近到流浮山的岸邊了。在一些小樹叢下，他們換上了親友們從香港帶回來的花格仔高領袖衫、喇叭褲、皮鞋。

帆站起來望著一片黑暗的大陸、看了又看，非常感慨地對燕說，"我們終於能夠踏上了另外的一個世界！

很快,他們就在茫茫的黑夜中,消失在一片茂密的叢林裡……

轉眼間他們就穿過叢林走到另一邊,眼前突然開闊。他們前面左手邊地勢較高、遠處一片燈光掩影下,疏疏落落連著有幾間農舍。正前方一片低矮的樹叢,跟著地勢的起伏向上和向右方低處伸延出去。樹叢遠處黑沉沉地無法看得清楚,顯得既迷惘又神秘。一條公路由左邊高地沿著他們所在的叢林邊向右方低處伸去,公路實實在在地橫著攔在他們的面前。

"面前這條可能是港英方的海邊巡邏公路,我們要看準才能跨過去,絕不能大意!"帆說。

"你看,有人住得那麼近,應當不會有巡警吧。"燕說。

"前面有人住,狗叫怎麼辦?"祥說。

"祥,你忘記了?這裡已經是香港,我們正是要找當地的居民幫助,又要避開邊界的巡警,這樣才能避免反戒。"帆說。

"那現在我們怎樣走?"祥問。

"我看我們要一直向前走,走到最靠近農舍的地方蹲下,看準了就由阿燕去敲門,請求幫助,大家認為如何?"帆說完見大家都沒有意見,就正想起步走,忽然見左上面遠處射來強光,說時遲那時快,他們急忙趴下,向後縮回樹林。隨後就見兩道強光和汽車開過來的聲音,轉眼一輛警車飛駛而過。

"現在仍有人巡邏,我們一點大意都不行。"燕說。

當警車向右駛遠,帆領著他們,彎下腰迅速地越過公路,飛快地向正前方高地的樹叢衝去。當他們跑到最右邊的那一間農舍前的樹下,已氣喘噓噓。這時、已響起第一聲雞啼,帆估計應是到了黎明的時分。再看大家經過一夜的奮戰,都疲憊不堪,黎明前的黑暗,這是一個最後的機會。他看了看阿燕,燕也看了他一眼,大家都心知肚明。祥坐在地上,滿頭大汗地脫下帽子看著他們。

"燕,等一下你去敲門,要小心請求人家幫忙,看看人家怎樣再作決定。"帆對燕說。

"帆,這樣恐怕太浪費時間了。"燕焦急地說。

"很快就會天亮了。"祥也說。

"我知道,但你們不要忘記,這裡已經是香港的邊界了。如果不能順利到達市區,我們仍有被反戒的可能!現在雖然時間不等人,我們更要冷靜。如果我們不管一切繼續向前走，又能走出多遠呢？所以找當地人幫忙，是絕對必要的。"帆說。

"好吧，我現在過去敲門。"燕說。

離開農舍約十多公尺遠的小樹叢中的帆和祥，緊張地看著燕彎下腰迅速地走近農舍。嘟、嘟嘟、她小心地敲著門，一遍又一遍，終於屋內亮燈了。門被打開了一條線，露出了一線亮光，可是馬上又關上了。帆和祥的心情一下子緊張起來，可是又不見燕有動靜。他們正在疑惑，卻見門又開了，他們看見了兩個人影與燕在談話，心情又放鬆了一點。最後門關上了，燕跑回來了。

"怎樣，怎樣？"祥馬上就問。

"人家不能幫我們！"燕說。

"他們說了些什麼？為什麼門開了又關，關了又再開？"帆問。

"最初開門是一個大嬸，她看見我嚇了她一跳，馬上關上門來，把丈夫叫起來，再跟我說。"燕說。

"他們跟你說了什麼，你又說了什麼？"祥問。

"他們一看見我就明白了是什麼回事，男戶主一口就告訴我他們不能幫我。原因是阿爺剛過世，大陸收買香港方面的左仔[1]，組織起來紀念阿爺，順便聯防抓大陸的偷渡客。他叫我們千萬不能向左手邊有燈的農戶走去，那邊有很多左仔。也不能向右邊黑暗的地方走去，那邊遍佈水塘和沼澤之地，況且長滿過人高的葦草、茅草等，寸步難行。沼澤地外圍靠右邊連著山溪，山溪右邊卻還有條山邊公路包圍。"燕說。

"左不行，右也不行，我們該怎么辦？"祥自然自語地說，說著說著第二遍雞啼了。

"那他有沒有告訴你，我們應該怎樣走？"帆也急起來問。

"他說，唯一的路是向中間走，但前面有幾個大鴨棚，一不小心，會驚動鴨群，也驚動人。據說中間也有臨時差人[2]的崗哨，但不一定有人駐守，時有時無說不準。"燕說。

"那到底是有還是沒有？"帆顯得有點著急了。

"他沒有說，最後只是說了一聲祝你們好運咯，就關上了門。"燕說完了望著低著頭的帆，等待著帆的回答。祥一只手搭在帆的肩上，<u>一聲不響看著燕</u>，時間一分一秒地過去，大家一時都不知怎麼辦。

1. 左仔：思想傾向大陸政策的人。
2. 差人：警察。

"我們墜入了一個困局,是生是死就看上天的安排和我們的努力了。我們不能膽怯,一定要衝出去!"帆抬起頭來對著大家說完就大步走向前去了。

帆在前、祥在尾,一字隊形迅速前進。他們一直在疏落的小林地裡奔走,越過一兩片小叢林後,遠遠前面有一大片空地,空地右邊有一個大水塘,約五六百公尺遠有幾座大草棚,棚內燈光昏暗。這時的天空卻似暗還明,極像黎明前的黑暗。正在這時,幾支長程電筒突然從左邊射向他們,"站住,站住!"的喝叫聲不停,銀雞[3]啤啤吹響,鴨棚內的鴨群被驚醒,幾千只鴨一起發出一陣陣的嘎嘎嘎的嘈吵聲音。鴨棚的狗也狂吠起來,這一下子匯聚起來的聲音把他們都驚呆了。帆本能地停了一下腳步,向左邊的電筒光望去,只見有七八個高大的黑影向著他們撲過來,他不顧一切地向前面黑暗的小樹叢轉過去。燕跟著帆剛在樹叢中轉了兩個彎,突然感覺到一隻冰冷而有力的手拉著她的手臂,同時一個堅定的聲音對她說:"女呀,跟我來!"她扭頭一看,是個上了年紀的阿婆;燕急忙叫住了帆和祥,就跟隨著那個阿婆,跑進了黑暗之中,瞬間便蹤影全無。嘈吵的聲音忽然停了下來,靜了一下、靜了一下,突然間在那邊又嘈雜起來,喝叫聲、吹哨聲不停、隨後追逐聲又逐漸遠去。慢慢又平靜下來,好像一切又和先前一樣……

一個月之後,在九龍青山道的一間茶樓,帆、燕和祥,蘭婆婆、小明和小明爸爸幾個人興高彩烈地聚在一起。燕和祥爭著和小明坐在一起,帆給蘭婆婆和小明爸忙著斟茶,一遍又一遍地向他們道謝。

"你們的身份證搞好了沒有?"小明爸急著問帆。

"都搞好啦!我們都有身份證啦!"燕高興地說。

"這些都要多謝你們的幫助,小明爸啦,蘭婆婆啦!"帆說。

"我沒有幫你們什麼,這次功勞最大的反而是小明。沒有他的幫助,你們那天早上就沒有那麼容易脫險了。"蘭婆婆驕傲地望著她的孫兒小明說。

"蘭婆婆,那天你叫我們躲在那裡,我聽見一片鴨叫、狗叫、差佬叫,心想,'完啦,這次看來會被反戒回去啦!'我心裡不停地在祈求上天。後來聲音慢慢變少了,最後居然靜下來了。直到你和小明爸叫我時,我的心才安定下來,我們換過衣服,坐上車和小明爸一起送鴨去市區茶樓時,我簡直不敢相信這是真的。今天蘭婆婆你若不說是小明的幫助,我還以為是差佬無能,真的找不到我們。"燕輕聲地說。

---

3. 銀雞:香港警察使用的長筒型哨子。

"小明,你快點講來聽聽!"祥正推著身邊十二三歲的害羞的小明說,誰知卻被蘭婆婆搶先說了。

"那天早上,我起來想去鴨棚,剛出門口就聽到銀雞的聲音,我就心中有數。只見雜亂的電筒光裡沖出了七八個人,跑在最前面的是那個高佬三柴劉沙展[4]。他經常在這一帶巡來巡去的,沙塵[5]到死,一副搏扎[6]的樣子。我一見就急忙躲到一邊,馬上又見阿女你跑返過來,所以立刻拉住你的手把你們藏起來。只見那班差佬又向你們藏身的地點搜過來,翻來翻去,我急得很,怕你們被那班差佬發現。忽然間那邊幾個鴨棚內一個接一個地響起鴨叫聲。我十分驚奇,不知發生裡什麼事情,難道你們不聽話又跑了出來?疑惑之間,就聽到那個三柴沙展大呼小叫有人闖進了鴨棚,讓大家趕快去搜!一時之間,十幾個警員把幾個鴨棚團團圍住,鴨群更叫個不停。我急得不知如何是好。

"突然在前面鴨棚搜捕的一個警員大叫:他們在這裡,劉沙展,他們在這裡,我看見有人從這裡衝出去!我心想:完了,肯定是你們害怕而跑了出來,給他們發現了。我跑過去,只見沙展和其他警員已追去前面,那些葦草還不斷地搖擺,顯然有人在草叢中急速地向前躓動。接著又見沙展從草叢中走出來,余下的警員也望著沙展,像是在等待指示。只聽沙展說:'慢,不急!他們已走入了困籠局。我們立即調人去包圍後面的公路,讓他們變成甕中之鱉,我們再慢慢把他們向前面趕,到時候你們就會看到,這些傢伙如何逃?'看見沙展一副胸有成竹的樣子微微笑著說,我真急死了。我想這班大陸仔一定是害怕了,忍不住跑出來往水塘和密林方向逃去。如果是熟悉地形的人是絕對不會去那邊的,現在真枉費我一番心血了。"蘭婆說。

小明爸笑嘻嘻地插嘴:"我看見阿媽不停地踮起腳跟看著那班差佬去追,就知道她在想什麼,我把她拉進鴨棚來對她說:媽,放心啦!我已安排好小明去搞掂班差佬了。再看媽還是一臉不解,我干脆直說了:我知道你把那三隻大鴨放在那裡,我現在要去出了那三隻大鴨,你就在這裡等著小明回來!她才恍然大悟。'"

"那班差佬蠢到死,又跑不動,爬高攀低又不行,眼水[7]又慢,一味識大聲去叫。那個三柴沙展更差,一味叫人追,自己卻站得遠遠,不敢親自追來。看見真令人又好笑又肉緊[8]。如果他真的敢來,我一定要

---

4. 三柴沙展:香港警察最低的官階,相當一個小隊目,肩章上有三勾,所以叫三柴。
5. 沙塵:神氣活現的樣子。
6. 搏扎:希望升職。
7. 眼水:眼力,視力。
8. 肉緊:替別人著急。

玩玩他。"小明也接過來說，引得大家哈哈大笑。當時的情形在婆孫三人的敘述中又復原了。

也不能小看那個劉沙展，他居高臨下，大聲地指手畫腳，要通知後面山上的手足[9]一起圍捕，絕不能讓偷渡者溜走。他命令警員們馬上分開包抄過去，把偷渡者往水塘裡趕，讓他們在水和沼澤地混個夠，搞到他們氣力全無時，再續個捉也不遲。

一聲Yes sir，眾警員聞風而動，立刻散開去驅趕。一部警車在右邊公路火速趕去佈防，另一部警車也在近海邊的公路駐守。跟著一名警員又跑來報告說，那些傢伙非常狡猾，躲躲閃閃，左轉右拐。一時在這邊，一時又在那邊。不但難以把他們趕落低窪地，而且讓他們續漸蹬向較高的山谷地方。我們是否可以要求總部進行空中支援？劉沙展聽完，拿起望遠鏡看了又看，最後說："好吧，地勢險惡，我去要求空中支援，你馬上去通知他們要好好配合！"

很快，南面山頭頂上就聽見一陣陣的，直升飛機啪啪的鑼旋槳聲音，緊接著天空就出現了一架直升飛機，由遠至近飛來。只見它轉眼撲向草叢上空，一片片的草頓時被直升飛機的旋風吹低，忽然間草叢中出現了一個人影，竄向一塊大石背後。蘭婆婆的心揪了起來。

海面上的天空由青白色很快就變成金黃色了，太陽出來了。圍捕的工作卻變得越來越緊張，從高處遠望，只見低窪的地方，一時完全靜下來，一時草叢又幌動得很厲害，警員呼叫聲不斷。

"就在那裡，就在那裡！"一片嘈雜的聲音又響起。直升飛機時高時低，時左時右地展現出它的強大威力，把草叢中的人一直向上趕。一班巡警就一直在後面追，呼喊聲不絕。

說時遲，那時快，劉沙展已乘上那輛在後面壓陣的警車，飛速地繞向右側的公路沖向前面，前面的地形他最熟悉不過了。現在是搶先建功立業的光輝時刻，劉sir自然是不甘後人的。

這樣撓撓嚷嚷又過了一個小時，太陽已升得老高了。眾目睽睽下，人影已閃入了最茂密的一塊草叢裡，眾警員也把這塊山谷草地包圍得滴水不漏。劉sir站在巡邏車上，在高處觀看著這最後的時刻。直升機停在天空高處，等著最後的命令下來。片刻它徐徐地下降到草叢上方，把草吹低，奇怪的一幕卻把大家驚得目瞪口呆。原來草叢中露出的卻是一個十二三歲的小孩和一條大鬆黑毛狗。

講到這裏，蘭婆婆含著淚哈哈大笑起來。

---

9. 手足：助手。

"劉sir，你、你看！'有個警員大聲說。

"什么！什么？" 劉sir邊說邊走過來，看著那孩子，半天才說出話來："你、你不是蘭婆婆的孫子明仔嗎！他們那些人呢？"

"什么人呀？我不知道呀！"小明一臉無辜。

"你們立刻四處找找，一個也不能放過！"沙展板著那鐵青的面孔，大聲地對著圍观的警員說。

過了一會，警員一一回報說，一個人也沒有。沙展只好收隊！

"明仔，你好嘢！"劉sir自言自語地說。

"明仔！你怎么會跑到這裡來？"另一警員問。

"你們那班人也太粗魯了，把我的狗都嚇跑了，我只好去把牠追回來呀。"明仔說完就帶著狗走了，其他人看著也沒有辦法出聲。

"他們為什么不抓明仔呢？"祥問。

"這裡是法治之區，明仔犯法了嗎？有證據證明、明仔放走你們嗎？況且，只要你們到了市區，一切便變成合法的了。"明爸大聲笑起來。

"這次難為了小明，難為蘭婆婆和小明爸了。為了我們竟連累了小明為我們受這樣的苦，冒這樣大的風險。"燕說。

"小明是最好的人選，鴨棚經常走失了鴨子到那低漥地，都是他和那條大鬃黑毛狗去把鴨趕回來的，他俩是最佳拍擋，沒有人比他更熟悉那裡的情況了。不過當時看到那么多人追他，我也有點心痛。"蘭婆婆說。

"危急情況，沒有選擇啦。"明爸爸笑著說。

"其實我們不單要感謝一路上幫助過我們的所有人，包括明仔一家；還要感謝給我們留下了最後一絲生路的'不完全反戒政策'以及香港政府和香港市民。"帆認真地說。

後 記

　　一九九五年的一天,從美國回來的一對夫婦,帶著兩個女兒和一個兒子,來到九龍流浮山的海邊,遙望并指點著大陸的群山,告訴兒女,他們與生俱來的自由和人權來之不易。他倆就是帆和燕。

　　此行,他們還探望了蘭婆婆的孫子。

　　而祥則留在香港,直到九七過後,終隨女兒移民澳州終老。

　　自古歷史就有很多記載,中國人流散在世界各地,大多皆因朝代更替,逃避誅殺,或生活所迫、情非得已而淪落他鄉。一句話,這是逃避暴政的結果。然華人生命力強,多能在異地歸化、落地生根,有所成就。

　　一八四零年鴉片戰爭之後,賣豬仔[1]的老一輩華人離鄉背井,他們多有落葉歸根之意。他們輾轉相托,把自己的幾條老骨頭寄回唐山[2],埋在老桑樹頭之下,長伴落日余暉和星疏月明的交替。

　　然1949年之後,自由與專制相阻,逃亡者多不願被刨骨散灰,漸斷落葉歸根之念。

　　六四後,亡命者多屬政治精英,不為政權所容、全無落葉歸根的可能。

　　開放改革之初,全球華人有錢出錢、有力出力,爭相報國。然最終因意識形態之差別,僑屬大多識趣而退。

　　開放改革之中,有權貴預言:只要經濟發展,自然不會再有逃亡

---

1. 賣豬仔:鴉片戰爭後,廣東華人賣身來美工作稱之為賣豬仔。
2. 唐山:海外華人中指中國。

風潮，離去者必爭相回歸，我實不敢苟同。

　　改革開放之後，移民者反多屬權貴富豪，刮盡民脂民膏、坐擁金山，自然可在歐美各國高山大葬，實無落葉歸根之必要，更無落葉歸根之願望！

　　至於部份科技及文藝精英，隨局勢的變化亦有所動。

　　綜上可見，是否落葉歸根，全賴為政者的政策。否則民心不向，鬼心不愿！現今之大中華民族，是歷代中華子孫，繁衍生息的結果，卻散落在世界各地，并非一國兩制可以包容；并非什麼偉人可以引而聚之。

　　若能施以道德仁政，民主自由，至少也可形成落葉歸根之效。

　　否則，七國咁亂！

　　哀哉！道德的沉淪，現在郤一代勝過一代！

www.ingramcontent.com/pod-product-compliance
Lightning Source LLC
Chambersburg PA
CBHW030146100526
44592CB00009B/137